KB270189

삼한

삼한

신비한 동양철학 · 52

한눈에 보는 손금

정도명 지음

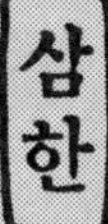

머리말

수상학 하게 되면「아~아! 손금 보는 법? 그것은 동양철학이 아닌가」하면서 반문을 해버릴 사람들이 10 중에는 8~9가 될 것이다.

그러나 사실상은 동양인들의 철학이라기에는 약간의 무리가 있는 연혁을 가지고 있는 게 수상학이라는 사실을 차제에 독자 제현들에게 밝혀두고자 하는 바, 수상학 그 자체는 분명히 동양권이라 할 수 있는 인도가 본고장인 것만은 틀림없는 사실이다.

그것이 어찌된 일인지는 모르겠으나 우리 동양인들보다는 서양인들이 인도의 수상학을 완전한 자기네들의 것으로 소화시켜 자기 것으로 만든 것이다.

그래서 서양권이라 일컬어지게 되는 그리스의 과학자이자 철학자이던 아리스토텔레스와 같은 사람이 수상학이라는 책자를 썼을 정도라면 수상학은 분명히 서양인들의 것이라 해야 하지 않을는지 모르겠다.

오늘날의 수상학이란 철저한 통계에 의한 연구가 거듭되어진 서양인들의 통계 수상학이 지구를 한 바퀴나 돌아 완전한 학술로 둔갑하여 동양권으로 다시 들어오게 된 것이다.

그러나 철학의 근원지가 우리 동양권인만큼 동양인들은 동양인들 나름대로 서양인들이 발전시켰다는 수상학 이상으로 고도의 발전을 가져온 관상학이라는 학문이 있기 때문에, 서양인들의 수상학은 동양인들의 관상학의 한 부류처럼 예속되어져 버리고 만 것 같다. 수상학을 서양철학이라고 하면「아! 그렇지가 않은 것 같은데…」하고 생각하게 되는 것이다.

필자가 지금 쓰고자 하는 본 〈손금박사〉는 수상학의 연원을 아예 초월해서 동서합일의 이론으로 집필을 시도하였기 때문에 그야말로 완벽하리만치 논리정연한 수상학을 정리하게 될 것이다.

그래서 운명적인 면, 철학적인 면, 동양의학적인 면, 심리학적인 면 할 것 없이 예증과 방편까지도 아주 상세하게 기술하기에 이른 것이다.

본 책은 수상학이라기보다는 한 인간의 바로미터적인 인간지침서 역할을 해주게 될 것을 믿어 의심치 않으면서 독자 제현들의 꾸준한 연구와 더불어 인생 성공의 지침서가 될 수 있도록 노력했다.

본 책의 내용 중에 행여라도 부실한 점이라도 있다면 아낌없는 채찍질을 가해주길 빌어마지 않는다.

끝으로 독자 제현들의 일익 건승하옵기를 기원해 마지 않으면서 이만 줄인다.

저자가 씀

차   례

□삼대선 및 운명선, 태양선, 결혼선

□동양류 수상학

□ 수상의 응용법

손과 손금에 나타나는 운명 작용

사람이 가지고 있는 두 개의 손은 육신의 가려운 곳을 긁을 때에도 필요하며 어루만지게 될 때에도 필요하다. 자기가 필요로 하는 어떠한 물건을 만져 보거나 잡아 볼 수도 있다. 음식을 먹을 때에는 오른손은 수저를 들고 밥을 떠넣고 왼손은 조수가 되어 밥그릇이나 국그릇을 붙들고 움직이지 못하도록 한다.

그리고 옷을 입거나 일을 하게 될 때는 두 손이 하나처럼 왼손은 오른손을 도와주고 오른손은 왼손을 도와줘 가면서 눈으로 보고 마음으로 느껴지게 되는 일들을 행동으로 옮기게 되는 조작의 임무를 도맡아 하게 되지만, 거동은 발이 하게 된다. 걷고 움직이게 되는 발의 동작은 손을 흔들어 주지 않으면 힘이 들게 되기 때문에 몸의 동작이 부자유스러워진다는 사실을 느끼게 된다. 그래서 손의 역할이란 대단히 중요하다.

손의 동작이란 어디까지나 마음의 결정이 선행된 다음에 행동으로 옮기는 심부름꾼의 역할을 하게 될 뿐이다. 그리고 발을 움직이는 활동 영역보다는 손의 활동 작용이 많기 때문에 한 인간 활동의 이력서처럼 태어날 때부터 볼 수 있었던 손금 이외의 무늬 같은 것들이 생겨나거나 이전에는 없었던 손금이나 주름 같은 것들이 생겨나기도 한다.

그러나 사람의 손에 나타나는 손금의 형태는 후천적인 것보다는 선천적인 것을 더 중요하게 여기게 된다. 동양철학에서나 서양철학에서 수상과 인간의 운명을 연구해 온 결과를 살펴본다면, 후천적으로 생겨났다는 주름이나 기호 그리고 손금과 같은 것도 중요하다 하겠으나 선천적으로 타고났던 것이 더욱 더 중요하다는 사실을 공통으로 제시하고 있다.

수상학 하게 되면 동양철학인 오행학의 적용과 서양의 수상학 역시 이름만 다를 뿐이다. 금(金) 목(木) 수(水) 화(火) 토(土)의 오행의

보기를 비너스, 쥬피터, 아폴로, 샤턴, 마아스, 루나 등으로 표현은
달리 하고 있지만, 이것 역시 우리 인간들이 살아가야 하는 지구라는
행성이 속해 있는 은하계 속의 태양계 내에 예속되어 태양의 궤도를
따라 돌고 있는 가장 중요한 별자리의 이름을 사용하고 있다.

그렇다면 왜 인간의 운명을 태양계에 속해 있는 별자리를 가지고 판
단해 보게 되었는가? 인간이 지구라고 하는 별에서 태어나서 왜 죽게
되는 것일까 하는 차원에서부터 우주와 인간 관계를 연결지어 볼 수밖
에 없게 되는데, 우주와 인간 관계란 떼어놓을래야 떼어놓을 수 없는
천체의 운행인 것이기 때문이다.

어느 날 갑자기 태양이 어디론가 없어져 버렸다고 가정을 해본다
면, 구태여 뭐라 할 것 없이 인간은 말할 나위도 없고 식물이나 여타
의 생명들 모두는 단 몇십 초 이내에 그 생명 활동들을 유지해 나갈
수 없게 되어 버리고 말 것이다. 달이라는 존재가 없어져 버렸다 해도
그 결과는 마찬가지 현상으로 나타나게 될 것이다.

그리고 금성이나 목성, 화성 중의 어느 별 가운데 하나가 폭발해 버
렸다거나 어디론가 없어져 버렸다고 가정을 해보더라도 제아무리 위
대한 과학의 힘을 이용할 수가 있다는 인간의 힘으로도 도저히 막아낼
방법이 없을 것이다. 그러므로 대자연의 순리를 벗어난 해결 방법이
란 없을 것이다. 그래서 운명학술이나 수상학의 기원은 천문학적인
연구 분야에서부터 알아낼 수 있다는 기본을 두게 된 것이며, 천체의
운행에 관한 연구야말로 인간의 운명에 절대 작용을 하게 되는 것을
밝혀낼 수 있는 기본이라 할 수 있겠다.

그런 연유에서 연구를 거듭해 왔던 것이 서양 사람들의 점성술(즉
별자리로써 점을 친다는 뜻으로 통한다)이요, 동양인들의 오행학인
것이다. 우리 인체의 구성 역시도 우주 구성의 원리와 단 하나라도 다
를 것이 없다는 견해를 피력하기에 이른 것이다. 그래서 인간의 생태

나 육신의 구조, 그리고 심성의 발달 상태 등과 같은 모든 현상들은 태양계를 천체의 운행 작용에서부터 생노병사와 소장성쇠가 이루어지면서 인간의 운명에까지 영향력이 미치게 된다는 사실을 적용해 보고자 하는 것이 오행학이요 점성술인 것이다.

그래서 동양철학적인 면으로 보게 되면, 인체 내에는 오장과 육부라는 것이 있다는 것을 실증적으로 발달시켜 온 것이 동의학인 것이며, 이것을 인간의 운명과 연관을 지어 보면서 발전을 시킨 것이 운명학인 것인데, 운명학 가운데서는 관상학이나 수상학이 빼놓을 수 없는 가장 중요한 위치를 차지하고 있다.

동양철학적인 견해로 수상학을 사실상 관상학의 일부 정도로만 취급을 해왔던 것이 사실이나, 인간들의 발명의 폭과 발견 정신은 수상학이라고 해서 관상학술의 분야에다 굳이 국한시켜 놓을 필요가 있겠느냐는 견해도 있었던 것이다.

관상학적으로 본 오행학에서는 이마의 부위는 火요, 턱은 水이며 오른쪽편의 광대뼈가 튀어나온 부분은 木이 되고, 왼쪽의 광대뼈는 金이 되며 얼굴의 한가운데에 우뚝 솟아난 코는 土이다. 이런 차원에서 보면 어찌 인간 활동의 주역이라 할 수 있는 손에 그와 같은 속성이 없겠는가? 인간의 손에서도 오행을 찾아내고 보니까 손 역시도 예외는 아니었다. 인간이 태어나게 되었을 때 손의 형태는 어떤 것이었으며, 손금은 어떤 작용을 나타내게 되고, 무늬나 기호 같은 것들은 어떤 영향을 주게 되며, 이러한 심성의 소유자들 손금은 어떠한가? 이처럼 수천년의 역사와 함께 실증적인 경험 등을 연구해 나가면서 분석 검토해 오게 된 것이 오늘날의 수상학으로 발전된 것이라 하겠다.

이와 같은 원리를 알고 있는 사람은 손의 형태나 손금이 어떤 사람의 성격은 어떻게 나타나며 행동을 어떻게 하게 되고 어떠한 특성을 가지고 있기 때문에 어떠한 직업을 가져 보는 것이 좋겠다는 판단을 내려주게 되는 것이다. 눈으로는 사실상 보이지도 않고 꺼내 볼 수조차 없다는 사람 마음의 조화, 이것을 행동으로 옮기면서 행동할 수밖에 없는 손, 그 손에는 그 사람의 미래가 예시되어 있고 그 사람이 살아왔던 과거의 기록이 나타나게 된다. 그리고 손금은 수시로 변화하게 되지만 손의 형태는 절대로 변해버릴 수가 없는 것이고 지문 역시도 변하지를 않는다는 특성을 알아내게 된 우리 인간들은 수상학에 대한 학술 하나를 더 첨가시켜 지문판별법이라는 것을 수상학의 분야에 예속시키게 된 것이다.

그 실례(實例)를 하나 더 들어 설명해 보자. 어떤 사람이 새끼손가락 하나를 잃어버리게 되었는데, 수상학적인 판단으로 보면 새끼손가락의 오행은 水요, 육친의 소속은 자손으로 보게 되고, 또다른 관점으로는 재물 관계 등으로도 판별하게 된다.

그런데 필자가 잘 알고 있는 사람 중에서 그런 사람이 한 분 있었는데, 그 사람의 자식이 셋이나 있었지만 하나같이 애를 먹이고 제아무리 피나는 노력을 아끼지 않아도 부자가 되어지지 않더라는 사실 하나만 보더라도 손의 형태가 얼마나 중요한 것인가를 알 수 있을 것이다.

필자는 이번 기회를 빌어 수상학이 인간에 미치는 모든 분야들을 보다 알기쉽게 글을 써나가 보기로 하였으니, 아무쪼록 독자 제현의 많은 탐독과 함께 많은 연구를 기대해 보고 싶어지는 바이다.

1. 손금은 어떻게 보아야 하나? (手相何如鑑評)

사람들은 이따금씩 자기의 손바닥을 무심결에 바라보면서 자기의 손 형태를 살펴보게 되는 때가 있다. 그럴 때마다 굵다란 선 세 개가 맨 먼저 눈에 띄게 된다.

그 다음에는 손가락이 있는 쪽을 향해 곧바로 뻗어올라가고 있는 선, 그리고 또 가늠해 볼 수조차 없을 정도로 아주 잡다한 세선들이 제멋대로 뻗어 있는 것을 바라보면서 중얼거리게 된다.

"제기랄, 내 손바닥에는 무슨 놈의 잔금들이 이렇게도 많담?"

"잔금이 많은 사람은 고생이 많다던데"

하면서 자기 손금에 대한 의문을 가져보게 되며,

"차라리 이제부터 손금 연구나 한번 해볼까?"

어느결엔가 손금에 대한 공부라도 좀 해보고 싶어지는 의욕이 생겨나게 될 때가 있다.

그러나 수상학을 연구해 보아야겠다는 생각은 했지만 손금에 관한 전문적인 지식이 자세하게 담겨 있는 서적이 그리 흔하지도 않을 뿐만 아니라, 어쩌다가 손금 보는 책 한 권을 구해 공부를 해볼 수 있는 기회를 얻게 되었다 할지라도 뭐가 뭔지를 알 수가 없어 손금의 전문가가 되어 보기도 전에 짜증부터 나게 되고 만다.

그런 것을 꾹 눌러 참아내가면서 조금씩만 연구해 나가게 되면 되리라고 마음을 굳게 다져가면서 몇날이고 몇달이고간에 열심히 공부를 해본다 해도 결국엔 자신이 없게 된다.

그러나 이 책 한 권만 열심히 탐독한 사람이라면 바보나 천치가 아닌 보통 사람 정도의 IQ만 가지고 있으면 수상을 아주 쉽게 터득하게 될 줄로 믿어 의심치 않는 바이다. 그런 연후에는 우선 자기의 손금 정도는 스스로가 판단해 볼 수 있는 능력이 생겨날 것이고, 그 다음에는 애인이나 친구의 손금을 보아 주었다고 하더라도 창피당하는 일이 절대로 없게 될 것이니까 독자 여러분들은 꾸준한 노력을 경주해 주기 바란다.

그러면 다음의 요령으로 착실히 공부해 나가 보기로 하자.

첫째, 손의 모양부터 잘 관찰을 해야 한다. 그렇게 되면 상대방이 가지고 있는 기본 성격부터 파악해 낼 수가 있게 된다. 상대방의 기본 성격 정도를 판단하고 난 다음에야 손바닥에 나타나 있는 선이나 부호 그리고 기호 같은 것에 대한 판단이 용이해지게 되기 때문이다.

또 손의 모양에 관한 심오한 연구가 되어 있는 사람은 상대방의 성격이나 직업 같은 것도 한눈에 알아낼 수 있고, 이보다 더 고차원적인 경지에까지 숙달되어 있는 사람이 상대방 손의 형태만 정확하게 파악할 수 있었다면 그 사람의 손바닥을 굳이 들여다 보지 않더라도 당신의 손금은 이러이러한 형태로 되어 있을 것입니다 라는 것 정도를 말해 보일 수도 있기 때문이다. 그래서 수상학이란 손의 모양을 파악해 내는 것부터 공부를 시작해 나가야 한다는 것을 일러두는 바이다.

이 책으로 열심히 공부를 하다 보면 자기에게 주어진 운명 노정 같은 것을 능히 예견해 볼 수 있는 것은 물론이고, 만약에 다가올 미래의 운세가 아주 나쁘게 나타나 있다 하더라도 자기에게 닥치게 될 곤란함 정도는 자기의 예지로써 충분히 피해 나갈 수도 있을 것이라는 사실을 부언해 두고자 한다.

1) 손의 모양 하나만으로 상대의 모든 것을 꿰뚫어 볼 수 있다(手形七相)

◎ 활동적인 손(原如基本形)

이 손의 생김생김은 살결이 아주 까칠까칠하면서 손가락이 굵고 짧을 뿐만 아니라 대체적으로 거무스레한 색깔을 띠고 있으며, 외관상으로 관찰해 보았을 때에는 아주 우직스럽고 단단해 보인다. 그래서 저런 손으로 한 대만 얻어맞게 되면 속된말로 아주 작살이 나 버릴 것만 같은 느낌이 든다는 손이라 하겠는데, 이와 같은 손을 가지고 있는 사람들의 체력 또한 보통 사람들 이상으로 아주 건강해 보이는 것이

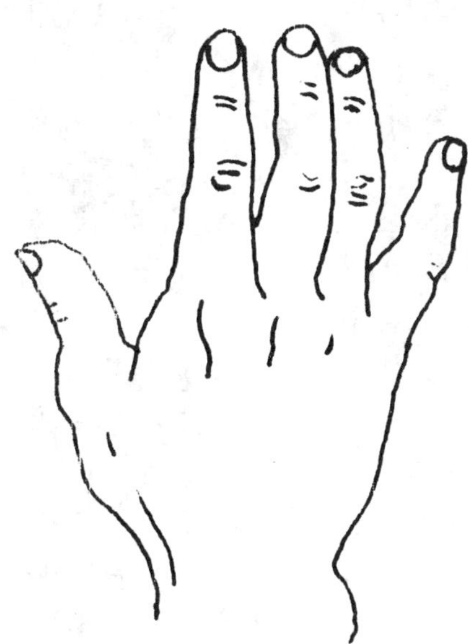

특징이라 할 수 있겠다. 그리고 잘 발달된 근육형이기 때문에 어지간한 육체 노동 같은 것에도 잘 견뎌낼 수가 있는 체질의 사람이다.

이런 사람의 성격은 대체적으로 정직한 편에 속하기 때문에 진실형이다. 그러나 무슨 일이건간에 깊이 사고하기를 싫어하는 편이다. 그렇다고 지능마저 남보다 뒤지거나 머리의 회전이 나빠 그런 것이 아니라, 직관적인 판단이 빨라 그 즉시 행동으로 옮기기 쉬운 행동형이라는 말이다. 이런 사람을 평가할 때에는 고지식한 사람이라는 판단을 하기 쉽게 되어 있다.

또한 이런 손을 가진 사람들은 자기에게 주어진 환경에는 아주 충실한 면이 있고 환경의 변화를 싫어하는 편이며, 가급적이면 주어진 환경에 대한 만족을 느끼며 살아가려고 한다. 그리고 이런 형인 사람의 성격 중에 가장 특기할 만한 것이라면, 이 사람에게 약을 올리게 되면 안 된다. 왜냐하면 순간적인 판단에 의해 즉석에서 아주 결판을 내고 싶어하는 호기가 나타나기 때문이다. 그러나 웬만한 일에는 여간해서 화를 내지 않는 특질이 있다.

그리고 무슨 일을 하건간에 지칠 줄 모르는 저력을 과시해 보이기 때문에 무서우리만큼 뛰어난 노동력을 가지고 있다. 그리고 자기가 하고 싶은 일이라면 날이 저물고 새는 것 정도는 아랑곳하지 않은 채 일에만 열심히 몰두해 나가게 되지만, 만약에 이 사람이 하고 있는 일을 그 옆에서 간섭을 하거나 비위를 거슬리게 하면 하고 있던 일마저도 집어치워 버린다. 어쩌다가 꾀라도 한번 부리게 되면 어느 누가 뭐라고 한다 해도 게으름만 마냥 피워대고 마는 특성이 있다.

애정 문제에 있어서는, 애정적인 표현마저 너무 정직한 일면이 있어 상대방에게 구애를 하고 있으면서도 일방적으로 자기 생각 하나만 가지고 좋다 싫다 하는 식이 되기 쉽기 때문에 자칫하면 상대방에게 오해를 사게 되어 천생배필감이 될 수 있는 사람마저 놓쳐버리기 쉽게 된다. 그래서 이런 형태의 손을 갖고 있는 사람이라면 조금만 더 심미 안적인 기교나 애정 표현을 해볼 수 있는 훈련을 쌓아나가거나, 요즘 에 많이 유행하고 있는 차밍스쿨 같은 곳이라도 한번 찾아가 사랑의 교실 강의 한 번쯤은 들어보는 것이 좋을 것이다.

이런 사람들의 성적 감각은 대체적으로 우둔한 편에 속하지만, 상 대방으로부터 성적 요구를 받게 되면 무서우리만치 상대방을 아주 멋 드러지게 KO시켜 버린다. 그토록 왕성한 정력을 가지고 있는 것이 특 징이기도 하지만, 사랑의 상승이나 로맨틱한 애무 행위는 상당히 결 여되어 있다. 그러나 육체적으로는 워낙 건강하기 때문에 웬만한 질 병 정도는 병원이나 약방 같은 곳을 찾아가 보아야겠다는 생각조차 하 지 않고 꾸욱 눌러 참으면서 투병하다가, 하루나 이틀 지나고 나면 언 제 아팠더냐 하는 식으로 건강을 과시해 보이기도 한다. 그리고 이 사 람은 일 년이면 열두 달 변함없이 무엇이건 가리지 않고 왕성하게 잘 먹는 식성이기 때문에 더욱 더 건강한 체력을 유지하는 데 많은 도움 이 된다.

직업적인 면에서는, 신체적 강인성이 있기 때문에 농업에 종사하면 좋고 어업을 한다거나 육체적인 노동력이 필요한 곳이라면 모두가 다 좋다.

그래서 건축, 토목, 도로 건설, 광부 등과 같은 직종에 종사하고 있 는 사람들이 주종을 이루고 있다. 현대사회에 있어서는 기계공업이나 산업 분야 같은 곳에서 단순 노동만이 아닌 특수한 기술 분야로 종사 하고 있는 사람이 아주 많아 공예 방면이나 미술, 공학 분야 같은 곳 에서 아주 탁월한 기량을 보여 대성을 한 사람들도 상당수 찾아볼 수 가 있다. 그리고 경찰관이나 군인 같은 직업을 가진 사람들도 더러는 볼 수 있는데, 이 사람들의 고지식한 성격은 아주 충직하고 건실한 근 무 태도로 이어져 타의 모범이 되기도 한다. 그래서 이와 같은 손을 가지고 있는 사람은 그 어떤 직업 분야에 종사해도 민활한 두뇌의 훈련만 쌓아나가게 되면 아주 유능한 재목이 된다.

이 사람의 결점으로는 사려가 그리 깊지 않다는 것과 애정의 기교가 둔감하다는 것 정도이다. 그러한 단점만 보완하게 되면 아주 멋진 손을 가진 사람이라 할 수 있다.

◎ **실속만을 위하여 활동을 하는 손(實利追求形)**

이 손의 모양은 손 전체가 네모나 있는 것 같은 사각형이다. 그리고 손가락의 뿌리와 끝의 넓이가 거의 같아 보인다. 손톱의 생김새는 네모가 나 보이는 것이 특징이다. 손가락의 두께는 보통이지만 손으로 눌러 보면 조금 딱딱한 것처럼 느껴진다. 손가락이 붙어 있는 금성구(金星丘)라고 일컫는 반달형의 살집이 아주 잘 발달되어 있는 것을 특징으로 꼽을 수가 있겠다. 그리고 성격면에서는 무엇이건간에 아주

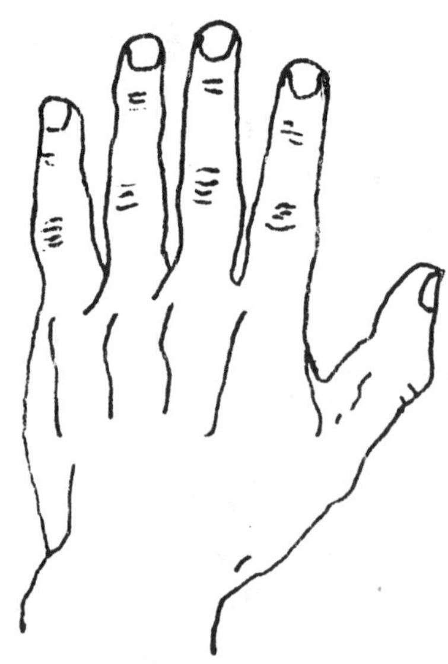

가볍게 보아 넘기지를 않고 유심히 살펴보는 형이다. 무슨 일을 하건 간에 실속없게 덤벼들지 않고 아주 꼼꼼한 실행을 하고자 하는 것이 눈에 띄게 나타나고, 참을성이 아주 많아 매사에 끈기있게 일을 처리해 나가는 이지적인 면이 있고, 질서 생활을 좋아해 규칙적인 활동을 해나간다. 자존심이 남달리 강하며 고집을 많이 부리는 것이 결점이다.

웃어른이나 상사에게 신임을 얻어 사회생활을 하게 된다. 직장생활은 그 속도가 비록 늦어지는 경우가 있으나 자신의 위치만은 아주 철저하게 지켜나가는 사람이다. 아부나 아첨은 이 사람의 성격으로는 도저히 용납할 수 없어서 주위에 있는 사람이나 동료들이 아부나 아첨하는 것을 죽도록 싫어하기 때문에 때에 따라서는 손해를 보는 일이 있거나 같은 직장의 동료들 사이에서 따돌림을 당할 경우도 있는 것이 흠이라 하겠다.

그러나 이런 손을 가진 사람은 누가 뭐라 해도 자기 할일만은 반드시 찾아내 열성을 다해 의리나 우정에 보다 충실하려는 면을 보여준다. 자기 책임에 대해서는 아주 끈질긴 고무줄을 연상하리만큼 집요한 면을 보여주게 된다. 애정적인 면으로는, 이런 유형의 사람 역시 활동형의 손을 가지고 있는 사람을 닮은 데가 많아 자기 계산과 계획에 의한 결혼 조건 같은 것을 철저히 내걸어 놓고 미팅이나 데이트 상대를 만나려 하기 때문에 요즘 사회처럼 발랄한 것을 희구하는 사람과의 사랑 작전에는 로맨틱한 추억 같은 것을 남길 만한 리더쉽은 거의 없는 편이다. 꿈많은 여자들의 호기심을 충족시켜 주지는 못할 것이며 자칫하다가는 아주 지독한 사람 같다는 오해를 받기 쉬운 유형이다. 로맨스를 주고받을 때에도 사랑의 진실을 고백한다던가 명화의 이야기나 아름다운 환상의 세계로라도 한 번쯤 빠져들어가 볼 수 있는 음악 감상과 같은 것들은 모조리 빼버리고 상대방이 자기와 이미 결혼

약속이라도 한 사람처럼 미래생활에 대한 생활 설계나 앞으로 하게 될
지도 모를 결혼 후는 어떻게 살아가겠노라는 식의 이야기나 하고 마는
유형에 속한다.

　이러한 손을 가지고 있는 사람과의 애정 관계란 한때의 아름다운 꿈
이라거나 장난기어린 애정 행각 같은 것은 아예 있을 수조차 없다. 상
대자가 철저한 가정교육을 받은 사람이거나 원만하지 못한 가정에서
고생을 많이 한 사람이라면 구세주 같은 동반자를 만난 것처럼 아주
기뻐하고 그래서 한쌍의 원앙이 될 수 있는 유형이다. SEX에는 상대
방의 호응만 얻었다 하면 희생적으로 의무를 다하려는 마음이 앞서서
애무나 기교 같은 것은 무시하고 상대방의 만족에만 너무 집착해 헌신
적인 의무를 다하려 하다가 몸을 피곤하게 한다. 때문에 조금만 로맨
틱한 정서 함양에 노력을 기울이게 된다면 가정 생활은 아주 행복한
사랑탑을 하나하나 쌓아올려 가면서 점진적인 부자가 되어 잘살아 나
가는 유형이다.

　직업적인 면에서는 어느 분야라 할지라도 별 문제가 되지는 않겠
고, 적합한 직업은 지식의 축적을 필요로 하는 직업 등이 적성에 가장
잘 맞는 편이다. 정치 분야, 경제 분야, 사회교육 분야, 후학을 양성
하는 교육 분야 등에 아주 잘 맞는 직업이라 할 수 있겠다. 그러나 어
떠한 분야라 할지라도 성실과 끈기를 가지고 있기 때문에 무난한 편이
다. 실업 방면에서도 대성을 할 수도 있는 유형에 속하는 손에 해당한
다. 정서 함양에 힘쓰게 되면 더 많은 발전이 있게 된다.

◎ 손가락의 두 마디가 굵은 손(理智哲學形)

　이 손의 모양은 첫번째로 꼽을 수 있는 것이 손가락 끝이 뾰족하지
만 동그스름하게 되어 있고, 두 번째로는 손가락 전체의 끝마디와 둘
째 마디가 잘 발달되어 있고 손의 전체가 큰 것이 특징이다.

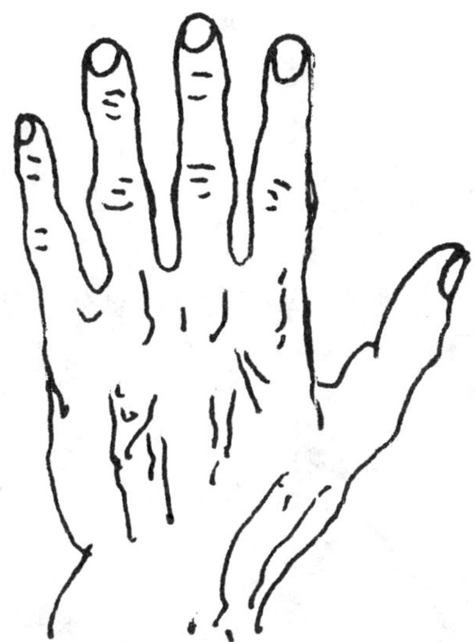

　이런 손을 가지고 있는 사람은 무엇이건간에 충분한 지식을 쌓으려 하는 탐구욕이 강하게 나타나고, 이지적인 두뇌가 잘 발달되어 있기 때문에 판단력이나 분석해내는 데에는 아주 탁월한 면을 보여준다. 그래서 자신의 일이라면 몰라도 남의 어려움을 척척 요리해 내는 척척 박사의 칭호를 들을 만큼의 재능을 발휘하게 된다. 자기 일을 처리해 나가는 데 있어서는 진취적인 면이 별로 없고 오로지 학문 탐구나 연구 활동을 하게 되는 것이 흠이다. 물질이나 금전에 대한 집착이 거의 없기 때문에 남들보다 더 잘 살지는 못하지만, 못 산다는 정도는 아예 개의치도 않고 사색을 즐기거나 사상적 바탕을 정립하고 이에 도취되기 쉽다. 자기 만족에 심취하기 쉽기 때문에 매사에 있어 형식 같은 것은 도외시해 버리고 만다. 어디까지나 진실된 학문이나 진리 탐구에 몰두하면서 학문을 좋아하게 된다. 타인의 눈으로 보면 아까운 사람이 뭔가 잘못 살아간다고 하는 판단이 있게 될 정도이다.

이 사람은 남들의 도움을 받게 되는 것을 아주 싫어하고 인정에 사로잡힌다거나 충동에 말려들지도 않으며, 오로지 자기가 해야 할 일에만 차분히 실행해 나가면서 고요한 생활 환경을 찾는다. 이런 손을 가지고 있는 사람은 조금 더 많은 진취력이 길러져야만 보다 나은 발전이 있게 될 것이다.

이 손은 애정 문제 역시도 맹목적인 사랑은 하지 않고 자기의 지혜와 이성에 부합되는 사람만을 찾게 되는 성격으로, 웬만한 상대에게는 아주 냉정할 정도로 사랑의 표현을 잘 하지 않는다. 그래서 사랑의 고백 한 번 제대로 해보지도 못한 채 제풀에 나가떨어져 버리는 식의 겉멋이 없는 사람이다. 남들의 판단으로 보면 마치 늙은이 같거나 멍청이로 보인다. 아무튼 속이 너무 깊어 겉으로는 이 사람의 마음을 읽어 볼 방법이 없는 유형에 속한다. 그러나 이상에 맞는다는 상대가 나타나기만 하면 참으로 고상하고도 숭고한 사랑을 하게 된다.

그러나 막상 사랑이 성공하고 나면 아기자기한 로맨스 같은 것이 간데 없고 삭막해진다. 그로 인해 상대는 세월이 갈수록 소외감과 사랑의 결벽증 같은 것을 느껴 애정의 확인을 거듭하는 공방전이 벌어지게 된다.

성적 면으로는 즐기는 SEX가 아니라 감상적인 행각을 하기 쉬워 기이한 테크닉을 좋아하거나 표정도 없는 감상주의적인 모럴이 되기도 한다. SEX는 별로라는 생각이 일관되기 때문에 독수공방의 세월을 보내는 일이 많아 배우자의 짜증을 듣기 쉽다. 이것만은 절대로 고쳐야만 행복한 가정을 꾸려나갈 수 있다.

직업적인 면에서는 너무 학구적인 탐구형이 되어 사회적인 활동에서는 발을 붙여 적응하기 힘든 게 결점이다. 평생 동안 연구실이나 서재 안에 들어앉아 연구하는 직업이나, 인생 연구자가 되어 보겠다는 철학이나, 종교계 같은 분야에 투신하게 되면 가장 이상적인 직업이 될 것이다. 그렇지 않으면 교육자가 되어 한평생을 후학 양성에 힘쓰거나, 심령과학자나 이학 방면에 적성이 가장 맞다. 일반적인 직종에서는 참으로 견뎌내기 어려운 성격에 속한다.

이러한 형태의 손을 가지고 있는 사람은 육체적인 면에서 참으로 느리다.

◎ 예술 방면에 유능한 손 (藝道藝能形)

이 손의 모양은 손 살집이 상당히 두꺼운 편이며, 살집이 많기 때문에 손을 만져 보면 보들보들하면서 아주 유연성이 있다는 것을 감각적으로 느끼게 된다. 그리고 손등에서부터 손가락의 끝쪽으로 내려갈수록 점점 가늘어지면서 손가락의 끝 부분은 아주 뾰족하게 쭉 뻗어나갔기 때문에 아주 예쁜 원추형인 것이 특징이다.

이런 손을 가지고 있는 사람의 특성은 사물을 보고 느끼는 감정이

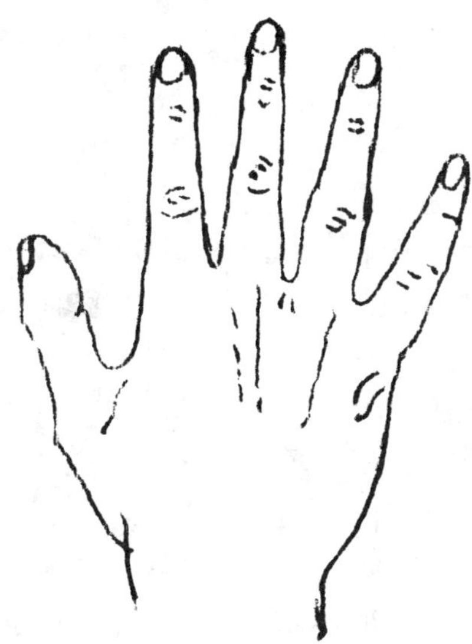

상당히 예민하게 잘 발달돼 있는데다 감수성 또한 빠르기 때문에 빨리 더웁고 빨리 식는 형이다. 속칭 냄비형의 성격으로, 이지적인 면보다는 극에서 극단으로 흘러가기 쉬운 심성이 발달되어 기분이 좀 좋았다 하면 철딱서니없는 어린애처럼 천진난만하게 티없이 맑은 웃음을 흘리면서 너무 좋아 어쩔 줄을 몰라 한다. 그 정도가 지나쳐 사지를 요리조리 비트는 몸짓으로 자기의 감정을 표현해낸다. 남들이 지켜본다고 창피하다거나 미쳤다는 욕을 할는지 모른다는 기우 같은 것은 아예 없는 사람이다. 그러다가 남의 슬픔을 보게 되면 마치 자기가 당한 것처럼 눈물까지 글썽이며 슬퍼한다. 타인들의 눈으로 볼 때는 마치 철이 없는 어린아이 같다는 느낌을 주게 된다. 부잣집 막내아들이나 막내딸처럼 고생을 모르고 자라 이 세상 물정에 아무것도 모르는 쑥맥 같다는 느낌을 주게 된다. 이 사람은 좀더 쉬운 표현으로 감정에 살고 감정에 죽는 즉흥파에 속하는 형이다.

육신의 고통을 이겨낼 의지력이나 인내심은 아예 없고 쾌락이나 방종, 안일만을 추구하기 쉬운 사람이다. 오늘보다 내일의 희망 같은 것은 뒤로 미루고, 돈이 좀 생겼다 하면 화려한 옷 한 벌이 먼저이고, 일류 레스토랑이나 클럽 같은 곳을 찾아들어 아주 맛있는 음식으로 식도락을 즐기고. 아름다운 음률에 매료되어 술이 몇 잔만 들어갔다 하면 배우나 무도인들처럼 아주 신명나는 한판의 놀이판을 벌여 그야말로 화끈하게 스트레스를 풀어버려야만 직성이 풀리는 유형에 속한다.

이러한 사람들은 예술이나 예능 방면에는 천재적인 소질이 있다. 애정관에 있어서는 화려하면서도 돌발적인 연애를 많이 하게 되는데, 마음에라도 들게 되면 순간적으로 반해 쏘옥 빠져 버린다. 미래의 설계 같은 것들은 모두가 다 거추장스러운 것이라고 생각하는 파이다. 그저 지금이 좋으면 그만이고 미래 또한 행복한 그날이 틀림없을 것이라는 지극히 환상적인 세계에 빠져들어, 향락적인 SEX에 빠져 있으면서도 아무런 양심의 가책을 느끼지 않는다. 그런 사람은 오직 현실에만 집착해 오직 자기 위주로만 모든 것을 해석하며 살아가는 형이다.

그러다가 어떤 난관에 부딪치면 싸악 헤어져서는 아주 태연자약한 태도로 일상 생활을 영위하는 데에도 아주 능숙하다. 그리고 SEX 문제에 있어서는 이것이 없었다면 이 세상을 무슨 재미로 살아가겠느냐 하는 식으로 즐기기를 좋아하는 유형에 속해 쾌락의 극치를 만끽하면서 희열의 정상으로 빠져들어가게 된다. 그래서 이런 손을 가지고 있는 사람들은 아무리 좋은 가정 환경 속에서 성장을 했다 하더라도 사춘기 때부터 바람끼를 일으키기가 쉽다. 그래서 부모들의 속마음을 태우는 일이 많게 되고, 자칫하다가는 사랑 작전에 너무 열을 올리다가 학업 성적이 뒤떨어져 진학의 길마저 막혀버려 가출 행각도 불사하는 사례가 많게 되지만, 타고난 예술적 재능이 있기 때문에 예술계에 뛰어들어 배우나 탤런트 같은 직업에 종사하게 되면 대성을 하게 되어 인기인으로서는 최고의 정상에까지 오르게 된 사람들이 가장 많은 유형이 곧 이 손이다.

그리고 이런 형의 사람들의 직업으로 가장 적합한 분야는 예술 방면 이외에도 문학 방면이나 미술계, 음악 부문 등이 제일 좋으며, 어학 방면에도 뛰어난 기량이 있기 때문에 관광 가이드나 직업 외교관 같은 쪽으로서도 발전이 있으며, 신문이나 잡지 및 방송 등과 같은 언론 분야에서도 성공을 한 실례가 많이 있다.

그래서 이런 사람은 남을 즐겁게 해줘 가면서 자기도 만족을 느껴가고, 시간에도 그리 얽매이지 않는 아주 즐거운 직업을 갖는 것이 가장 상책인 것이다. 그러나 사무직이라거나 인내를 요구하게 되는 여타의 업종에는 잘 맞지가 않는다는 것을 명기해 둔다.

◎ 실천과 활동을 추구하는 손(實踐活動形)

이 손의 특징으로는 대체적으로 볼 때에 엄지손가락이 굵고 손가락의 끝부분이 절구공이처럼 둥그스름하면서도 납작하게 쳐져 있으며, 손가락 전체의 뼈마디가 대체적으로 굵으면서도 딱딱하며, 손바닥은 크고 살집은 탄력성이 있는 것으로 판단을 하게 된다.

그런데 이 손을 가지고 있는 사람의 성격은 남자건 여자건간에 잠시 잠깐만이라도 가만히 앉아 있지를 못하고 아주 부지런하기 때문에 타인들이 보기에는 아주 부지런한 사람이라는 찬사를 많이 받게 되는 유형에 속한다. 이런 사람들은 어떠한 일이건간에 자기에게 주어지기만 하면 일사천리로 척척 무슨 일이든지 이성적으로 조리있게 처리를 해나가는 실천가이기 때문에 웬만한 일에는 실패를 하게 되는 일이 거의 없는 것이 특기할 만하다 하겠다. 그리고 평소의 생활 자세부터가 자

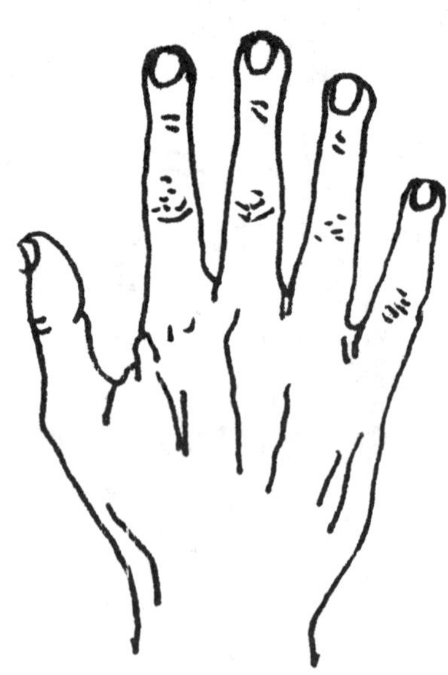

신감에 넘쳐 있는 생활 패턴을 가지고 있지만, 무엇이든지 좀더 배우고 싶어하고 알려고 하는 집요한 노력을 아끼지 않기 때문에 웬만한 사람들은 이 사람의 상식을 뛰어넘을 수가 없을 정도의 해박한 상식을 가지고 있다. 그래서 자기 스스로가 사장님 회장님은 될 수 있을지언정 남의 집 종살이는 절대로 하지를 않는 성격의 소유자이다.

그래서 남들이 일하고 있는 것을 보게 되면 이 사람의 눈으로 보기에는 죽지 못해 겨우겨우 일이나 하고 있는 것처럼 보여져 게으름뱅이 취급을 해버리기 쉬워지기 때문에, 열심히 일을 잘하고 있다 할지라도 비위에 거슬려 남의 일까지 빼앗아가며 해치워버리게 되는 독선적인 활동상을 보여주기도 하는 근면 성실의 노력가인 것이다.

그리고 또 신체적인 조건도 아주 강인한 편이어서 잔병 치레 같은 것은 하지 않게 되고 식성이 아주 좋은 호식가형이다. 그래서 음식 투정을 부리지 않고 웬만한 반찬만 갖춰져 있다면 맛이 없는 음식이라 할지라도 자기 입에다 맞춰 잘도 먹어치우는 석성을 과시하기도 한다.

그러면 이러한 손을 가진 사람의 연애관은 어떠한가?

이 사람은 성격 자체가 너무 확고하다는 면으로 나타나게 되기 때문에 구애의 방법에는 아주 대담하면서도 솔직담백한 표현을 하게 된다. 그래서 웬만큼의 가정교육을 받은 사람이라면 남자건 여자건간에 호감을 갖게 되는 것이 특징으로 나타나지만, 상대방에게는 매우 친절하고 상식적인 것은 좋다 하겠으나 마음속에는 자존심 같은 것이 떡 버티고 있기 때문에 자존심을 굽혀서 상대방을 아주 즐겁게 하여 준다거나 칭찬을 해주는 데에는 상당히 인색한 편에 속한다. 그래서 환상적인 연애나, SEX의 대상물로 상대방을 사귀게 되는 일이 거의 없기 때문에 이 사람과 한번 사귀게 된 사람이라면 십중 팔구는 결혼까지 골인하게 되겠지만, 사랑을 고백하는 기교가 서투른 면이 있는 결점

하나 때문에 연애보다는 중매의 경우가 더 많은 결혼 성립 요건을 충족시키게 돼 있다는 사실이다.

그러나 결혼에만 일단 성공을 하게 되면 그야말로 선부선남의 결연으로서 가정에 충실하게 되고, 가정적으로나 사회적인 기반을 착실하게 쌓아올려 나가면서 일익 점진의 부를 누리게 되는 유형에 속한다. 그리고 SEX 문제에 있어서는 정력 자체는 아주 왕성하다지만 이성을 밝히는 편이 아니어서 그저 의무적이라고나 해야 할까? 그처럼 상호 불평이나 해소시켜 주는 정도의 성생활을 누리게 되기 때문에 남들이 보기에는 그저 평범한 가정이라는 판단이 있을 정도인 것이다. 그러나 본인들 사이에서는 약간의 아쉬움 같은 것을 느끼고 있으면서도 이런 문제를 가지고 서로가 불만을 표시한다거나 사랑의 확인 작전 같은 애정 싸움 같은 것은 별로 없는 것이 특징이 된다.

그리고 직업적인 면에서는 근면과 성실의 실천가이기 때문에 토목, 건축업과 같은 지능과 체력을 요하게 되는 직업에도 잘 맞는 직업이 되겠고, 일반적인 사업가로서도 대성을 할 수가 있겠으며, 기계공업이나 생산업 같은 것들도 잘 맞는 직업이 될 것이다. 그리고 아이디어를 개발하게 되는 발명품이나 신개발 사업 등에서도 끈기와 인내가 있기 때문에 제일 좋은 직업적 소양을 보여 줄 수 있는 유형이기도 하다.

그러나 유행이나 미적 감각이 별로 탁월하지 못한 점으로 미뤄 볼 때 공예품이나 인테리어 혹은 조경 장치와 같은 것에는 일단 맞지 않는다고 하겠지만 상당한 훈련을 쌓고 난 다음에는 비로소 성공을 거두게 될 것이다.

이상과 같이 이 손의 사람은 좋은 점이 많기도 하지만 단점도 있다는 사실을 알게 된다. 그래서 이 사람은 너무 부지런한 것도 단점일 수가 있겠고 너무 지나친 자기 과신에 차 있다는 점도 역시 타인들의 빈축을 사게 되거나 따돌림을 당하게 될 소지가 있겠으니, 조금만 더 현실 융화의 적응적 태도가 요망된다 하겠다.

◎ 공상가이기 쉬운 손(空想神秘形)

이 손은 비교적 조그마한 편인데, 손가락 전체가 모두 가늘고 고운 것이 특징이다. 그리고 손바닥이 좁고 긴 편이며, 손가락은 끝부분으로 갈수록 점점 가늘게 쭈욱 빠져나간 것이 아주 예쁘게 생겼으며, 손가락의 끝 쪽은 뾰족하고 엄지손가락 역시 아주 작다. 그리고 피부의 색마저 새하얗고 매끄러운 것이 마치 백어(白魚)와 같다고 하는 손이라 할 수 있겠다. 그리고 이러한 손을 가지고 있는 사람은 마음씨부터가 아주 나약한 편에 속하게 되며, 신비롭다거나 환상적인 것들만을 좋아하게 되고, 감정이 아주 풍부하여 이 세상의 모든 물정에 대해 자

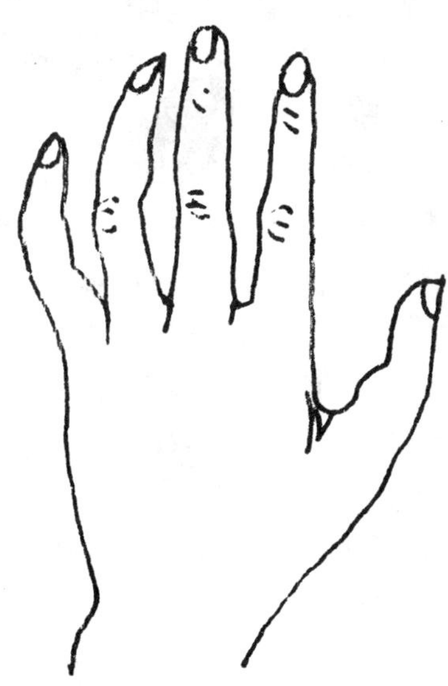

비심 같은 것을 가지고 있는 듯한 것을 외향적으로 풍겨 타인들이 느낄 수가 있을 정도이다.

그러나 실제로는 그러한 것이 아니라 나약한 심성의 표현이 그렇게 보여졌을 뿐이기 때문에 차라리 가련해 보이는 것 같다고 표현을 하는 편이 오히려 나을 것만 같다. 이 형의 손을 가지고 있는 사람들은 영감이나 직감력이 아주 잘 발달되어 있어서 자못 자기의 판단에 의한 감상에 젖어들기 쉽고 세상을 헤쳐나가면서 살아가려고 하는 굳은 기개나 박력 같은 것은 아예 없는 사람이기 때문에 자기 위주로만 세상을 관망하거나 직시해가면서 쓸데없는 불만을 갖게 되기 쉽고 환상적인 공상이나 하는 것을 즐기게 되는 시간을 많이 보내게 된다. 그러나 인생에 서정이 깃들여진 시적 감각이 풍부한 감정으로 표현되는 아름다운 서사시를 쓴다거나 추리소설 같은 것을 쓰게 되면 세인들을 놀라게 할 정도의 소양을 보여주기도 한다.

그리고 타고난 신체적 조건까지 남자나 여자를 막론하고 체구가 비교적 나약한 편이라서 이 사람의 육신 자체에는 힘이라고는 들어 있는 것 같지 않게 보이기 때문에, 만약에 거센 태풍이라도 한번 불어닥쳐 버리게 되는 경우라면 길을 걸어가다가도 쓰러져 버릴 것만 같은 생각이 들게 되는 유형에 속하며, 식성 또한 아주 까다롭기 때문에 무엇이든지 자기의 입에 맞아야만 먹게 되는 버릇이 있는데다가 먹는 분량까지도 소식을 하는 편에 속한다. 그리고 음식을 먹게 되었을 때에는 양은 비록 적다 할지라도 질이 아주 좋다고 하는 미식의 형이기 때문에 값이 싼 음식보다는 비교적 값비싼 음식만을 찾아가며 식도락을 즐기게 되는 습성을 찾아볼 수 있다.

그래서 이러한 사람은 사회적인 활동 분야에서는 특수한 진로를 찾아나가지 않게 되면 사회의 적응력이 매우 약하고 지구력이나 인내력 같은 것이 결여되어 있기 때문에 어쩌다가 실업자가 될지도 모른다.

그러한 취약점을 커버하기 위해서 긍지와 인내력을 길러내지 않고서는 고생이나 하기에 딱 알맞는 유형인 것이다.

이 사람이 할 수 있는 직업 적성으로는 조용한 직업이 좋겠다는 생각이 든다. 예를 든다면 종교학을 전공한다거나 그것도 아니면 예언자나 철학자와 같은 직업이 좋겠고 시인이나 소설가 등의 직업이 좋겠는데, 신비와 공상력이 최대한으로 활용될 수 있는 분야에서 조용한 인생을 살아가게 되는 부류의 것들이다. 이상과 같은 직업 이외에는 요즘의 사회에서는 아주 흔한 연구 활동 같은 것 역시도 괜찮은 직업일 것이며, 화가나 문필가, 그것도 아니라면 어느 회사의 연구원으로 들어가서 연구실에 틀어박혀 연구 생활이나 하게 되면 그런대로 안정을 찾게 될 것이다.

그리고 이 사람의 애정관에 있어서는 자기가 생각을 하고 있는 환상적인 대상의 모델을 마음속에 그림으로 그리게 돼 그와 같은 유형의 사람을 만나지 못하게 되면 웬만한 사람들과는 결혼마저도 하지 않게 되고 언제까지라도 그런 사람만 기다려가면서 참게 되는 경우가 되기 쉬워 문제가 되기도 하지만, 어쩌다가 자기의 마음속에 그리고 있는 환상의 대상자라도 만나지게 되었다면 내일의 가정 설계 같은 것은 문제시하지도 않은 채 속된말로 미쳐버리게 된다.

그러나 상대자가 자기가 먹고 싶은 마음의 의사대로 전달이 되지 못할 상대였다고 생각되었을 때에는 자포자기를 하기 쉽고, 자칫하다가는 비관적인 방종주의적 방탕의 길로 빠져들기 쉬운 것이 특징이 된다. 그래서 이런 사람들의 결혼 생활에 있어서는 불행을 겪는 경우가 많게 되는가 하면 독신주의를 고집해 가면서 환상의 대상자와 허망한 짝사랑 같은 것이나 하고 있는 사람들이 적지 않다는 사실이다.

그러나 어쩌다가 결혼 생활에까지는 성공을 하였다고 할지라도 상대방 사람이 이 형의 사람과 똑같은 공상주의적 사상을 가지고 있는 사람이어야만 한다. SEX 문제까지도 기본형의 테크닉 같은 것은 한두 번이면 그치게 되고, 매회마다 아주 다른 각도에서 새로운 방법으로 치러져야만 만족을 느끼게 된다고 하는 유형에 속하는 것이다. 그런데 이것마저도 상대방이 싫다고 하여 불응을 해버리게 되었을 때에는 이별의 찬가를 불러 버려야만 하게 된다는 특성이 들어 있다는 손의 유형인 것이다.

그래서 이러한 손의 유형을 가지고 있는 사람이라면 극기 훈련 같은 것을 하여 심신 개조를 해본다던가 그것도 아니라면 인삼이나 녹용과 같은 것이라도 장복을 해 튼튼한 체력을 길러나가야만 대성의 길이 열릴 것만 같다.

◎ 여러 가지 유형이 복합된 손(雜種混合形)

이 유형의 손은 지금까지 설명을 한 모양의 손에다 두 가지 이상이 혼합되어진 유형을 말할 수 있겠는데, 일반적으로 살펴볼 것 같으면 두 개의 손가락은 같은데 나머지 손가락이 유별나게 굵다거나 혹은 가늘게 생겼다거나, 그렇지도 않다면 어떤 손가락은 한 개가 유별나게 손톱이 넓게 생겼다거나 하게 되어, 이상에서 밝힌 여섯 가지 유형 중에 두 가지 유형의 경우를 찾아 복합적인 판단을 내리지 않으면 안 되겠다고 하는 생각을 갖게 되는 유형을 말한다.

결과적으로는 두 가지 이상의 유형에 대한 성격이 복합되어져 있는 것이기 때문에 이런 사람들은 보통 사람 이상으로 특수한 지능과 활동력을 가지고 있는 셈이다. 그래서 쉽게 말하자면 머리의 회전이 아주 빠르고 판단력이 민감하게 나타나기도 하며, 사교성 역시도 보통 이상으로 잘 발달되어 있는가 하면 사회적인 활동면에 있어서도 탁월한 수완을 펴나가는 다재다능의 재간까지도 있는 것이기 때문에 속칭 팔방미인이라 칭하는 별칭까지 얻게 되는 유형이다. 이러한 사람들에게는 그 어떤 일을 시켜 놓는다 하더라도 무불통지요 일사천리로 척척 해치우는 특성이 있기 때문에 보통 사람들보다는 성공길이 아주 빨리 열리게 되는 경우가 많다는 것을 부언해 둔다. 그러나 인간이란 머리 의 회전이 너무 빨라도 재주만 많았지 별로 대성을 하지 못하는 경우 가 많다. 그래서 이 유형에 속하는 사람들은 절대로 직업 변동을 하지 말아야 한다는 경고를 해두고자 한다.

2) 손을 보고 판단하는 요령(手相細分觀形察色)

(1) 손의 부드러운 정도와 탄력성

○ 손등이 까칠까칠하고 윤기가 없는 사람은 행동파에 속하며, 감정 이 우둔하고 처세술이 미숙하며 세련된 사교성이 결핍된 사람이다.

○ 손등이 보드랍고 고운 감을 주면서 예쁘다고 생각되는 손을 가진 사람은 감정이 풍부하고 고상한 것을 좋아하며 조용한 성격의 소유자 로서, 폭력이나 강권 같은 것을 싫어하며 심미안적인 감각을 가지고 있기 때문에 학자나 교육자적인 유형에 속한다.

○ 보통의 살결을 가지고 있는 사람, 즉 보통 살결이라 하면 약간은 거친 것 같으면서도 윤기가 흐르고 있고 만져보게 되면 생각보다는 보 드라운 손인데, 이런 살결을 가지고 있는 사람은 감수성이나 실행력 등이 상당히 세련된 편에 속하며 다재다능한 재주가 있고 실천력이 겸 비되어 있기 때문에 일반적인 기예 방면이나 사회적인 활동면에서 가 장 많이 볼 수 있는 유형의 손이다.

○ 손을 만져보게 되면 갓난아기의 살결처럼 보드라운 사람은 신경 질이 많고 감수성이 예민하여 짜증을 내는 일이 많게 되며, 심미안이 발달되어 있기 때문에 무엇이든지 아름답고 우아한 것들만 좋아하며

힘을 들여 일하는 것은 죽기보다 싫어하는 사람이다. 남의 비위나 맞추고 구변으로 해결할 수 있는 일에는 멋진 사교술로 상대방을 매혹시켜 버리는 재간은 있다고 하나, 매사에 결단력이 없으므로 기생오라비 소리나 듣기에 딱 알맞은 사람이어서 자칫하다가는 색정에 빠져들기 쉬운 손이기 때문에 색정 문제에 대해서만은 항상 주의를 할 필요가 있다.

○ 약간이라도 탄력이 있는 손을 가지고 있는 사람이라면 조금은 나은 편이어서, 생활의 궁핍을 느끼게 되면 막노동이라도 할 수 있는 저력이 있는 것으로 볼 수도 있다. 또 손의 살결이 두터우면서 쫄깃쫄깃한 것 같은 감이 드는 손을 가지고 있는 경우라면 아주 건강한 체력을 가지고 있는 사람이며, 사회적인 활동에 있어서나 청춘 사업 같은 것 역시도 여유만만한 저력을 과시하면서 비교적 여유있는 자세를 가지고 사회 생활에 임하게 되어 대성을 할 수 있는 사람이다.

○ 장작개비처럼 딱딱하고 뼈다귀만 남은 것 같은 느낌을 주는 손을 가진 사람이라면 머리를 써가며 먹고 사는 직업에는 적당하지 않으며, 육체적인 노동을 요하는 직업에 종사하면 대성은 불가하나 조그마한 성공은 하게 될 것이다. 그러나 이런 사람들이라 할지라도 보다 많은 지식을 쌓고 인격 수련을 하게 되면 사회적인 활동면에 있어서 상당한 성공을 하게 된다는 사실을 알아두는 것이 좋겠다.

○ 손이 두꺼운데 딱딱한 사람

이러한 유형의 사람들은 무슨 일을 하든지간에 본능적인 욕구에 의해 매사를 처리하려 들기 쉽기 때문에 행동적인 면에서는 거칠고 우직스럽다는 평판을 듣게 돼 있으니 심신 수련을 통해 유덕을 길러야만 성공이 빨라지게 된다.

○ 얇은 손을 가지고 있는 사람

손바닥이 얇은 사람은 직감력이 있는 것으로 판단하게 되지만, 이런 유형은 신체적인 조건이 허약한 편에 속하기 때문에 보신 보약을 해줘야만 왕성한 운기를 받게 될 것이며, 만약에 얇은 손인데 탄력은 조금도 없고 딱딱한 손을 가지고 있는 사람이라면 욕심꾸러기가 되기 쉽고 금전적인 성취욕이 아주 강한 사람으로 대단한 고집을 가지고 있으며 돈을 버는 일이라면 죽기 살기로 끈질기게 일하는 사람들이다. 이러한 사람들을 보고 세간의 사람들은 깡다귀가 있는 사람이라 말하게 되는 유형이 되는데, 겉으로 보기와는 달리 아주 인내력이 강한 체질의 소유자이기는 하지만 사회적으로는 대성을 할 그런 유형은 못 된다. 다만 웬만한 자기 위치는 지켜나갈 수 있는 유형에 속한다.

(2) 손에 나타나는 색깔은 어떻게 보게 되는가? (觀形察色)

사람의 손에 나타나게 되는 색상은 건강과도 직결되기 때문에 매우 중요한 것으로 봐야 한다. 그래서 손에 나타나는 색상의 판단에 의해 그 사람의 건강 관계를 알아낼 수 있게 된다. 그리고 건강 관리에 있어서 어느 면에 대해 어떠한 관리가 필요하다는 것을 일러주게 되기 때문이다.

그런데 사람의 손에는 그 색상이 뚜렷하게 나타나는데도 불구하고 손에 나타나는 색상을 구별해내기가 제일 어려운 공부인 것이다.

손바닥에 나타난 색상의 판단은 좀 어렵긴 하지만, 손톱에 나타난 색상은 참으로 예민한 작용을 하고 있기 때문에 아침 일찍 잠자리에서 일어나기 이전에 보는 손톱의 색깔과 오후에 보게 된 색깔은 상당히 다르다고 하는 사실을 알게 된다. 또 하루종일 많은 휴식을 취했을 때와 비교적 힘든 일을 하고 난 다음에 나타나는 손톱의 색상은 완전히 다르게 나타난다. 그래서 손톱의 색상을 판단해 내는 경험을 먼저 쌓고 나면 자연히 손바닥에 나타난 색상 역시 판별해 낼 수 있는 기술이 터득되는 것이다.

그러나 사람은 누구나가 저마다 조금씩 다른 특성을 보이고 있는 것이 상례로 되어 있다. 이것을 한번 시험해 보려거든 우선 자기 집안 식구들의 손을 하나하나 살펴보라. 식구 중에서 건강이 가장 좋지 않은 사람의 손의 색상은 희뿌연 색으로 나타나면서 윤기마저 잃어가고 있을 것이다. 그리고 건강한 사람의 색상은 핏기가 있으며 윤기가 도는 듯한 암홍색이 눈에 띄게 나타나 있는 것을 알게 될 것이다. 이러한 요령을 터득하게 되면 색상의 판단에는 자신이 붙게 될 것이다.

❶ 손 전체가 빨간색인 사람은? (赤色察知)

성격이 매우 조급해서 다혈질인 사람이라는 판단을 내리게 되는데, 이에 해당하는 사람은 기쁘고 슬픔에 대한 감정이 매우 예민하기 때문에 울다가 웃다가 하면서 감정 표현이 매우 현실적으로 나타나게 되고, 어떠한 경우에는 광폭한 성격이 나타나게 되는 경향이 있기 때문에 마치 정신병자 같다는 취급을 받기 쉬운 유형이다. 심지어는 식성이 좋아 과음 과식을 예사로 하게 되는 유형이어서, 고혈압이나 뇌졸증 혹은 생리통 요통 등을 앓게 되는 위험성을 가지고 있다는 사실을 경고해 줄 필요가 있는 사람이다.

❷ 손의 색상이 노랗게 나타나 있는 사람(黃色察知)

우리가 통상적으로 만나게 되는 사람들의 손은 거의가 다 약간은 거무스레하거나 혹은 흰색을 띠면서 붉은색이 들어 있는 듯한 경우가 주종을 이루고 있는 것을 알 수가 있다. 그러나 눈에 뜨일 정도로 노란 색깔이 나타나 있는 경우를 수상학적으로 보게 될 때에는 하나의 발견이자 징후 판단을 내릴 수 있는 포인트가 된다.

그렇다면 왜 노란 색상이 나타나게 됐는가 하는 의문을 한번 풀어 보아야 하는데, 그 이유는 아주 간단하다. 우리들이 흔히 보게 되는 황달병이라는 병에 걸리게 되면 몸 전체가 모두 다 노랗게 되고 눈의 흰자위마저 노랗게 되는 것을 볼 수 있게 되는데, 한의학상으로 보게 되면 간과 담에 이상이 있게 되었을 때 황달병이 된다는 판단을 내리게 된다. 간(肝)은 오행(五行)으로 볼 때에는 나무(木)요 나무는 청색(靑色)이라 하였지만 청(靑)은 바로 녹색(綠色)이 되고 손과 다리를 나무에 비유해 본다면 가지의 부분에 해당되고 손바닥이나 손은 나무의 잎 부위에 해당된다. 그래서 아주 예민하게 살갗을 통해 나타나게 되는 손의 색상은 녹색이 노랑색으로 투과되어 나타나게 된다는 사실을 알게 된다.

그래서 노랑색의 발견이 있게 되면 간과 담의 증후가 발견된 것으로, 간염이라든가 담랑염 같은 증후군에 대한 예방책을 일러줘야 한다. 그래야 앞으로 다가오게 될지도 모를 병액을 미리 예방하게 하여, 건강을 해쳐 재산상의 피해나 시간적인 낭비를 미리 막을 수 있다는 사실을 수상학적으로 해결할 수가 있는 것이다.

❸ 손의 색상이 백옥같이 하얀 사람(白色察知)

우리 주위에서 흔히 볼 수 있는 손으로 손의 색상이 너무 희다 못해 청백색을 띄게 된 사람을 볼 때가 있다. 그럴 때면 그 사람의 손이 고결스럽도록 우아하게 보이기도 하면서 부러운 마음까지 들게 될 때가 있다. 그러나 이런 유형의 손은 수상학적으로 볼 때 제일 먼저 판단을 하게 되는 것이, 저 사람은 빈혈증이 아니면 백혈병에 걸려 있는 사람이라는 것이다. 그리고 두 번째의 판단이 폐병 2기 정도의 사람이 아닐까 하는 것이고, 세 번째가 원기가 아주 없는 사람이며 신경질적이면서 실행력이 없는 사람으로 무슨 일이든지 끈기가 없다는 것이다. 그리고 새침떼기처럼 자기 위주의 사람이라는 판단을 내리게 된다.

그렇다면 어찌하여 그럴까 하는 의문을 풀어보게 되면, 그 첫째가 소심한 것이고, 그 둘째가 활동하는 것이나 운동을 하는 것을 싫어하면서 꽁 하고 혼자 앉아 있기를 좋아하기 때문이구나 하는 결론이 나온다. 그렇다면 저 사람에게는 어떤 처방을 내려줘야 할까 하는 생각을 하게 된다. 그 처방은 두 가지가 나오게 되는데, "당신은 활동력을 기르시오."가 첫번째의 처방이요, 만약에 한의사의 처방이라면 "십전대보탕이나 녹용대보탕 한제만 먹어야 되겠소." 하는 처방을 내리게 될 것이다.

❹ 손의 색상이 하얀 편인데 푸른 색상이 나타나 있는 사람(靑暗察知)

이러한 경우에는 하얀색의 손보다 색상이 더 푸른색이 나타나 마치 시장바닥에 내다 팔고 있는 포장지 속에 담겨 있는 닭을 연상하게 되는 경우라 하겠는데, 이런 사람은 선천적으로 태어날 때부터 몸이 허약한 체질이며 순환기 계통의 이상 약화로 인해 피가 제대로 돌지를 못해 나타나게 되는 현상으로, 힘드는 일은 도저히 해낼 수가 없는 유형이고 신경이 너무 예민하기 때문에 매사에 짜증이 많게 된다. 그래서 여자인 경우에는 결혼을 한 이후에 임신을 하였다 해도 6개월 혹은 7개월이면 자연 유산이 되기 쉬워 병원 신세를 지게 되는 일이 많게 되며, 요행히 달수를 채워 자식을 얻게 되었을지라도 아기의 젖이 모자라 우유를 먹여 키워야 하게 된다.

그리고 집안 식구들을 달달 볶아대 이런 사람과 함께 살아가는 사람들은 참으로 피곤을 느끼게 될 것이다. 그리고 자녀들을 기르면서 너무 지나친 과잉 보호를 하기 쉬워, 밥을 먹거나 잠을 자는 데까지 사사건건 간섭이나 하게 되고 학교 성적이 올라갔느니 내려갔느니 하는 등의 잔소리를 많이 하게 돼 아이들의 성격 형성에까지 이상 발달을 초래하게 만들어 아이들의 반발심을 일으키게 하는 유형에 속하게 된다.

이런 사람의 처방은 여러 가지가 있게 되는데, 그 첫째가 스스로 안정을 취하게 하는 것이요, 그 둘째가 신앙을 가지고 심신을 달래는 것이며, 그 셋째가 조용한 환경에서 활동할 수 있는 직업을 갖는 일이고, 그 넷째가 보약을 복용해 몸을 보하게 하는 것이다. 이런 사람은 신경성 소모 체질이기 때문에 약값이 단돈 10만원짜리라 하더라도 약값을 주고 나서 다시 찾아오는 한이 있더라도 50만원 정도를 지불하는 것을 자기의 눈으로 확인해야만 그 약을 꾸준히 복용하게 되어 효험을 얻게 된다는 사실을 명기해 두는 바이다.

❺손바닥에 거무스레한 빛이 나타나 있는 사람(**手掌黑氣**)

이런 사람의 성격은 활발하지 못하고 내성적인 경우가 많게 되는 유형으로, 사교성의 결여로 인해 친구가 별로 없거나 많지 않은 것이 특징이 되겠는데, 자기가 하고자 하는 말을 밖으로 내뱉아 버리지를 못해 끙끙 앓아대면서 참아내는 습성이 있어 자신도 모르는 사이에 신경성 위장병을 앓고 있는 사람이 많다. 만약에 그렇지도 않다면 지나치게 술을 많이 마시고 난 뒤에 부부간에 방사를 자행하였거나, 식사를 과다하게 많이 한 뒤 잠자리에 들어 여색 접근을 했지만 자기의 마음대로 시원스럽게 행위를 해치워 버리지 못해 소화기 계통에 이상이 생겨나게 된 경우가 될 것이다.

그러나 이상의 두 가지 경우가 아니라면, 한여름의 무더운 폭염하에 냉수를 너무 많이 마셨거나 차가운 음료수 등을 갑자기 많이 마셔서 속이 시원하다 할 정도를 느꼈을 때 이런 현상이 나타나게 된다. 그래서 이런 사람들의 처방으로는 음식을 때맞춰 먹는 일이며, 절대로 배가 부른 것을 느낄 정도로 먹지 않는 것이 그 첫째요, 그 둘째가 적당한 활동이나 운동을 해야 하고, 그 셋째가 기분을 좋게 할 수 있는 분위기에서 생업을 유지하는 직업에 종사할 것이며, 그 넷째가 성격을 개조하는 일이 될 것이다.

이상의 네 가지만 잘 지켜나가게 되면 며칠 이내에 손바닥에 나타났던 검은 색상은 점차로 없어지면서 담홍색으로 변해가게 될 것이다.

⑶ 손이 크고 작은 것을 보고 알 수 있는 것은? (手相大小 : 大手 小手)

사람의 신체는 사대 육신이 고루고루 균형이 잡혀져 있는 것처럼 생각되기 쉽지만 사실은 그렇지가 않다는 것을 알아둬야만 한다. 그래서 앉은키는 큰데 선키는 작은 사람이 있는 것은 이 사람의 다리가 짧기 때문인 것이라는 것을 알게 되듯이, 사람마다 가지고 있는 손도 역시 체구에 비해 손이 큰 사람이 있고 몸집은 작은데 솥뚜껑처럼 큰 손을 가지고 있는 사람이 있는 것이다. 그래서 손의 크고 작은 것에 대한 판단 역시도 중요하다는 것을 일러둔다.

❶ 몸집에 비해 손이 큰 사람(小身大手)

우리들은 가끔씩 누구누구는 손이 큰 사람이야 하는 얘기를 듣게 되는 일이 있다. 그러나 이 장에서 말하고자 하는 사람은, 우리들이 들을 수 있는 그런 손이 큰 사람과는 정반대의 경우에 해당된다는 것을 알아둬야 한다. 왜냐하면 이 사람은 성격 자체가 아주 꼼하고 매사에 세심한 주의를 기울여가면서 행동을 하게 되는 사람이며, 무슨 일을 하게 될 때에는 절대로 서둘러 덤비는 일이 거의 없기 때문에 남들이 보기에는 게으른 사람의 취급을 하기가 쉽게 되지만, 이러한 판단은 참으로 잘못된 판단이라는 것을 오래지 않아 알게 되기 때문이다. 즉 이 경우를 다시 비유해 본다면 토끼와 거북이의 경주와 같다는 얘기가 되겠는데, 매사에 덤비지 않는 반면에 꼼꼼해서 실수가 없이 꾸준한 노력을 하게 되는 유형이기 때문이다. 그래서 이러한 손을 가지고 있는 사람은 손재주가 많게 되어 다재다능한 사람이라는 것을 알아 둘 필요가 있게 된다. 이런 손을 가진 사람들은 수공업 계통에서는 일류 기술자라고 하는 사실을 알아두라.

❷ 신체에 비해 조그만한 손을 가진 사람(身大小手)

이 경우는 앞서 말한 손과는 반대의 경우가 된다. 그래서 이런 손을 가지게 된 사람들은 기이한 행동을 하게 되는 일이 많게 되고, 무엇을 생각하는 것조차 성급한 판단을 하기 쉽게 돼 실수를 자초하게 되는 일이 많은가 하면 마음의 씀씀이조차 변덕스러울 정도로 변화가 많아 남들에게 오해를 사게 되기 쉬운 사람인 것이다.

그리고 돈을 쓸 때에는 이 사람의 수중에 돈만 있다면 있는 것이 한이라 할 정도로 기분을 내가면서 다 써버리고 난 다음에야 본전 생각이 났는지 돈을 다 써버린 것을 후회하면서 신경질을 부리게 되는 사람인 것이며, 만약에 화가 나 남들과 싸움이라도 하게 된다면 작은 이 손은 쇠망치를 방불케 하는 강펀치가 되기 때문에 웬만한 사람이라면 KO패를 당하게 되는 무서운 손인 것이다. 이런 손을 두고 손은 작은데 손매가 맵다는 말을 하게 된다. 그래서 이런 사람이 권투 선수라도 됐다면 바로 KO에 왕자가 될 수 있는 유형인 것이다. 그러나 일반적인 기술 분야인 수공업 분야에서는 섬세한 예술성을 돋보일 만한 걸작품은 만들어 낼 수 없는 것이 결점이 된다. 왜 그러냐 하면, 손이 작은 사람 쳐놓고 성격이 느긋한 부처님 가운데 토막 같다는 사람은 거의 없기 때문이다. 이런 사람은 수공업 계통에는 잘 맞지 않을 것이지만, 활동적인 사무직이나 권력을 행사할 수 있는 권력 기관 같은 데는 아주 적합하며, 격투를 요하는 복서나 스피드를 요하게 되는 운동 선수 같은 직업에서도 아주 탁월한 재능을 돋보이게 하는 유형의 손이라 하겠다.

❸ 손이 조금 작다고 생각되는 사람(身大中小手)

몸집에 비해 조금은 작은 손이라고 생각되는 사람들이 있다. 그런데 이런 사람들은 세상 내다보는 안목이 아주 넓어 가능한 일이라 생각이 되는 일이라면 무엇이건간에 한 번쯤은 도전을 해보게 되고, 어지간한 애로나 장애가 있다손치더라도 후회를 모르는 전진적인 자세를 과시하면서 무서우리만치 힘찬 전진만을 하게 된다. 그래서 우리 사회의 중소기업 같은 분야의 사장님들이 가장 많이 있다는 사실이 주목되는 일이라 하겠다. 그래서 우리들은 흔히 말하기를 손이 작으면 부지런한 사람이다 라는 말들을 많이 듣게 되는 경우가 있는데 바로 이러한 손의 유형을 두고 하는 말이라는 것을 알아둘 필요가 있겠다. 그래서 이 손에 해당되는 사람들은 두뇌의 발달이 이지적이면서도 단순한 일면도 있기 때문에 가끔씩 애로가 많은 난관에 봉착하게 되지만, 전진적인 진취력이 왕성하기 때문에 후회를 모르는 전진을 강행하게 되고 이로 인한 노력의 대가는 성공이라고 하는 명예를 지키게 되는 실리 실천의 형에 속하는 유형이라 하면 되겠다.

(4) 손등에 털이 돋아나 있는 사람들은 어떠한가? (手背有毛)

팔뚝에 털이 나 있는 사람들은 꽤 많이 있다. 그런데 손등에까지 털이 나 있는 사람들이 가끔씩 눈에 뜨일 때가 있다. 이 장에서는 손등에 털이 있고 없는 차이에 대해 설명을 해보려고 한다.

우리들이 흔히 말하기를 털이 많이 난 사람에 속하는 유형이 되겠는데, 손등에까지 새까맣게 털이 나 있는 사람이라면 한 마디로 말해 야성적인 사람이라 할 수 있으며, 야성적인 사람이란 말은 그만큼 건강 문제와 직결되는 사람이라는 표현을 할 수 있겠다. 그래서 이런 사람들은 건강한 편에 속하고 활동력이 강한 편이며 침착한 성격으로 모든 일에 실행력이 강인한 유형인 것인데, 이런 사람들을 두고 주사야사다사능(晝事夜事多事能)이라는 표현을 하기도 하여 낮에 하는 일이나 한밤중에 침상에서 행하는 일까지도 잘해낸다는 뜻이 되겠으며, 그만큼 정력이 넘쳐흐르게 되는 저력을 과시할 만한 체력을 가지고 있다는 말이 된다.

그러나 만약에 여자인 경우에 이와 같은 사람이 있다고 한다면 성격이 난폭하여 남자 이상 가는 패기가 있게 되고 활동력도 남자 이상이 되는 것까지는 좋다 하더라도, 밤마다 해내야 하는 밤일에는 웬만한 남자로선 당해내지 못할 것이기 때문에 자칫하다가는 남자가 보따리를 싸가지고 삼십육계 줄행랑을 쳐버리지나 않을까 걱정이 된다.

그래서 이와 같은 유형의 여성이 있다면 색정만은 절제를 하면서 남자가 도망질을 치는 것만은 막아내야 할 것 같다.

3) 손 모양의 세 부위(手相三部)

손의 모양을 살피면 대략적으로 세 가지 부위를 정해 보게 된다.

그 첫째가 손가락이 있는 부위를 보게 되는데, 이 부분은 $\frac{4}{10}$ 의 길이에 해당되며 이 부위를 A부라 하게 되고 이 부위를 통해서 지(智)적인 면을 보게 된다.

그리고 엄지손가락의 뿌리에서부터 나머지 손가락 사이의 부분

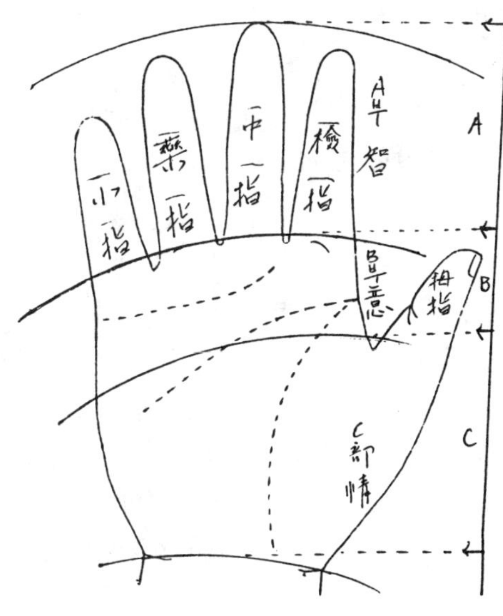

을 B부라고 하게 되며, 이 부분은 주로 의(意)를 판단하며 얼마만큼의 의지가 있는가를 보게 된다.

그리고 모지의 뿌리 부분에서부터 손목의 시작 부위까지를 C부라 하며 주로 정(情)에 대한 판단을 하게 된다. 이상과 같은 세 부위 가운데서 어느 부위가 제일 많이 발달이 돼 있느냐 하는 것을 판단하게 되는데, A부가 발달되었느냐, B부가 발달되었느냐, C부가 발달돼 있느냐 하는 판단을 하고 난 뒤에는 해당 부위의 설명을 집중적으로 해나가면 되는 것이다. 그래서 A부가 B부나 C부보다 길게 뻗어 손가락이 길다면 지혜가 있는 사람이고 정신적인 면에서 지적인 수준이 높은 사람이며 이성이 강한 사람이라는 판단을 하면 된다. 그러나 신경질적인 면도 있겠다고 하는 판단을 한 뒤에, 직업은 학자나 철학자나 종교가가 되는 것이 좋겠다는 결론을 내리게 되는 식으로 판단하면 된다.

그리고 B부가 발달이 돼 있어 B부를 판별할 때는 B부는 의(意)이므로 의에 대해 설명을 하게 되는데, 진취력이 있고 재능이 발달돼 있으며 반발 의식이나 저항력 등이 있어 남의 집 종업원을 하기에는 틀려버렸고 자기 사업을 펴나가야 한다는 판단을 내리면서, 당신은 사업가나 실업 방면으로 진출하시오 하는 결론을 내려주면 된다.

제3부위인 C부위가 잘 발달돼 있다고 하면 정(情)에 대한 이야기를 해주면 되겠는데, 당신은 본능적으로 정에 치우치기 쉬워 매사를 감정적으로 실행하기 쉽고 취미 생활이나 향락적인 기호를 즐기게 된다는 판단을 하고 난 다음에, 직업은 예술가가 좋겠다, 그렇지 않으면 사회사업가 같은 직업을 가져라 하는 식의 판단을 내려주게 되면 되고, 만약에 A B C의 부위가 골고루 아주 적당하게 발달이 되어 있다고 하면 당신은 지성을 갖춘 사람인데다 의지

력 또한 있는 편이며 진취력 역시 남에게는 뒤지지 않겠고 인정에 순화되어 남을 도울 줄도 알겠고 당신 스스로도 멋을 알고 사는 사람이니까 참으로 멋진 수상을 가지고 있다는 판단을 내려주면 만점짜리 감평이 되겠다.

그래서 이 부위를 판단하는 데 있어서는 컴퍼스와 같은 기구를 가지고 추정을 해본 다음에 실제를 가늠해 볼 수도 있겠으나, 눈으로 살펴본 목측도 가능하기 때문에 꼭 재어보고 측량해 보는 등의 거추장스러운 행위를 하지 않아도 점잖은 자세로 얼마든지 판단을 내릴 수 있기 때문에 어느 정도의 훈련을 쌓아야 한다는 것 정도만 일러두는 바이다.

4) 손가락의 길이로 판단한다 (手指長短)

손가락의 길고 짧음을 애기할 때는 손바닥 전체와 손가락 전체의 길고 짧음을 그림과 같이 $\frac{1}{2}$로 나누어 판단한다. 그러나 엄지손가락은 빼어놓은 채 보게 된다는 사실을 기억해 둘 필요가 있다. 이러한 요령으로 보게 되는데 A의 부분인 손가락이 지나치게 길어 마치 갈퀴를 펴놓은 것처럼 돼 있는 사람이라면 공연히 남의 일에 끼어들어 감 놔라 배 놔라 하는 식으로 간섭하는 것을 아주 좋아하며 자기의 일을 해나갈 때는 아주 세심하고 꼼꼼한 사람이어서 정밀을 요하게 되는 수공예 같은 분야나 설계나 제도와 같은 분야에도 적성이 잘 맞게 된다는 판단을 내려주면 되는 것이다. 또 점잖은 사교성을 가진 사람이라는 판단도 곁들여주면 되는 것이다.

손바닥은 넓고 큰 편인데 반대로 손가락이 아주 짧아 뭉툭하게 생긴 사람이라면 당신의 성격은 매우 조급하겠으며 고집도 어지간

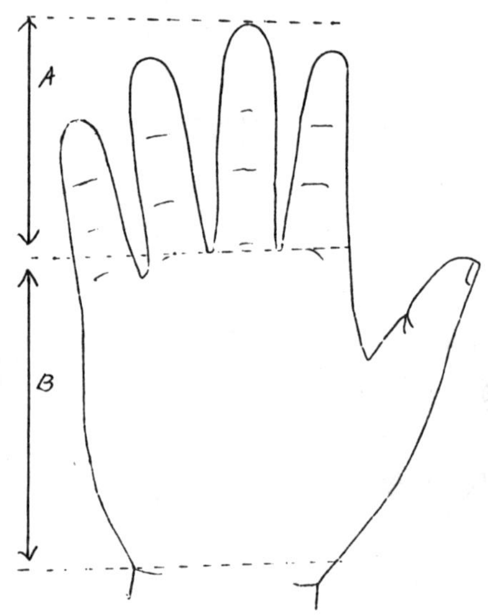

히 세어 남에게는 절대로 지지를 않으려는 성격의 소유자다. 그러나 민첩한 면과 결단력이 있는 것은 사회 활동에 있어서 아주 좋은 무기가 될 수 있을 것이다. 그러니까 실업가로서의 길을 열어나가게 되면 대성을 하겠다고 판단을 내려주면 되고, 만약에 네 개의 손가락이 들쑥날쑥한 것처럼 엉성하지도 않고 조화가 잘 이뤄진 손가락이라고 하면 성격적으로도 조화를 잘 이룬 사람이고 매사에 활동의 범위가 아주 넓어 잘 살아나갈 수 있는 수상이다 하는 식으로 판단을 내려주게 되는 요령을 터득해 두어야 한다. 그러나 만약에 이와 같은 요령을 무시해 버린다면 수상학을 백날 공부해 보았댔자 아무런 소용이 없는 것이다.

❶ 손가락 하나하나의 길이에 대한 비교(手指個別比較)

가) 검지(檢指)

제일 먼저 검지의 판단인데, 검지를 보게 될 때에는 명예심, 자부심, 권력욕, 지배욕 등을 보게 되는 곳으로 이 손가락이 다른 손

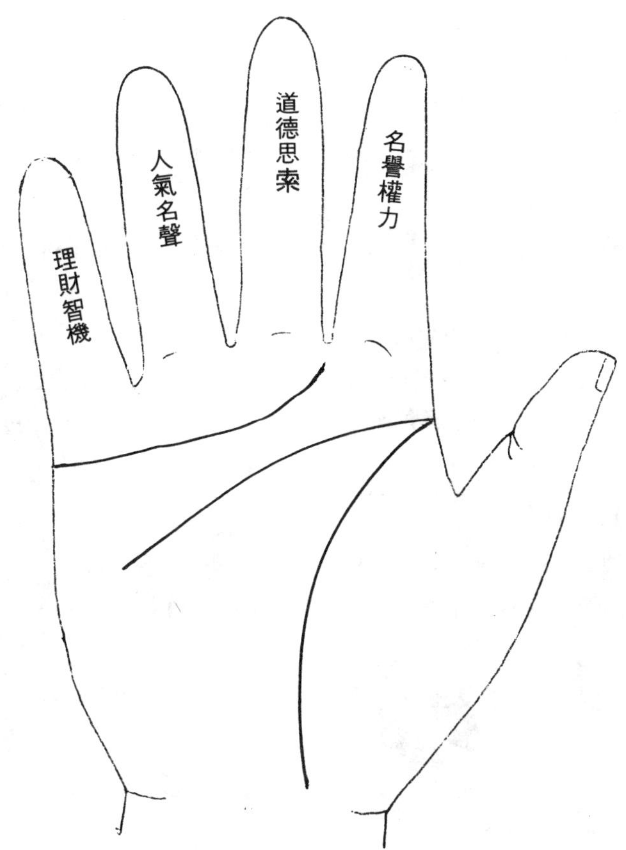

가락보다 약간 길다면 이상과 같은 내용으로 착안을 하고 나서 차근차근 설명을 해나가면 되는 것이다.

나) 중지(中指)

두 번째가 중지의 판단인데, 중지는 대략적으로 도덕 관념이 나타나는 곳으로, 사색을 즐기게 되거나 고독을 즐기게 되는 내향적인 경향이 많은 것으로 판단하게 된다. 종교나 철학과 같은 분야에서는 전문가는 비록 아닐지라도 이 분야에는 일가견을 가지고 있는 편이며 독서 같은 것을 좋아한다는 판단을 내려주고, 연구 분야와 같은 곳에서도 많은 발전이 있을 것으로 판단을 하면 된다. 그러나 이 경우는 중지가 월등하게 길었을 때이다.

다) 약지(藥指)

세 번째가 무명지가 길었을 때의 판단인데, 무명지는 명성(사회적인 것) 또는 인기의 유무나 행운의 표현력 등을 나타내는 것으로 추리에 의한 판단을 심도있게 말해 나가면 되는 것이다. 그리고 감수성이 풍부하다거나 화려한 행동과 활동을 하게 되며 예술적인 방면이나 기예의 분야에서도 아주 뛰어난 재능을 인정받게 된다는 판단을 곁들여 나가면 되는 것이다.

라) 소지(小指)

네 번째가 새끼손가락이 길었을 때의 판단으로, 새끼손가락이 가지고 있는 의미는 재산의 관리를 잘 해내는 이재에 관한 설명을 해주어야 하고, 장사꾼으로서의 재능이 있음도 함께 말해줘야 하며, 지혜와 지략 또한 출중하기 때문에 부자가 될 수 있다는 등으로 말해주면 된다.

그러나 자칫 잘못했다가는 구두쇠 소리를 듣기 쉬우니 인심을 써두라, 욕심을 너무 많이 부리게 되면 인심을 잃게 되어 독불장군격이 될 수 있다는 판단을 내려주게 되면 백점짜리 감평인 것이다.

❷ 검지와 다른 손가락과의 비교(檢指와 他指)

검지 이외의 다른 손가락이 거의 같은 길이로 길게 뻗어 있을 때에는 남들보다 윗자리에 올라 남을 지배하고 싶은 지배욕과 권력에 대한 집착력이 많으며, 그 정도가 좀더 심한 경우에는 광적일 만큼의 지배 의식을 갖게 된다고 말해준다.

그래서 남을 찍어넘겨 버리고 나서라도 자기는 기어코 권좌에라도 한번 올라보려 하는 야심이 강력하게 나타난다는 의미를 나타내고 있는 것이다. 이런 손의 형태를 가지고 있는 사람들이 권력만 잡게 되었다면 목숨을 걸어놓고서라도 그 자리를 지켜나가려 하는 권력집착형에 속한다. 그러나 검지와 거의 같은 길이를 가지고 있는 경우에는 지배욕이나 명예에 대한 집착력을 아주 신중한 자세로 견지해 나가게 되지만, 검지가 중지보다도 훨씬 짧은 사람은 권력에는 욕심이 없을 뿐만 아니라 권력을 잡게 된다 하더라도 겁장이가 돼 그 자리를 오래도록 지켜내지 못하고 남에게 넘겨줘 버리고 말게 되는 것이다. 또 무명지와 길이를 비교해 보아 무명지보다 검지가 대단히 짧은 사람은 아주 소심한 사람이어서 권력의 장악은 힘들고 권력의 뒤안길에서 공복 노릇이나 해야 할 유형에 속한다.

그러나 약지보다 검지가 길어 중지와 거의 같거나 더 길게 되면 권력의 쟁탈 작전에서 비상 대책 같은 것이라도 하나 강구해 나가게 되어 끝까지 자기의 권좌를 지켜나가려 하는 유형에 속하게 된다. 무명지와 검지의 길이가 쌍둥이처럼 가지런해 보이는 사람은 지위를 갖고 있으면서도 물질까지 함께 가지고 싶어하는 사람으로 정치 재벌이 될 수 있는 소양이 있는 사람이라 할 수가 있겠다.

❸ 중지와 다른 손가락에 대한 비교(中指와 他指)

중지와 검지, 약지가 형제처럼 나란하거나 크기가 엇비슷한 사람들은 깊은 사려에 빠져들기 쉽고 침착한 일면을 보이게 된다. 중지와 검지를 비교했을 때 중지가 월등하게 긴 사람은 특이한 심성의 소유자로서 모든 행동면에 있어서 극단적인 생각을 행동으로 옮겨보려는 경향이 있어서 다른 사람들이 보기에는 괴벽성이 있는 사람으로 판단하기가 쉬워 오해를 받기 쉬우니 상당한 주의를 요한다. 그리고 중지가 검지보다 짧은 길이를 가지고 있는 사람은 자기 만족에 합당한 길을 찾아나가고 있는 사람이며, 무명지가 장지보다 길게 올라갈 정도로 긴 사람은 자기 생각에 안착하지 못하고 우왕좌왕 하는 사람이며, 중지가 무명지보다도 월등하게 긴 사람은 예술 또는 화려한 신분을 선호하는 사람이 되기 쉬운 유형으로 타인들을 도외시한다거나 자기 스스로가 현실 도피 의식 같은 것에 빠져들기가 쉬워 고독을 즐기려 하는 기이한 행각을 하게 되는 수가 있다.

그리고 무명지와 중지의 길이가 젓가락처럼 똑같이 생긴 사람은 사행심이나 요행심이 아주 강해 도박을 즐기거나 경마나 증시와 같은 투기장에 뛰어들어 자신이 저지르게 된 사행심이나 요행심 등으로 인해 패가지탄을 면하지 못할 소양이 있는 사람이니 조심을 해야 한다.

❹ 약지와 다른 손가락과의 비교 (藥指와 他指)

무명지와 다른 세 개의 손가락 길이가 거의 같은 사람은 예술적 감각이나 미술적인 것에 대한 심미안을 갖고 있어 예술을 사랑하거나 예술적인 분야에서 탁월한 기량을 보여주는 활동을 하게 된다. 그리고 성격도 쾌활하며 사교적인 면에서는 아주 원만한 사교를 펴나가게 된다.

무명지가 검지에 비해 약간 긴 사람은, 미술과 같은 예능 방면에 상당한 지식이나 기량을 가지고 있으면서도 그 분야에서는 별로 진취적인 면을 보여주지 못하는 소극적인 사람이 되기 쉽다. 그러나 진취력만 크게 길러나간다면 대성을 할 수 있는 사람이다. 무명지가 검지보다 아주 짧은 사람은 명예나 권력면에 있어 주관적인 야심을 부리기 때문에 역부족에 의한 낭패가 뒤따를 수도 있겠으니 주의를 요하는 바이다.

약지와 장지의 길이가 같을 정도인 사람은 승부와 투기를 아주 좋아하게 돼 자업자득에 의한 실패를 감수해야 하는 경우도 있겠으니 주의를 요한다. 그리고 장지보다 무명지가 짧은 사람은 고독과 사색을 즐기게 되고 신경질적인 면을 보여주게 되니 조심을 해야 한다. 그리고 소지와 무명지가 거의 같을 정도로 짧은 사람은 다예 다재한 사교적 활동성을 가지고 있는 사람이며, 소지에 비해 무명지가 차이가 많다 할 정도로 길게 뻗어 있는 사람은 다양한 사교 활동에 의해 자기의 소망을 이룰 수 있는 사람에 속한다. 무명지가 새끼손가락보다 짧은 사람은 독특한 재예를 겸비하고 있으면서도 대중들의 호응을 받지 못해 오히려 써먹을 기회를 얻지 못하는 기재의 명인에 속하는 사람이다.

❺새끼손가락과 다른 손가락과의 비교(小指와 他指)

소지와 다른 세 개의 손가락 길이가 엇비슷한 사람은 다재다능한 수재가 있는 사람이며 외교나 사교면에서 아주 능수능란한 재변이 있는 사람이다. 그래서 다방면으로 활동력을 과시해 보이는 활동형에 속한다. 그리고 소지와 검지의 길이가 거의 같을 정도의 사람은 외교 방면이나 사교를 겸비한 외교관으로 대성을 할 수 있다는 암시를 주고 있는 유형에 속하고, 소지와 장지와의 길이가 거의 같을 정도가 되면 학문적 바탕이 출중하게 발달된 것을 나타내 주고 있지만 책이나 읽으면서 글이나 쓰고 하는 학자형이 아니라, 논설, 강론, 그리고 비판과 같은 사고에 눈이 밝은 학자형으로 인기를 얻게 되는 유형에 속한다. 소지가 길어 무명지와 나란히 쌍둥이처럼 되어 있는 사람은 예술적인 감각이나 미술적인 감각도 뛰어나다지만 코미디언이나 개그맨과 같이 청중과 관중을 사로잡아 버릴 만한 감화력과 설득력이 강하다는 암시를 해주고 있는 것이며, 재물을 탐하고 부를 축적하는 데에도 타인들의 추종을 불허하는 유형에 속한다.

❻ **손가락 뿌리 부분의 위치를 보고 판단한다**(手指의 根源)

손가락의 근원을 아는 법은 수삼부(手三部)의 A와 B의 반월형을 그린 선의 평균보다 깊은 곳을 가지고 판단하게 되는 것이다. 그리고 검지의 근원이 낮은 사람은 수지의 비교에서 설명한 바와 같이 해석하면 되고, 중지의 근원도 마찬가지이며, 약지, 소지의 근원도 제각기 같은 방법으로 보게 된다. 해당하는 손가락의 길이가 그만큼 짧은 것으로 판단을 내리면 되는 것이다.

5) 손가락 사이사이의 간격을 보라(手指間隔)

우리는 일상 생활을 해나가면서 흔히 "네 손 한번 내밀어봐"하면서 상대방에게 무의식적으로 자연스러운 얘기를 할 때가 있게 된다. 그럴 때면 상대방이 "자, 봐"하면서 내미는 손의 형태는 사람에 따라 제각기 다르다는 것을 알게 된다. 어떤 사람의 경우에는 다섯 손가락을 딱 붙여 내미는 일이 있다. 또 어떤 사람은 엄지손가락은 80도 각도쯤 되도록 쫙 벌리고 나머지 네 손가락은 딱 붙여 내미는 경우도 있는가 하면, 또 어떤 사람은 다른 손가락은 다 붙여졌는데 유독 새끼손가락 하나만은 30도 각도로 쫙 벌어진 채 손을 펴보이면서 내미는 경우도 있는 것이다.

그리고 어떤 사람은 다섯 손가락 모두를 쫘악 벌려 쇠갈퀴처럼 엉성하게 벌리면서 내밀어 주는 경우가 있는가 하면, 엄지는 엄지대로 따로 펴고 검지와 장지가 한데 달라붙어 있고 무명지와 소지가 한데 달라붙은 상태로 손가락 삼파전이라도 한번 벌이려는 것처럼 만들면서 내보여 주는 경우도 있다. 이러한 현상들을 통하여 그 사람의 성격과 활동 상황 등을 판단해 내는 데 매우 중요한 정보를 제공받게 되기 때문에 또 하나의 수상 판단에 대한 자료가 첨가된 셈이다. 그러므로 이 항을 열심히 공부해 둔 사람이라면 그야말로 청산유수와 같은 열변이 술술 쏟아져나오게 될 것이다.

그래서 운명학이건 수상학이건간에 상대방이 그 어떤 정보를 가지고 찾아와 "이 정보를 제가 드릴 테니까 선생님께서는 제가 드린 정보를 분석 좀 해주십시오"하면서 술사의 입만 바라보고 있다가는, 유능한 술사로 하여금 정확한 판단과 함께 청산유수로 쏟아져나오는 설변을 듣고 난 다음에는 입을 딱 벌리고 앉아 넋이라도 빠져나간 사람처럼 잘 맞는다는 감탄사만 연발하게 된다. 그래서 술사는 박학다식하고 유능한 실력을 갖추고 있어야만 하며, 유능한 술사가 되려 한다면 끊임없는 수학과 수련을 통해 얻어진 지식으로 이 사람이 나를 찾아와 준 키 포인트는 과연 무엇인가를 아주 예리하게 축출해내 백발백중으로 딱 소리가 나도록 적중을 시켜야 한다.

❶모지와 검지와의 사이가 벌어진 경우(拇指와 儉指의 間隔)

엄지손가락과 검지의 사이가 딱 벌어지게 손을 펴보이는 사람은 독립과 창업의 기상이 깃들여 있는 사람이며 타인들을 지배하고자 하는 지배욕이 강한 성격을 가지고 있는 사람이라는 판단을 내릴 수가 있겠다. 그래서 이런 유형에 속하는 사람들은 자기보다 유능하고 강한 실력자에게는 도전적인 기품을 나타내게 되지만, 자기보다 힘이나 실력이 약하다거나 손아래에 두고 부리게 되는 부하나 수하 사람들에게는 사랑을 쏟게 되고 동정하는 일이 많아 수하의 관계가 잘 융화될 수 있는 사람이라 할 수 있다. 일상적인 사회활동에 있어서는 금전 관계에 대한 금전 애착력이 강한 면이 나타나기 때문에 타인들로부터 구두쇠 소리를 듣게 되거나 노랭이 소리를 듣는 경우도 있게 되지만, 자기를 지키는 지혜와 진취력이 남들보다는 뛰어나 있기 때문에 사회적으로는 상당한 성공과 부를 누리게 되는 대가를 얻어가면서 살아나갈 수 있는 유형에 속한다.

❷ 검지와 중지의 사이가 벌어지는 경우(儉指와 中指의 間隔)

검지와 중지의 사이가 벌어지도록 손을 내미는 사람은 독립심이 강할 뿐 아니라 고집 또한 대단하여 자기가 하고자 하는 일이라면 불도저처럼 밀어붙이려 하는 진취력이 있는가 하면 정신력 또한 남달리 강인한 것을 나타낸다. 그래서 사회적인 진출면에 있어서 혼자 가는 나그네길처럼 항상 외로움을 겪게 되지만, 어느 누가 뭐라 하건 자기의 갈길만 묵묵히 찾아가게 된다.

그래서 성공의 확률도 많지만, 때에 따라서는 역경과 고난을 많이 겪게 되고 타고난 성격대로 진취적인 전도를 힘차게 열어나가게 된다. 그래서 사회적으로는 상당한 명예와 부를 누리는 위치에까지 다다르게 되는 것이다. 그러나 워낙 독선적인 데가 있기 때문에 때에 따라서는 타인들로부터 빈축을 사게 될 때도 많지만, 그런 것 정도는 아예 의식도 하지 않으면서 자기가 할 일만 찾아하는 사람에 속한다. 만약에 어느 누가 이 사람이 하는 일을 간섭이라도 한번 했다가는 그 사람과는 싸움이라도 한바탕 할 것처럼 큰소리를 질러대면서, 값비싼 자기 밥을 먹고서 남의 일에 간섭할 시간이 있으면 집에 가서 낮잠이나 자두라는 식으로 호통을 쳐버리고 말 사람인 것이다.

❸ 장지와 무명지의 사이가 벌어지는 경우(長指와 藥指의 間隔)

장지와 약지는 통상적으로는 잘 벌어지지 않는 것이 통례로 되어 있다.

그러나 우리의 주변에서는 이와 같은 유형의 사람들을 보게 되는 수가 간혹 있다. 이러한 유형이 많은 것은 아니고 대체적으로 희귀한 편에 속한다 할지라도 학습상으로는 꼭 알아둬야 할 필요가 있는 것이기 때문에 기술해 두고자 한다. 이러한 사람들은 시쳇말로 자유주의파에 속하는 사람이라는 표현을 하게 된다면 걸맞는 표현이 될 것 같다. 그래서 이런 사람들은 자유주의적 쾌락을 좋아하고 사치와 방종을 취미로 여기면서 가급적이면 멋있고 화려한 생활을 꾸며나가려 하게 돼, 케케묵은 윤리관이나 도덕관 따위는 아예 거추장스럽다는 식으로 쇠코에다 끼워 놓은 코뚜레처럼 귀찮아하게 되고 어느 누구의 간섭이나 지배에 의해 자신이 속박당하고 싶지가 않은, 그야말로 자유와 민주주의를 자기딴에는 최대한으로 누려가며 살아가려 하는 사람이다. 수중에 돈이라도 좀 생겼다 하게 되면 참으로 멋이 있게 잘도 쓰고 기분이라도 한껏 풀어내 버려야만 직성이 풀린다는 식의 기분파 인생을 자유롭게 살아가고 싶은 사람의 유형에 속한다.

❹ 무명지와 소지의 간격이 벌어진 경우(藥指와 小指의 間隔)

약지와 소지와의 사이가 꽉 벌어진 사람의 경우에는 개인주의적인 사고방식을 가진 기품이 나타나게 된다. 그리고 돈을 벌게 될 때에는 피나게 벌고 꼭 써야 할 때에는 또 멋있게 쓸 줄 아는 성품이 나타나게 된다.

그리고 자기가 타고난 예술적인 천분을 착실하게 지켜나가면서 남들의 부러움을 사기도 하지만, 대중 속에 휩쓸려 들어가 희희낙락하면서 평범하게 어울리는 것을 좋아하지 않아 남들의 뒤켠에서 구경이나 하는 관망적인 흥미파라 하는 유형에 속한다. 스스로의 재능과 재간을 과시하는 성품 때문에 자기 위치에 대한 집착이 강하게 나타나, 이 사람이 하는 일을 간섭이라도 했다 하면 들은 체도 하지를 않으면서 동네 개야 너는 짖어대라 나는 내가 해야 할 일만 하면 된다는 식으로 일관해 버리는 면이 있기 때문에 타인들로부터 저 사람은 참으로 이상야릇한 사람 같다는 괴인 취급을 받기도 하지만, 사실은 자기 본위의 인생만을 살아가는 개인주의적 사고방식에 의한 생활철학적 바탕으로 살아가고 있는 유형인 것이다.

6) 손의 관절 (手指關節論)

◎ 손의 관절에 대해서는 모지를 제외한 나머지 네 개의 손가락 가운데에 있는 두 마디의 관절을 말하는데, 이 손마디 역시 사람

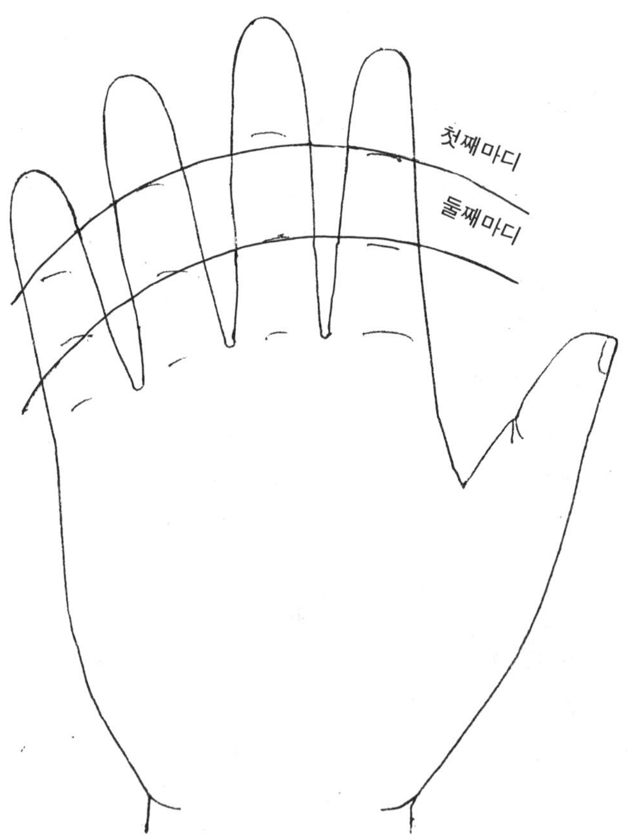

마다 제각기 달라 손마디가 굵은 사람이 있는가 하면 손의 마디가 있는지 없는지조차 모를 정도로 늘씬하게 생긴 사람도 있다. 또 약간의 손마디가 보이는 것 정도로 판단할 수 있는데, 세간에서는 흔히 말하기를 일을 많이 하면 손마디가 굵어진다는 말을 많이 하지만, 일을 많이 하면 손에 굳은살이 많이 붙어 손금이 희미해질 정도까지는 되지만 뼈마디가 툭 튀어나올 정도는 되지는 않는 것이 상식이라는 것을 알아두어야 한다.

그러나 설혹 굳은살이나 옹이가 생겨 손마디가 약간은 굵어 보인다 하더라도 본 장에서 논하고자 하는 굵은 관절에는 해당되지 않는 것이며, 제아무리 일을 많이 하더라도 뼈마디까지 굵어지지 않는다는 사실을 알고 있어야 한다. 본장에서는 타고날 때부터 마디가 굵게 태어난 손의 관절을 말하는 것이다.

❶관절이 굵은 손가락의 예

손가락 각 관절마다 뼈마디가 굵어 눈으로 보면 즉시 판별할 수 있다. 그래서 이러한 사람들은 손가락을 모두 붙여 손을 한번 펴 보라 하게 되면 손가락의 사이사이마다 이쑤시개 한 개 정도는 들어갔다 나왔다 할 정도로 손가락 관절의 다음 부분의 사이가 훤한 구멍이 드러나 보일 정도가 돼 있는 손을 말한다.

이러한 손을 가지고 있는 사람들은 이성이 아주 강인하지만 체력적인 면에서도 강인한 것을 느끼게 된다. 그러나 성격은 보통 사람들보다는 많이 달라 아주 깐깐한 성격이 나타나기 때문에, 이런 손을 가지고 있는 사람에게는 쓸데없는 농담이나 잡담 같은 것은 걸어보았댔자 자칫하다가는 혼줄이 나버리기 십상인 것이며, 무슨 일에 대한 제안을 하나 한다 하더라도 꼬치꼬치 캐어묻고 따지고 들어가는 집착성이 있게 되기 때문에 이런 사람에게는 함부로 접근하기가 힘이 드는 경우가 많다. 두 번째의 관절만 굵은 사람이라면 그래도 조금은 점잖은 편이기 때문에 다소 나은 편이지만, 두 개의 마디가 모두 다 굵은 사람이라면 신경까지 예민하여 더욱 더 접근하기가 어렵게 되는 것이다.

그리고 친구지간에 장난이라도 치게 되는 경우에 이와 같은 손으로 손목이라도 한번 꽉 잡혀 버렸다 하게 되면 잡힌 손은 아마도 으스러져 버릴 것처럼 아픈 것을 느끼게 되고, 어쩌다가 따귀라도 한 대 얻어맞았다 하게 되면 판대기로 때리는 것보다 더 아픈 것을 느끼게 될 것이다. 그러나 이와 같은 손이라고 해서 노동에 종사나 하는 노동자의 손은 결코 아니라는 사실을 잊어서는 안 된다는 것을 부언해 두고 싶다.

❷ 관절이 보이지 않는 아주 늘씬한 손의 경우

손마디가 없다는 손은 한 마디로 손이 곱고 매끈한 모양을 하고 있어서 얼핏 보기에는 여자 손 같다는 손에 해당되는데, 이런 손을 놓고 세간의 사람들은 손이 잘 생겨서 놀고 먹을 팔자라나 하는 말을 하게 되지만, 절친한 사이에서라면 놀고 먹는 기생오라비 손 같다는 손의 형태를 가진 사람을 말하게 된다. 그런데 이런 손을 가진 사람은 수상학적으로 본다 해도 일이나 해먹고 살아가기에는 어려운 손인 것이다. 이 손은 직감력이나 영감이 뛰어나게 발달하게 돼 있기 때문에 매사에 풍부한 감성을 가지고 관찰하게 되어 이지적인 면이 있으므로 가급적이면 노동력을 필요로 하지 않는 고급 직종에 종사를 하게 되고, 사교적인 면에서는 아주 명랑하고 활발한 성격이라서 대인 관계가 비교적 광범하게 펼쳐지는 특징이 나타나 사회적인 활동 범위가 비교적 광범한 무대로 형성되기 때문에 명예적으로나 사회적으로 상당한 지위를 얻게 되는 특성을 지니고 있다.

7) 엄지의 특성과 간격(拇指의 特性과 間隔)

　엄지는 손가락 중에서도 가장 중요한 특성을 지니고 있는 것이다. 그래서 다른 손가락보다는 다른 의미에서 별도의 설명을 하게 되는 것이다. 모지의 중요성이란 수상학을 제외시켜 놓는다 해도 중요한 일을 하게 된다는 것 정도는 상식에 속하겠지만, 문자 그대로 모지라는 의미는 다른 손가락들이 해낼 수 없는 모든 일들을 도맡아 하게 된다. 다른 손가락 네 개의 몫을 모지 하나가 다 해낼 수 있을 정도로 주체적인 일을 하고 있는 만큼 모지가 지니고 있는 특성은 아주 강한 것이다. 모지가 다른 손가락에 비해 크고 굵은 사람은 이지적(理智的)인 면이 발달하게 돼 있고 실행력이나 진취력이 강한 면으로 성격이 나타난다. 그래서 사회적인 활동 분야에서는 실업 방면이나 사업, 정치 분야에서 대성자가 많이 나오게 된다.

　모지가 다른 손가락에 비해 너무 작거나 빈약해 보이는 사람은 의지도 나약할 뿐만 아니라 이성도 약하기 때문에 진취력이나 박진감 넘치는 활동성이 결여되지만 예술적인 재능이나 기예 부분에 있어서는 상당한 상달 능력이 나타나기도 한다. 그리고 모지 자체가 아주 작게 생긴 사람은 마음의 씀씀이마저 편협한 편에 속하고 일상 생활을 해나가는 면에 있어서도 상식 이하의 저속한 처세에 의한 생활을 하는 경우가 되기도 한다. 그래서 모지의 길고 짧음과 다른 손가락의 비교 판단은 이상의 예로 미루어 판단을 내린다면 별로 실수가 없을 것으로 안다.

❶ 엄지손가락 모양의 판단은 어떻게 하나

　모지의 근원은 두뇌선의 시발점이 되고, 모지는 두뇌의 발달 상태를 나타내는 뇌의 상태를 나타낸다 할 수 있겠다. 그래서 모지

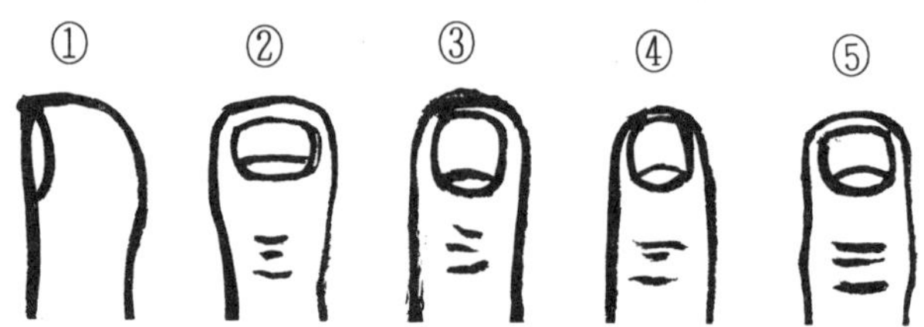

의 생김생김에 따라 제각기 다른 유형의 개성을 판단해 볼 수 있는 부위가 된다 할 수 있겠다. 어떠한 모양을 하고 있는 엄지를 가졌느냐 하는 것이 그 사람의 두뇌 발달 상황에서 나타나는 이성과 지능의 척도를 알게 되고 지식의 정도와 인격적으로 나타나는 품위까지도 엿볼 수 있게 되는 판단의 열쇠를 가지고 있는 아주 중요한 부위가 된다.

그림 ①에 나타나 있듯이 엄지손가락 끝부분이 두껍게 되어 있어 복어의 배처럼 불룩하게 돼 있는 사람은 성격 발달 상태가 우둔하게 발달돼 생활면에서는 매우 단순한 생활을 하게 되고 취미 생활이나 기호 역시 보편성을 뛰어넘지 못한 저변의 생활에 적응력이 강한 사람으로 판단하게 된다.

그림 ②의 경우에는 손가락의 끝이 넓은 것이 특징이며 손톱은 짧다. 그래서 이러한 손가락을 가지게 된 사람은 자기 주관이 강하게 나타나 완고한 고집마저 있게 돼 타인들의 간섭 같은 것은 일절 받아들이지 않게 되고 오로지 자기의 생각에 의한 판단으로 자기 멋대로만 살아가는 외고집이 들어 있는 유형에 속한다.

그림③에 있어서는 손끝이 약간 뾰족한 것처럼 되어 있으며 모든 사물과 사건에 대한 판단력이 예민하고 지능이 뛰어난 사람으로 판단하게 되는데, 사교적인 면에 있어서는 폭넓은 활동을 하게 되므로 이 사람의 재능을 인정받게 되는 활동형인 것이다.

그림 ④의 경우에는 예쁘게 쭉 빠진 모양을 하고 있는데, 이 사람은 성격적으로나 행동면이 고루 발달된 사람으로 대체적으로 고급에 속한 사회 활동을 하게 되고 화려하면서도 멋있는 사회적 기반을 갖게 되며 상당한 명예와 지위를 누리게 되는 유형에 속한다.

그림 ⑤형의 모지를 가진 사람은 그림에서 보는 바와 같이 생김생김이 기이하면서도 네모가 나 있는 것이 특징으로 이 사람의 성격은 너무 고지식하고 융통성이 없어 사교적인 면에서는 점수 받기가 힘들 정도여서 단순한 기술 분야나 머리를 쓰지 않아도 되는 사업 분야에 종사하게 되면 맞는 유형에 속한다. 이상에서 본 바와 같이 엄지의 형상은 참으로 중요하다는 것을 설명했다.

그러면 이번에는 손가락의 유연성에 대해 논해 보기로 하자.

손가락의 모양은 대체로 너무 넓지도 않고 좁지도 않으면서 살결이 거칠지도 않고 매끄러워야 좋은 것이다. 그러나 그렇지를 못하고 천태만상의 유형이 있다는 것쯤은 독자들이 더욱 더 많은 경험과 실증을 통해 연구해 나가야 하는 부분이라 하겠으나, 손가락 자체가 유연성이 하나도 없어 빳빳해 가지고 넘어가지도 않는 사람은 아주 심지가 굳으며 매사에 사려가 깊은 행동을 하게 되지만, 머리를 치켜들고 있는 독사처럼 척척 휘어져 올라가는 모지를 가진 사람은 사교에는 능하나 순응성이 풍부하여 주인 의식이 결여되기 쉽고 사치와 낭비가 심한 유형에 속한다.

❷ 모지의 세 구분으로 판단하는 법(拇指三分法)

모지의 세 구분은 ㉮ ㉯ ㉰ 의 순으로 나누게 되며 ㉮의 부분은 의(意)를 판단하고 ㉯의 부분은 지(智)를 나타내는 부위이며 ㉰의 부분은 정(情)을 나타내게 된다. 그래서 이 세 부분의 길이에 의해 정(情)의 정도를 판별하고 나서 제각기 해당하는 부위의 이야기를 해주면 되는 것이다.

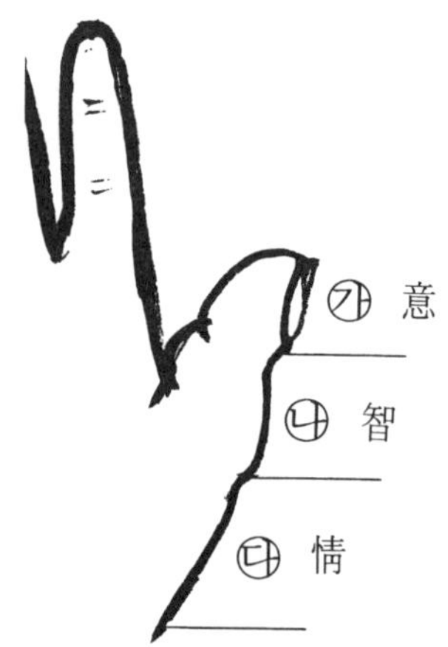

㉮의 부분은 모지의 끝부분으로 손톱이 나와 있는 끝마디에 해당된다. 여기에서는 의지적(意志的)인 것으로써 의지력과 실행력, 결단력 등을 보게 되는데, 다른 부분보다 깊게 되어 있는 사람은 파쇼적인 데가 있게 되어 타인들을 깔보고 무시하는 경향이 있으며 사교성이 결여되어 있는 유형으로, 독선적인 데가 많게 되고 일상적인 생활면에서는 보편성을 결여한 생활을 하게 된다.

그리고 ㉮의 부분이 다른 부위보다도 짧은 사람은 의지력과 실행력이 결여되어 우수한 재능에 대한 활동의 범위가 좁아지게 되는 것을 의미하고. 이 부분이 아주 짧은 사람은 의지력과 실행력이 아주 나약한 사람으로 평상인을 능가하지 못하게 돼 노다 공소(勞多功少)의 세월을 보내게 되는 유형이 된다.

㉯는 지(智), 즉 이성을 구사하는 행동면을 보는 부분으로 정신적인 발달 사항과 사상적인 면을 보게 되는데, 이 부분이 길게 잘 발달되어 있는 사람은 지식의 축적이 많고 기억력 역시 상당히 좋은 편이어서 이론과 논설 등을 좋아하게 되지만 실천적인 행동면

에 있어서는 망설이는 일이 많게 된다. 그래서 이와 같은 사람은 이론의 원칙에 의한 실천 가능성을 추구하는 이론 실천론자라고 보면 되겠다.

㉔에 나타나게 되는 부분은 정(情)의 부분인데, 이 부분은 사실상 손바닥이 있는 살집 부분이다. 여기가 잘 발달되어 있고 살집이 두툼하게 붙어 있는 사람은 애정 관계와 SEX에 대한 면을 주로 보게 되기 때문에 이곳의 발달 사항은 애정 문제가 원만하고 상대에게 정을 받는 것보다 주는 편에 속하는 것으로 본다.

8) 손가락의 탄력(手指 全體의 伸縮性)

사람들의 손 역시도 유연성이 있어 손만 한번 살짝 펴본다 해도 손가락의 전체가 활처럼 착 휘어지면서 손가락이 손등 쪽으로 척척 젖혀지는 사람이 있는가 하면, 일부러 젖혀보려고 기를 써봐도 젖혀지지를 않고 딱딱한 송판처럼 되어 있는 손이 있는 것이다. 그래서 이 장에서는 손의 유연성을 잠깐만 논해 보기로 한다.

❶ 손이 아주 부드러워 손등으로 젖혀지는 손을 가진 사람들은 대개가 손바닥의 근육이나 살집까지도 보드라운 유형에 속하는데, 이러한 사람들은 감수성이 강하게 나타나고 사려에 민감할 뿐만 아니라 이성이 잘 발달돼 있는 사람이라 할 수 있다. 보편적으로 볼 때에는 머리가 좋은 편에 속해 학창 시절에는 상위권에 들어가는 지성파에 속한다. 그리고 예술이나 음악 같은 분야에서도 심미안적인 안목이 있게 돼 특별활동을 하게 되는 경우에는 단연코 입상을 하게 되는 소양을 보여 주기도 하겠지만, 강인한 결단력은 별로 내세울 정도가 아니기 때문에 폭력이나 위력 앞에서는 멋드

러진 화술과 사교적인 재능을 발휘해 가면서 위기를 모면해 나가게 되는 일면을 보여 주기도 하고 금전적인 낭비가 화려한 편으로 흐르는 경향이 많게 되는 사람이다.

※ 사치, 도타 등이 기벽에 가까운 사람

❷ 손바닥이 굳굳한 것 같고 손가락 전체도 빳빳한 손으로 손가락이 짧은 원시형이나 실천형 철학형 등에서 주로 보게 되는 유형이 되겠는데, 이러한 손은 아무리 애를 써 손을 펴보았댔자 손등으로 확 젖혀지지는 않게 된다. 즉 이것은 무엇을 뜻하느냐 하게 되면 손이 딱딱한 만큼 지성 역시 경직된 원칙을 가지고 매사에 융통성이 없이 자기 사고나 생활 속의 철학관만 가지고 사회 활동을 하려 하는 경향을 보여주는 유형이기 때문에 타인들과의 타협 등에 융화가 잘 안 되는 경향이 많지만, 자기가 헤쳐나가야 할 일에 대해서만은 강인한 의지력으로 여하한 난관에 봉착은 하더라도 좌절을 모르는 끈기와 인내력이 강인한 성격과 체질을 가지고 있는 사람이기 때문에 사업가나 정치 분야에서 두각을 나타낼 수 있는 손이다.

※ 통솔력, 극기, 인내, 고집 등이 특성이다.

❸ 이번에는 손이 젖혀지지도 않고 똑바로 일직선이 되는 손인데, 이러한 사람은 평범한 사람으로 모두 다 정상이라고 하는 사람들에 속한 형이다.

그래서 적당한 지성도 있으며 진취적인 성향도 있는가 하면 무엇이든지 자기 스스로 부족한 점이 있다고 느껴지면 배워야 한다는 생각을 하게 되고 세상 만사에 무엇이든지 폭넓은 견문과 지식을 쌓으려 하는 노력을 아끼지 않는 유형이 되기 때문에, 이러한 사람들의 유형에서는 무슨 일이든지 리더만 만나지게 된다면 그 분야에 있어서는 천재는 비록 되지가 않을지라도 보통 이상의 재능을 발휘하게 되고 사회 활동면에 있어서도 성실한 자세로 선배의 조언을 구하기도 하고 후배의 인도에 재량을 겸비하면서도 상당한 멋을 알고 살아가는 보통 사람들에 해당되는 손이다.

9) 손톱을 보고 분별하는 법(爪甲判別法)

수상학에서는 손의 모양이나 손가락의 생김생김, 그리고 손바닥에 나타나는 언덕이나 수없이 많은 잔금과 기호는 물론이고, 수장 삼대선(三大線)을 보는 것 이상으로 손톱을 보는 비중 역시 큰 것을 알 수 있는데, 손톱의 생김생김에 따라 나타나는 성격이 저마다 다르게 나타나기 때문에 거울에 비춰진 얼굴을 보듯이 선명하게 나타나는 색상이나 줄 또는 반점 등이 어떠한 암시를 하고 있는지에 대해 판별이 용이하도록 정밀하게 나타나는 것이다.

손톱은 우리 신체의 일부이기는 하나 머리카락과 함께 신경은 없는 부위이다. 그러나 날마다 자라나고 있다는 사실은 부인할 수 없는 게 사실인만큼, 수상학적으로는 손톱이 자라나면서 변화하고 있는 여러 가지의 변화를 포착해 손톱의 판별 자료로 삼게 되는 것이다. 그리고 비록 수상학이 아니라 하더라도 만약에 손톱이 없다면 일상 생활을 하기에 얼마나 불편할 것인지는 독자 여러분들이 너무 잘 알고 있을 것이다. 이러한 면으로 보더라도 손톱의 중요성은 연구해 볼 만한 가치가 있는 것이기 때문에 수상학에서는 손톱도 또한 중요한 차원에서 다뤄지고 있다는 것을 일러둔다.

그리고 또 손톱은 동양 의학적으로 보면 6개의 경락이 손가락과 손톱의 주위를 기점으로 경혈이 시작되는데, 엄지 손톱의 안쪽 시작되는 끝부분에는 소상(小商)이라는 경락에서부터 수태음 폐경이 시작되기 때문에 우리들이 평상시에 먹은 음식이 체했을 때 침이나 바늘로

따게 되는 부위가 된다. 엄지손가락의 손톱에는 폐와 연관되는 기맥이 흐르게 되어 있어 이에 상응한 색깔을 가지고 건강 상태를 체크할 수 있게 되며, 검지의 손톱 안쪽 부위에는 수양명 대장경의 시작이자 끝이 되는 경혈인 상양(商陽)혈이 있으므로 대장의 이상 유무가 손톱에까지 색상으로 나타나게 된다.

또 가운데 손가락 맨끝에 있는 손톱 밑에는 중충(中沖)혈이 자리를 잡고 있어 수궐음 심포경의 경혈이 끝부분이 되기 때문에 심장 외부 기관의 이상 유무를 알게 되어 있어 가운데 손가락의 손톱 색상만으로도 심포의 이상 유무를 알아낼 수가 있게 된다. 약지의 맨 끝부분에는 또 관충이라는 경혈이 있는데, 이 경혈이 바로 수소양 삼초경에 해당되기 때문에 가슴과 배꼽, 하초 이 세 곳의 병적인 상태를 알아낼 수가 있는 것이며 소지의 맨끝에 있는 손톱 밑에는 수태양 소장경의 경혈이 있어 소장의 이상 유무가 손톱에까지 나타나고 소택이라는 경혈은 한의학상으로 볼 때 기절을 했다거나 까무라쳐 버린 사람의 기사회생을 시킬 수 있는 경혈로써, 이 경혈에 침 한 대만 꽂게 되면 기절한 사람이라 해도 단 몇 초 내에 깨어나게 되는 중요한 경혈이 되는 것이다.

이상과 같이 동의학적인 설명까지 곁들여 보았듯이 손톱에 나타나는 색깔로써 건강의 포인트를 알아내게 되고 건강 여하에 따라 제각기 달라지게 된다는 것을 파악할 수가 있게 되며, 성격의 판단은 이 사람의 운명적인 생활과 사회적인 활동에까지 영향을 미치게 된다는 것을 수상학적으로 판단을 내려 현재의 상태는 어떠하며 앞으로의 운명은 어떻게 전개되어 갈 것이라는 길을 열어주게 되는 것이다.

(1) 손톱의 길이는 어떻게 보는가? (爪甲의 尺度)

손톱의 길이는 손가락 첫째 마디의 관절 $\frac{1}{2}$이 되는 것이 표준이라고

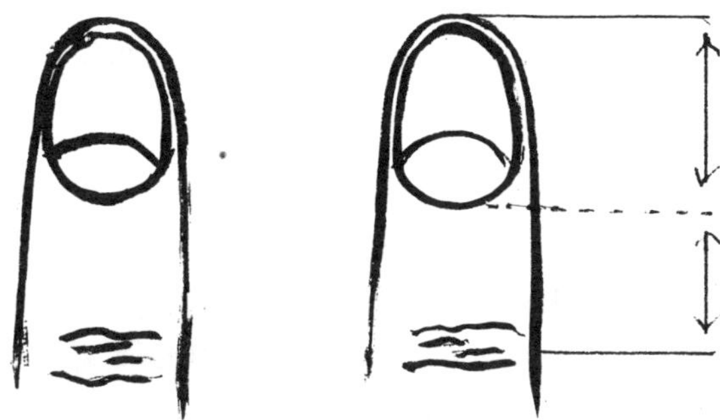

보게 되며, 손톱의 넓이는 손톱의 길이에 비하여 보기좋은 형태로 되어 있는 것을 표준이라고 말한다.

그러나 손톱이 첫째번 손마디의 반에 미치지 못하게 되는 길이였을 때는 짧은 손톱이라고 하게 되고, 손가락 끝마디의 $\frac{1}{2}$ 이상을 초과해 길게 되어 있는 손톱을 손톱이 길다고 하게 된다.

❶ 손톱이 길게 되어 있는 경우

손톱이 긴 경우는 대개가 손가락의 균형이 잘 잡혀 있는 손에서 많이 볼 수가 있는데 이러한 사람들은 일반적으로 볼 때 낙천적인 데가 많으며 성격 자체가 포악하지 않고 온순한 편에 속하며 예민한 감각도 엿볼 수 있게 된다. 그리고 예술적인 면에 있어서는 특이한 소질이 있기 때문에 문학이나 미술, 음악 같은 분야에 있어서는 천재적인 소질을 발휘해 사회적으로 상당한 성공자들이 많다는 사실이다.

한편으로는 지나친 이상을 갖고 실행에 옮기려고 하는 면도 있기 때문에 스스로 쌓아올린 성공의 일선에서 퇴락하게 되는 경우도 있겠으니 각별한 주의를 해야 한다. 또 손톱이 길면서 그 폭이 넓어 널찍하게 보이는 유형은 스스로 자기를 자화자찬할 정도로 의기양양하여 타인들의 시선 같은 것은 의식하지 않은 채 자기가 하고 싶어하는 대로 행동하게 되는 독선적인 사람이기 쉽고, 지나칠 정도로 이기적인 면을 보이는 경우가 있게 돼 타인들로부터 비양거림을 받는 경우가 있게 되니 조심해야 한다.

❷ 손톱이 짧은 사람

대체적으로 두뇌의 발달 상황이 이지적인 면으로만 발달되므로 이성과 지성을 지니게 된 다지다능(多知多能)형에 속하게 돼 매사에 세심한 판단에 의해 행동으로 옮겨지게 되기 때문에 자기가 할 일을 남에게 시키지 못할 정도로 걱정이 많은 사람이기도 하다.

그리고 자기 스스로는 박학다식하다는 생각을 하고 있기 때문에 남들이 하는 일에 대해 비판을 가하는 평론자적 입장에 서게 되는 경우가 많으므로 쓸데없는 일에 끼어들어 욕을 먹거나 심한 경우는 싸움질까지도 불사하는 경우를 당하게 될 염려가 있는 것이다. 그리고 이 사람의 결점이 비판력, 즉 다시 말해 판단력이 예리한 점이 되는데, 이 점을 장점으로 활용하면 평론가나 비평가, 또는 비교철학가, 논설가 등이 적합하다 하겠다. 그렇게 되면 이런 유형의 사람에게는 심사가 뒤틀리는 일들을 비판의 설필로 쏟아내 버리게 되어 좋고, 또 한편으로는 유능한 비판가라는 칭호까지 얻게 될 것이니 그야말로 일석이조의 직업이 될 것 같다.

(2) 변형적인 손톱의 판단(變形的인 爪甲)

손톱의 생김생김이 마치 참외씨같이 가늘면서 양쪽 끝은 동그랗다든가 아니면 또 삼각형을 이루고 있는 형태이거나 그렇지도 않다면 삼각형을 거꾸로 세워 놓은 것처럼 돼 있는 경우의 손톱을 가끔 보게 되는데, 수상학적으로는 변형의 손톱이라고 해서 별도로 취급하게 된다.

그런데 이러한 손톱의 모양을 하고 있는 손을 가진 사람들은 마음가

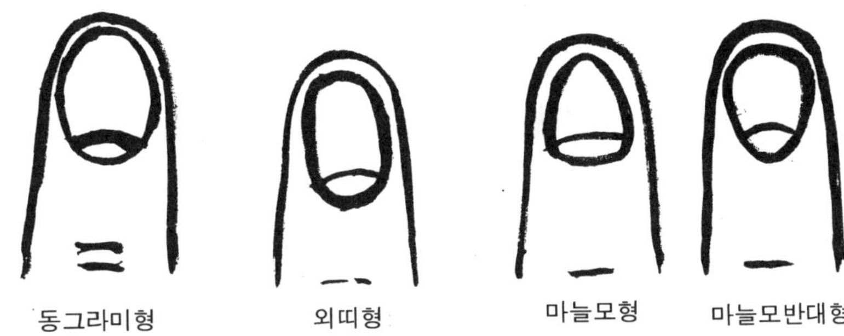

짐이 뒤틀려 있는지 항상 남 잘 되는 것을 싫어하기도 하고 남의 애인이 잘생긴 것만 보아도 은근한 질투심을 느껴 "뭐가 잘생겼어요. 제가 보기에는 못생겼는 걸요." 하는 식으로 비양거리게 되는 성격이 나타나게 되는데, 이러한 손톱을 가진 사람이라면 지금부터라도 남을 잘 봐주는 습관을 길러야 하겠고, 마음의 폭이 넓어지게 되는 인생수련을 쌓아가야 복을 받는 후덕한 사람이 될 수 있을 것이다.

그리고 손톱이 동그라미에 가깝도록 약간의 타원형인 사람은 성격이 급한 면이 있어 열렬한 기질이 들어 있으므로 타인들과 잘 싸우고 화해를 하는데 속도가 매우 빨라 격의가 없는 사람이다. 그때그때의 상황 판단이 자기딴으로는 신경질이 나더라 식이 되기 때문에 이상과 같은 현상들이 있는 것이지만, 사람 자체는 음험한 마음은 찾아볼 수가 없을 만큼 솔직담백한 사람이며 시체말로 기분파 인생인 셈이다. 그래서 돈 잘 쓰고 멋을 아는 멋쟁이 인생이기는 하지만, 성격이 급한 게 흠이 되므로 이것만 고치게 된다면 아주 멋쟁이 인생을 살게 될 것이다.

(3) 손톱과 건강 관계(爪甲과 健康關係)

전 장에서 이미 논했지만, 손의 바닥에도 색상이 나타나듯이 손톱

건강인의 손톱

역시 여러 가지 형태의 색상이 나타나게 된다. 그리고 손톱의 형태와 색상은 건강 관계를 체크할 수 있는 포인트로 가장 판별이 쉬운 부위인 것이다. 그러면 손톱의 색깔은 어떠한 것이냐 하면, 손톱의 색상은 대체로 하얀 것이 되겠는데, 혈색이 좋은 사람의 손톱은 생김생김이 예쁘고 붉으레하게 선홍색이 비치면서 반들반들 윤기가 돌고 홍조(담홍색)를 띠게 되면 성격도 명랑하게 되지만, 다혈질이거나 생리 불순 같은 병을 앓고 있는 사람은 빨강 매니큐어를 약간 칠한 듯한 색상이 나타나게 되고 신경질을 부리는 성격이 나타나게 되며, 손톱이 검은 사람은 소화기 계통의 질환을 앓고 있는 것을 알 수 있고 성격 자체부터가 우울한 기질이 나타나게 돼 있다. 그리고 손톱의 빛깔이 창백하게 보이는 사람은 빈혈증을 나타내기도 하며 결핵과 같은 소모성 질환을 앓고 있다는 사실을 알아내게 된다.

그리고 새파란 남색 기운이 나타날 때에는 심장 질환을 앓고 있는 것을 알게 되고 성격은 신경질적인 사람으로 판단을 하게 된다. 노란색이 나타나 있을 때에는 신경 쇠약이나 노이로제, 뇌병, 담랑염 등의 병이 나타난다고 하는 사실을 판단해 낼 수 있게 된다.

이상과 같은 판단을 내리게 되는 것 말고도 건강한 사람의 손톱은 손톱의 두께도 적당하게 돼 있고 새끼손톱이라고 하는 반달형의 하얀 부분이 예쁘게 나타나 담홍색을 띠면서 반질반질한 윤기가 나게 된다.

손톱을 자르게 될 때 손톱이 잘려지는 감각이 찔긋찔긋한 감을 느끼게 될 정도로 자연스럽게 잘려지는 손톱은 가장 건강한 손톱인 것이다. 그래서 건강한 손톱을 가지고 있는 사람은 체력이 왕성하다는 것을 알게 되며, 몸이 건강하기 때문에 성격 자체도 매우 명랑하고 활기에 차 있는 활동을 하게 되고 매사에 신념을 가지고 임하게 된다. 그래서 건강과 성격은 절대라는 함수 관계가 있다고 하는 것을 알게 되며, 손톱에 나타나게 되는 색상은 그만큼 건강의 척도를 알수 있는 포인트가 된다는 사실을 알게 되었을 것이다.

❶ 가늘고 오목한 손톱 (그림 A)

이 손톱은 조금 길쭉한 편에 속하며 직사각형 비슷한 방형에 해당된다.

그런데 이 손톱을 가진 사람들은 간장 계통에 질환이 걸리기 쉽다는 의미를 나타내고 있다. 지나치게 신경을 쓰게 되는 업무를 수행하고 있는 사람들은 이런 현상이 있게 되므로 건강 관리에 신경을 많이 써야만 할 것으로 판단된다.

또 이와는 거의 비슷하게 생겼을지라도 너무나 불룩하게 튀어올라 동그라미에 가까운 사람들은 암과 같은 난치병에 걸리기 쉽게 된다는

그림(A)

암시를 주게 되는 것이다. 그리고 이 부위에 흰색이 점점 변해지면서 퇴색으로 변하고 있는 것은 거의 확정적이라 할 수 있겠다.

　이러한 현상이 나타나게 될 때는 지체없이 병원을 찾아가 종합 진찰이라도 한번 받아 보는 것이 예방 의학적인 측면에서 좋을 것 같다.

❷ 활처럼 휘어진 손톱의 경우(그림 B)

　대체적으로 볼 때는 엄지 손톱 한가운데가 오목 들어가 손톱이 뒤집혀질 것처럼 돼 있는 경우가 되는데, 물방울이라도 한 방울쯤 그곳에 떨어뜨린다면 물이 고이게 되겠다는 생각이 들게 되는 유형을 말한다.

　이런 유형에 있어서는 순환기 계통의 질환을 앓고 있는 징후이며 알콜 중독자이거나 유전에 의한 경우 등으로 판별할 수 있는데, 병적인 것만은 사실이다. 그렇기 때문에 이러한 손톱을 가진 사람들은 하루 속히 건강 회복을 위해 마땅한 치료의 방법을 강구하는 것이 좋겠다.

❸ 손톱의 끝이 톱날처럼 끊어진 경우(그림 C)

　사람의 손톱은 머리카락과 함께 건강의 상징이기 때문에 건강한 사람들의 손톱은 절대 끊어지는 일이 없는 것이다.

　그러나 기생충에 의한 체력 소모의 현상이 있게 되면 손톱이 딱딱해지고 손톱을 자르지 않았는데도 손톱 끝이 탁탁 튀면서 손톱의 조각이

그림 (B)

그림 (C)

조금씩 떨어져 나가게 되므로 손톱의 끝부분은 마치 쇠를 자르는 쇠톱 날처럼 까칠까칠하게 된다. 특히 십이지장충 같은 기생충이 있는 사람은 손톱의 끝만 잘려지는 것이 아니라 손톱 전체에까지 세로줄이 생기면서 손톱이 거꾸로 뒤집혀질 것처럼 되고 손톱의 모양마저 아주 추잡스럽게 변해 버리게 되며 광택도 나지 않고 회색이거나 거무스레한 색상이 나타나서 육안으로 보기에 기분이 나쁠 정도가 되는 형태를 이룬다.

❹ 손톱에 옆으로 줄이 나 있는 경우

손톱에 나타나 있는 줄은 세로로 나타나는 줄과 가로로 나타나는 경우가 있는데, 어느 경우든지간에 건강 상태가 정상적인 상태에서는 생겨나지 않게 돼 있는 것이다. 그래서 이러한 현상이 나타나 있을 때는 건강 상태에 적(赤)신호가 나타난 것으로 보면 되는데, 여자들의 경우에 있어서는 임신을 했을 때에 나타나는 경우가 있고 해산을 하고 난 뒤에 난산을 했다거나 과다 출혈이 있고 나서 섭생의 부실로 인한 신체적인 허약 상태가 있을 때 나타나게 되는 두 가지의 경우가 주종을 이루게 돼 있으나, 남자나 여자를 불문하고 극심한 질병에 시달리게 되거나 소모성 질환이나 암과 같은 난치병에 걸리기 이전에 건강 상태가 정상적으로 유지되지 못해 극심한 피로나 과로 등의 축적에서 일어나는 현상을 말할 수 있다. 이 줄의 숫자가 몇 개인가 하는 것은 그 사람의 병증이 몇 기쯤 이르렀느냐 하는 시기를 알 수 있는 것이

다. 그리고 사람의 손톱이 자라는 시기는 건강이 좋은 젊은 사람들의 경우에는 약 7개월 정도면 다시 자라나지만, 갱년기가 지난 노인층에서는 대략적으로 10개월에서 1년 정도가 걸리게 된다. 그래서 신병이 완전히 치료가 되어 건강의 회복기에 들어가더라도 7개월에서 1년쯤이 지나야만 정상적인 손톱이 다시 나오게 된다.

그래서 그 줄이 손톱의 어느 부위에 나타나 있는가를 책정해 볼 필요가 있는데, 만약에 손톱의 한가운데쯤에 이런 줄이 딱 한 개 정도가 나타나 있고 그 줄의 새끼손톱 쪽으로는 아주 건강한 손톱이 나타나고 있다면 3~4개월 전에 당신은 병을 앓았다는 판단을 하면 틀림없는 것이다. 또 상대방에서 내가 무슨 병을 앓게 되었느냐 라는 질문을 해왔다면 아직도 남아 있는 그 선에 대한 형상을 가지고 추리해 보게 되면 대략적으로 나오게 된다. 그래도 또 모르겠다고 했을 때에는 손에서 나타나 있는 현재의 색상이 어떠하기 때문에 지금 보여주고 있는 색상은 어떠한 색상의 변형이 있게 되어 나타나고 있다는 점을 고려하게 되면 정확한 판단이 나오게 되는 것이다.

❺손톱에 세로줄이 있는 경우

손톱에 나타난 세로줄은 대체적으로 볼 때는 일상 생활에 있어서 환경이 안정되지 못해 신경을 많이 쓰게 되거나 매사가 짜증스러운 생활을 하게 돼 신경 쇠약이 되는 경우에 나타나기도 하고 소모성 질환을

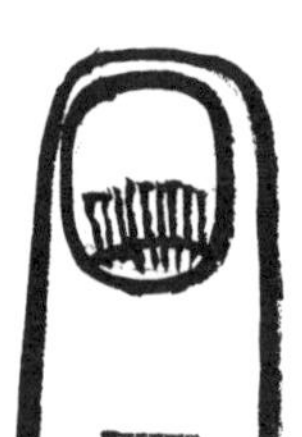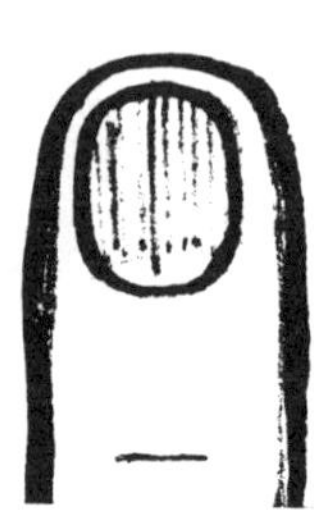

앓고 있을 때에도 나타나게 되지만, 폐결핵이나 뇌 계통의 질환을 앓게 되는 때에도 나타나게 된다.

그리고 평상시에 너무 많은 음주를 한 사람에게도 흔히 나타나며, 신경 계통을 혹사하는 작업을 하는 직장인들의 직업병으로 흔히 있는 현상인 것이며, 항생제나 주사약에 의한 독성의 부작용이 있었을 때도 흔히 나타난다. 이러한 현상이 있을 때는 체력 관리를 소홀히 하는 일이 없도록 주의를 기울이지 않으면 천금을 주고도 살 수 없는 육신의 깊은 곳에서 차일피일하며 세월이 흘러가는 동안에 무서운 병마가 복병처럼 도사리고 앉아 고귀한 생명까지 앗아가려 하는 준비를 하고 있다는 사실을 명심해야만 할 것이다.

그리고 손톱에 세로줄이 자기 자신도 모르는 사이에 나타났다면 하루속히 전문의를 찾아 종합진단이라도 받아 보아야 할 것이다.

⑷ 손톱으로 점을 할 수 있다(그림 2)

손톱으로 점을 보는 경우에는 건강한 사람들의 손톱에 나타난 직경 3㎜ 정도의 반점이 어떤 색깔로 나타났느냐 하는 것으로 판단하게 된다. 그런데 주의하지 않으면 안 되는 것은 전장에서 누누히 설명한 것(그림 1)처럼 신경 쇠약이나 소모성 질환을 앓고 있는 사람에게서 보는 반점으로 잘못 판단하게 된다면 물어볼 것도 없이 걱정거리만 하나 만들어 버릴 것이기에 주의해야 한다.

그림 ⑴

그림 ⑵

그러나 점을 치게 될 때 보는 점은 딱 한 개만 나타나기 때문에 구별(식별)하기가 쉬울 것이다. 그리고 어느 부위에서 어떤 점이 나타났느냐 하는 것이 중요한데, 하얀 점이 나타나게 되면 좋은 의미로 해석하게 되지만, 만약에 노란 색깔의 점이 나타났다던가 아니면 검은 색깔의 점이 나타났을 때는 나쁜 의미로 해석을 하게 된다.

❶ 좋은 의미는 무엇을 나타내는가?

모지의 손톱 한가운데 하얀 점이 나타났을 때는 애인을 구하면 좋은 애인을 만나게 되는 의미로, 젊은 청춘기의 사람들은 아주 좋은 배필을 만나 가정을 꾸미게 되겠으며, 목하 연애중이라면 사랑의 승리자가 될 수 있다는 의미가 들어 있는 것이다.

◎검지 한복판에 하얀 점이 나타나게 됐을 때는 생각지도 않았던 횡재수가 있게 되거나 명예적으로 좋은 일이 있겠고, 취직이나 승진 등의 영예가 따르게 될 징조이다.

◎중지의 손톱 한복판에 하얀 반점이 나타나 있을 때는 여행을 하게 된다는 예시가 들어 있으며, 여행중에 이루고 싶은 일들이 잘 풀려지게 된다는 의미인 것이다.

◎무명지의 손톱 한복판에 하얀 반점이 한 개가 나타났다면 부자가 되거나 거룩한 이름을 이 세상에 드날리게 된다는 암시가 들어 있는 것이다.

◎소지의 한복판에 이와 같은 반점이 나타났을 때는 지금까지는 고통스러운 일들이 많았지만 이제부터 점점 운수가 열리게 돼 부자가 될 수 있다는 의미가 들어 있는 것이다.

❷ 나쁜 의미는 무엇을 나타내는가?

◎엄지의 손톱에 검은 점이 나타나게 되는 경우는 자기 스스로 저지른 실수에 의해 생각지도 않았던 손해를 입게 되거나 재난을 당한다는 좋지 못한 징후이며, 만약에 흰 줄까지 두 개 정도가 겹쳐 있게 되

면 사랑하는 사람과의 이별 징후가 나타난 것으로 보게 된다.

◎검지의 손톱에 검은 점이 나타났을 때는 명예적으로나 재산상의 손실을 가져오게 되는 징후로써 나쁜 의미를 나타내고 있는 것이다.

◎장지에 이러한 검은 점이 나타났다면 위급한 재난이나 조난 등으로 인해(교통사고와 같은) 사망을 뜻하는 나쁜 징후인 것이다.

◎또 약지의 손톱에 검은 반점이 나타났을 때는 명예적으로 몰락당하는 의미와 사회적인 지위마저 실추당할 흉조가 나타난 것으로 풀이하게 된다.

◎그리고 소지의 손톱 중앙에 흑점이나 황색의 점이 나타났을 때는 재산상의 손해나 죽음을 암시하는 아주 나쁜 흉조가 나타나게 되는 것으로 풀이 하게 된다.

그래서 이러한 현상들이 있다고 하는 것을 파악하게 됐을 때는 지체없이 예방책 등을 강구해야 된다는 것을 명심하고 있어야 할 것이다.

2 수상술의 예비 지식(手相術의 豫備知識)

　수상학의 기원을 따져보게 되면 지금으로부터 천 년 전 인도에서부터 발생하게 되었다고 전해지고 있다.

　인도에서는 수상학이 발생하기 시작할 무렵에 수상학을 연구하게 된 많은 학자들이 있었다고 하며, 특히 승려들 계층에서는 인간의 손과 주름살에 대한 연구가 상당히 발달되었던 것으로 추측되는데, 역사의 흐름과 함께 점진적으로 발달을 보게 된 것이 오늘날의 수상학이 된 것이다. 인도에서는 불교와 유사한 종파인 바라문교에서 전해져 내려온 기록에서도 수상학의 발생에 대한 여러 가지의 사실들을 찾아볼 수 있다고 하며, 우리들의 생활 주변에서 가장 손쉽게 찾아볼 수 있는 기록으로 확인할 수 있는 문헌은 구약성서 욥기 37장 7절에 『하나님은 사람의 손에 부호나 혹은 도장을 주시었다. 그것은 저마다 다르게 새겨진 표시에 의해 모든 사람들에게 그들의 직분을 알려주기 위한 것이다』라는 내용이 수록돼 있는 귀절을 볼 수 있다고 한다. 이 귀절에 대한 말의 뜻을 새겨 보게 되면, 사람들은 태어날 때부터 손바닥에 가지고 나온 선의 모양에 따라 적당한 자기의 직업을 얻도록 했다고 하는 내용이라 할 수 있겠다. 인도에서 발생하게 된 수상학은 점진적으로 전파되어 소아시아 지방을 거쳐 그리이스에까지 전해져 그리이스의 위대한 철인 아리스토텔레스가 남긴 저서에도 수상학에 대한 기술을 많이 찾아볼 수 있다고 한 점으로 미뤄본다 하더라도, 수상학에 대한 역사는 꽤 오랜 세월의 역사적 바탕을 두고 구미 각국에까지 널리 성행을 하게 되었으며, 서구에서 명성을 떨친 수상 연구가로 불란서의 『데바로루』, 영국의 『기로』, 미국의 『벤한』과 같은 수상학의 대가들이 나타나게 되었고 실증을 통한 관찰과 원리의 탐구 책자들을 만들어내게 되었다.

지금 현재는 스페인계의 수상학 연구가들이 「PALM」이라는 간판을 내어 걸고 수상을 감평해가면서 생계의 수단으로 하고 있다고 하는데, 대단한 인기가 있어 서양의 점성술보다도 더 많은 호응을 받고 있다고 한다. 그리고 수상학에 대한 호기심을 가지고 있는 사람들은 평민이나 서민층보다는 지식 수준이 매우 높은 식견층의 사람들이 더 많은 호응을 하고 있다고 하며, 연구의 의욕 또한 대단한 것으로 알려지고 있다.

1) 수상 판별의 상식(手相 判別의 常識)

수상을 보는 데 있어서 가장 중요한 것으로 어느 손을 기준으로 수상 판단을 할 것이냐 하는 문제가 대두되게 된다. 오른손을 기준으로 삼아야 하느냐 아니면 왼손을 기준삼아야 할 것이냐 하는 문제에 있어서 고대 서양에서는 남녀를 불문하고 왼손으로 수상 판단의 기준을 세웠다고 하나, 동양 철학에 근거를 둔 중국에서는 송(宋)나라 시대의 진희제(陳希夷)가 쓴 비전에는 마의상서(麻衣相書)의 논수편(論手篇)에서 남자는 왼쪽 손을 여자는 오른쪽 손을 보라 하였는데 이 원리는 남좌 여우의 음양 사상에 바탕을 둔 것으로써 좌와 우의 구별을 하도록 한 것이다.

그러나 근세에 이르러 남녀의 구별인 남좌 여우의 분별론은 동서간의 문물과 문화의 교류가 빈번해진 영향에 의해 대개혁을 시도하게 되었는데, 그 이유인즉 서양 사람들이 채택하고 있는 수상의 판별법에 의한 원리로는 선천운은 왼손, 후천운은 오른손이라는 원칙이 논리적으로 타당성이 있음을 인식하게 된 것이다. 동양인, 서양인을 막론하고 오른손을 왼손보다 더 많이 사용해야 하는 생활 인습에 의해 손을 자주 쓰게 된 오른손이 손금의 변화가 더 많다는 사실이 입증되고 있기 때문이다.

그래서 비교적 활동이 적은 왼손은 타고날 때부터 가지고 있던 손금이 오른손보다는 변하는 확률이 적다고 할 수가 있기 때문에, 왼손을 보게 될 때는 선천적인 재능은 어떻게 타고났는데 어떠한 형태의 운명으로 전개되어지고 있는가의 판별을 해내게 되고, 오른손의 경우에서는 후천적으로는 어떠한 성질이 어떠한 성격으로 나타나서 일상의 생활에 활용을 하게 된 재능은 어떠하며 이에 따른 운명에 대한 노정은 어떻게 전개되어지고 있는가를 판단하게 되었다.

왼손에 나타나 있는 금이 오른손에는 없고, 오른손에는 나타나 있는데 왼손에는 없는 손바닥의 선을 상호 비교해 가면서, 선천적으로는 어떻게 운명을 타고났지만 후천적으로는 이러이러하게 변했으므로 원래의 운세는 어떠한 것이며 미래의 운세는 어떠하다고 하는 판단이 종합적으로 내려지게 되는 논리적인 근거가 완연하다는 점을 중요시하게 돼, 현대의 수상학에서 남좌 여우의 반대 관법(동양철학적인 사고방식)을 무시해 버린 원인이 되고 있는 것이다. 이상과 같은 설명에서 독자 여러분은 하나의 원칙을 세우게 되었을 것으로 본다. 그렇다면 다음의 순서대로 수상의 판별법을 익혀나가 보자.

❶ 오른손에 나타나 있는 손금은 과거와 현재, 미래에 대한 것들을 후천적으로는 어떠한 변화가 있게 돼 어떠한 성격적 변화 상태와 재능에 대한 관계와 운명의 노정 전후 좌우를 자세히 관찰해야 한다.

❷ 왼손에 나타나 있는 손금에 대해서는 부모로부터 생명을 받고 태어날 때 발견되고 있는 선천적인 보존 기록인 블랙박스와도 같은 것을 보게 되는 것인데, 선천적으로 어떤 성격을 타고났으며 여하한 재능을 부여받게 되었고 어떻게 살아가야 할 운명이었느냐 하는 것을 원인적으로 분석하게 되는 포인트로 삼아야 한다.

❸ 손금을 봐주게 될 때에는 상대방을 조용히 정좌시켜 놓은 다음에 왼손과 오른손을 나란히 앞쪽으로 내어밀게 하여 상 위에다가 가만히 올려놓게 한 다음에, 육안으로만 식별해도 상관은 없겠지만 가급적이면 5배율 이상의 확대경으로 살펴보되 왼손을 먼저 자세히 관찰해야 하는데 맨 먼저는 주요 삼대선을 확인한 다음에 각 지선과 아주 비밀스럽게 자리를 잡고 있는 기호나 망상(網相) 같은 것 등을 하나도 빠짐없이 관찰해 나가면서 왼손에는 어떠한 선이 있는데 오른손에는 그와 같은 선이 옹이에 파묻혀져 없다든가, 왼손에는 운명선이 똑바로 중지를 향해 올라가고 있는데 오른손에는 겨우 1cm 정도만 있다든가, 왼손에는 어떠한 기호나 표식이 나타나 있는데 오른손에는 없다든가 하는 비교를 하고 나서 제각기 다르게 나타나진 사실들을 하나하나 분석해 나가게 되면 실수가 없게 될 것이다.

손금을 봐줘야 할 대상이 왼손잡이라면 무조건 반대의 판단법으로 보아야 한다. 판단의 방법은 전과 같으나 왼손과 오른손에 나타나 있는 손금에 대한 차이가 많으면 많을수록 과거와 현재의 생활이 그만큼 운명의 노정에서 변화가 많았었다는 판단을 내려야 하게 되는 것은 두말할 필요조차 없는 것이니 독자 제현들은 이 점에 대한 각별한 수련을 쌓아나가야 할 것이다.

2) 손에 나타나 있는 언덕(丘)의 의미

사람의 손바닥을 뒤집어 손을 펴보게 되면 손바닥의 한가운데는 오목하게 내려앉은 곳이 있고 그 주위에 빙 둘러가며 살집이 불룩불룩하게 솟아올라와 있는 곳이 있다. 이 부위를 학자에 따라서는 조금씩 다른 표현을 하기도 하는데, 동양류 수상학에서는 궁(宮)이라 하기도 하며 어떤 학자는 산(山)이라 말하기도 하나, 통상적인 명칭으로는 언덕(丘) 혹은 구라고 부르게 된다.

그리고 수상학에서는 이 언덕들을 대단히 중요한 역할을 나타내 주는 부위로 판단을 하게 되는데, 이 언덕의 생김생김과 높고낮은 형태 발달 양상에 따라 어떠한 손금이 생겨나게 되고 있는가의 기본적인 요인을 제공해 주게 되기 때문이다. 손바닥에 나타나지게 되는 언덕은 모두가 8개의 부위로 나누어지게 되는데, 이 8개의 언덕이 차지하는 위치마다 제각기 다른 특성과 의미를 가지고 있기 때문에 어느 언덕이 어떤 형태로 어떻게 잘 발달되어 있고 또 어느 언덕이 가장 낮아 발달되지 않았느냐에 따라 그 사람의 성격 판단과 더불어 운명까지 판단을 하게 된다.

그래서 8개 부위의 언덕 가운데서는 어느 부위의 언덕이 가장 살집이 좋고 약간 불룩한 언덕의 모양처럼 솟아올라와 있으며 혈색이 보기 좋은 암홍색으로 나타났느냐 하는 것 등을 식별해 내게 되면 그 언덕에 대한 집중적인 성격과 운명 작용에 대해서는 아주 좋은 의미로 판단을 내려주게 된다. 또 어떤 부위를 살펴보게 되면 살집이 하나 없어 빤빤한 것이 살갗마저도 아주 딱딱하게 되어 있다면 그 언덕에 대한 해설은 아주 나쁜 의미를 가지고 판단을 내려주게 된다.

이토록 손바닥의 각 언덕이 차지하고 있는 각 부위에 대한 운명의 작용은 아주 중요한 것이다.

3) 손바닥에 나타나는 여덟 언덕의 위치(手掌八丘의 位置 : PALM to 8 M.T.)

手掌八丘圖(8 Mountain Parm)

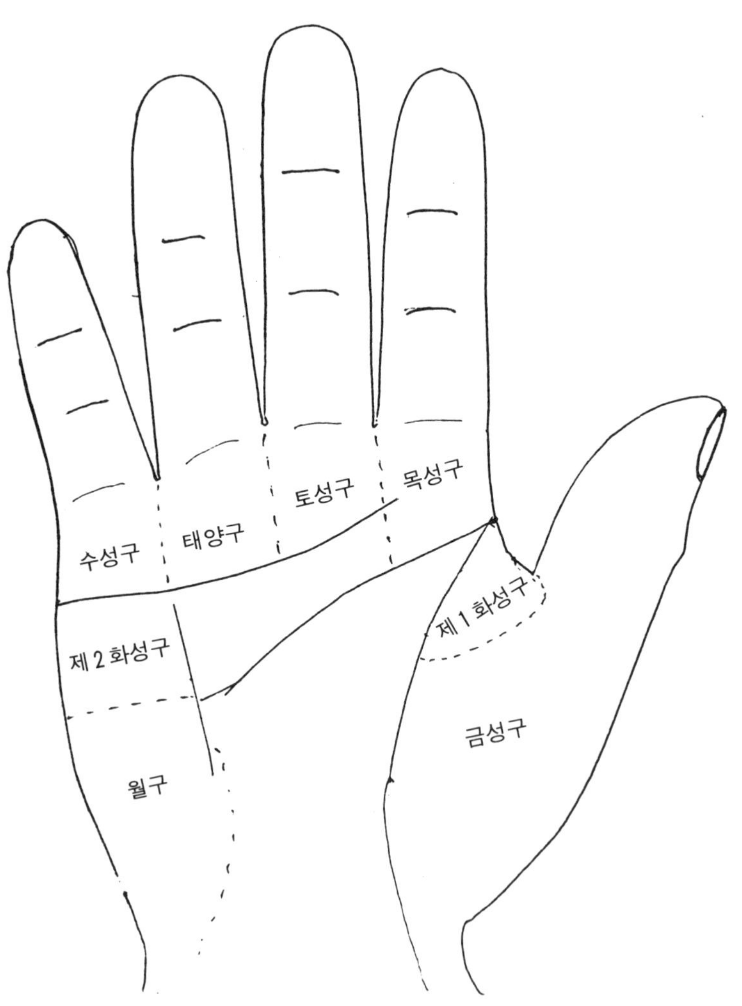

東洋수상 九宮 配置圖

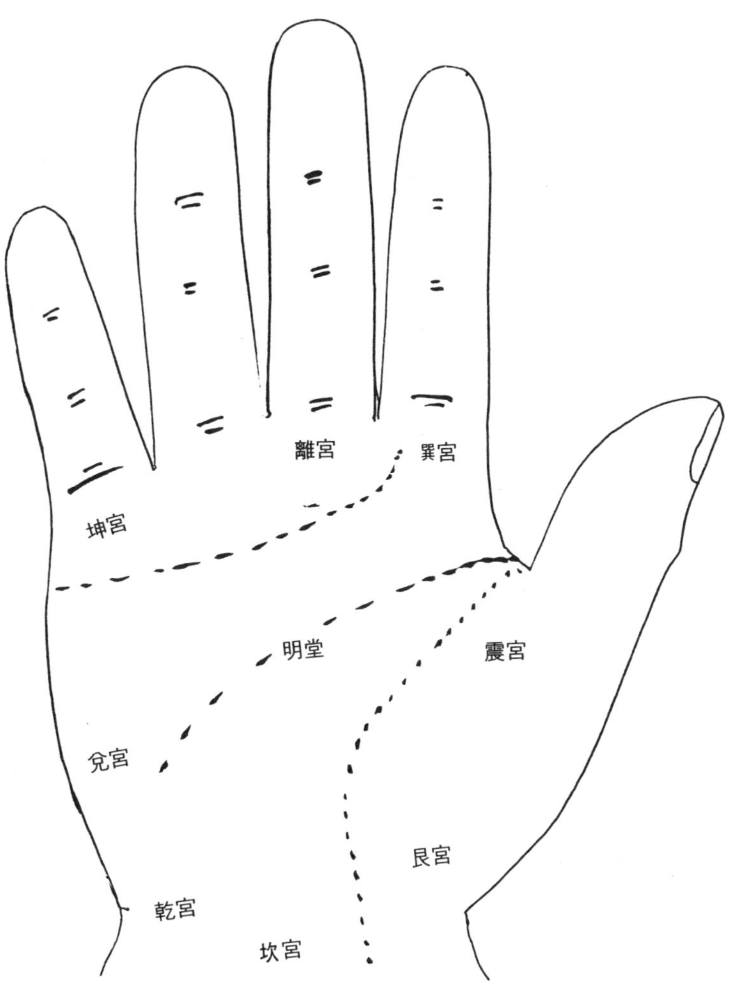

❶ 금성구(金星丘 : VENUS M.T.)

모지와 검지 사이에 엄지손가락의 뿌리 밑부분에서 반달처럼 반원을 그리면서 손목에까지 엄지손가락 쪽으로 살집이 아주 탐스럽게 부풀어올라 있는 부분을 말한다.

❷ 목성구(木星丘 : JUPITER M.T.)

검지의 바로 아래 부분에 있는 선의 밑부분에 살집이 약간 두둑하게 솟아올라 있는 부분을 말한다.

❸ 토성구(土星丘 : SATURN M.T.)

장지 아래에 있는 곳으로서 살집이 약간 솟아 있는 부분으로 망치자루 같은 것을 가지고 일을 할 때에 옹이가 박히기 쉬운 부위에 해당된다.

❹ 태양구(太陽丘 : APOLLO M.T.)

무명지의 바로 아래 부분에 살집이 약간 두둑하게 솟아난 곳이며, 이곳 역시도 옹이가 박힐 수 있는 위치가 된다.

❺ 수성구(水星丘 : MUCURY M.T.)

새끼손가락(소지)의 바로 아래 부분에 도두룩하게 살집이 솟아올라 있는 언덕을 말한다.

❻ 제 1 화성구(第一火星丘 : MARS 1st M.T.)

검지의 바로 아래 목성구와 엄지의 안쪽에 삼각형이 형성되는 부분을 제1 화성구라고 한다.

❼ 제 2 화성구(第二火星丘 : MARS 2nd M.T.)

제2 화성구는 소지의 아래 부분인 수성구의 바로 아래 부분에서 월구의 윗부분의 사이로서, 감정선과 두뇌선의 간격으로 수성구와의 사각을 이루는 부위를 말한다.

❽ 월구(月丘 : LUNA M.T.)

월구는 제2화성구의 바로 아래 부분으로 금성구의 반대편인 손바닥의 외곽 쪽으로 반원을 그리면서 손목 부위에 이르기까지의 두툼한 살집이 솟아나 있는 곳을 말한다.

4) 수장 팔구(手掌八丘)의 특성

사람이 가지고 있는 손에는 태양계에서 가장 중요한 별과 달의 상징인 8개의 산이 있는가 하면 강이 있으며 평원이 깔려 있고 강으로 흘러들어가는 줄기와 실개천이 있다.

그리고 로마의 여신 비너스를 상징하는 비너스산(금성구)이 있으며 나폴레옹처럼 권위 의식을 상징하고 있는 주피터산(목성구)도 있는가 하면, 히말라야산처럼 우뚝 솟아 그 위용을 자랑이라도 하듯이 길다란 중지의 바로 아래에는 새턴산(토성구)이 있는가 하면 태양처럼 찬란한 영예를 상징하는 아폴로산(태양구)도 있다. 물 한 방울 없다는 마

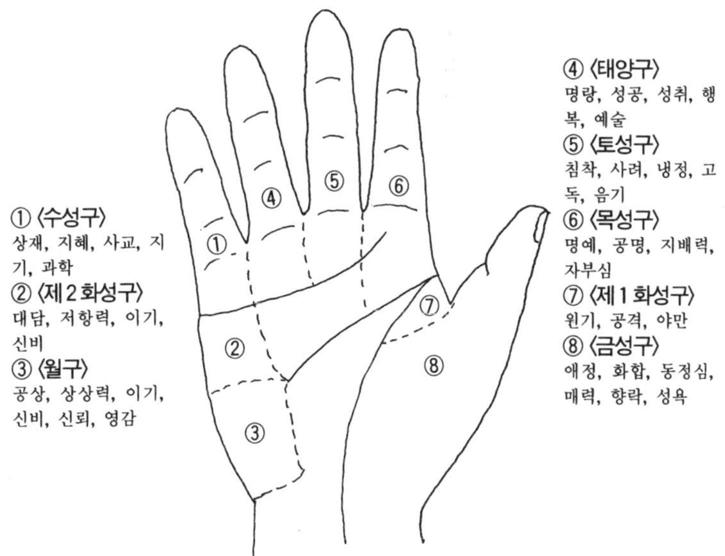

아스(화성구)는 손바닥 양쪽편에 자리를 잡고 있으며 지구 다음의 궤도에서 태양을 따라 돌고 있다는 별 비너스가 새벽의 밤하늘에 찬연이 빛을 발산하면서 신비로운 자태를 보여주고 있다. 그리고 인간들의 이상을 심어주게 되는 지구의 항성인 달을 상징하는 루나산(월구)이 자리를 잡고 있으니, 사람의 손바닥에 나타나 있는 8개의 산들을 바라보게 되면 마치 태양계의 축소판인 한 개의 모형을 바라보고 있는 것처럼 신비롭기만 한데, 그 산들의 사이사이마다 강의 시발점이 있고 강의 줄기가 뻗어나는 손바닥 한복판인 화성의 평원으로 물도 없는 강을 이뤄 제각기 뻗어나가고 있으니 이것들이 바로 생명선이요, 두뇌선이요, 감정선이요(애정선) 하는 삼대의 강을 이루게 된 것이다.

그래서 인간들이 가지고 있는 손바닥은 작은 태양계의 모형처럼 신비로운 운명의 변수를 비밀스레 간직하고 있는 것이다.

❶ 금성구 (비너스산 : VENUS M.T.)

사랑의 상징으로 받아들여지고 있는 로마의 여신을 상징하는 이름인 비너스산이라 하여, 엄지손가락 밑부분이 깨끗하면서 살집이 두툼하게 잘 발달되었으면 요염한 자태를 자랑하는 미녀나 미남의 형태를 자랑하게 되고 사랑의 정열이 넘쳐흐를 뿐만 아니라 자비심이나 인정이 많은 사람인 것이며, 어렸을 적부터 고생을 모르면서 화려하고 활력이 넘쳐흐르는 바탕을 가진 특전을 부여받고 태어나게 된 행운을 가진 사람에 속한다.

그렇다고 이곳에 살만 두툼하게 많이 붙어 있다 해서 무조건 좋은 것이라고는 할 수 없는 것이며, 좋은 것의 정도가 지나치면 오히려 슬픔의 징후가 나타나지게 되어 도박을 너무 즐긴다거나 술과 여색을 탐하며 경거망동한 행동을 하기 쉬운 변덕을 부리게 되어 마음이 항상 들떠 결혼이나 약혼을 한 다음이라 할지라도 하루아침에 마음이 변해

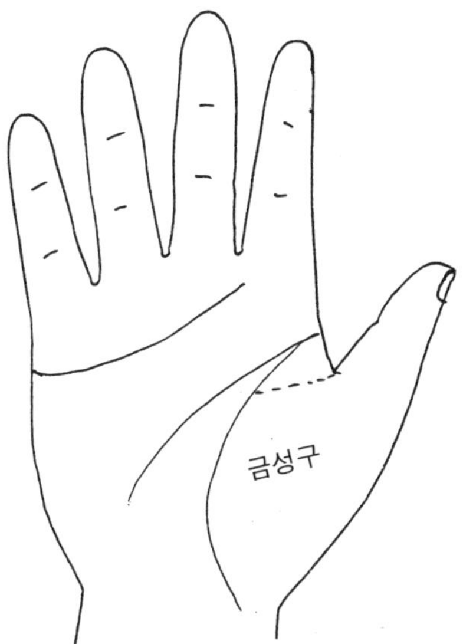

가지고 곤욕을 치러내야 하는 경우가 되기도 하기 때문에 마음의 수련을 많이 쌓아나가야만 한다는 경고를 받아들이는 자세가 바람직하다 하겠다.

이 경우와는 반대로 살집이 하나도 없이 금성구가 평평하게 되어 있는 사람은 인정머리라곤 씨알갱이만큼도 없이 아주 냉담하다거나 매정스러워서 남들과 사귀게 될 때에도 사무적이거나 타산적으로 사람을 사귀게 되기 쉽기 때문에 사교적인 면에 있어서는 아주 볼 것이 없는 처세 미숙의 현상이 나타나 욕심꾸러기 취급이나 받게 되거나 도척이와 같은 사람이 되기 쉽다. 그리고 이곳 금성구에 가느다란 가로줄이 여러 개가 나타나 있는 사람이 있다. 이러한 사람들은 사교성이 많아 아주 친절한 면을 보여주게 되고 따뜻하리만큼 인정을 베풀 줄 아는 사람이며 일반적인 생활면에서도 아주 진실한 태도로 생업을 유지해 나가게 된다.

이상과 같은 것들을 손의 언덕 하나만 가지고도 알아낼 수 있다는 것은 수상학만의 특징이라 하겠다. 그러나 우리들의 속담에 열 길 물속 깊이는 알 수 있어도 한 길 사람의 마음은 헤아리기 어렵다 했는데, 상대방의 손 하나만 보고 나서 상대방의 성격과 재능, 그리고 처세적인 면까지도 파악해 낼 수가 있다는 것이 그 얼마나 편리한가? 그래서 이 수상학만 잘 공부를 해두게 된다면 적어도 애정 문제에 관한 한 아주 멋진 상대자를 고르게 될 것은 당연지사가 아니라 하겠는가.

결론적으로 한 가지만 더 첨가를 해둔다면 금성구에는 적당한 살집이 붙어 있으며 가느다란 가로줄이 몇 개쯤은 나타나 있는 다근형의 손을 가진 사람이 가장 좋은 상대자가 될 것 같다. 그러나 살집이 너무 두껍고 두툼한 사람이라면 일시적인 향락에나 빠져 볼 수 있는 엔죠이의 대상으로밖에는 받아들일 수가 없는 사람이라 하겠다. 판자쪽처럼 평편하게 바싹 말라빠진 사람이라면 상호간에 깊은 애정을 주고받을 수가 없는 사람이기 때문에 행복한 결혼의 상대자로서는 적합하지가 않을 것이라는 사실을 기억해 둘 필요가 있겠다.

그러나 만약에 본인의 손이 이와 같은 형이라면 신앙 생활 같은 것을 통한 인격의 도야에 많은 수련을 쌓아나가게 된다면 결혼 생활면에서도 원만해지리라 생각된다.

❷ 목성구 (木星丘 : JUPITER M.T.)

목성구는 검지의 밑뿌리 부분에 해당되며, 이곳의 언덕이 원만하게 아주 잘 발달되어 있는 사람이라면 명예욕이 아주 강하고 관운 또한 좋기 때문에 고위층의 벼슬아치가 될 수도 있다는 의미를 나타내고 있는 것이다. 그리고 사람의 성격은 상당히 명랑하면서 활발한 편에 속하지만 야심적인 명예욕만은 아주 강한 사람이라는 것을 알아둬야 한다. 이 부위의 살집이 지나치게 많이 부풀어 있는 사람이라면 억압적으로 남을 누르려 하는 성격이 나타나지게 되어 남들을 괴롭혀 줄 수

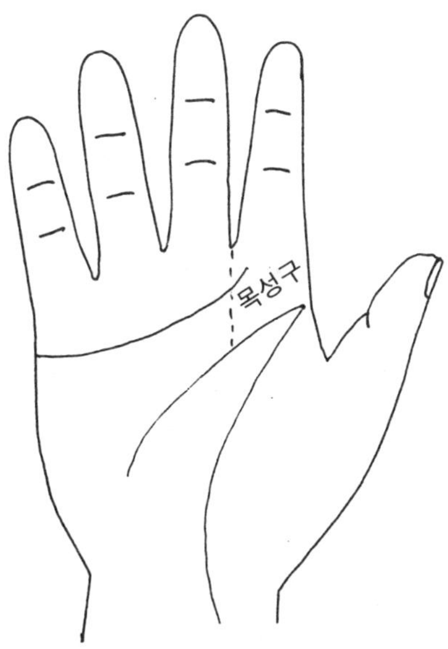

있는 일을 자행하면서도 마음으로는 상쾌하다 하는 생각을 갖게 되기
쉬운 사람이기 때문에 사나운 폭력이나 무례 행위를 자행했다 하더라
도 양심의 가책과 같은 것을 느껴보기는커녕 오히려 오만하기만 한 고
자세로 자기 과신에 차 있는 사람이라는 평판을 해두어도 과언은 아닐
정도의 사람인 것이다.

　이와 같은 사람을 사귀게 될 기회가 있게 되었다면 좀더 너그러운
아량을 가지고 상대방의 비위를 맞춰 주지 않게 되면 자칫하다가는 시
비를 벌이기에 꼭 알맞다는 사람이라는 것을 알아둬야 할 것이다.

　그리고 이와는 반대인 경우라 할 수 있는 사람으로서 목성구에는 살
집이 하나도 없이 야위어 있는 사람은 명예욕도 없고 야비한 성격이
나타나지게 되어 염치나 체면 같은 것은 아예 의식 밖으로 내동댕이를
쳐 매사에 자기 본위로만 임하려고 하는 독선적인 성격이 나타나게 된
다. 그래서 남들이야 싫어하건 좋아하건간에 자기 혼자만 좋았으면

그만이다 라는 생각으로 세상을 살아가게 돼 많은 사람들로부터 지탄을 면하기가 어려운 사람이기 쉽다.

목성구의 발달이 잘 되어 있지 않아 살집이 울퉁불퉁하다거나 잘잘한 실금이 어지럽게 나타나 있는 사람은 자기의 야심이나 욕망을 성취시켜 볼 수가 없다는 의미를 나타내 주고 있기 때문에 무슨 일을 추진해냈던간에 큰소리만 칠 뿐이지 그 일에 대한 성과나 결과가 별로 없는 경우의 사람인 것이다.

그러나 십자(十字)의 기호가 이 부위에 나타나 주고 있는 사람이라면 지극히 행복하고 이상적인 결혼 생활에 골인하게 되고, 별형의 줄이 서로 끼어앉고 있는 것처럼 나타나 있는 사람은 자기 신분 이상의 사람과 결연이 이뤄지는 결혼운이 열려지게 되어 아주 행복한 결혼 생활을 할 수 있다는 의미가 나타난 것이고, 결혼과 더불어 출세의 길도 열려지게 되어 일신의 영달을 얻게 된다는 상이며, 여자의 경우에 있어서도 마찬가지인 것이다. 이 부위에 한 개의 별형이 나타나 있다든가 어지러운 문양 같은 것이나 가느다란 선들이 아주 복잡하게 얽혀져 있거나 흠집이나 하나 있는 사람은 매사에 애로가 너무 많아 성공을 하기가 어려워지게 되어 실망과 한숨의 세월만 보내게 되는 경우가 많게 된다. 그래서 대가집 자손들 가운데에서는 이와 같은 것들을 가지고 있는 사람들이 많은 것을 찾아볼 수가 있는 것만 보더라도 알 수가 있는 것이다.

❸ 토성구 (새턴산 : SATURN M.T.)

가운데 손가락의 밑뿌리 부분에 위치해 있는 이 언덕이 토성구로서 이곳의 언덕이 고르게 아주 잘 발달되어 있는 사람은 보통의 사람들보다는 조심성이 좀 많은 편이며, 무엇이든지 신중한 태도를 가지고 아주 꼼꼼하고 치밀하게 계획을 세워 놓은 다음에야 이를 실행으로 옮기게 되기 때문에 아주 소심한 일면을 보여주기도 한다. 그리고 경제적

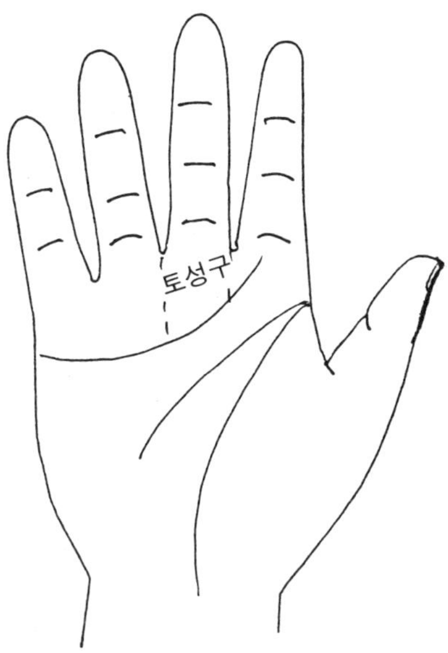

인 면에 있어서는 아주 쩨쩨하다 할 정도로 철저한 경제적 관념을 가지고 있으며, 이 사람은 성격 자체부터가 명랑하지는 못한 편이어서 언제나 침울한 편이 많기 때문에 이 사람의 주위에서 함께 생활을 해나가고 있는 사람들은 아주 근엄한 사람으로 믿어지게 되어 이 사람은 함부로 대했다가는 아니 되겠다는 생각을 하기 쉽다고 느껴지는 유형인 것이다.

또 이 사람은 시체말로 화끈한 데라고는 없는 사람이기 때문에 아주 치밀한 계획을 세워 놓은 다음에도 이것을 대담하게 밀고나가 보려 하는 기백이 거의 없는 사람으로 사실상은 겁쟁이일 수밖에 없으므로 군인이나 정치가 그리고 외교가로서는 실격자라고 할 수가 있겠다. 그래서 교단에나 올라 후진을 양성하는 교육자나 학자 또는 미술가와 같은 것에는 아주 적격자라고 볼 수가 있겠다.

그러나 토성구의 살집이 지나치게 두툼하고 높게 생긴 사람은 평상시의 성격 자체가 음울한 편이어서 사회 활동을 해나가는 데는 사교적인 소양이 별로 없고 어색하다 할 정도로 사무적인 면에 치우쳐지기 쉽기 때문에 사회적인 진취성이 약하다. 남들의 윗자리에라도 한번 올라 남을 부릴 수 있는 영광을 누려 보지도 못한 채 자기 좌절에 빠져들게 되거나 공상의 세계에나 빠져들어 방안 퉁소격으로 살아나가는 사람들이 꽤 많은 것이다. 그래서 이와 같은 사람들은 염세주의적인 성향이 많기 때문에 이 세상의 뒤켠으로 물러앉아 세상을 등지고 살아가려 하거나, 좀더 심한 경우에는 자살을 기도하기도 하는 유형에 속한다.

그리고 토성구에 살집이 거의 없는 것처럼 납작하면서 평편한 사람은 자기의 무능함을 좌우명처럼 되뇌여 보이면서 분발의 계기는 찾아보지도 않은 채 자포자기를 해버리고 마는 사람이 되기 쉬워, 남들처럼 출세욕이나 명예욕 같은 것은 아예 보자기에다 싸가지고 한강물에라도 띄워보내 버린 사람처럼 아주 담담하게 살아가게 된다. 그리고 이곳에 반점이 나타나 있거나 흠집이라도 나타나 있는 사람들은 나쁜 의미가 더욱 더 강해지기 때문에 부모나 형제들까지도 이별을 고해 버리게 되고 불의의 재난에나 말려들어 허덕이게 되는 가련한 인생을 살아가게 된다.

그러나 토성구에 나타나 있는 반점이 검지 안쪽으로 조금씩 이동을 하고 있으면 전화 위복의 계기를 찾게 되어 슬픔의 실마리가 풀려지게 되는 기쁨의 전기를 맞게 되는 작용을 하게 된다.

❹ 태양구 (아폴로산 : APOLLO M.T.)

약지의 바로 밑부분에 도두룩하게 자리를 잡게 된 태양구가 아주 알맞게 잘 발달되어 있는 사람은 천재적인 예술의 재능을 겸비하고 있는 것이다. 그리고 일상 생활을 해나가는 데 있어서는 아주 쾌활하고 명랑한 성격으로 활발한 사회 활동에 임하게 되어 세인들의 눈길을 끌게

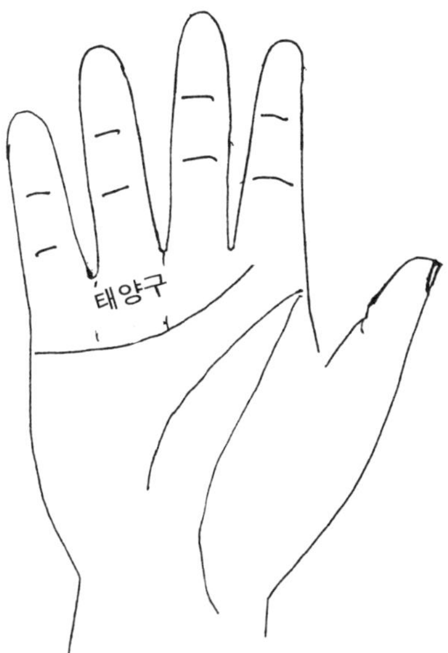

되기 때문에 무슨 일이든지 영리한 처신으로 자기 소신껏 밀고나가려 하는 진취적인 향상심과 더불어 타인들을 따르게 하고 이들을 지배할 수 있는 리더가 돼 사회적으로는 상당한 지위를 갖게 되는 사람들이 많다. 우리 사회의 일선에서 눈부신 활약을 하고 있는 사람들 가운데 행운아적인 칭호를 얻게 된 사람들은 이상과 같은 유형이 주종을 이루고 있다는 것을 알 수 있다.

그러나 이곳이 지나치게 부풀어올라 너무 높다는 생각이 드는 사람은 지나친 사치를 선호하는 경향이 있고 방탕적인 기질이 있기 때문에 돈만 있다면 돈을 물쓰듯 해가면서 낭비를 해 아주 화려하고 고급스러운 생활을 즐기게 되고 음란한 것이나 찾아 헤매면서도 "일"을 하는 것은 죽기만큼이나 싫어하면서 자기만은 아주 멋진 호사 생활을 하면서 살아가려 하기 때문에 남들의 빈축을 사기에 꼭 알맞은 사람인 것이다. 이런 사람들을 일러 세상 사람들은 잡기가 아주 많은 날건달이라는 말을 하기도 하는 유형에 속한다.

태양구가 평편하고 야윈 사람은 매사의 처신이 어리석고 기력조차 없기 때문에 남의 수하에나 들어가 머리를 조아려야 하는 소인배 노릇 밖에는 하지 못할 사람이기 때문에 남의 윗자리에라도 올라 보란 듯한 출세를 한번 해본다거나 남을 지배해 보아야겠다는 뱃심 같은 것은 이미 없는 사람이다. 남들에게 머리를 조아린다 해도 창피하다는 생각 한번 해보지 않고 예사로운 것처럼 생각을 할 정도이다. 예술적인 소질이나 미술적인 기량마저 발휘해 볼 만한 사람은 못 되기 때문에 그저 미적지근한 인생을 살아가게 된다는 사람이다.

그러나 이 곳에 단 한 줄기의 선이 약지를 향해 곧게 뻗어올라가고 있는 사람이라면 아주 멋이 있는 사람이라서 남들의 칭찬과 존경을 한껏 받게 되고 이성 관계에서도 이성으로부터 존경과 사랑을 받아가면서 오래도록 사모의 정을 기려 주게 되는 행운이 뒤따르는 사람이다. 그리고 태양구에 줄이 한 개가 더해져 두 개가 나타나 있는 사람은 재간과 수완이 아주 뛰어난 사람으로 속칭 재주덩어리이기 때문에 자기 꾀에 자기가 넘어간다는 격이 되기 쉬워 실패수가 찾아올지 모르니까 조심을 해야 할 것이다. 이런 사람은 정치 방면으로 진출을 하게 된다면 아주 좋은 결과를 얻게 될 것이다.

그러나 이 곳에 반점 한 개가 나타나 있다면 망신수가 뻗쳐서 남들에게 창피를 당하기 쉬워져 얼굴값도 못한다는 말을 듣기가 십상이겠으니 언행 일치에 상당한 조심성이 있어야 할 것이다.

❺ 수성구(머큐리산 : **MERCURY**(M.T.))

새끼손가락 바로 밑에 있는 언덕이 원만하게 잘 발달되어 있는 사람은 자비심이 아주 강하게 나타나고 의지력이나 구변이 아주 뛰어나 구변가요 웅변가이며, 무슨 일이든 날쌔고 민첩한 활동을 해나가면서 사람들을 선동시키게 하는 솜씨가 능란할 뿐만 아니라 발명과 같은 창

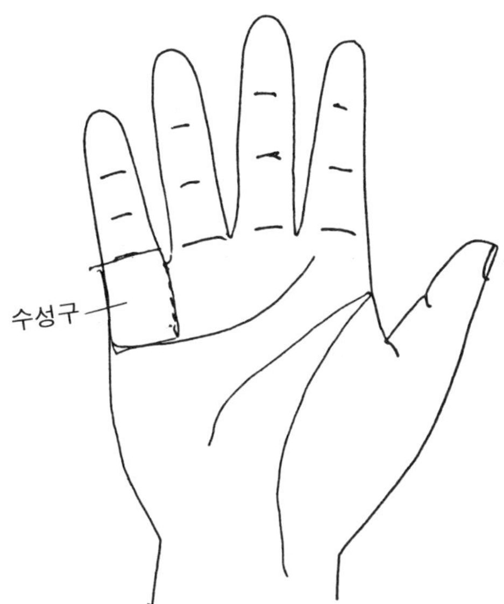

작 활동에 있어서도 가히 천재적이라 할 수 있을 정도이며, 사물을 다루는 솜씨면에서도 한 번만 봤다 하게 되면 금방 익혀 버리는 솜씨가 있어서 아마튜어를 능가할 정도가 되기 때문에 기술자나 대부호가 될 자질이 있는 사람이다.

그러나 이곳이 지나치게 발달되어 너무 높게 부풀어 있는 사람은 재간이 지나치기 때문에 사기나 협잡 등에 능숙한 수완을 부려 버리기 쉽고, 그 정도가 좀 심한 경우에는 도적이 될 수도 있는 근성이 나타나지게 되기 때문에 주의를 해야 하며, 아주 간교한 술책을 써가면서 남을 속여 버리는 모사와 반역, 그리고 배신을 할 소지가 있겠으니 특히 조심을 해야 한다. 이러한 유형은 이중적인 배신자나 사기한들에게서 많이 보게 되는 경우인 것이다. 이와는 반대로 수성구에 살집이 너무 없어 아주 야윈 사람은 머리가 석두라는 소리를 들을 만큼 우둔한 것이 특징으로 나타나 학문을 닦는 일을 싫어하게 되어 학교를 다닌다는 것조차 싫어하게 되고 과학적인 두뇌나 연구심마저 없는 것은 말할 것도 없다. 그렇다고 해서 장사꾼의 재능이라도 뛰어났느냐 하면 그것마저도 형편없이 소질이 없는 사람 취급을 받기 쉬운 사람에 속하게 되어 그저 남의 휘하에나 찾아들어가 단순 노동이나 해가면서 겨우겨우 살아가게 될 사람이라 한다.

그러나 이 사람은 악의(惡意) 같은 것이 거의 없기 때문에 심성은 아주 착한 것이 특징으로 나타난다.

수성구에 여러 줄의 힘살이 있게 되면 학식이 풍부하여 남들의 윗자리에 오르게 되어 남을 지도하는 입장에 서게 되고 능수능란한 웅변과 변설로서 그 어떤 일이라도 자기의 생각대로만 관철해 나가려 하는 진취적인 기상이 있으며, 이 사람의 성격 자체가 일도 척결이라는 담력을 보여줘 가면서도 아주 호쾌한 처신을 하는 유형이다.

그러나 이곳에 반점이라도 나타나 있다거나 더러운 색깔의 점이라도 하나 나타나 있다는 것은 말솜씨가 뛰어나 재담과 덕담을 기막히게 구사해가면서 무슨 일이든지 재담을 잘하고 공리 공존을 일삼으면서 사설을 늘어 놓는 만담가나 코미디언 또는 개그맨 같은 사람들에게서 흔히 찾아볼 수 있는 유형이 되겠다.

❻ 화성구 (마아스산 : MARS (M.T.)

화성구가 발달한 경우는 무슨 일이든지 정열을 보이지 않고 냉정하다 못해 냉담한 사람이 되기 쉬워 친절한 사교를 펼 줄을 모르기 때문에 친절미가 너무 없다는 사람처럼 보여지게 되지만, 의협심이 매우 강해 이지적인 사람이며 아량이 넓고 용감한 사람인 것이다. 그러나 반항심이 남달리 많은 것이 특색으로 나타나기 때문에 남에게는 뒤지기를 싫어하는 기질에 있어서 자기의 지위를 상당한 위치에까지 굳혀 높이려 하는 자아 자존한 마음가짐이 잠재력으로 항상 작용을 하게 되어 있으므로 남의 휘하를 찾아들어 부림이나 당해야 하는 공복은 될

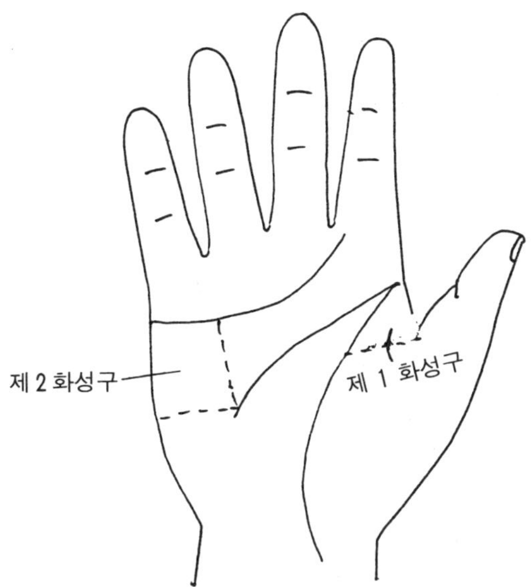

수가 없고 군인이나 정치가, 법관과 같은 권력 기관에 종사를 하는 것이 가장 이상적인 직업이 된다 하겠다. 그리고 이 부위가 평편하게 생긴 사람은 성격이 난폭하거나 거칠기 때문에 폭력을 휘두르는 주먹의 왕자가 되어지기 쉽다. 요즈음의 사회는 주먹 하나만 가지고도 돈벌이를 할 수 있다는 세상이니까, 아마튜어 복서라도 되어 올림픽이라도 한번 나가게 된다면 금메달리스트라도 될 만한 자질이 있는 사람이라 하겠다. 그래서 아마튜어 생활이라도 청산되고 나면 프로 복서가 된다든가 해 챔피언 벨트라도 한번 차지해 본다 해도 손색이 없다는 유형에 속하는 사람이다. 이상과 같은 직업에 종사를 하지 않게 되었다면 경거망동을 일삼게 되고 오만불손한 태도로 남들이나 깔아뭉개 버리려 하는 버릇이 있게 되어 타인들에게 시비라도 한번 걸어 싸움질이나 하기에 꼭 알맞은 사람이라 하겠다.

이곳이 아주 야윈 사람은 두뇌의 발달 상황이 저능아적인 발달이 있게 되기 때문에 멍텅구리 소리나 듣기에 꼭 알맞게 되고 나이를 먹어 늙은 다음에도 어린아이의 지성을 벗어나지 못한다. 그래서 한평생 동안을 사람다운 대접 한번 제대로 받아보지 못하면서 살아가야 한다. 자기 스스로가 주인이 되는 직업을 한번 가져보지 못한 채 남의 아랫자리나 차지하는 위치에서 근근이 생계를 유지해 나가면서 고통이 뒤따르는 환경 속에서 남들의 핍박이 싫어 짜증을 내기도 하고 때에 따라서는 무지막지한 폭력까지도 서슴지 않으려 하는 우직스러운 행위까지 불사하게 되는 경향이 나타나기 때문에 남들에게 경계를 당해야 하는 인물로 지목을 받기도 하는 역경을 헤쳐나가야 한다. 그리고 이곳에 가느다란 선이 파상형으로 나타나 있게 되면 불의의 폭력을 행사하게 되어 살인도 불사한다는 아주 끔찍스러운 자해 행위도 할 수 있는 흉한 작용이 더욱 더 강하게 나타난다. 그래서 이런 유형의 사람들은 인격적인 수양을 쌓아나가야만 하겠다.

❼ 월구 (루나산 : LUNA M.T.)

이곳의 위치는 금성구의 반대편에 있는 언덕으로서 살집이 두툼하게 잘 발달되어져 있고 탄력이 있으며 색상이 아름다운 담홍색을 띠면서 예쁜 반달처럼 된 언덕을 이루고 있으면 지성이 아주 뛰어나 상상력과 공상력이 아주 비상하게 발달되기 때문에 세간에나 파묻혀 이 세상 사람들과 함께 어울려 사는 것을 싫어하게 된다. 그래서 세상의 뒤켠으로 숨어들어 고독을 벗삼아 서정이 깃들여진 낭만 같은 것이나 즐기는 것을 동경하게 되고 미지의 세계를 동경하여 여행이나 즐기는 것을 취미로 삼게 된다. 그래서 한 군데에서는 오래오래 머물면서 안주해야 하는 직업을 갖지 않으려 하게 되기 때문에 방랑시인 김삿갓처럼 방랑을 즐겨가면서 시나 쓰고 글이나 써가면서 유리 타향을 하면서도 마음의 정적 같은 것을 스스로 달래게 된다.

그러나 남달리 뛰어난 지식과 사고력은 보통 사람들 대화에서는 자

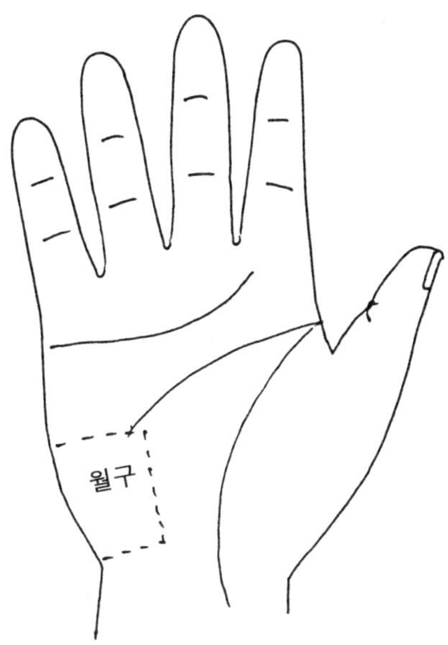

기의 이상 충족을 시킬 만한 실마리를 찾아내기가 힘이 들 정도로 지극히 철학적인 데가 있기 때문에 짜증을 내기 쉽다. 어느 정도의 대화만 이뤄지게 된다면 너털웃음으로 일관하고 마는 변덕이 있기 때문에 타인들의 시각으로는 정신이 어떻게 된 사람 같다는 느낌을 주게 되는 경우가 있게 된다. 그래서 이런 언덕을 가진 사람이라면 시인이나 문학가, 그리고 철학가 같은 직업이 적합한 것이다. 미지의 세계를 그리는 공상이나 사상적인 이론을 전개해내는 데는 아주 천재적인 소질이 있는 사람이기 때문이다. 이런 사람들은 보통 사람들의 경지 이상을 초월한 초인적인 사람들이 많은 것을 볼 수 있게 된다.

월구가 아주 얇고 빤빤하면서 딱딱하게 생긴 사람은 지능의 발달 정도가 정상인을 도저히 따라가지 못할 정도여서 무엇을 깊이 생각한다는 것 자체를 아주 싫어하고 마음의 쓰임이 아주 비열하다. 그리고 신경질이 많은 괴벽한 성격을 나타내 보이기 때문에 사회적인 활동 분야가 좁아질 수밖에 없다. 그래서 한정된 생활의 범위 안에서 활동을 해나가야 하기 때문에 금전적으로도 부유한 생활을 누려나가지 못하고 쪼들린 생활을 꾸려나가야 한다. 그리고 주거의 환경이 자주 바뀌어지게 되어 항상 새로운 환경에서 적응해 나가게 되는 삶을 유지하게 된다. 그리고 처자 권속들에게까지라도 정을 쏟아줄 줄을 모르는 기벽 때문에 더더욱 고달픈 시련에 부딪히게 된다. 이곳에 여러 개의 세로 줄이 나타나 있는 사람은 틀림없는 여행가이거나 방랑벽이 심한 사람이며, 십(十)자의 기호가 나타나 있는 사람은 불의의 사고에 의해 횡사를 당하는 경우가 있게 된다.

5) 손금의 이름과 삼대선의 의미(PALM TO RIEN RIVER)

손바닥에 나타나 있는 가로나 세로로 그어져 있는 선을 말하는데, 어느 것은 길고 또 어느 것은 짧게 나타나 있는가 하면 사람에 따라 천차 만별로 제각기 다르게 나타나 있는 것이 손금이다. 어떠한 경우에는 딱 세 개의 선만 나타나 있는 사람도 있고 또 어떤 사람의 경우에는 두 눈으로는 식별해보기조차 힘이 들 정도로 크고작은 금들이 빽빽하게 들어차 있는 것들도 볼 수 있게 된다. 이러한 금들을 하나하나 진맥을 하고 따져나가면서 자세히 살펴보게 되면 어느 것 하나 쓸데없이 나타나 있는 선은 결코 없는 것이다. 그래서 손금을 보게 될 때에는 어떠한 선이 어떠한 형태로 변형을 이루었느냐 하는 점이 가장 중요한 역할을 하게 되고, 어느 선으로 연결되어지고 뻗어나가고 있는 것이 지선이며 어떤 작용을 하게 되는가에 대하여 아주 세심한 주의를 기울여 나가야만 한다. 그래야만 손금의 판단을 잘못하게 되는 오류를 범하지 않게 되기 때문이다.

손의 바닥에 나타나는 보편적인 선으로서는 삼대선이 있는데, 그

手掌三大線

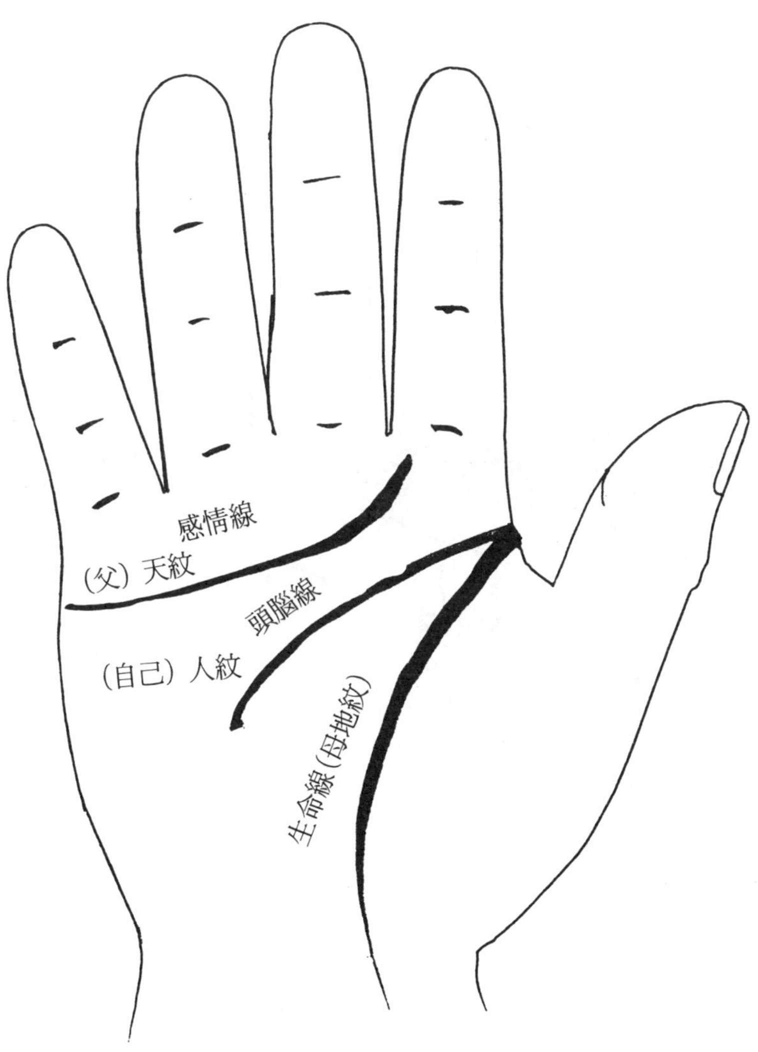

手掌五紋

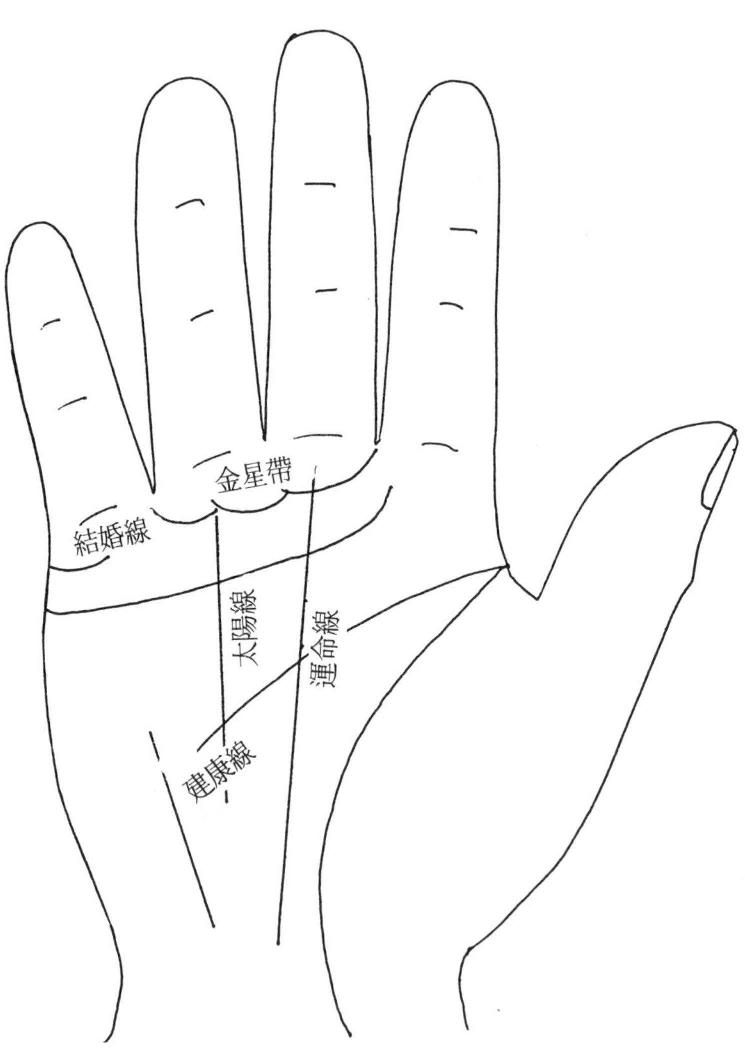

중에서 가장 길게 나타나는 것이 생명선으로 화성구에서부터 시작하여 금성구를 살짝 돌아 반달과 같은 원을 그리면서 손목의 안쪽으로 휘어져 들어간다. 이 선의 명칭을 동양류 수상학에서는 모선(母線)이라 하고 지문(地紋)이라 칭한다. 그리고 수성구의 바로 아래 부분에서부터 시작하여 목성구를 향하여 약간 구부러진 형태로 올라가고 있는 듯한 선을 감정선이라고도 하고 애정선이라고도 하는데, 동양류 수상학에서는 부선(父線)이라고 하며 천문(天紋)이라고도 한다. 그리고 생명선의 기점에서부터 시작하여 월구를 향해 약간은 구부러진 듯한 형태로 손바닥의 한가운데로 뻗어나가게 되는 선이 두뇌선이고 자기를 나타내 상징하기도 하는 인문(人紋)이라고도 칭하게 된다. 그래서 생명선은 수명 관계를 주로 보게 되며 건강과 질병 또는 불의의 재난이나 사고 등의 암시나 예시 같은 것들을 포착하여 판단을 내리게 되는 부위이고, 감정선은 그 사람의 감정이 어떠한 상태이며 심성의 발달은 어떠한 형태로 발달이 되어 있으며 사랑이나 자비 그리고 영적인 것이나 애정 문제와 같은 것을 주로 보게 되고 심장의 건강 상태 같은 것도 이 부위에서 알아낼 수 있다. 그리고 가운데 부분에 나타나 있는 두뇌선은 그 사람의 사상이나 정신적인 발달 사항과 지능과 재지(才智)에 대한 관계를 판단하게 되며 어떠한 선을 가지고 있기 때문에 어떠한 생활을 하게 되고 환경에 대한 변화는 어떠한 영향을 주게 되었기 때문에 사회 생활에는 어떠한 형태로 임하고 있는가에 대한 것들을 판단해내게 되는 기본이 되는 것이다.

삼대선의 위치는 사람에 따라 약간씩 다른 양상으로 나타나지만, 대체적으로 볼 때에는 비슷한 위치에 자리를 잡고 있으며 아주 깊고 뚜렷하면서 굵게 나타나 있는 것이 수상의 기본이 되는데, 이 선에 대한 위치의 주변으로 나타나지고 있는 기타의 여러 선의 위치가 어떠한 형태로 그어져 나가고 있는가의 판단을 내리게 되는 포인트 역할도 하게 된다. 그래서 서양류 수상학에서는 리버(River), 강(江)으로 보기도 하는데, 여기에 나타나는 삼대 강에는 어떠한 지선이 흘러들어오고 또 어떠한 섬이 생겨나 흘러가는 강물의 흐름을 방해하거나 어떠한 호수가 만들어져 있는데 어떠한 기호가 나타나 강상에 설치해 놓은 시설물처럼 이 강들의 흐름을 방해하거나 돕는 의미를 파악해 인간의 운명에는 어떠한 변화가 일어나게 되는가를 살펴보게 되는 기본을 삼게 되는 것이다.

이상에서 설명한 삼대선 이외에 또다른 선을 보게 되면 운명선이 있는데, 운명선의 위치는 손을 쭉 펴가지고 보게 되면 손목 쪽에서부터 시작이 되어 가운데 손가락을 향해 손바닥의 복판을 관통하면서 일직선으로 쭈욱 뻗어올라가고 있는 선으로, 이 선에 나타나 있는 운세를 가지고 성공과 실패의 상태나 그릇을 판단해낸다. 그 다음이 태양선으로, 무명지의 바로 밑부분인 태양구에서 일직선으로 무명지를 향해 올라가고 있는 길이 5㎝ 이내에 해당하는 선이 되겠는데, 감정선의 위쪽에서 나타나는 경우가 통상적인 예가 되겠지만 사람에 따라서는 손바닥의 중간 부분에서부터 쭈욱 뻗어올라가고 있는 사람도 있다.

이 태양선을 가지고 인간의 명성과 인기도 같은 것을 추정해 보게 되며, 운세의 강약과 인간 덕의 유무 등을 판별해내는 포인트로써 대략적으로는 좋은 의미의 선으로 보게 될 때가 더 많은 것이 태양선인데, 이것 역시도 두 개나 혹은 세 개씩이 한꺼번에 겹쳐지면서 나타나게 되면 오히려 극성지패라는 말처럼 나쁜 의미로 풀게 된다. 태양선은 그 사람 주위의 인적 사항으로도 보게 되기 때문에 세심한 관찰을 요하는 부위가 된다.

그리고 결혼선이 있는데, 결혼선의 위치는 소지의 아래 부분에 있는 수성구의 옆부분에서 생겨나 손바닥의 안쪽으로 약간 올라가면서 3㎝ 이내에서 끝나는 선으로, 결혼과 관계가 되는 문제들을 주로 보게 되기 때문에 이 선의 모양을 잘 살펴보아야 한다. 이 선은 하나가 나타나 있는 수도 있고 2개 이상 5개 정도까지도 줄이 나타나 있기도 한데, 어떤 선은 두 개이나 그 끝은 달라붙어 있고 한쪽은 구부러지면서 손바닥의 위쪽으로 뻗어나가 버렸거나 손바닥의 안쪽으로 휘어지면서 감정선과 맞붙어 버리게 되는 등 상당히 다양하게 나타나는데, 이 선들이 가지고 있는 의미만 잘 파악해내게 되면 아주 재미있는 이야기꺼리가 많은 부위로서 결혼 이전에 있었던 애인 관계는 어떠했었고 몇 사람 상대자가 얽혀져 경합이 되는 결혼을 하게 되었다든가 혹은 현재의 남편 이외에도 비밀스런 애인 관계가 있다든가 하는 등의 비밀들이 복병처럼 숨겨져 있는 곳이기도 하다.

그 다음이 금성대인데, 금성대의 위치는 검지와 장지 사이에서 나와 소지와 무명지의 사이로 뻗어나가는 반달형의 선으로, 감정선보다는 위쪽으로 나란히 있는 것 같지만 그 모양은 별로 예쁘지가 않게 나타나는 경우가 많은 선으로 인간의 성격이나 애정 문제 등을 가일층 강하게 해주는 작용으로 보게 된다. 금성대의 작용은 대략적으로 극길 극흉의 변수가 들어 있다는 선이기 때문에 다른 선과의 면밀한 검토에 의해 판단을 해야만 실수가 없게 된다는 사실을 알아두어야 한다. 그리고 건강선이 있는데, 건강선의 위치는 새끼손가락의 아래쪽으로부터 손목을 향해 엇비스듬하게 달리고 있는 선으로 건강 상태가 나타나기 때문에 건강 판단을 하는 부위다. 이 선의 판단도 꽤 복잡한 상태의 선을 이루게 되는 경우가 있어서 세심한 관찰을 하지 않으면 안 된다는 선이다.

6) 가늘게 나타나는 지선의 판단

앞장에서 이미 설명한 8대선이 대체적으로 깊고 똑똑한 선으로 깊게 나타나 어느 한 곳도 끊어진 데가 없이 잘 뻗어나갔다면 해당하는 그 선의 운명 작용은 아주 좋은 것으로 풀이하게 되겠지만, 8개의 선 이외에도 가느다란 지선이 뻗어나가 있는 것들이 있는데, 지선의 작용 역시도 좋은 것과 나쁜 의미의 두 가지로 해석하게 된다.

그 중의 하나가 본선에서 이어져 나가면서 마치 나뭇가지가 뻗어나간 것처럼 손의 끝부분을 향하여 뻗어나가고 있는 지선은 운명적인 변화 작용이 아주 좋은 쪽으로 보완해 준다는 작용을 하게 되고, 손목이 있는 아래편 쪽으로 갈라지면서 뻗어내려가고 있다면 이에 해당하는 선의 운명의 힘을 약화시켜 버리게 되는 아주 나쁜 작용이 있게 된다. 그것도 한 개 정도가 아니라 여러 개의 지선들이 너무나도 많이 찢어지듯 나타나 있는 것들은 본선의 힘을 아주 많이 약화시켜 버리는 작용을 한다고 보면 틀림이 없을 것이다. 그리고 이은선이라고 하는 선이 있는데, 이것은 선의 끝부분이 아주 보기좋은 모양으로 한두 갈래 정도나 혹은 세 갈래로 갈라져 나간 것을 말하며, 두 갈래인 경우에서는 마치 Y자와 같은 모양을 하고 있는 것으로 대단히 좋은 의미를 나타내고 있다.

그러나 어느 금이건 모두 다 그런 것은 아니고 생명선이나 태양선과 같이 손의 끝 쪽으로 뻗쳐나가고 있는 선의 경우를 말하는 것이다.

◎ 방상선 (房狀線)

이와 같은 선은 대략적으로 생명선의 끝부분이나 두뇌선의 끝부분 등에서 가장 많이 나타나는 것으로 그 선의 작용을 나쁘게 하는 작용이 들어 있는 것인데, 생명선의 유년 부위가 이런 선으로 나타나졌을 때에는 유년기인 어린 시절에 그 사람의 건강 상태가 아주 나빴었다는 의미 등으로 풀이를 하게 되는 것이다.

◎ 반점 (班點)

이것은 선이나 금이 아니고 일종의 기호인 것인데, 어떠한 선 중에

① 上向한 支線		⑥ 島 形	
② 下向한 支線		⑦ 鎖 狀 線	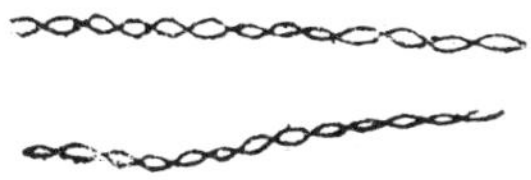
③ 三 又 線		⑧ 波 狀 線	
④ 房 狀 線		⑨ 中 斷 線	
⑤ 斑 點		⑩ 中 斷 線	

서 위에 나타난 경우가 아주 많게 되고 그 색상이 빨간색이거나 혹은 검은색 등으로 살갗 속에서 뻗쳐올라오는 것 같은 색상의 반점이 나타나고 있는 것은 해당하는 그 선의 힘을 약하게 만드는 작용을 하게 된다.

그 예를 하나 들어본다면, 생명선상에 이와 같은 반점이 하나가 나타나 있다면 해당하는 연령 부위의 나이가 들게 되었을 때는 반드시 중병을 한번 앓게 된다던가 사망의 조짐으로도 보게 된다.

그러나 빨간색의 경우는 생명을 잃게 되는 경우보다 수술 등을 통해 기사 회생을 하게 된다는 의미가 들어 있지만, 검정색이 나타나 있을 때에는 경고의 신호가 된다는 것을 알아둬야만 한다.

◎ **쇄상선(鎖狀線)**

이 선은 마치 자동차의 타이어에다 사고의 방지용으로 눈이 올 때에만 끼우게 되는 체인처럼 생긴 쇠사슬과 같은 모양을 말하는데, 이런 것을 수상학적으로 볼 때에는 작은 섬의 모양이 계속적으로 연결되고 있는 것으로 풀이를 하게 되며 아주 나쁜 의미를 나타내고 있는 것이다. 만약에 감정선상에 이와 같은 것이 나타났다 했을 때에는 애정의 파탄을 의미하기도 하고 사고 등으로 인한 충격과 같은 것을 의미하기도 하며 심장의 약화로 인한 심장병을 앓고 있는 것으로도 해석을 하게 된다. 생명선상에 이런 것이 나타났을 때에는 장기간의 치료를 요하게 되는 소모성 질환을 본인 자신도 모르는 사이에 이미 앓고 있었다는 것 등을 의미하며, 두뇌선상에서 나타나 있다면 히스테리적 질환 등을 앓고 있다는 의미를 나타내 주고 있는 것이다.

◎ **파상선(波狀線)**

이 선은 마치 파도가 넘실대고 있는 바닷물이라도 연상해 볼 수 있는 선이 되겠는데, 쇄상선과 같이 아주 나쁜 의미를 가지고 있는 선이다. 그래서 금성구와 같은 곳에서 자주 나타나, 화성 평원 즉 동양류 수상학에서는 명당이라 칭하는 손바닥의 한복판 부위에서 자주 볼 수 있는 선인데, 다른 선들은 모두가 다 정상적으로 발달되어 있는데 이 선이 다른 선들을 모두 끊어버릴 듯이 어지럽게 나타나 다른 선의 운명적인 길상을 저해하거나 망쳐 버리고 있는 선으로 해석을 하게 되는 것이다.

◎ 중단선(中斷線)

이 선은 손금이 쭉 뻗어져나가다 중간에서 뚝 끊어지게 된 경우를 말하게 되는데, 끊어진 형태는 대략적으로 두 가지의 형태로 보게 된다.

그 첫번째가 손금은 비록 끊어졌다 하더라도 그 옆으로 그림 ⑨와 같이 손금이 겹쳐진 것처럼 되어 있는 것은 흉한 가운데에서도 어떠한 과정만 겪고 난 다음에는 다시 좋아질 수도 있다는 것을 의미하게 되지만, 그림 ⑩과 같이 뚝 끊어져 버리게 된 경우에는 도저히 피해 나가 볼 방법이 없을 정도로 흉하다는 의미를 나타내 주고 있는 아주 나쁜 선이며, 그 끊어진 끝부분마저도 갈퀴의 끝부분처럼 구부러져 있는 경우에는 더더욱 나쁜 것으로 해석하게 된다.

◎ 섬형(島形)

이것도 또한 기호의 일종이지만 어떠한 선에서든지 자주 나타나는 경우가 많은 것이며 특히나 쇄상형의 일부라고도 할 수 있겠는데, 두뇌선과 생명선이 합해지게 되는 손금의 삼각 부위의 지점에서 이런 섬형의 기호가 가장 많이 나타나게 되는 것으로 그 의미 또한 나쁜 것으로 판단을 하게 되는 것이다. 대략적으로 보게 되면 곤란을 겪게 되는 경우이거나 신병을 앓게 된다는 경우나 사업상의 실패 등으로 보게 되는데, 어떠한 선상에 이와 같은 섬형이 나타나고 있느냐로써 판단을 하게 된다.

7) 손바닥에 나타나는 무늬는 무엇을 뜻하는가? (手掌紋樣判別)

❶ 십(十)자형 기호

손바닥의 어느 부위든지 십자형의 기호가 나타났다면 그 해당 부위는 나쁜 의미를 알리는 기호이며 아주 빠른 시일 내에 흉변 급화의 작용이 있게 된다는 사실을 명심하면서 기억해 두어야만 한다. 그리고 매사에 신중한 태도로 사회 생활을 해나가면서도 액화만을 미연에 방지를 할 수 있는 방도를 강구해 두는 것이 좋을 것이다.

그 실례의 하나로 태양선상에 십자의 기호 하나가 갑자기 나타나 있었다면 사업의 경영에 대한 급격한 변화로 인해 부도가 나버린다거나 사기를 당하게 된다거나 하는 불행한 일이 있게 된다는 것을 염두에 두고 이러한 일이 일어날 수도 있다는 가능성이 있는 원인들을 하나하나 척결해 나가 버리게 된다면 파산을 당해야 할 정도만은 면해 볼 수가 있게 될 것이다.

❷ 섬형(島形)

이 섬형의 기호는 대략적으로 손금에 나타나는 경우가 가장 많게 되지만, 때에 따라서는 손바닥의 언덕에서도 나타나지는 수가 간혹은 있는 것이다.

그러나 이것 역시도 좋은 의미의 것은 아니고 아주 나쁜 것으로 보게 되는 것인데, 그 예의 하나로 월구상에 이와 같은 기호가 평소에는 찾아볼 수가 없었던 것인데 어느 날 갑자기 나타났었다면 건강상으로는 정신 질환에 시달리게 되는 경우이거나 신경성 질환과 같은 것에 걸린 경우가 되겠다. 만약에 해외 여행이나 먼 곳으로 여행을 떠나가게 되었다면 스케줄을 짜놓은 목적 사항 그 자체에서부터 그 어떤 난관에 봉착을 하게 될 것이며, 목적지까지에는 도착을 하게 되었다 하더라도 그 소원을 이루지도 못한 채 시간과 경비만 허비해 버리고 만

① 十字形		⑤ 圓環	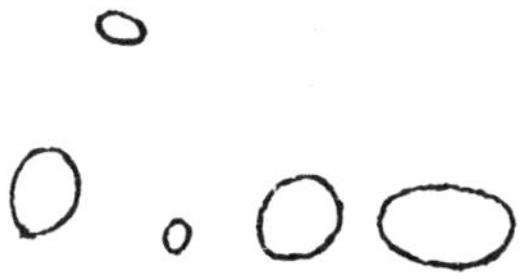
② 島形		⑥ 星形	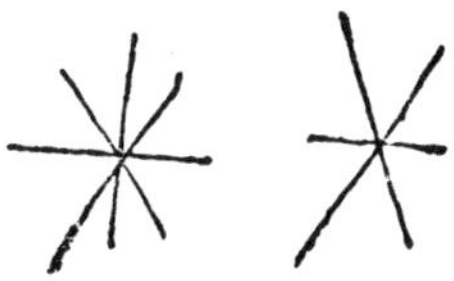
③ 格子形		⑦ 三角形	
④ 斑點		⑧ 四角形	

셈이 되어 버리는 경우를 겪게 되거나 갑작스러운 사고 같은 것으로 인해 생사의 문제까지도 면해 나갈 수가 없다는 경우까지를 조심해야만 한다는 기호인 것이다.

❸ 격자형 (格子形)

격자라고 하는 것은 영어로는 Gride라 하는데, 이것은 가느다란 금이 가로나 세로로 서로가 얽혀져 있어서 시골 사람들이 흰떡을 해 먹게 되었을 때에 떡가루를 치게 되는 굵은 체의 바닥과 같은 모양을 하고 있는 것이다. 이 문양은 나쁘다고들 하지만, 매사에 진취적인 활동의 정체를 뜻하게 되고 있는 것인데 어떤 경우에 있어서는 이런 문양이 오히려 좋은 작용을 하게 된다는 특정한 직업 같은 것도 있다는 사실을 알고 있을 필요가 있다. 예를 든다면 금성구상에 이와 같은 문양이 나타나 있는 사람이 윤락의 길로 들어서게 되면 애정을 팔고자 하는 것이 아니라 육체를 팔게 되는 경우가 되기 때문에 오히려 그 직업에는 아주 좋은 것이 될 수도 있다는 결론을 내리게 되는 경우이다.

❹ 반점 (班點)

이 반점은 육안으로는 식별하기가 거의 어려울 정도로 조그마한 것도 있는 것이기 때문에 확대경 같은 것으로 세밀한 관측을 할 필요가 있게 되는데, 이것 역시도 좋은 의미는 결코 아니고 나쁜 의미가 담겨져 있는 것이므로 세심한 관찰을 통하여 운명적인 변화에 대처해 나가야만 하겠다. 그 실례를 하나 들어본다면, 생명선상으로 35세 되는 사람의 수상에 조그마한 반점 하나가 바로 35세가 되는 해당 부위에 나타났다면 커다란 질병이나 사고가 예견되는 해에 해당하므로 각별한 주의를 기울여 건강을 미리 체크해 그 해에 닥치게 될 불행을 미연에 방지하는 것이 바로 예방의 길인 것이다.

이와 같은 면으로 손금에 나타난 무늬나 반점 또는 기호 등을 발견하게 되면 숙명적으로 타고난 운명이라 하더라도 변화를 시켜 버리는 지름길이 된다는 사실을 알게 된다.

❺ 원반(圓班)

이 원반 역시도 그 형태가 동그라미처럼 되어 있기는 하나 반점보다는 조금 크게 나타나는 경우가 되는데, 이것 역시도 좋은 기호는 결코 아니기 때문에 나쁜 의미로 해석을 하게 되며 반점이나 같은 뜻을 가지고 있으므로 주의해 두는 것이 상책이라 하겠다.

❻ 별형(星形)

별형은 우리들이 통상적으로 알고 있는 별의 모양처럼 5각형의 별 모양이 아니라 그림 ⑥과 같이 물레의 살처럼 여러 개의 가는 금이 방위의 좌표처럼 되어 있는 것을 말하는데, 이 별형의 해석은 나타나는 위치에 따라서 좋게도 해석을 할 때도 있고 나쁘게도 해석을 하게 되는 두 가지의 경우가 있으므로 다음의 응용편에서 얘기하기로 한다.

❼ 삼각형(三角形)

이 기호 역시도 가는 금이 모여 삼각형 모양을 하게 된 것인데, 삼각형의 징조는 대체적으로 나쁜 것도 있지만 간혹은 예외인 경우도 있다.

❽ 사각형(四角形)

이 사각형은 생명선이나 태양선, 두뇌선, 감정선과 같은 선의 밖에서 이루어지는 것인데, 이 사각형의 작용은 사각형이 나타나 있는 선의 운세를 보호하고 있는 작용이 들어 있는 것이다.

이상과 같이 여러 가지의 문양과 지선에 대한 설명을 했지만, 어떠한 형태의 것이든간에 나타나는 형태가 아주 적은 것이 대부분이 되기 때문에 세심한 주의를 기울여 아주 자세한 관찰을 하는 것이 상책일 것이다.

그래서 수상의 판단에서는 확대경이나 또는 루뻬와 같은 것을 사용해가면서 찾게 되면 문양이나 기호를 찾아내기가 쉬워질 것이며, 이런 방법으로 실습을 자꾸만 해나가게 되면 회수를 거듭할수록 찾아내는 방법을 쉽게 터득할 수 있게 될 것이다. 그리고 또 한 가지 주의해야 할 것은 기호가 나타나 있는 부위의 색상을 예의 주시하여 그 부위의 색상 판단도 함께 내려야 한다는 사실을 기억해 두기 바란다.

8) 선(線)과 기호(記號)의 색상판별법(色像判別法)

선이나 기호에 나타나 있는 색상은 대체적으로 손의 색상과 같은 것이 통례로 되어 있지만, 때에 따라서는 손의 색깔보다 선이나 기호에 나타난 색상이 더 선명하게 나타날 때가 있다. 그러나 어느 선에서 어떠한 색상이 나타나고 있는지를 잘 관찰을 한 뒤에, 기호는 어느 선에서 나타나는데 어떠한 색인가를 정확하게 판단을 내리게 되는 것인데, 아주 건강한 사람의 손에는 예쁜 담홍색이 나타나며 이런 사람은 심신이 모두 건강한 상태를 의미하고 활기에 차 있는 활동가임을 알게 된다. 빨간색이 나타나 있을 때는 심장판막증이나 심장 약화 등의 심장계, 즉 순환기 계통의 질환에 주의를 해야 한다는 판단을 내리게 되며, 신경성으로 나타나는 히스테리 같은 것을 염려하게 된다는 것을 알 수 있는 것이다. 그리고 푸른색이 나타나지게 되었을 때는 냉혈성인 체질에서 흔히 볼 수 있는 색상인데, 빈혈이나 대사 기능의 약화에서 나타나는 징후이거나 지나칠 정도로 이기적인 사람들의 우울증 같은 증세에서도 나타난다.

그리고 황색이 나타나게 되었을 때에는 참을성이 적고 소심한 사람들이 자기의 의사를 다른 사람에게 화끈하게 쏟아내 버리지 못한 채 자기 혼자만 끙끙거리면서 참고 살아가는 경우에 나타나는 것으로 별로 크게 문제가 되지는 않겠으나 간과 담랑 계통의 질환을 경고해 줘야 한다. 검은색 계통이 나타나게 되었을 때는 원기의 쇠약에서 나타

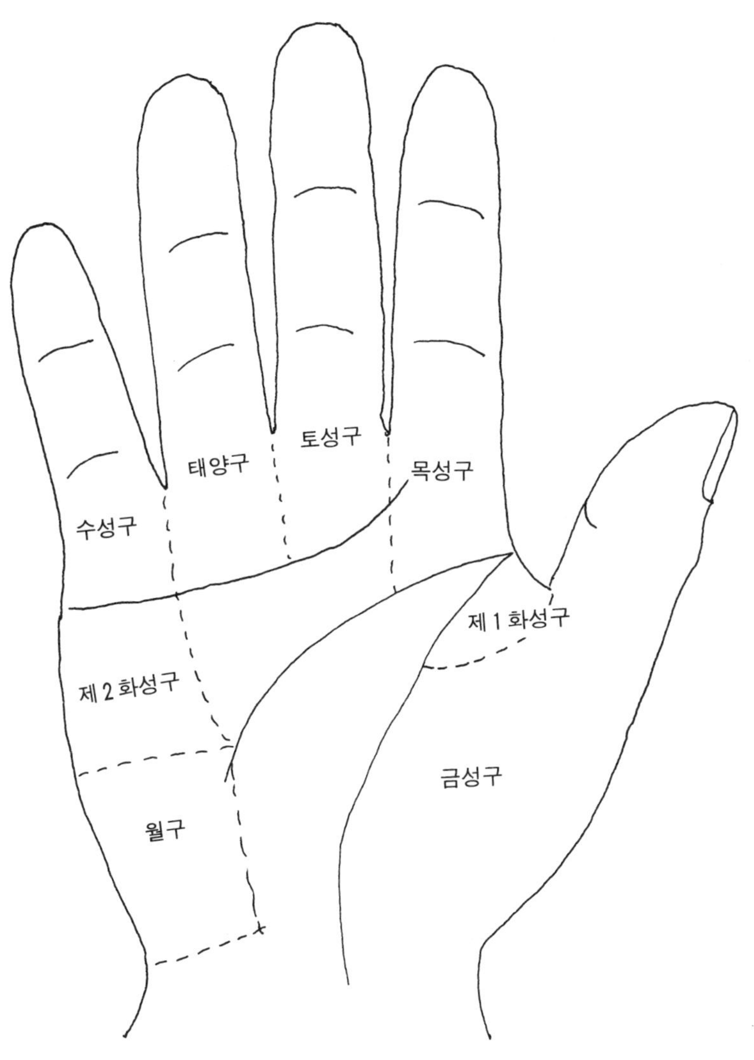

수성구
태양구
토성구
목성구
제 1 화성구
제 2 화성구
금성구
월구

나기 때문에 활동상의 장애 요인을 나타내고 있는 것이니 해당 부위에 대한 판단을 정확하게 내려야 할 것이다.

9) 손금으로 나이를 보는 법(手相流年法)

우리 인간들은 한평생을 살아가는 동안에 갖가지의 시련을 겪으면서 살아가게 되는데, 운수가 좋았을 때에는 좋은 일이 많게 되고 운수가 나빴을 때는 입으로 형언할 수조차 없도록 모진 고난과 역경을 헤쳐나가면서 살아가고 있다.

그러나 이토록 변화 많은 인생살이에 운명을 대처해 나갈 수 있는 방법만 있다면 인간의 운명 노정은 참으로 많이 달라지게 될 것은 뻔한 일이 될 것이다. 좋은 운수가 만나지게 되었을 때에는 더더욱 기쁨에 넘치는 개운을 하게 될 것이고, 나쁜 일을 예견하게 되었을 때에는

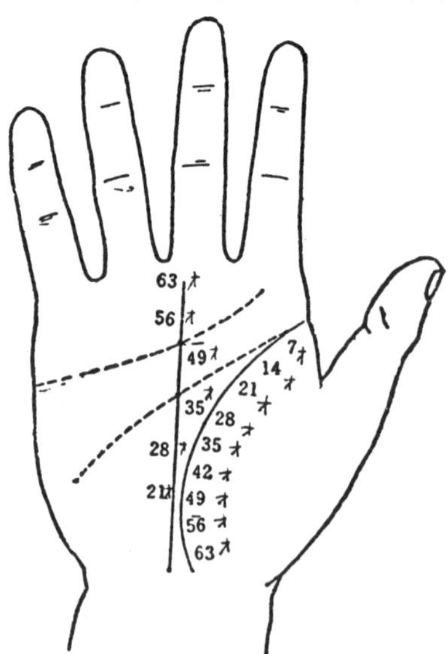

적어도 안일만은 구할 수 있는 방법을 강구해야 할 것인데, 이것을 알지 못해 누구나가 파란만장한 세월들을 살아가고 있는 것이다. 그래서 수상학에서는 이 시기를 알 수 있는 방법을 제시하고 있으니 이것이 바로 유년법인 것이다.

제각기 해당하는 유년의 운수가 성운인가 쇄운인가를 판단하게 되는데, 생명선은 건강 관계를 주로 보는 유년 책정법을 쓰게 되고 운명선에서는 흥망 성쇠의 성공과 실패의 유년을 책정하는 방법을 쓰게 된다. 그리고 해당하는 연령상에 섬의 기호나 반점 또는 단선 등으로 보는데, 전 장의 문양편에서 이미 설명한 것과 같은 작용을 알아볼 수 있는 것이 유년법인 것이다.

10) 수장 팔구(手掌 八丘)로 보는 용모(容貌)

손바닥에 있는 언덕이 다른 부위의 언덕보다 유별나게 잘 발달된 사람은 신체와 용모까지 특징적으로 나타나게 된다. 그래서 다음에 기술하고자 한다.

◎ **목성구가 발달된 사람**

몸집이 단단하면서 가슴팍이 넓고 어깨가 떡 벌어져 있으며, 키는 보통이면서 살갗이 붉으레하고 건장한 체구를 가진 강골형이다.

◎ **토성구가 발달된 사람**

키는 크지만 깡마른 몸집을 가지고 있고 이마는 넓은 편이며 턱의 하관이 좁은 얼굴에다 살색은 누리끼리한 색상이다.

◎**태양구가 발달된 사람**

우리들 세간에서 흔히 말하는 미남 미녀형으로, 적당한 키와 몸집을 가졌고 살색은 흰편이며 혈색이 있어 보이면서 매력을 가진 사람이다.

◎ 수성구가 발달한 사람

표정이 해이된 것 같으면서 눈에는 특징이 있고 얼굴의 생김생김은 외처럼 길면서 신체는 자그마하지만 매우 민첩한 동작을 가진 사람이다.

◎ 화성구가 발달된 사람

빨간색이 썩은 듯한 혈색을 띠고 턱이 평편한 사람이 많으며, 걸어갈 때에는 양 어깨를 떡 펴고 걸으며 신체는 보통이고 전체적으로 차돌처럼 단단해 보이는 사람이다.

◎ 월구가 발달된 사람

얼굴의 색상은 창백한 편이며 턱은 둥그렇게 생긴 사람이 많고 몸 전체가 부드러우면서 뚱뚱한 사람이다.

◎ 금성구가 발달된 사람

여자처럼 얌전하고 다정다감한 편으로, 몸집은 보통이며 살결은 하얗고 일상적인 행동이 온순한 미남 미녀의 형이다.

삼대선 및 운명선, 태양선, 결혼선

1. 생명선을 보는 법

　생명선이라고 하는 선은 앞의 장에서도 기술한 것과 같이 검지의 아래 부분과 엄지손가락의 사이에서부터 시작하여 엄지손가락 안쪽을 크게 반원형으로 둘러싸면서 손목까지 이어지는 가장 굵은 선을 말한다. 생명선은 인간의 생명에 관계되는 수요 장단과 평상시의 신체적인 건강의 척도를 알아보는 가장 중요한 부위에 해당되며, 일상 생활을 해나가는 과정을 통한 건강의 좋고 나쁨에 대한 신체의 리듬이 나

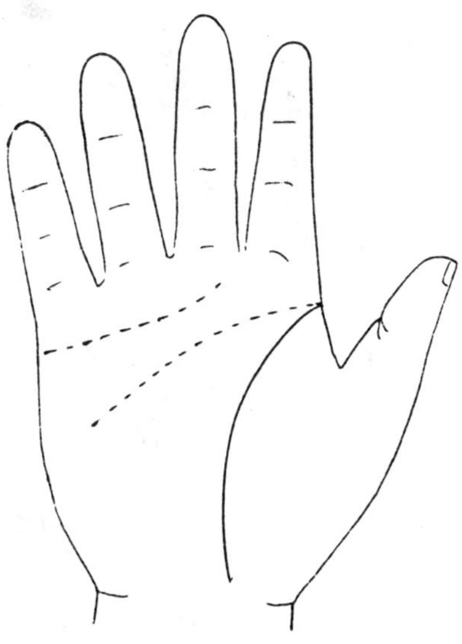

타나기도 하기 때문에 이 선의 명칭은 생활선이 되어야 마땅하지 않겠느냐고 하는 사람도 있을 정도여서 수상학에 있어 삼대 중요선 중에서 가장 비중을 많이 두고 있는 선인 것이다.

그러면 생명선은 어떻게 뻗어나가야 제일 좋은 것인가를 한번 알아보기로 하자.

첫째 생명선이 굵고 뚜렷하면서 길게 뻗어나가야 하고, 중간에서 끊어졌거나 나쁜 의미를 나타낸 기호나 문양이 전혀 없이 깨끗하게 손목을 향해 금성구를 돌아나가면서 색상이 아름다운 담홍색을 띠게 된 것이 가장 좋은 것이다. 그렇게 이루어져 있으면 한평생을 살아가면서도 무병하게 되고 오래오래 건강을 누리면서 장수를 하게 되기 때문이다.

(1) 백세의 장수를 누릴 상

생명선의 근원이 「가」에서부터 시작하여 손바닥의 가운데까지 힘이

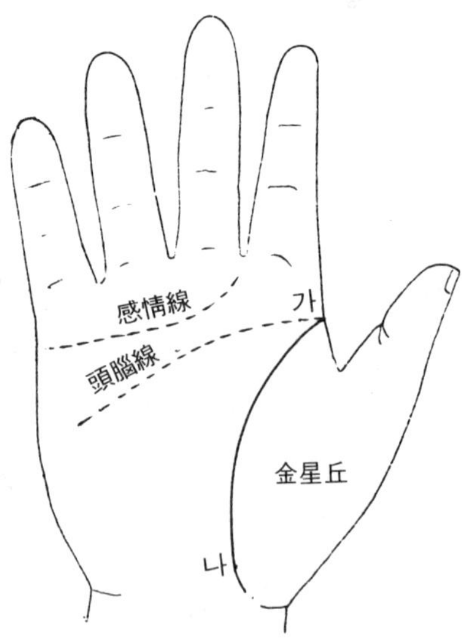

있게 금성구를 감싸면서 반달형으로 돌아가면서 「나」의 지점에까지 길게 뻗어나갔으며, 중간에서 끊어진 곳이 없고 흐트러지지도 않았으며 나쁜 의미를 가진 별의 기호나 흠집 그리고 반점 같은 것이 없이 깨끗하면서도 뚜렷하게 뻗어내려가고 있기 때문에 장수를 하게 되는 상이 되는데, 두뇌선이나 감정선마저 뚜렷하게 잘 나타나 있다면 백세의 장수는 무난하다 하겠다.

그리고 금성구의 살집이 좋은 사람은 감성이 풍부할 뿐만 아니라 정감과 매력이 넘쳐흐르는 정력을 갖고 있는 사람이기 때문에, 금성구까지 살집이 좋게 발달된 사람은 더욱 더 정력적인 사람으로 대단한 활동력을 과시하게 되어 예능이나 예술 방면에도 소질이 탁월하며 생활력 또한 왕성한 사람이다.

⑵ 수명이 아주 짧게 나타난 손금

이 그림은 생명선이 아주 짧게 돼 있는 경우인데 두뇌선이나 감정선

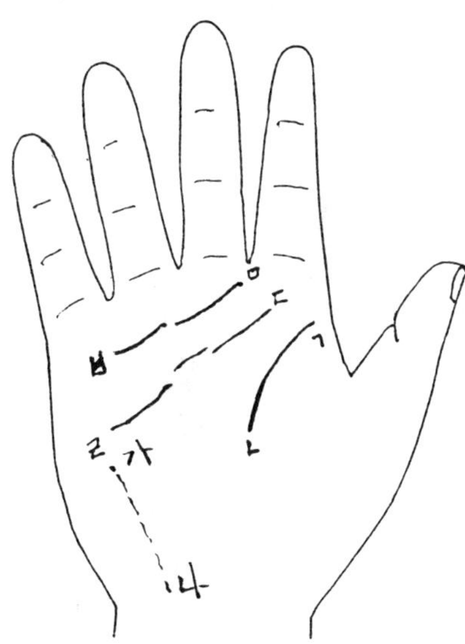

이 뚜렷하게 나타나 있다.

그러나 아주 짧은 생명선을 보조해 줄 수 있는 경우에는 두뇌선의 길이가 비록 짧다 하더라도 단명하다는 판정을 할 수 없게 되지만, 이 경우에는 감정선 ㅁ과 ㅂ의 사이마저 딱 잘려져 있고 두뇌선마저 ㄷ과 ㄹ의 사이 부분이 두 군데나 잘려 있는 것이다. 그래서 가뜩이나 짧은 생명선을 보조해 줄 선이 없다는 것이 흠이 되고 있는데다가 감정선과 두뇌선이 끊어져 있다는 것은 심장병이나 신경성 뇌질환을 앓고 있는 징후까지 보이고 있으며, 그림 2의 경우에 손금으로 판단하게 될 때는 33세의 부위까지밖에 나타나 있지 않은 생명선 때문에 40세를 넘기기가 어려운 것으로 판단하게 되는 상이다.

※ 가 ~ 나의 건강선까지 나쁘기 때문이다.

(3) 몸이 허약해 건강이 염려되는 상

이 그림은 생명선이 흐르고 있는 각도가 거의 일직선에 가깝도록 「가

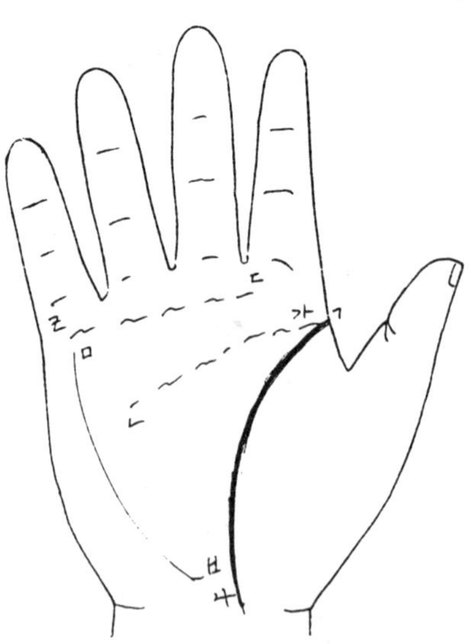

「J에서 「나」로 뻗어나가면서 반원을 그려나가지 못하고 엄지손가락을 둘러싸고 있는 선과 거의 일치하게 곧게 뻗어내려가는 생명선을 이루고 있기 때문에 생명선의 길이가 자연히 짧아지게 되었다.

그러나 생명선 자체는 확실하게 그어지면서 내려갔기 때문에 단명하다 할 수 없지만, 금성구의 영역까지 파고들어가 버린 생명선을 갖고 있기 때문에 손의 바닥 부위는 자연히 살이 없는 것이 되며 비쩍 마른 손이 된 탓으로 신체적으로는 자연히 허약한 것이 되고 원기가 없는 체력을 가진 사람으로 애정적인 표현의 상징인 정감이 박약하고 매력적인 면까지 결핍돼 있는 것인데, 이런 생명선을 가지고 있는 사람들은 박정하거나 이기주의적인 면이 강하게 나타난다. 냉정한 심성에다 체력의 한계를 느끼게 되기 쉽기 때문에 성격적으로도 명랑하지 못한 대인 관계를 하게 돼, 부부 관계나 애인 관계마저 나쁘게 나타나고 자식운도 없으며 정력 결핍증에 걸리기 쉬운 사람이며, ㄱ과 ㄴ을 잇는 두뇌선 역시 딱 딱 끊어져 있고 감정선의 ㄷ과 ㄹ의 사이가 아주 희미하게 되어 있는데다 선이 딱 딱 끊어져 있어 더욱 더 건강 상태가 나쁘게 나타나 있고, ㅁ과 ㅂ을 연결하는 건강선이 나타나 있으면 더욱 더 건강 상태가 약해지게 된다.

여자의 경우에 이러한 선을 가지고 있는 사람들은 남편의 인연이 희박할 뿐만 아니라 자식을 낳더라도 허약한 체질의 자손을 두게 되며 여자로서 갖추고 있어야 할 미모나 매력, 그리고 훈훈한 모성애 같은 것은 찾아볼 수 없는 상의 손금이다.

(4) 위험을 내포하고 있는 체질의 손금

생명선이 길다고 무조건 장수를 한다고는 할 수 없는 경우가 있는데, 생명선의 흐름이 흐트러져 있거나 섬형이 나타나 있으면 요절은 면할 수가 있다 하더라도 급격한 병상 투병을 하게 되거나 불의의 사

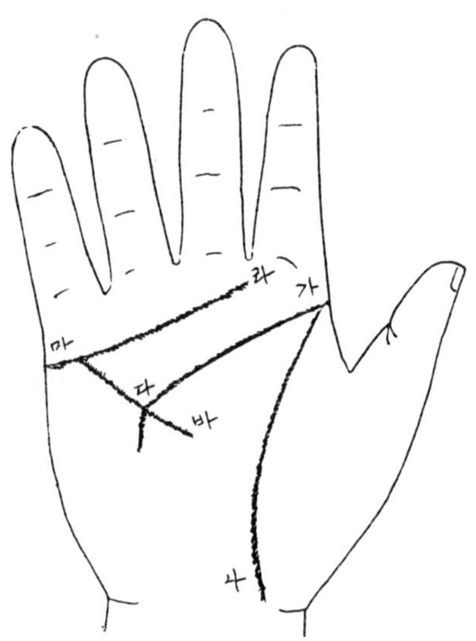

고 같은 위험한 경우의 고비를 자주 만나지게 되는 것이다. 그림 4의 경우에는 「가」와 「나」를 잇는 생명선의 폭이 아주 넓으면서 얕게 뻗어 나가고 있는데다 선이 흐릿하게 흐트러지면서 손바닥에 자국만 겨우 내놓은 정도이다.

　이와 같은 선을 가지고 있는 사람의 경우에는 평상시는 그럭저럭 체력을 유지해 가면서 지내지만 어떠한 질병에만 걸리게 되는 날엔 저항력이 아주 약하기 때문에 회복의 힘이 없는 것이다. 그런데 생명선 이외의 두뇌선이나 감정선마저 흐트러지면서 희미하게 뻗어나가고 있는데다 건강선이 길게 나타나 있는 이 그림의 수상은 「가」에서 「나」와 「가」에서 「다」까지의 선이 희미하면서 흐트러져 있으며 「마」에서 「바」를 잇는 건강선까지 나타나게 돼 언제 어느 시기에 급변 급화나 질병에 걸리게 될지 모르는 위험한 상태를 눈으로 읽어볼 수 있는 그림이라 하겠다.

⑸ 체력의 왕성을 나타낸 손금

이 그림과 같이 길고 예쁘게 가늘면서도 길게 반원을 그리면서 엄지의 언덕 부위가 반달처럼 돌아 「가」에서 「나」의 지점인 손목을 향해 끊어지거나 흠집 하나 없이 깨끗이 뻗어내려간 생명선을 보이고 있는데, 이러한 수상은 대단히 오래오래 장수하는 상의 손이며 체력이 왕성해 일상적인 생활면에서도 끈기있는 활동을 하게 되는 건강한 손이다.

그리고 그림에서 보여주는 바와 같이 「가」와 「다」의 두뇌선과 「라」와 「마」의 감정선의 발달 상태 역시 좋게 돼 있으며 주요 삼대선이 잘 정돈된 상을 보여주고 있다.

그래서 이런 상을 가지고 있는 수상에서는 원칙적으로 건강선이 없는 편이 차라리 나은 것인데, 그림 5에서는 「바」와 「사」의 부위에 아주 짤막한 건강선이 두뇌선과 생명선을 다치지 않고 깨끗하게 나타나

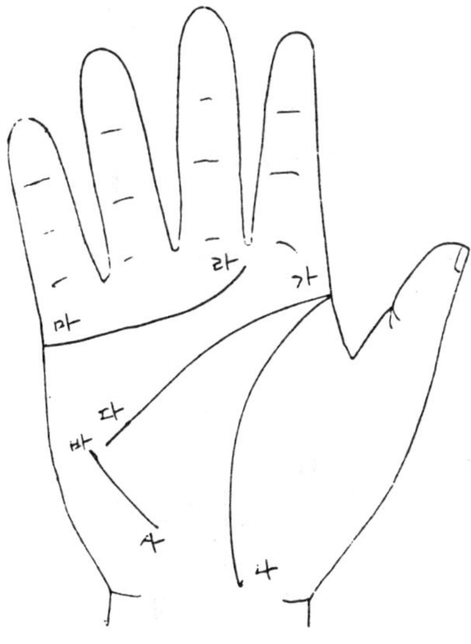

있어 건강한 체질을 더욱 더 강건하게 하는 힘이 돼 주는 작용으로 나타나 있는 것이다.

그래서 이 수상은 활동력이 왕성한 것으로 판단하게 되며, 특히나 여자의 경우에는 몸도 튼튼하겠지만 자식이 많게 되고 짜증을 모르는 모성을 보여 주는 좋은 상으로 판단하게 된다.

(6) 급작스런 병을 앓는 수상

이 그림은 생명선 「가」「나」가 길고 깊게 새겨져 있어도 이 선 위에 검정색이나 빨간색 등을 띠는 색상의 반점이 나타났을 때는 건강 문제에 대한 각별한 주의를 하지 않으면 후환을 면키 어려울 징조가 나타난 것이라 할 수 있다.

그래서 생명선 위에 나타난 반점은 급성 질환에 걸리게 될 거라는 예시적인 의미를 나타내고, 다른 선상에 나쁜 의미의 기호가 나타나

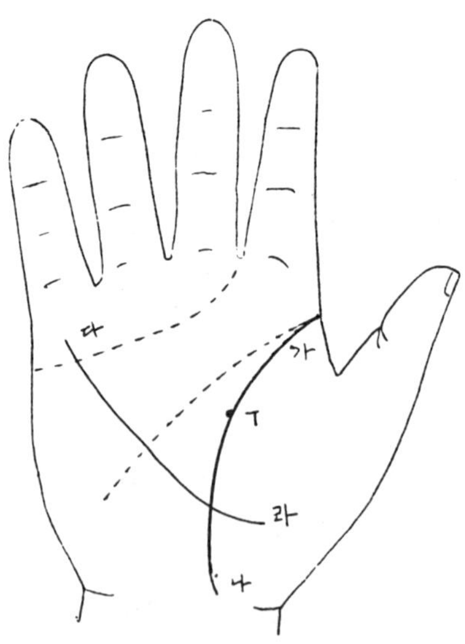

있지 않았으면 급성병을 앓다가도 완쾌하게 되지만 만약에 다른 선에
나쁜 영향이 미칠 때에는 흉에다 흉을 더한 격이 돼 생명을 잃어버리
는 수가 있게 된다. 그리고 생명선이 길다 하더라도 「다」와 「라」의 뚜
렷한 건강선이 나타나 있게 되면 이미 급병을 앓았었다는 것을 알 수
있게 되고, 건강선 「다」와 「라」가 생명선을 X자로 끊고 지나갔으면
제아무리 건강선이라 할지라도 급병을 얻게 되는 것은 물론이고 유년
법에 의한 해당 연령을 측정해 언제쯤이나 사망하게 될 것인가를 측정
하게 되는데, 그 연령을 잡는 법은 반점이 나타나 있는 유년의 나이나
건강선이 생명선을 끊고 지나가는 교차점의 나이를 가지고 판단을 하
게 되며 생명의 연장을 위해 취할 수 있는 방법 등을 미리 강구하도록
해야 한다.

(7) 생명선은 짧은데 장수하는 상

생명선이 길어야 반드시 장수한다는 원칙을 세울 필요가 없다는 것

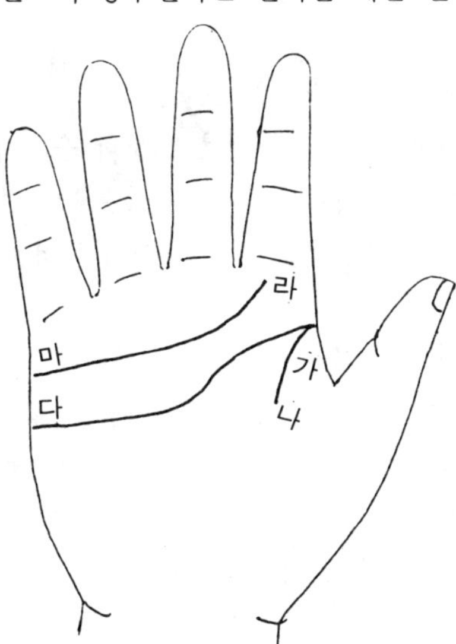

은 이미 전장에서 설명하였다. 이상에서 보여준 그림 7과 같이 아주 짧은 생명선 「가」와 「나」의 위에 감정선 「라」와 「마」와 두뇌선 「가」와 「다」가 튼튼하게 그리고 길게 뻗어나가고 있어 짧은 생명선의 단점을 보완해 주게 돼 비교적 오래도록 장수하게 된다.

 그러나 이런 경우에 있어서는 체력 자체는 약하다 하나 정신적으로 약한 체력을 초인적인 의지로 생명력을 유지하고 있는 유형에 속한다 하겠다. 그래서 이러한 상을 가지고 있는 사람은 질병에 걸리더라도 기적과도 같이 기사 회생의 기쁨을 스스로의 의지에 의한 투병 의식으로 병마와 싸워 이겨내는 경우라 할 수 있는 상이 되겠다. 그러나 만약 감정선이나 두뇌선, 둘 중에 한 군데라도 잘려 있다거나 문양이나 반점 등이 나타났다면 생명선의 단점을 보완해 줄 수 없기 때문에 정신력의 한계를 느끼게 되어 병마의 침입을 당하게 되는 경우가 있게 돼 장수는 불가능하며 단명하게 되는 선으로밖에는 볼 수 없는 수상인 것이다.

⑻ 죽음을 면하기 어려운 상

 생명선이 중도에서 끊어진 것은 도도히 흘러가는 강줄기가 갑자기 끊어져 흘러가던 물줄기가 둑을 넘어 평원으로 범람을 하는 것과 같은 이치로, 다음그림과같이 생명선이 끊어지고 겹쳐지고 한것을 알수 있는데, 그림 「가」, 「나」와 같이 생명선이 끊어지고 그 끝마저 낚시바늘처럼 구부러지면서 금성구 쪽으로 파고들어가는 상태에서는 대단히 고치기 어려운 중병에 걸린다는 것을 의미하고, 중병에는 비록 걸렸다고 해도 그 끊어진 길이가 얼마나 되는가가 생사의 초점이 되는 것이다. 육안으로 보아 1㎜나 혹은 2㎜정도라 한다면 기사 회생의 길이 있는 것으로 판단할 수 있지만, 3㎜이상 5㎜정도가 끊어져 있고 그 옆에 그림 ㄱ과 ㄴ 같은 제2의 생명선이라도 나타나 보조적인 역할을 해

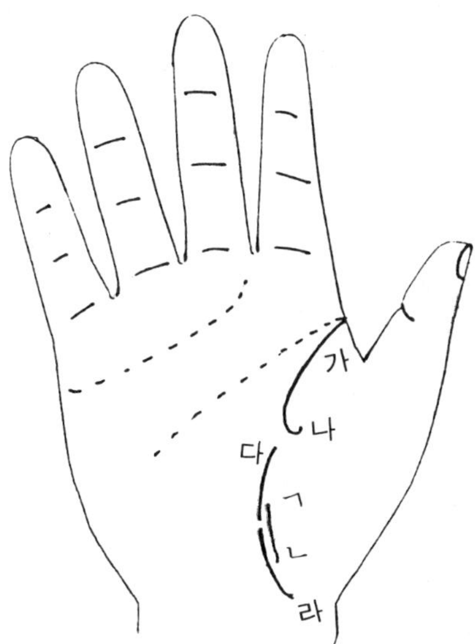

주지 않는다면 이러한 상의 사람은 도저히 회생의 기쁨을 맛볼 수 없
게 돼 사망의 한을 겪게 되는데, 왼손과 오른손이 모두 다 이렇게 돼
있다면 두말할 필요도 없이 죽음의 초대장 같은 것을 받아 놓은거나
다름이 없는 경우의 수상이 되겠다.

(9) 병이 들었지만 꼭 낫는 상

흘러가는 강줄기가 끊어졌더라도 배수로만 뚫려 있다면 수란을 면
할 수 있는 것처럼, 그림 9의 경우에는 생명선이 「가」에서 「나」의 지
점까지는 힘있게 잘 뻗어나가다 중간에서 뚝 끊겨버렸는데, 끊겨버린
생명선의 「나」의 지점에서 또 한 가닥의 생명선이 약간의 공간을 사이
에 두고 겹쳐 지나가고 있는 것 같은 모양을 하면서 또다시 「다」의 지
점인 손목 위쪽으로 힘차게 달려가고 있는 것이다.

그래서 끊겨 있는 선과 겹쳐지고 있는 선의 간격만큼의 길이로 서로
겹쳐져 있는 경우에는 유년법으로 판단하게 되는데, 이 그림의 경우

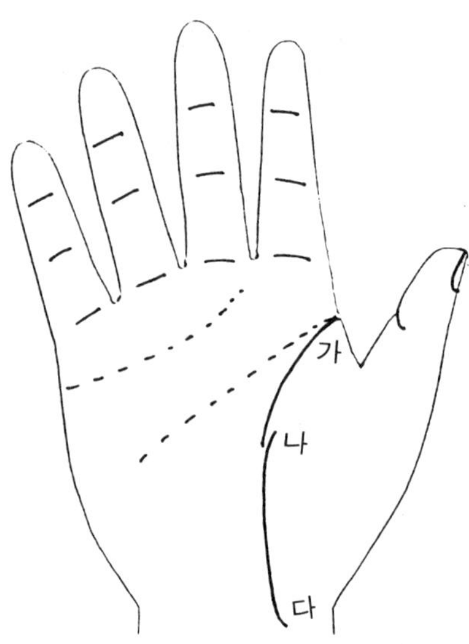

에는 35세의 부위가 되겠으며 만약에 40세가 된 사람의 수상을 감평하
게 됐다면 5년 전에 이미 중병을 앓았었다는 판단을 하게 되고, 30세
의 사람인 경우에 이러한 생명선을 볼 수 있었다면 앞으로 5년째 되는
35세에 중병이 걸리게 되지만 절대로 사망하지는 않을 것이며 아주 용
하다는 의사를 만나지게 돼 반드시 병마와 싸워 이겨내고 신병이 완치
되겠지만, 앞으로 5년이라는 세월이 남아 있으니까 평상시에 건강 관
리를 게을리하지 말고 보약과 섭생을 통해 앞으로 다가올 재난을 예방
하라는 판단을 해줘야 한다.

(10)가벼운 신병을 앓게 돼 있는 상

생명선의 흐름이 중단되었다고 해도 그 끊어진 지점을 둘러싸고 있
는 경우가 있는데, 사각형의 기호의 특성은 전편에서 설명한 문양과
기호편에서 이미 터득하게 되었겠지만 끊어진 선을 보호해 주는 길한

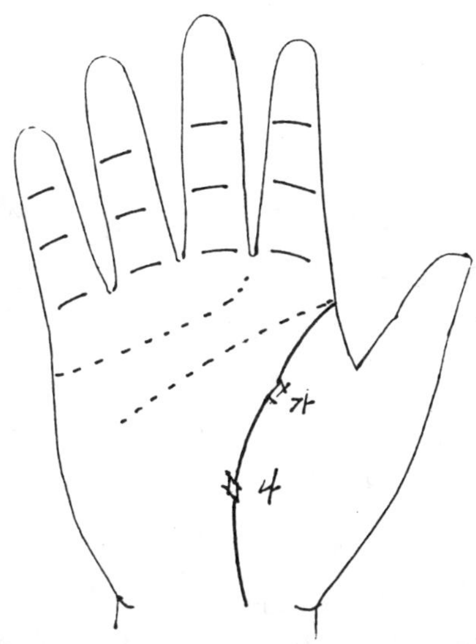

작용을 하게 된다는 부호인 것이다.

그래서 건강을 의미하는 생명선상의 선이 끊어진 「가」와 「나」의 선을 둘러싸고 있는 사각형은 불행중 다행으로 질병에는 걸렸다 하더라도 사각형의 기호가 보호 작용을 하게 돼 빠른 시일 내에 쉽게 치유할 수 있다는 것을 나타내 주고 있는 것이다.

사각형의 기호는 흐트러지고 있는 「가」와 「나」의 결점을 보충하였다고 보게 되기 때문에 흉한 것을 가볍게 해주었다고 할 수 있겠는데, 사각형의 기호는 어느 선상에 나타나더라도 항상 좋은 길상 작용을 해준다는 사실을 다시 한번 일러두는 바이다.

그리고 이 그림의 경우에는 30세의 부위와 39세의 부위에서 각각 「가」와 「나」의 지점에 나타났기 때문에 해당하는 나이에 해당될 때마다 반드시 중병은 앓게 되겠지만 생명을 빼앗기는 비극은 절대로 없다는 것을 보여주고 있다.

(11) 만성 위장 질환을 앓게 될 상

수상에 나타나 있는 생명선이 파상선으로 지저분하게 흘러내려가는 상은 그 사람의 건강이 아주 나빠 허약하다는 것을 보여주고 있는 것을 의미한다.

이러한 경우에서는 소화기 계통이 약하게 돼 소화가 잘 되지 않으므로 영양분의 섭취가 모자라 건강의 리듬이 시시각각으로 조금은 나아졌다가는 또 증세가 심해졌다 하는 현상이 연속되게 되므로, 이 사람이 가지고 있는 생명선은 건강해지려는 선이 약간씩 정상인 형태로 나타나려고 했다가도 증세가 다시금 악화될 때 생명선의 흐름이 기이하리만큼 이상한 톱날차 비슷한 파상선이 건강의 리듬 그래프로 나타나는 것인데, 이상의 그림 11에서는 생명선 「가」와 「나」의 부분이 좋지 못한 현상을 보여주고 있다. 「다」와 「라」를 잇는 삼각점에 건강선이 두 줄로 평행해 생명선과 교합을 이루게 되었으므로 이와 같은 그림의

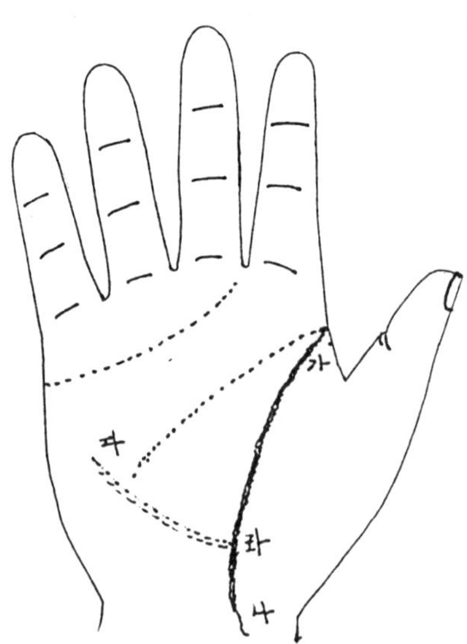

사람은 만성적인 위장병이 있는 사람이며, 허약한 체질 때문에 사회적인 활동마저 장애를 받고 있는 사람임을 보여주고 있는 것이다.

(12) 결핵을 앓게 된다는 상징의 손금

이 그림은 생명선이 쇠사슬 모양으로 연결되면서 뻗어내려가는데, 「가」의 지점에서 「나」의 지점까지 아슬아슬하게 이어지면서 내려가고 있는 것이다. 그래서 이러한 손금을 가진 사람은 건강이 약화돼 소화기에 이상이 생긴다는 것은 앞 장에서 이미 설명을 한 바 있지만, 소화기에 힘이 없다는 것은 신체의 각 부분에 에너지 공급이 제대로 이루어지지 못하게 된다는 결론이 되기 때문에 위장의 이상 현상은 곧바로 폐의 기능까지도 무력해질 수 있는 원인이 될 수 있기 때문에 폐결핵을 앓게 될 징후를 나타내게 된다.

이와 같은 원리를 동양 의학적으로 분석해 보게 되면 지라(脾)와 위

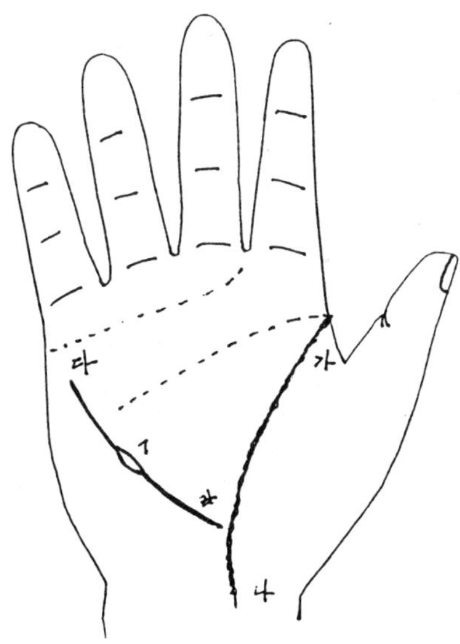

(胃)는 오행(五行)의 속성이 토(土)인데, 폐(肺)와 대장(大腸)은 오행
(五行)의 속성이 금(金)이 된다. 그래서 토(土)가 약해지면 토생금(土
生金)을 할 수가 없게 되기 때문에 폐의 어머니에 해당되는 토(土)가
약하게 되면 자(子)인 금(金)의 폐는 자연적으로 토(土)의 생기를 받
지 못하는 것이 되기 때문에 폐의 기능이 약해지게 되고 인체의 기운
을 좌우하는 기관인 폐가 병을 앓게 되므로 전신 허약증이 돼버리게
되는 것이다. 이 그림에서 보이고 있는 「다」와 「라」의 건강선 중간 부
위에는 ㄱ의 섬형 기호까지 나타나 있어 필시 폐결핵을 암시하고 있다
하겠다.

(13) 만성적인 고질병을 앓게 될 상

이 그림에서는 나쁜 의미를 가지고 있는 『섬』 기호의 작용인 곤란,
실패, 혹은 중병 등을 나타내 주는 기호가 인간의 건강과 생명을 좌우

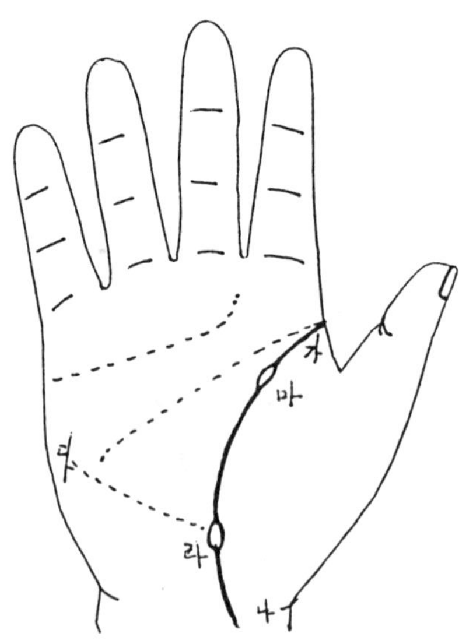

한다는 생명선 「마」의 지점과 「라」의 지점 두 곳에 나타나 있는 것이 아주 상서롭지 못한 암시를 해주고 있다. 섬의 기호란 강물이 흘러가다 사토가 강줄기 한복판에 쌓여지게 되면 그것이 바로 강상의 섬이 되는 것처럼, 생명선의 흐름인 강줄기가 도형을 이뤄 다행스럽게도 강줄기가 끊겨 버리지 않게 돼 섬의 양쪽으로 갈라져 흐르고 있는 줄기가 다시 합쳐지게 되기 때문에 질병을 앓게 된다 하더라도 오랜 세월 동안 치료를 요하는 만성병을 앓게 되는 현상이 되겠다. 그림 13의 경우에는 섬 기호가 두 군데나 나타나 있기 때문에 초년기 28세경에 병을 한 번 앓게 돼 고생을 하다가 어느 정도는 치유가 돼 별다른 지장이 없이 지내겠으며, 만년기인 56세의 부위에 또 하나의 섬이 나타났으니 말년기에 또 한 번의 대사 기능 부조에서 생기는 만성 위장병을 앓게 돼 있다. 게다가 「다」와 「라」를 연결하는 건강선마저 흐트러지게 나타나 있어 더욱 더 확정적인 것으로 판단하게 된다.

(14) 혈통의 비밀을 나타내고 있다고 하는 상

손금을 보게 되면 어떠한 사람의 손금을 본다 해도 손금이 시작되고 있는 기점의 부분은 거의가 흐트러져 있는 것이 정상일 정도인 것이다.

그러나 어떤 사람은 생명선의 기점인 그림 「다」의 부분에 또렷하면서 갸름한 섬형이 한 개나 혹은 두 개씩 겹쳐지면서 나타나는 경우를 볼 때가 있게 되는데, 이 섬형의 기호는 생명선의 시발점에 나타나 있기 때문에 7세 이전의 부위가 된다 하겠다. 그래서 어린 시절에 중병을 앓았다는 의미로 해석하지 않고 어떠한 형태의 혈통적 비밀이 내재해 있을 것으로 판단하게 되는데, 예를 든다면 이런 경우의 사람 모친이 이 사람의 임신중에 개가를 했다던가 아니면 외방에서 이호부인의 몸을 빌어 아버지 되는 사람이 이 사람을 낳은 뒤에 집으로 데리고 들

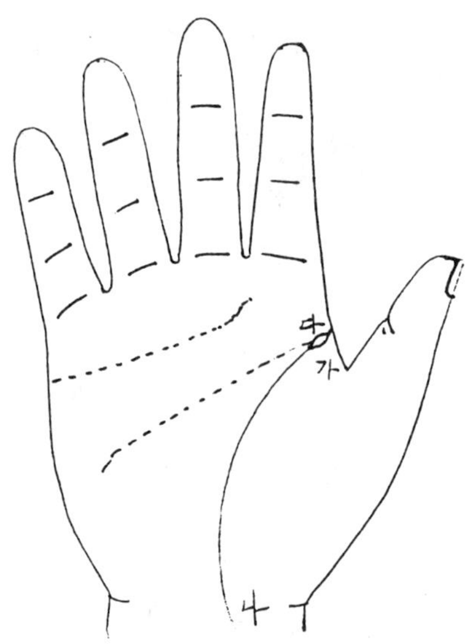

어왔다든가 하는 경우도 있을 수 있겠다. 또다른 경우는 사생아인 경우도 있다 하겠는데 필자가 보기에는 허약한 체질, 심장이 약한 병 등을 가지고 있는 부모가 임신중에 많이 앓았었다고 볼 수 있겠으며, 그영향으로 인해 뱃속에 들어 있는 태아까지 유산될 수 있는 위기를 넘기게 된 경우와 해산의 시기를 다 채우지 못하고 조산하게 돼 인큐베이터에 넣어져 생명을 건지게 된 사람의 경우로도 보겠다.

(15) 대사 기능 부조의 상

 이 그림에서는 방상의 지선이 두뇌선과 생명선의 근원에서 자리를 잡고 있는 것이다.

 그러나 망상선의 기호는 어느 선에서 나타났다 하더라도 그 선의 기능을 약화시키고 있는 성질을 나타내게 되는데, 이 그림의 경우에서는 「가」의 부분에서 나타나 있고 찢어진 가는 지선이 아래쪽으로 향하고 있기 때문에 평상시에 체력이 달리게 돼 있으므로 혈기가 왕성한

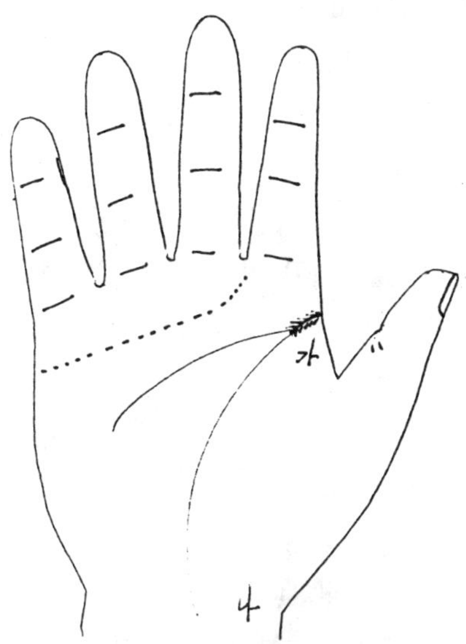

때에는 피로가 자주 오는 정도에 그치게 되지만 갱년기를 맞이하게 되면 날이 갈수록 늙어가는 속도가 빨라져서 조로 현상을 나타내는 경우가 된다 하겠다.

생명선의 「가」와 「나」의 중간 부분에서 이러한 방상선이 나타나 지선의 가지가 손의 끝쪽으로 뻗쳐져 있다면 건강 상태는 아주 좋은 것으로 보지만, 만약에 손목이 있는 쪽으로 가지가 여러 개씩 뻗어 있다면 생명선의 기능은 아주 약해지고 신체적인 건강 상태도 약화된다는 것을 나타내게 되는데 이와 같은 현상은 체력이 왕성한 시기에 방사 절제를 하지 못한 영향이 많은 것으로 풀이되기 때문에 대사 기능의 약화에서 오게 되는 현상의 원인으로 나타나게 된다는 것을 알 수 있게 된다.

(16) 급변 급화를 알리고 있는 상

이 그림의 경우에는 생명선이 아주 짧게 나타나 있는데다 생명선의 끝부분에 별이 한 개가 나타나게 되었다.

이와 같은 별이 있게 되면 좋은 의미와 나쁜 의미의 두 가지 해석을 하게 되는 것이 통례로 되어 있는데 이 그림의 경우에는 별이 나타났기 때문에 생명선이 끊겨버린 작용을 해 아주 나쁜 의미로 해석하게 된다. 이와 같은 경우에는 비행기를 타고 여행을 하는 도중에 낙뢰를 만나 비행기가 폭파 직전의 위험을 당한 경우이거나, 그것도 아니라면 배를 타고 여행을 하는 도중에 풍랑을 만나지게 되어 조난을 당한 일이 있거나, 등산이나 스키와 같은 스릴이 있는 레저 스포츠를 즐기다가 뜻하지 않았던 사고를 당할지도 모른다는 암시를 해주고 있는 것을 보여주고 있는 그림이다. 더더욱 흉한 의미를 보여주고 있는 것은 토성구 「다」의 지점과 생명선 「라」의 지점을 잇는 송곳을 휘어 놓은

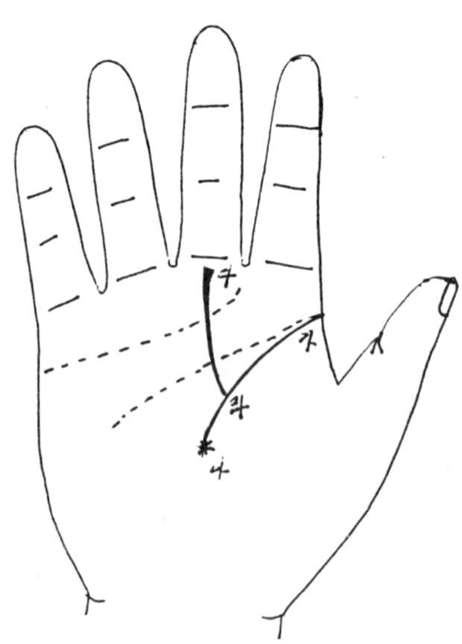

것 같은 날카로운 선 하나가 생명선으로 추격해 들어오고 있는 것이 급변한 상태하에서 조난을 당하게 된다는 결정적인 흉조를 한층 더 강력히 나타내고 있는 것을 보여준 그림이라 하겠다.

　※「다」와 「라」의 선은「다」쪽으로 올라가면서 넓어지고 「라」의 지점은 예리한 것이 특징이다.

(17) 특이한 성격을 보여준 상

　일반적으로 흔히 볼 수 있는 것은 생명선의 기점과 두뇌선의 기점이 한 곳에서 뻗어나간 경우가 대종을 이루고 있는데, 이 그림의 경우에는 생명선과 두뇌선 그리고 감정선의 삼대 주요선 모두의 기점이 한 곳에 모여 합쳐져 있는 것이 특징으로 나타나고 있다.

　그래서 이러한 손금의 형태를 하고 있는 사람들을 외국의 수상학자들의 해석으로는 애인과 함께 끌어안고 익사하는 정사의 상이라 하기도 하고, 이 세상을 자기의 욕망대로 살아가지 못해 자살을 하게 된다

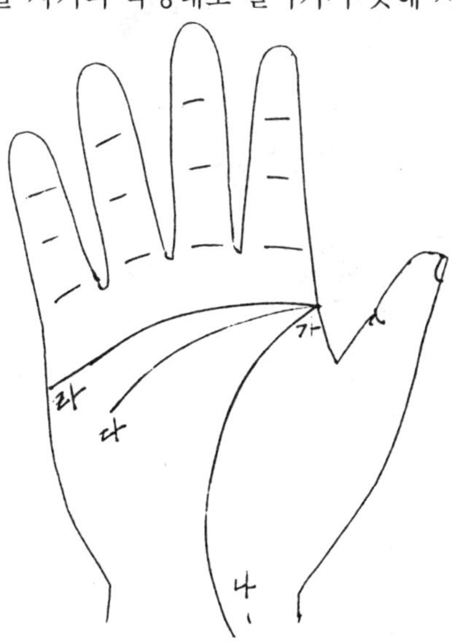

는 해석을 하기도 한다. 지나치게 강인한 성격 때문에 남들과의 사이
가 나쁜 까닭에 소문도 없이 타살을 당하거나 변사하게 되는 상이라는
판단을 하고 있을 정도의 나쁜 해석을 하게 된다는 점으로 미뤄보게
된다면, 이와 같은 수상을 가진 사람들은 성격 자체가 극과 극으로 치
닫게 되기 쉬운 기이한 면을 보여주게 되기 때문에 무슨 일에나 자기
에게 유리한 인생만을 살려고 고집하게 될 것은 틀림없을 것이다. 그
러므로 자기의 마음에만 들었다면 간이나 창자까지라도 빼어주려 하
지만, 마음에 걸리는 일이 있게 되면 너 죽고 나 살자는 식으로 단판
을 내어버리기 쉬운 수상인 것이다.

(18) 무자(無子) 무식(無息)함을 나타낸 상

　이 그림은 여자의 손으로 생명선의 흐름이 엄지구를 돌아 손목이 있
는 곳으로 가려는 듯하다가 엉뚱하게도 금성구의 반대편에 있는 월구

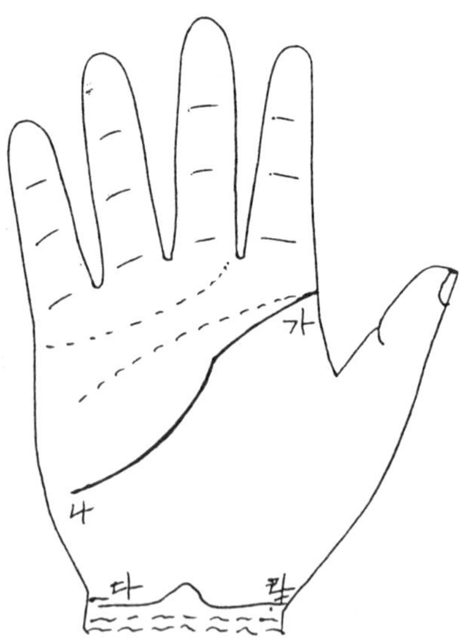

의 아래편으로 깊숙이 파고들어가 버린 상태를 보이고 있다.

그림 「가」와 「나」의 지점과 같이 되어 있는 생명선은 여자일 경우에는 임신을 할 수 없다는 예시를 해주고 있는 형태이고, 남자의 수상에 이런 형태가 있다고 했을 때는 자식이 없는 손금이라는 판단을 하게 된다면 망신이나 당하기에 꼭 알맞는 경우가 될 것이니 조심해야 한다.

이러한 경우를 필자가 보기에는, 동양류 수상학으로 판단하게 되면 월구는 건궁(乾宮)에 해당되는데 건궁(乾宮)은 가을을 상징하고 생명선의 기점인 손궁(巽宮)과 진궁(震宮)의 사이는 봄을 상징하고 있다. 그래서 오행학으로는 봄은 나무요 가을은 금(金)인데, 이 그림의 생명선은 봄과 가을이 함께 만난 기이한 형태가 이루어져 있다. 그리고 건(乾)은 남자의 위치가 되는지라 이러한 수상의 사람은 성격이 남성적인 데가 있게 돼 있어 목소리가 우렁차면서 맑고 남자와 같은 체격을 가지고 있기 때문에 시쳬말로 남성 호르몬이 과다 생산되고 있다는 여성의 특이 체질을 가졌기 때문이라 보여진다.

※ 손목의 「다」와 「라」를 잇게 되는 Ω자형의 문양이 있게 되면 이것 역시도 무자식이 된다는 의미가 들어 있다고 한다.

(19) 가벼운 병을 앓게 될 상

이 그림은 생명선이 비교적 힘이 있게 잘 뻗어나가면서 뚜렷하게 보여주고는 있지만, 「가」와 「나」의 지점에 가서 약간의 가는 줄이 생명선을 갈기갈기 긁어 놓은 것처럼 나타나기 일쑤고 「다」의 지점 역시 그러한 흠집이 있기 때문에 중병은 아닐지라도 가벼운 병 정도는 두 번 이상 앓게 된다는 형상을 나타내고 있는 것이다. 이러한 양태를 보여주고 있는 수상을 가진 사람들은 대개가 평상시에 참을성이 없고 성격이 급하기 때문에 일을 처리하는 데 빠른 속도로 신속히 끝맺음을

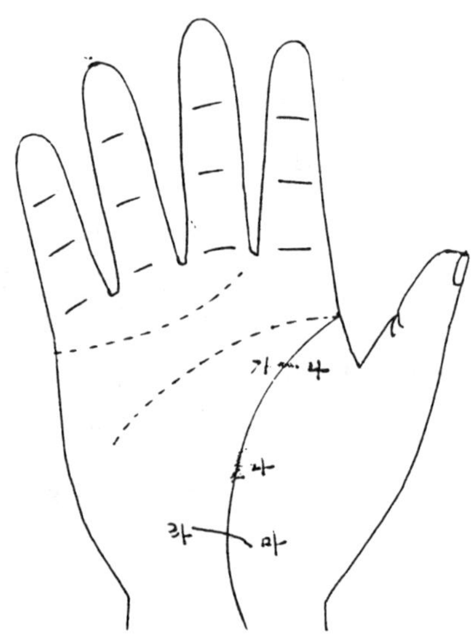

하려 하는 신경질형의 사람들에게 이런 문양이 나타나게 된다.

그래서 이와 같은 사람들은 스스로 고생을 자초하는 일을 많이 벌여 가며 생활을 하게 되기 때문에 생활상으로 오는 고통을 받는 경우가 많게 되는데, 이럴 때마다 더욱 더 신경을 쓰게 되는 버릇이 있기 때문에 체력 소모가 많아지게 되어 고생을 자초하는 정도로 끝나 버리지 않고 종국적으로는 몸져 누워 버리게 되는 현상이 있게 되지만 사망을 한다거나 하는 불행한 경우까지는 이르지 않더라도 약간의 투병 생활을 하고 나면 몸이 완쾌되는 상이다.

그리고 그림 「라」와 「마」에 있는 건강선이 생명선을 끊게 된 것은 몰펀이나 알콜, 니코틴 등에 중독이 된 상태에서 많은 경우라 하겠다.

(20) 절제할 줄 모르는 상

다음의 그림을 보면 생명선의 모양이 쇠사슬 모양으로 「가」에서부

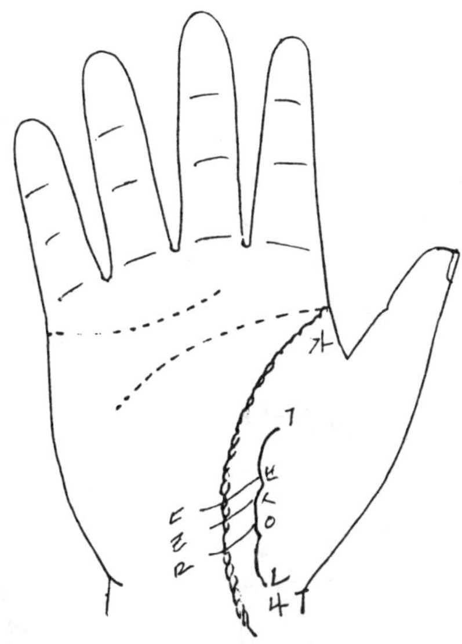

터 「나」의 지점에 이르기까지 아주 멋있게 보일 정도로 뻗어내려가고
있다. 그래서 수상학적으로 이 그림을 들여다보게 되면 틀림없이 병
이 나 있는 환자의 손금처럼 느껴지게 되는 손금인 것이다.

그러나 금성구의 언덕을 보게 되면 ㄱ과 ㄴ의 보조 생명선이 주 생
명선을 커버해 주고 있어서 생명선의 나쁜 작용을 많이 완화시켜 놓았
기 때문에 천행을 만난 셈이 되었다. 그런데 생명선에서는 ㅂ, ㅅ, ㅇ
과 ㄷ, ㄹ, ㅁ으로 연결되고 있는 가느다란 선들이 가지를 치면서 뻗
어나와 생명선을 세 군데나 끊으면서 월구 쪽으로 파고들어가고 있는
것을 볼 수 있다. 이와 같은 현상은, 이런 손금을 가지고 있는 사람의
사고방식부터가 공상에 젖어들기를 좋아하거나 신비로운 것에만 심취
를 하면서 상상의 나래를 펴나가려 하는 기이한 변덕이 절제할 줄을
모르는 육신의 혹사를 가져온 것이 원인이라 할 수 있겠다. 그 중에서
도 술을 좋아한다거나 여자를 만나면 밤을 새워가면서 너무 지나치게

그런 것을 하려 하는 신비주의적 사고방식과 밤을 낮삼아 도락에 빠져 들어 많은 세월을 보내는 사람들에게서 흔히 나타나진다.

그렇지도 않을 경우에는 밤낮없이 바쁜 격무에 얽매여 몸을 돌보지도 않고 돈만 벌어보겠다는 사람들 중에서도 이와 같은 경우가 나타나게 되며, 유년의 법칙에 의한 해당 연령의 시기가 다가오게 되면 대단히 어려운 생명력의 한계에 대한 도전을 받게 된다는 사실을 명심하지 않으면 안 되는 그림이다.

⑵ 위험한 시기를 경고받고 있는 상

이 그림은 생명선이 아주 깨끗하게 금성구를 돌아 「가」에서 「나」의 지점에까지 뻗어나갔는데 금성구에는 또 하나의 생명선이 생겨나 ㄱ과 ㄴ을 잇는 가지를 치게 돼 아주 튼튼하게 잘 생긴 생명선을 딱 끊으면서 월구 쪽으로 들어가고 있는 것이 문제가 되고 있다. 그리고 보

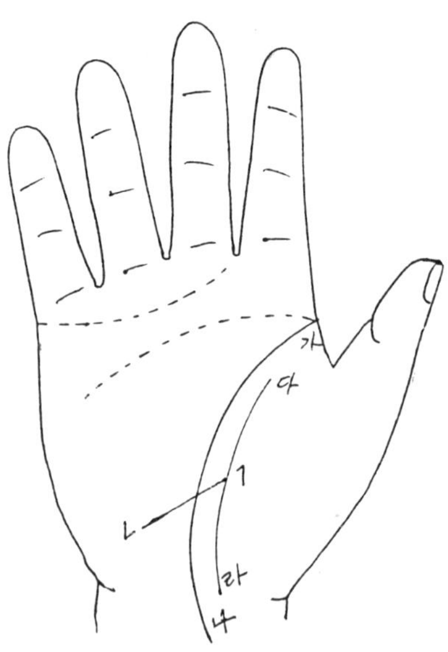

조생명선이라 하는 것은 「다」와 「라」의 생명선이 아주 약하다거나 끊어져 있을 때에는 그 역할이 아주 중요하지만, 이 그림과 같은 경우에 있어서는 오히려 없는 편이 더 나을 것인데 있어 가지고 좋은 것을 버려버린 꼴이 돼버리고 말았다.

그래서 이러한 선을 가지고 있는 사람들은 항상 신비로운 것에 한눈을 팔기 쉬워지게 되고 쓸데없는 공상에나 사로잡혀 평상의 생활을 해나가고 있는 가운데서 엉뚱한 짓을 곧잘 하는 사람들에게 흔히 나타나며, 앞을 보지 못하는 맹인 등에게서 자주 찾아볼 수가 있는 경우가 된다. 그러나 생명선이 교차돼 있는 지선이 유년의 법칙으로 따져보아 해당하는 연령기에 이르게 되면 불의의 사고나 급변 급사 혹은 자동차 사고와 같은 것으로 인해 하나밖에 없는 목숨을 염라대왕에게 몽땅 바쳐 버릴지도 모른다는 것을 경고해 주고 있는 그림이다.

(22) 연애 박사 칭호는 문제없다는 상

생명선의 안쪽 부분인 엄지의 아래 부분에 해당하는 금성구는 연애나 애정, 자비심 또는 성욕 등을 나타내 주는 부위가 되겠으며, 이곳에는 잘잘한 잔금이 마치 피라미떼라도 몰려가고 있는 것처럼 여러 개가 나타나 있는데 이러한 손금이 나타나게 되면 남자이건 여자이건간에 다정다감한 사람이 되기 때문에 아차 하는 순간에 이성간의 교제가 이루어지기가 쉬워 육체적인 욕구에 휩쓸려지기 쉬운 사람이다. 게다가 남달리 이성을 끌어들이는 자석과 같은 매력까지 있기 때문에 더욱더 욕정에 빠져들기 쉬운 사람이며 남자이건 여자이건간에 변덕스러운 성격의 소유자가 많은 편에 속하며, 연애를 할 때에는 성욕을 충족시키는 테크닉까지도 일품의 기교를 행사할 줄 안다는 마치 선수권의 보유자 같은 사람들이 많다.

그리고 여자인 경우에 있어서는 남자보다 이성을 끌어들이는 매력

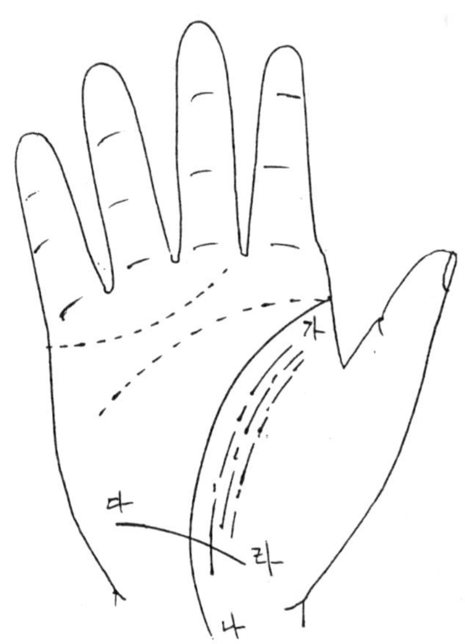

이 더 많기 때문에 호색 음탕한 행각만을 좋아하다가 자칫하다가는 몸까지 망쳐버리게 되는 일이 있겠으니 세심한 주의를 요한다. 그리고 그림에 나타나 있는 「다」와 「라」의 선이 생명선을 끊고 지나가고 있는 것은 자기보다 연하의 사람들을 쫓아다니면서 애락에 빠져들어 남녀 한쌍이 하나 되어진 정사 기도를 할지도 모른다는 경고를 하고 있는 것이다.

(23) 장애가 있을 것을 예고한 상

이 그림은 생명선을 끊고 있는 장애선을 나타내고 있는데, 생명선의 의미는 생명과 건강도 함께 보게 되지만 빼놓을 수 없는 것이 생명의 연장을 위해 사회에 나가 사회 활동을 하게 되는 사업상의 문제로도 볼 수가 있는 것이다. 이 그림과 같이 생명선을 가로질러 지나가는 경우에서는 일상 생활을 해나가고 있을 때에 일의 장애 요인이 발생하

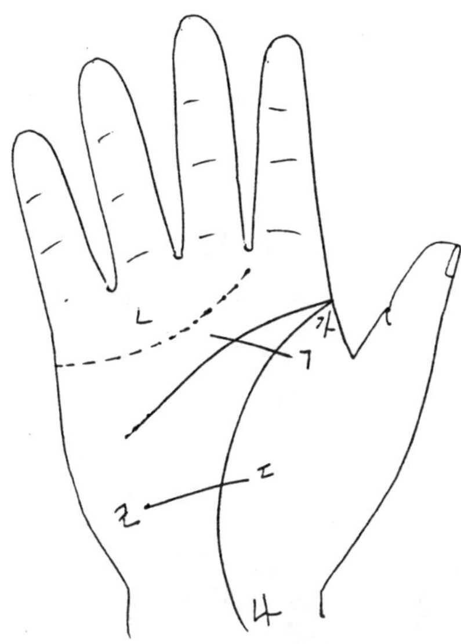

게 되거나 역경과 곤란을 겪게 될는지도 모른다는 것을 나타내 주고 있는 것이다.

　그 시기를 알고자 하거든 유년법을 적용해 몇 살째 되는 해에 해당되고 있는가를 추산하게 되면 금방 알아낼 수가 있겠지만, 이 그림에서 보이고 있는 ㄱ과 ㄴ은 사업상의 장애로 보게 되는 경우가 아니라는 것을 알아둬야 한다. 왜냐하면 ㄱ과 ㄴ의 횡선이 생명선만 끊으면서 지나간 것이 아니라 두뇌선마저 끊고 지나가고 있기 때문에 이와 같은 경우에 있어서는 가정적인 문제나 사업상의 문제라 하기보다는 사상적인 것이나 이상적인 것 혹은 고등고시와 같은 시험 같은 것 등으로 인한 정신적인 고통이 함께 따르는 장애 현상으로 나타나지고 있는 것이다.

　그러나 ㄱ과 ㄴ의 선은 없고 ㄷ과 ㄹ선만 있다고 하면 사업이나 가정의 장애로 판단이 가능한 것을 나타낸 그림이다.

⒁ 사업상의 장애가 나타나는 상

　이 그림은 생명선을 옆으로 끊으면서 지나가고 있는 장애선 중에 운명선 「다」와 「라」를 연결하는 선을 「자」와 「아」의 횡선이 한꺼번에 두 선을 모두 자르면서 지나가 버렸다.

　이 연령의 부위는 35세에 해당되는 곳인데, 이 그림으로 볼 때는 초년에서부터 35세까지는 대성의 길이 고속도로처럼 환하게 열려져 있었지만 중년기에 접어든 생명선의 중간쯤 되는 지점에서 장애선이 나타나 금성구에서부터 시작한 지선이 생명선과 사업선인 운명선까지 관통해 버렸기 때문에 중도 좌절의 고난을 겪게 된다는 것을 나타내 준 것이다. 거기에다가 말년기의 부위에 해당되는 「차」「카」의 횡선은 운명선은 물론이고 태양선과 운명선까지 도합 세 개가 길상을 나타내 주고 있는 선들을 모두 끊으면서 가로막아 버리고 있으니 초년의 영화는 일장춘몽이 되어 버렸기 때문에 재기의 꿈마저 물거품처럼 사라져

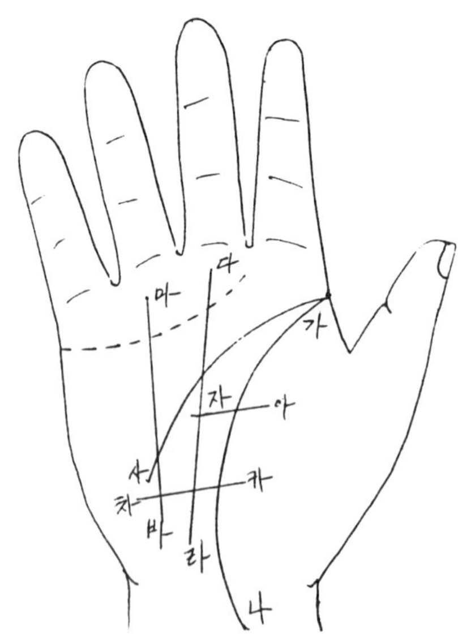

고난과 역경의 세월을 보내야 하는 안타까운 경우가 되어 버리고 만 것이다.

특히나 여자의 경우에 이와 같은 선이 나타났다면 몸은 비록 여자라 하나 거친 세상에다 발을 들여놓게 되어 사장님 소리를 들어보게 되는 행운을 한번 잡았다가 중년기 이후에 가서는 사업은 물론이고 가정까 지 파산을 면치 못한다는 수상인 것이다.

(25) 고향 산천 뒤에 두고 타관으로 나갈 상

생명선 아래쪽이 두 갈래나 세 갈래로 갈려진 생명선은 고향을 버리 고 타향으로 멀리멀리 떠나 살게 되는 것을 의미하는데, 갈라진 지선 의 끝이 하나같이 월구를 향해 들어가고 있는 것이 특색이 된다.

그림의 ㄱ, ㄴ, ㄷ, ㄹ, ㅁ 지선 가운데 ㄴ과 ㄹ로 이어지는 선은

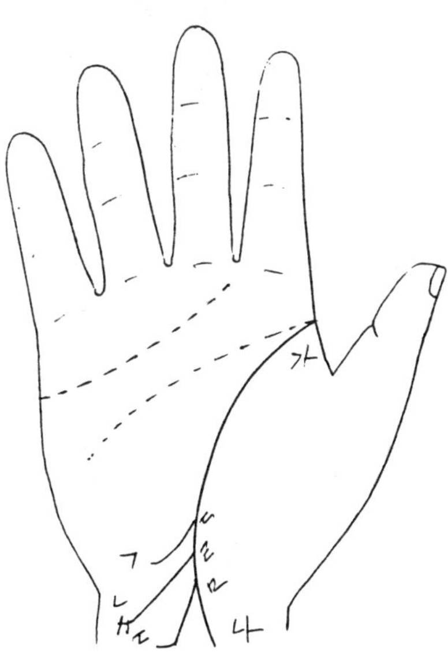

그 끝이 막혀 있다. 이런 경우에는 주거의 환경이 자주 바꿔지게 되어 이사를 자주 해야 하는 번거로움이 있게 되지만, 직업이 집장사인 경우의 사람이라면 이사는 자주 다닌다 하더라도 집이 자주 팔려질 테니까 돈은 많이 벌게 될 것이다.

그리고 이러한 지선이 있는 사람은 일생을 통하여 몇 번인가는 반드시 장기 여행을 하게 되며 그 선의 길이에 따라 체류 기간이 길고 짧다는 것을 알 수 있게 된다. 그리고 생명선의 「나」의 지점에서 갈라진 ㅁ과 「나」지선이 희미하거나 흐트러져 있게 되었을 때에는 고향땅으로 돌아오지를 못한 채 영원히 타향땅에서 살게 되거나 여행 도중에 사망을 하게 된다는 암시가 들어 있는 것이다. 그와는 반대로 갈라진 지선보다도 생명선 쪽 ㅁ과 「나」 사이가 아주 똑똑하게 나타나 있고 나쁜 기호가 하나도 없게 되면 타관에서 살아가다가도 반드시 고향땅으로 돌아오게 되어 선영을 받들어 가면서 여생을 보내게 된다는 상이다.

(26) 여행을 하게 되면 위험을 알리는 상

이 그림에서는 생명선에서 갈라진 지선이 여행을 의미하게 되지만, 그 지선의 끝에 나타나 있는 기호에 따라 그 여행지에서 생겨날 일을 판단하게 되는데, ㄱ과 ㄴ에 이어지는 선의 맨 끝부분에는 타원형의 동그라미가 하나 나타나 대단히 위험한 일이 생길 수 있다는 것을 나타내 주고 있다.

그리고 ㄷ과 ㄹ에 이어지는 지선은 그 끝이 두 갈래로 갈라지면서 희미하게 이어지고 있는데, 이것은 여행중에 생명의 위험이 따르게 된다는 의미가 들어 있는 것이며, ㅁ과 ㅂ으로 이어지는 지선에는 + 자의 기호가 하나 나타나 있는데 이러한 경우에는 여행의 목적지에서 상서롭지 못한 일로 인하여 고통을 받게 되거나 여행의 목적을 달성하

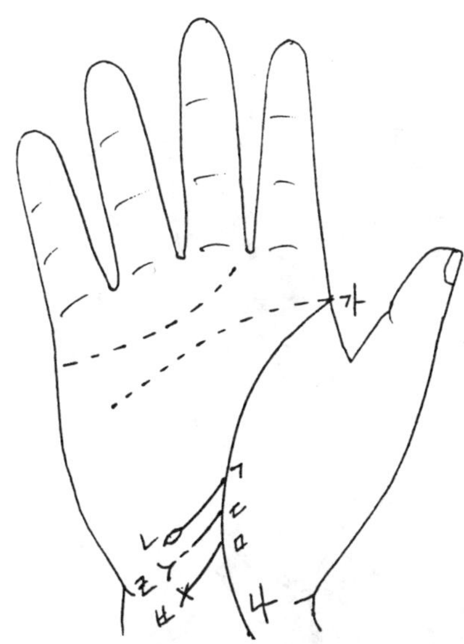

지 못한 채 되돌아오게 된다는 것을 상징적으로 나타내 주고 있는 것
이다.

　그래서 이상과 같은 기호가 두 개나 혹은 세 개의 지선상에 나타나
게 될 때에는 여행을 하게 되면 안 된다는 의미가 암시돼 있는 것인
데, 생명선의 말단 지점의 여하에 따라 여러 가지로 정확한 판단을 내
릴 수가 있다는 것을 잊어서는 안 된다.

(27) **여행은 하게 되나 목적 달성이 어려운 상**

　이 그림은 생명선에서 갈라진 지선 ㄱ, ㄴ을 잇고 있는 선의 끝부분
에 보여주고 있는 사각형의 기호는 위험한 것으로부터 보호를 해준다
는 부호이므로, 이런 기호가 나타난 지선상의 여행지나 또는 여행중
에는 크나큰 위험에 부딪치게 되었다 하더라도 기적과도 같이 어려움
을 피해나갈 수가 있다는 것이나, ㄷ과 ㄹ을 잇는 지선상에는 섬과 같

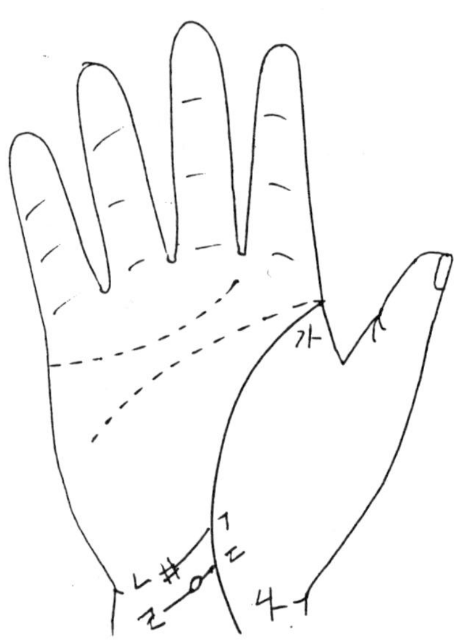

은 기호가 나타나 있으므로 여행을 하는 데까지는 성공하였다지만 그곳에 도착을 하게 된 다음부터는 목적했던 일들이 하나같이 침체되어 풀려나가지가 않아 부단한 시간만 낭비하게 되고 금전적인 낭비와 더불어 몸과 마음까지도 쇠진한 가운데 아무런 성과 하나 없이 귀향길에 올라야 한다는 기호가 되는 것이다.

 그러나 만약에 이상과 같은 기호가 나타나 있지를 않고 뚜렷하면서도 깊이가 있으면서 색상이 아주 좋은 상태가 보여지게 되면 여행을 하는 것도 즐겁게 이뤄지게 되고 여행의 목적지에 도착을 하게 되면서부터 매사가 순조로운 성공을 거두게 되어 그야말로 개선 장군이라도 되는 것처럼 활기찬 모습으로 귀향의 길에 오르게 될 것이다.

(28) 꿈을 이루는 상

 이 그림에서는 생명선에서 위로 뻗어올라가고 있는 지선이 검지의

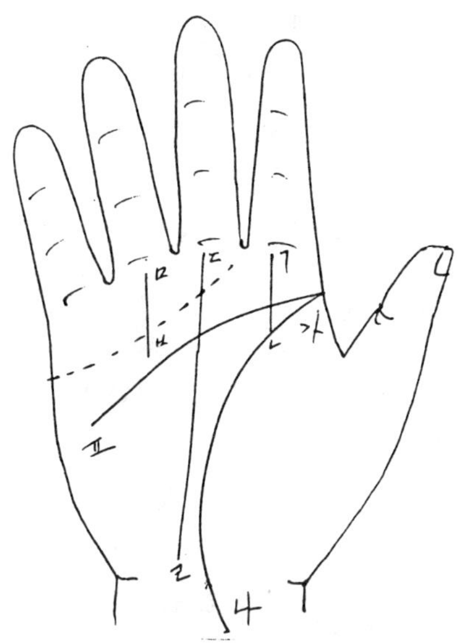

근원에까지 올라가면서 ㄱ과 ㄴ을 잇는 선이 목성구를 지나가고 있는 활발한 선이 되기 때문에 생명선의 힘은 더욱 더 강하게 나타나고 목성구의 의미는 권위 의식이 뚜렷한 것이다. 그래서 그 어떠한 목적을 가지고 있다고 하더라도 그 희망 사항과 꿈을 꼭 달성하게 될 것이라는 좋은 암시를 나타내 주고 있는 것인데, 이와 같은 선을 가지게 된 사람은 활동력이 아주 풍부하기 때문에 지칠 줄을 모르고 동분서주해 가면서도 자기가 희망하고 있는 일만은 끝까지 관철해 내고 마는 노력과 성실을 보여줄 수 있는 상이라 하겠다.

물론 이와 같은 사람들은 자기 자신을 지나치게 믿게 되기 쉬워지는 경향 때문에 애로를 겪게 되기도 하지만, 운세가 워낙 강하게 작용을 해주기 때문에 활동의 대가만큼 반드시 성공을 거두게 되고, 사회적으로도 상당한 출세의 길이 열려지게 되는 것이다. 그러나 희망선 ㄱ과 ㄴ이 있고 두뇌선 「가」와 ㅍ을 연결하는 선이 똑똑하면서도 깊이 새겨져 있으면 대성을 하게 되는 것은 의심할 여지가 없이 전도가 활발하게 열린다는 것을 상징적으로 나타내 주는 선이며, 이러한 선을 가지고 있는 사람은 두뇌가 명석할 뿐만 아니라 정신력이 아주 강인하기 때문에 타인들의 추종을 불허하는 활동력을 과시하게 된다.

그리고 태양선 ㅁ과 ㅍ, 그리고 운명선 ㄷ과 ㄹ이 똑똑히, 깊게 나타나 있다면 사회적으로도 명성을 떨치게 될 수 있으며 큰 재목으로 대성을 하게 되고 명예나 지위나 재물 할 것 없이 모두 갖게 되는 아주 좋은 운세를 나타내 주고 있는 그림이다.

(29) 여행을 하게 되면 소원 성취하게 되는 상

이 그림은 손목의 선 갑(甲)과 을(乙)에서 월구를 향해 두 개 또는 세 개의 가는 선이 ㄷ과 ㄹ처럼 손끝을 향해 올라가고 있는 선이 있

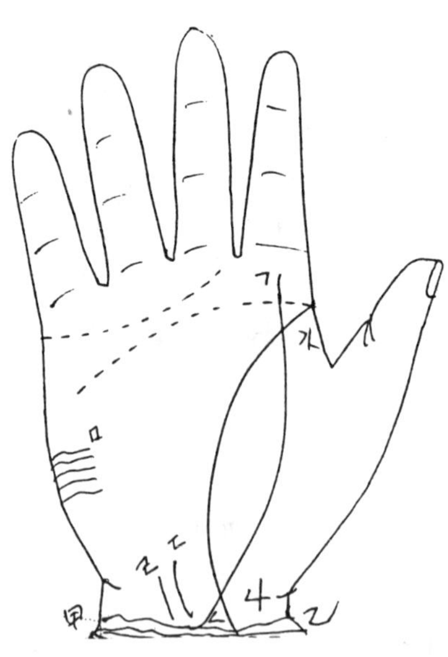

다. 이것은 그 여행 목적이 약간의 변화가 있다는 것을 의미하며 여행 목적에 의한 기대 이상의 큰 성과가 얻어지게 된다는 것을 나타내 주는 것이다. 그리고 또 손목에 있는 갑(甲)과 을(乙)에서 엄지구인 금성구를 향해 세로로 길게 뻗어 목성구에까지 이르게 되는 ㄱ과 ㄴ을 잇게 되는 선이 나타나 있는데, 이 선은 오랜 기간 동안 여행을 하게 된다는 것을 의미하며 여행의 목적한 바 소기의 성과를 충분히 성공시킬 수 있다는 것을 상징적으로 나타내 주고 있다. 월구의 옆쪽으로는 가는 작은선 ㅁ 몇 개가 쪼록쪼록 달라붙은 것처럼 나타나 있는 것은 여행의 목적지를 자주 바꾸게 된다던가 그렇지도 않게 되면 여행을 자주 하게 된다는 의미를 나타낸 것이다.

그래서 이 월구의 선은 남자나 여자나간에 여행을 좋아하게 되어 미지의 세계나 생소한 고장을 찾아가는 여행을 자주 하는 사람들에게 흔히 나타나 있는 것을 볼 수 있게 된다.

(30) 승승장구한 발전이 이룩되는 상

만약에 당신의 손에 이와 같은 손금이 나타나 있다면 어제의 가난은 내일의 성공을 위한 보약이라도 되는 것처럼 아주 값진 경험이 될 것이다. 한세상을 태어난 사람이 승승장구한 발전의 계기만 주어지게 되었다면 성공을 하지 못할 사람이 어디에 있겠으며 부자가 되는 것이 싫어 가난에 찌든 인생을 살아가려 하겠는가? 그래서 옛말에는 거부유천이요 소부재근(巨富由天 小福在勤)이라 하였는데, 큰부자가 되거나 큰 성공을 거둘 사람들은 하늘이 따로 정해 놓고 있는 것인지도 모른다는 말이다.

그런데 여기에서 보여주고 있는 손금은 생명선에서 위로 뻗어 손끝으로 올라가고 있는 지선이 있는데, (「다」에서 「라」로) 이 지선은 무명지의 뿌리인 태양구로 치솟아오르게 되어 태양처럼 찬연하게 빛나

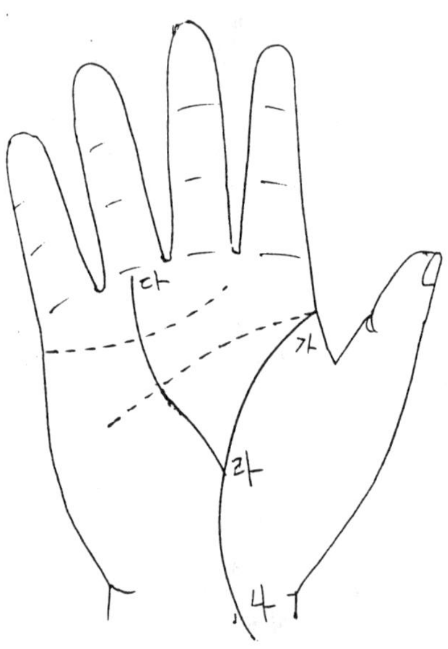

는 발전을 거듭할 수밖에 없게 되어 승승장구한 전진의 계기를 잡게 되어 있는 것이다.

　이와 같은 수상을 가지고 있는 사람들은 무엇을 하건간에 대성의 길이 열린다고 하였고, 자기의 힘이 모자라게 되면 남들의 도움을 받아 가면서라도 빛나는 명예와 쌓아지는 재물과 사회적인 지위가 순탄하기만 한 인생의 행로를 살아가게 되고 대성의 기반 위에 높은 자리의 정상에 우뚝 서서 세인들에게 자기는 인생의 승리자라며 호기를 보여주게 될 이 선의 의미를 아시는지?

(31) 재산가로 명성을 떨칠 상

　이 수상은 천운을 받은 사람처럼 재산이 늘어나고 매사가 순성하여 대재벌이 된다는 수상인데, 생명선에서 손끝 쪽으로 뻗어올라간 지선(「다」와 「라」)이 중지의 근원으로 올라가고 있다. 그래서 이 선은 대

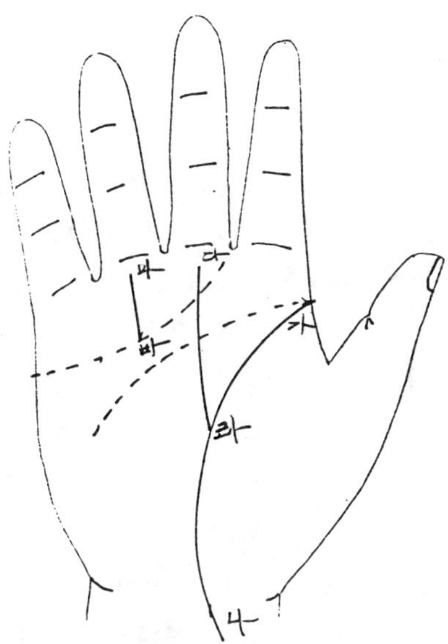

단히 운세가 강한 것을 나타낸 것을 의미하며 천 원이 들어오게 되면
만 원이 되는 식으로 날이면 날마다 눈덩이처럼 재산이 늘어나가, 부
자가 되기 싫어도 부자가 되고 만다는 운명 작용이 있는 상인 것이다.
　그런데 여기에다 태양구 「마」와 「바」를 연결하는 태양선까지 뚜렷
하게 잘 나타나 있으니, 타인들로부터 부러움을 사게 되고 덕망까지
높아 자기는 싫다고 하는데도 이 사람을 스스로 돕겠다고 하는 사람들
뿐이기 때문에 더욱 더 점입가경의 운수가 열려진다. 그래서 재원은
날로 늘어만 가고 명망은 자꾸만 높아져 거부의 이름을 얻게 된다는
선인데, 사람들의 마음이란 참으로 얄궂은 데가 있어 부자가 되어가
고 있는 사람들에는 더더욱 도움을 주려 하는 봉사 정신이라고나 해야
할까 하는 호의를 베풀어 주게 되어 언제쯤에 또다시 되돌려 받아질지
도 모를 봉사에 가까운 헌신적인 도움만은 주게 되고 받는 쪽에서는
남들의 은혜에 보답해 보겠다는 생각 한 번 못해 보면서 살아가는 세

월 속에 부자는 더욱 부자가 되고 마는 현상이 있는 것이 참으로 야릇하다는 생각이 든다.

(32) 성공의 기반에서 좌절하는 상

이 그림은 하늘이라도 찔러버릴 듯한 기세로 성공의 전기를 맞이하게 된 것처럼 생명선에서 한 가닥의 지선이 목성구 「다」와 「라」 쪽으로 치솟아올라가고 있는 선이 하나 있는데, 이 선을 수상학에서는 희망선이라 한다. 이 그림의 경우에서 힘차게 뻗어올라간 희망선의 중간을 甲과 乙의 횡선이 하나 나타나 十자를 그리면서 자르고 지나가 버렸으니 참으로 안타까운 양상이 나타나 버린 것이다.

그래서 희망선은 장애선이 되어 버렸고, 잘 돼가는 잔치에 꼽사리꾼이 하나 끼어들어 흥겨운 잔치마당을 난장판으로 만들어 버리듯이 커다란 장애를 딛고 넘어가야 하는 험난한 기로에서 기막힌 설욕전을

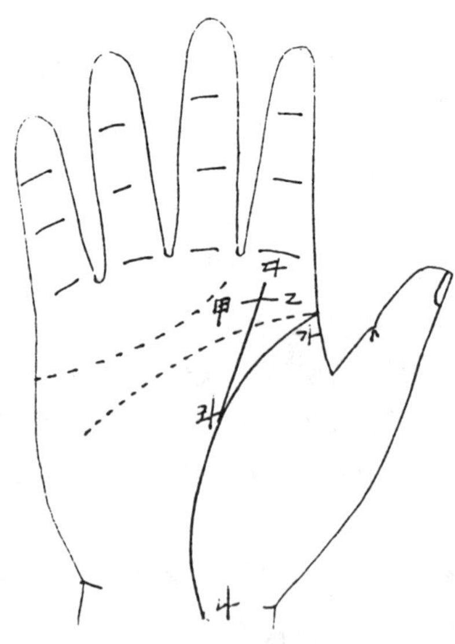

감수해 나가야만 할 운명적인 적수가 기다리고 있어 때가 오기만을 학수고대하고 있는 형상이 되어 버렸다. 그러나 얼마만큼의 인내와 저력이 이 어려운 난관을 돌파하게 될 것인지가 문제일 뿐이지 결코 영원 속에 파묻혀 버릴 파멸의 운세는 결코 아니라는 점이 중요하다는 것을 깨우쳐 주고 있는 그림으로서, 한 고비만 잘 넘길 수 있다면 하는 힘과 방비책이 꼭 필요하다는 암시를 나타내 주면서 가련한 인간 군상들을 깨우쳐 주고 있는 듯한 것이다.

(33) 희망에 찬 꿈을 키워 가는 상

인간은 누구나가 꿈을 안고 살게 된다.

이것은 헛되지 않기를 바라면서 얼마나 많은 세월들을 애태워 몸부림을 쳐 손에 잡힐 것 같지도 않은 미지의 세계를 찾아 방황을 하는가? 그러나 그 실마리를 미처 찾아내지도 못해 가지고 못내 아쉬움 같은 것은 떨쳐내 버리지도 못한 채 조그마한 현실의 자각에나 빠져들

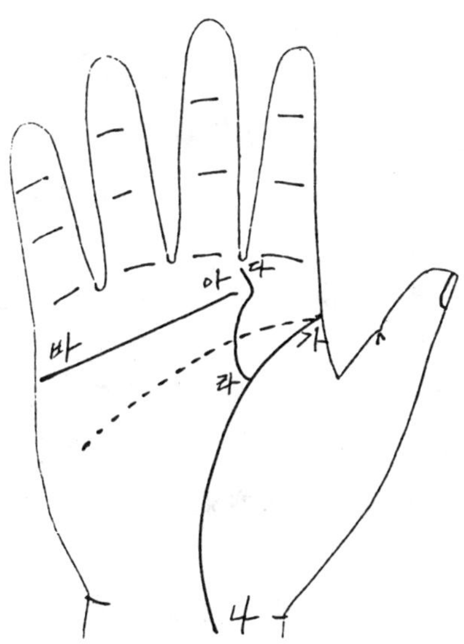

어 시간 속으로 휩싸여 들어가면서, 내일은 오늘보다 더 향상되어질 것이고 모래에는 내일보다 더 큰 결실을 위해 달려가고 싶은 향상을 기대해 보면서 살아나가게 되는데, 지금 이 그림은 향상심을 떨쳐버리지 못해 찐득이형의 성공길을 찾아가게 된다는 그림인 것이다.

이상의 그림을 보다시피 「가」와 「나」의 중간에 「마」와 「라」의 지선이 마치 숫가락을 옆으로 보는 것처럼 생긴 선 하나가 목성구를 향해 올라가다가 감정선이 직선으로 뻗어올라온 것을 보게 되자, 행여라도 다칠세라 살짝 돌면서 꼬부라져 목성구와 토성구의 경계선에서 딱 멎어져, 화성의 평원에서 전개되어지고 있는 사람들의 일을 점검이라도 하는 듯한 향상의 그날을 다짐하고 있는 듯한 자세로 서 있다.

이 그림의 사람은 타인들의 유혹에서 눈을 돌리고 끊임없는 노력을 아끼지 않으면서 부와 명예를 차근차근 쌓아올라가는 점진적인 향상적 발전을 보여주는 것이라 하겠다.

(34) 철인처럼 강인한 활동의 상

인간이 살아나가려면 지칠 줄 모르는 체력과 원기가 있어야 한다.

그래서 옛날부터 내려오는 속설에 무병이 장자라는 생활 속의 철학을 담은 격언이 있게 된 것인데, 이 그림에 나타나 있는 의미는 「가」와 「나」의 생명선이 아주 튼튼하게 잘 뻗어 있는데 생명선의 엄지구 쪽으로 또 하나의 보조생명선이 생명선을 따라 「다」와 「라」가 화성구 쪽으로 파고들게 되었다.

이 선을 화성선이라고도 하지만, 사실인즉 부생명선 즉 보조생명선의 작용을 하게 되었다. 이 그림의 사람은 원기가 충천한 용기가 있어 두려움을 모르고 힘찬 활동을 전개해 나가면서도 힘이 드는 줄도 모르는 체력까지도 과시하게 되는 등 발전을 위해 일하게 되고, 무슨 일을 하건간에 뒤로 한 발짝 물러서는 게 없이 적극적인 전진만을 계속해

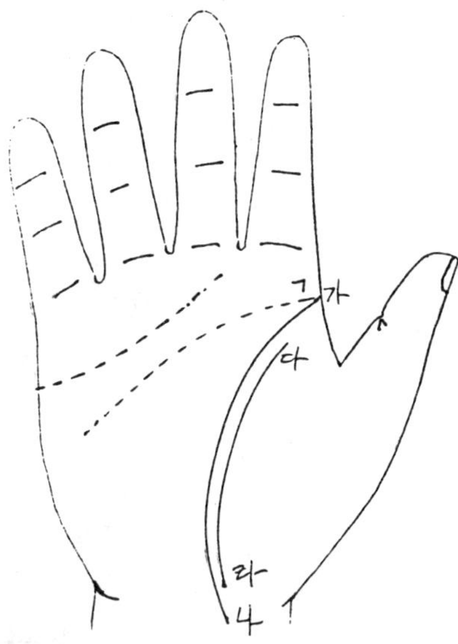

나간다는 강건체로서 수명도 길어 장수를 누려가면서 오래 살게 되는 상이라 하겠다.

만약에 생명선이 다소라도 흐트러져 있다거나 조금이라도 끊어져 있다 하더라도 보조생명선이 생명선의 약한 부분을 충분히 보완을 해 주게 되는 작용을 하고 있기 때문에 무사한 일생을 보내게 될 상인 것이다. 그러나 이 선이 적색(赤色)을 띠게 되면 화성구의 성격처럼 성급, 야망, 저항력 등의 의미가 나타나게 되어 남들과 잘 다투는 수가 있게 된다.

(35) 생명선은 어디서 시작되는가?

생명선이 어느 곳에서 시작이 되고 있느냐에 따라 그 사람의 성격이 달라질 수 있는 것인데, 통상적인 것은 검지의 아래와 엄지 사이에서 삼각점을 이루게 되는 $\frac{3}{5}$정도의 위치에서 시작이 되고, 엄지구를 타고

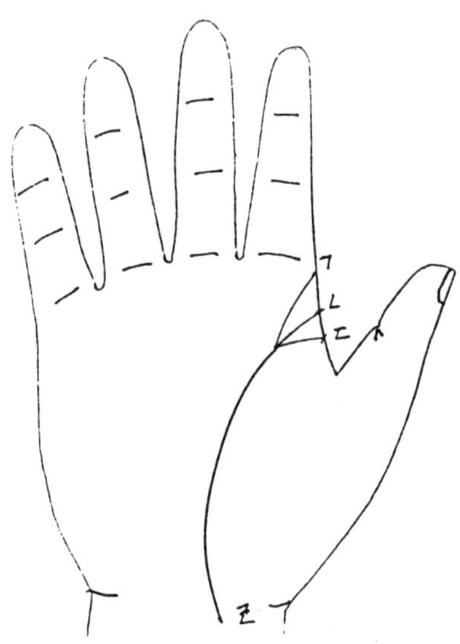

돌면서 반달처럼 둥그스레한 반원을 그리면서 손목이 있는 쪽을 향해 내려가고 있는 것이 보통인 것이며 정상인의 생명선이다. 그러나 생명선의 시작이 목성구 쪽으로 올라가 있게 되면 화성구의 면적은 자연히 넓어질 수밖에 없게 되는 결과가 나타나 대단한 활동가이기 쉽고 남들과는 타협을 할 줄 모르는 외길 인생을 살아가기 쉬운 사람이며, 또한 타인들과는 투쟁하기를 좋아하는 사람이다. 그와는 반대로 ㄴ과 ㄷ의 엄지구 쪽에 있는 삼각점에 바싹 내려붙게 된 사람은 목성구의 면적이 자연히 넓어지게 될 수밖에 없기 때문에 목성구의 의미가 나타나게 되는데, 자기의 희망이나 목적, 지위, 명예 등을 내세우기 위해 열심히 일하는 사람이기 때문에 타인들과는 타협성이 있고 처세술 또한 뛰어나 자기의 위치를 아주 견실하게 닦아나가려 하는 사람이다. 그리고 생명선이 정상의 위치에 있는 사람은 어느 편 쪽으로도 기울어지지가 않고 가운데를 기점으로 흘러나온 것이 최상의 것이며, 세상은 살아갈 때에도 아주 순조로운 인생길을 열어나가는 사람이다.

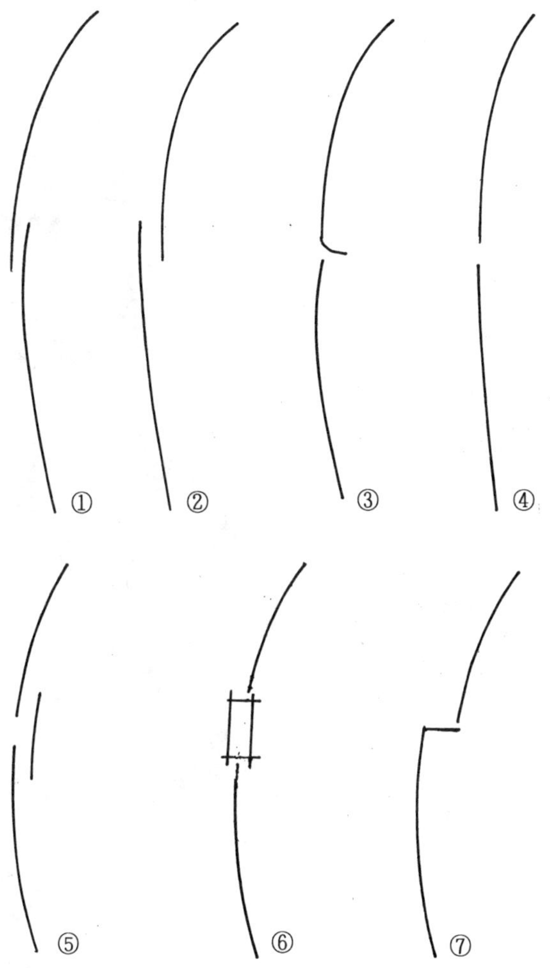

◎ 여러 가지의 형태로 끊어진 생명선의 형태를 보인 그림

①회복이 늦다 ②회복이 빠른 것 ③살아날 수 없는 것 ④중병을 앓게 되는 것 ⑤회복이 되는 것 ⑥병이 곧 낫는 것 ⑦체력으로 이겨내는 것

2 두뇌선을 보는 법

두뇌선은 검지의 아래쪽에 있는 목성구 밑에서부터 엄지손가락의 사이에서 시작하여 손바닥의 한가운데를 비스듬히 가로질러 뻗어나가고 있는 선인데, 동양류 수상학에서는 인문(人紋)이라고도 하여 자기 자신을 나타낸다고 하며 두뇌의 발달 사항과 정신력, 의지력 그리고 지능의 상태 등을 보게 되는 곳으로 사물의 판단력이나 행동면 같은 것들이 어떠한 활동 사항으로 나타나지는가 등을 중점적으로 판단해 보는 포인트인 것이다.

그래서 두뇌선은 주요 삼대선 중에서도 가장 확실하고 뚜렷하게 나타나 있어야 한다는 해석을 하게 된다. 두뇌선은 속칭 지능선이라고도 말하고 있는데, 인간의 지능 정도는 건강 이상으로 중요한 것이어서 육체의 주인 노릇을 해야 하기 때문이다. 이러한 면으로 보게 된 두뇌선은 여타의 다른 선보다 확실해야만 약하게 나타나 있는 다른 선의 작용이 약할 때 정신력으로라도 이겨나가 볼 수가 있기 때문이다. 그 실례로서 전장의 생명선 편에 아주 짧은 생명선이 되어 있는데 뇌선이 잘 발달되어 있었기 때문에 의지로 일관된 오랜 세월을 장수한 경우를 설명한 바와 같은 역할을 하기 때문이다.

※ 태양선이 나타나 있지 않더라도 두뇌선의 발달이 좋은 경우에 대성자가 많이 있다.

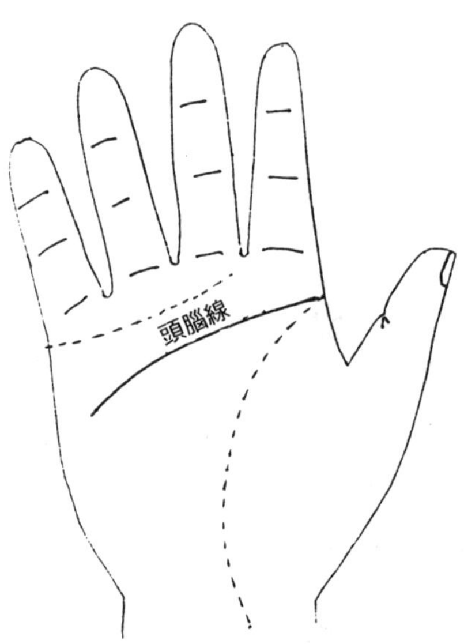

　두뇌선의 출발 지점은 두뇌선을 판단하는 데 있어서 상당히 중요한 역할을 하게 되는데, 어느 지점에서부터 어떠한 형태로 시발을 했느냐 하는 것에 따라 그 사람의 성격 발달의 초점이 되기 때문에 두뇌선을 보게 되는 경우에는 이 선의 시작인 뿌리를 정확히 찾아내야 한다는 것을 염두해야 한다는 것을 일러둔다.

　일반적으로 보는 두뇌선의 기점은 생명선의 기점과 같은 곳에서 시작되고 있는 것이 대종을 이루고 있다는 것을 알 수 있다. 그림「가」와「나」그리고「다」의 경우에는 주의력이 깊으며 신경질적인 면이 있고 상식적인 사람들의 경우에 이러한 수상이 나타나고 있는 것을 볼 수 있는 것이다.

　생명선에서 조금 떨어져 시작을 해 목성구 쪽으로 올라가고 있는 선 ㄱ과 ㄴ은 남의 윗자리에 서게 되고 결단력이 있는 사람이며, 여자는 사회 활동을 하게 되나 가장 노릇을 겸하게 된다. 그리고 화성구 쪽으

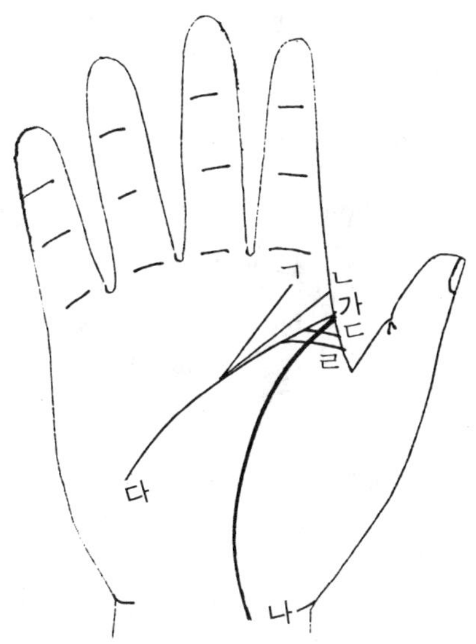

로 구부러진 ㄷ과 ㄹ은 신경질적인 성격이 나타나 매사에 일처리를 빠르게 끝내 버리려 하는 성격이 나타나 타인들과 화합하는 것을 싫어하게 되므로 자기 스스로가 고고한 외로움을 겪게 된다.

두뇌선이 뻗어나가고 있는 모양은 다양하게 나타나게 되는데, 제각기 다른 형태로 그려지게 되는 모양에 따라 판단하는 방법이 다르게 되며 그 사람의 성격 발달 사항도 각기 다르게 나타나게 되는 것을 특징으로 봐야 한다는 것을 알아두어야 한다. 수상을 보게 될 때에 일반적으로 나타난 두뇌선은 거의가 새끼손가락의 밑쪽에 있는 수성구 쪽으로 일자가 그려진 것처럼 바로 나가다가 살짝 밑으로 휘어진 경우나 월구 쪽으로 길게 반원을 그리면서 뻗어나가는 경우가 대부분이지만, 다음그림과같이 수성구나 화성구로 구부러지면서 올라가고 있는 경우도 이따금씩 눈에 뜨이게 된다.

그러나 두뇌선의 판단 요령은 어느 언덕으로 그 끝이 들어가느냐 하

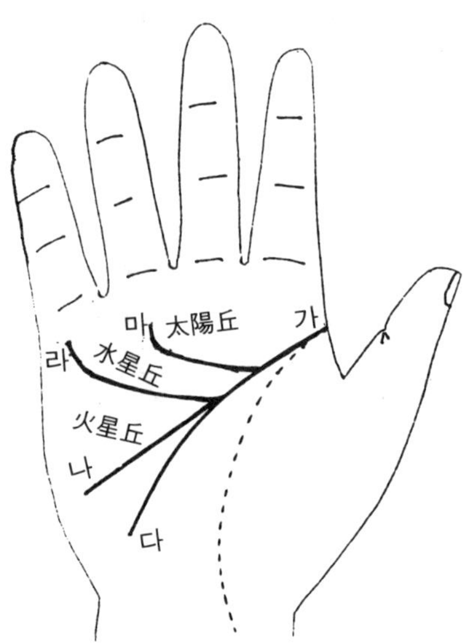

는 관점을 가지고 그 언덕에 대한 의미가 두뇌선을 보는 성격 판단의 초점이 되기 때문에, 그 언덕의 어느 지점에까지 파고들어갔느냐에 따라 어느 정도의 영향이 미치게 되었느냐 하는 척도로 기준을 하게 된다. 그래서 만약에 월구 쪽으로 뻗어들어간 두뇌선이 월구의 중앙에까지 깊이 침입해 들어갔다면 월구의 성격인 공상력과 낭만적인 사고, 그리고 여행을 좋아한다는 것 등이 두뇌선을 판단하는 실마리가 주어지게 된다는 것 등이다. 그래서 다른 경우에도 이같이 풀어나가면 된다.

(1) 실행제일주의의 상

두뇌선이 손바닥을 직선에 가깝도록 옆으로 곧게 뻗어나간 사람은 이지적인 두뇌의 발달로 인해 강인한 정신력을 소유하고 있기 때문에 무슨 일을 하건간에 한번 하겠다고 하는 마음만 먹게 되면 어떠한 난관이 닥쳐온다 하더라도 끝까지 자기의 목적을 관철해 나간다는 실천

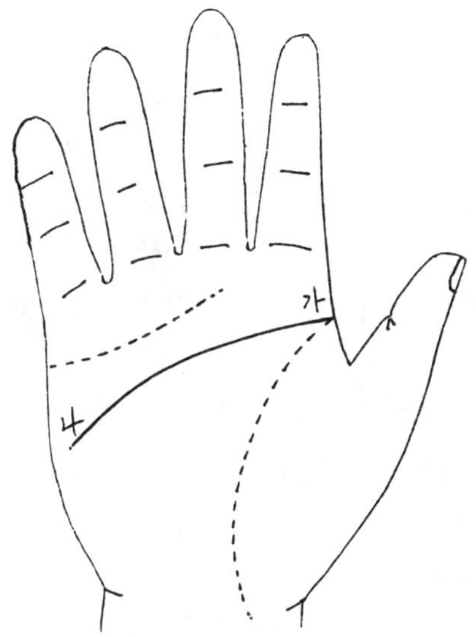

제일주의 사람인 것이다.

　그리고 무엇을 생각하게 되는 것도 하나의 원칙을 세운 다음에 하나 하나씩 아주 신중하게 검토를 해나가면서 논리가 정연하게 조직적인 두뇌의 판단력을 가지고 이를 실행에 옮겨나가게 되며, 가능하다는 판단이 내려진 일에 대해서만 조금치도 주저한다거나 포기하는 일 없이 기어코 실행에 옮겨버리고 만다. 그래서 이러한 수상을 가지고 있는 경우에 정치가나 실업가나 상업을 하는 사람들이 가장 많게 되며, 이상과 같은 직업에 적성이 맞게 두뇌 발달이 된 사람들이라 할 수 있겠는데 두뇌선이 길면서 곧게 제2화성구에까지 뻗어내려간 사람은 지능이 더욱 더 뛰어나며 활동력도 왕성한 사람인 것을 알게 된다.

　그러나 이러한 사람들은 예술적 감각이나 공상적인 면에 있어서는 매우 둔감한 편이며 자기 본위의 실천에만 빠져들게 되는 외곬주의 경향이 많기 때문에 때에 따라서는 멋이 없는 사람 취급을 받을 때도 있게 된다.

(2) 원만한 수상

이 그림에서는 두뇌선의 끝이 월구의 맨 위쪽 끝부분에 닿아 있는 상태를 보여주고 있는데, 이러한 수상을 가지고 있는 사람은 일반적인 상식 능력이 많은 사람이며 굳굳하게 살아나가려 하는 실행력이 겸비돼 있는데다 월구의 성질인 상상력까지 적당히 나타나 있고 지능의 발달 정도가 차원이 아주 높게 되어 있어서 일반적인 사회 활동에는 박학다식한 사람으로 예우를 받게 될 만큼의 지성을 갖추게 되어 있으므로 자기 스스로가 세상을 살아나가면서도 답답하다거나 뒤떨어진 사람이라는 자격지심 같은 것에는 사로잡히지도 않으면서 자기에게 주어진 일이라면 어떠한 일을 한다 해도 원만하게 처리해 나가는 능력이 나타나게 된다.

사회 생활을 하게 되면 상사로부터 두터운 신임을 얻게 되어 자기의 자리를 충실히 지켜나가게 되고 가정적으로도 원만하고 안정된 생활

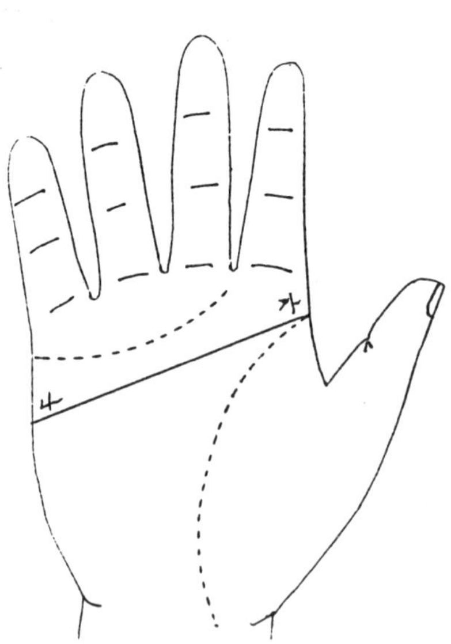

을 누려나가게 된다.

이러한 두뇌선을 가지고 있는 사람은 뛰어난 장사꾼으로 대성을 하기는 어려운 상이며, 더군다나 투기나 모험을 통해 거부가 되는 모럴은 아닌 것이 흠이라면 흠이 되어 있는 경우이다.

(3) 화려한 꿈과 낭만을 좋아하는 상

이 손의 그림은 두뇌선이 길게 뻗으면서 자연스럽게 살짝 구부러지고 그 끝이 월구의 맨 아래편인 손목을 향해 파고 들어가고 있다.

그래서 월구 자체가 가지고 있는 의미가 아주 강하게 나타내는 경우가 되겠는데, 월구의 의미는 상상력이 발달돼 있고 이상주의적 사고를 쫓게 되며 예술적인 면에서도 공상적인 소설문학이나 서정이 깃들어 있는 서사시 또는 대중을 울릴 수 있는 음악가 등에 적성이 잘 맞는 유형의 그림이다. 또 한편으로는 자기의 감정에 지배되어 감상에

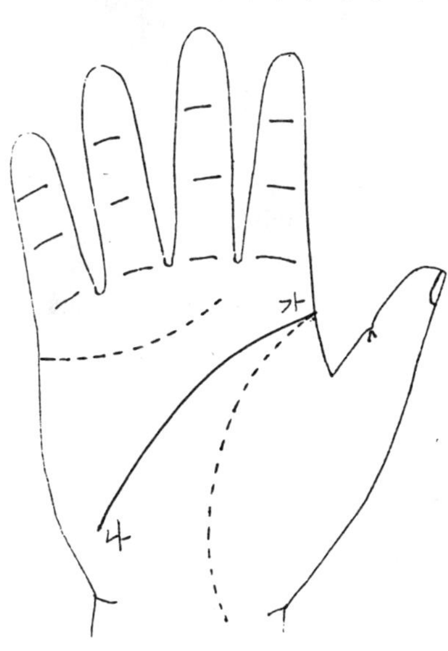

젖어들기 쉽고 허황한 꿈이나 공상에 빠져들어 현실을 망각해 버리기 쉬운 경향 때문에 실천력이 부족하게 되고 조직적인 생활을 하게 되면 규범에 얽매여 속박된 생활을 싫어하는 기질이 있어 자유주의적 사상이 많은 면이 있으므로 방종한 생활에 젖어들기 쉬운 생활 패턴이 짜여진 생활을 하면서 여행이나 즐겨 가며 낭만적인 인생을 살려 하는 경향이 많은 것이 결점인 것이다. 그러나 인정이 많은 것은 사실이지만 여자인 경우에는 기가 약해 나약한 면을 보여주면서도 이성에 대한 질투가 대단한 것이 특징으로 나타나는 그림인 것이다.

⑷ 독립심이 강한 수상

이 그림은 독립 정신이 강해 자립 자족의 기상이 왕성한 활동가의 손금을 보여주고 있는 것인데, 생명선 「가」와 「나」에서 약간 위편으로 사이가 벌어져 「가」와 「나」를 연결하는 두뇌선이 뻗어나가고 있다. 이

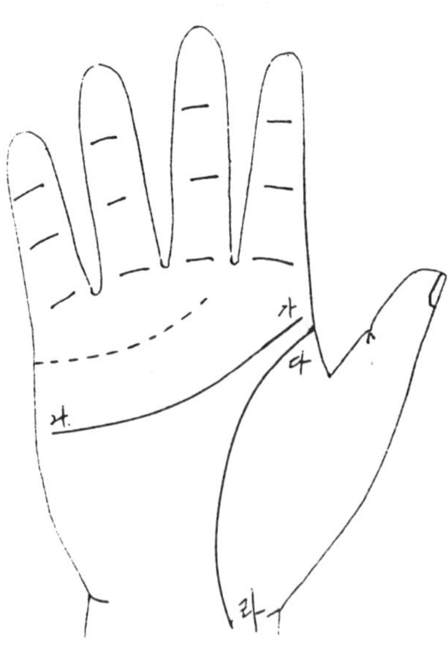

러한 그림의 수상을 가지고 있는 사람은 머리의 회전이 아주 빨라 무슨 일을 한다 해도 신속한 판단을 내리게 되며, 이를 실천에 옮기는 것을 망설이는 경우가 거의 없이 즉각즉각 실행에 옮겨버리는 유형이다. 그리고 생각을 하는 일에는 이지적으로 판단을 하게 되며, 독립적인 의지가 강한 사람이기 때문에 어떠한 일이 주어지더라도 기어코 성공을 해내고야 말겠다는 그야말로 남자 중에 남자의 활동가 기질을 예리하게 나타낸다. 이러한 수상의 사람은 가급적이면 정치 방면으로 나가는 편이 적성에 잘 맞을 것이며, 실업 방면으로 나간다 해도 대성의 재목임에 틀림없는 상이라 하겠다. 그리고 여자의 경우에는 남자 이상의 활동력이 있기 때문에 가정에 들어앉아 살림살이나 하고 있는 것보다는 사회로 나가 활동을 하게 된다면 여장부의 기개를 한껏 과시하게 되겠지만 가정의 생계까지도 자기가 도맡아 해결을 해나가야 하는 여가장의 상인 것이다.

⑸ 상식이 풍부한 실행가의 상

이 그림은 두뇌선이 손바닥을 곧바로 비스듬히 뻗어내려가다가 가운데쯤 되는 부위에서부터는 살짝 커브를 그리면서 월구의 아래까지 파고들어가 버렸다. 그래서 이 상은 보통의 사람들처럼 이권에 눈이 어두워 남이야 어떻게 하건 자기만 잘 살게 되면 그만이다 하는 식으로 인정사정 다 버린 채 체면없는 일들을 자행하는 그런 유형의 사람들과는 비교조차 할 수 없을 정도로 초연한 자세에서 일상의 생활을 아주 착실하게 살아가려 하는 중용의 도를 얻은 사람 같은 실행 제일주의적 활동을 해나가는 유형이다. 뛰어난 상상력도 있고 빈틈없는 계획을 세워나가면서 기업을 알차게 키워나가는 사업가의 기량도 있는 실무형의 능력까지도 갖추고 있기 때문에 실업적인 방면이나 재능을 살려나가는 분야에서는 천재적인 소양은 비록 없을지라도 가급적

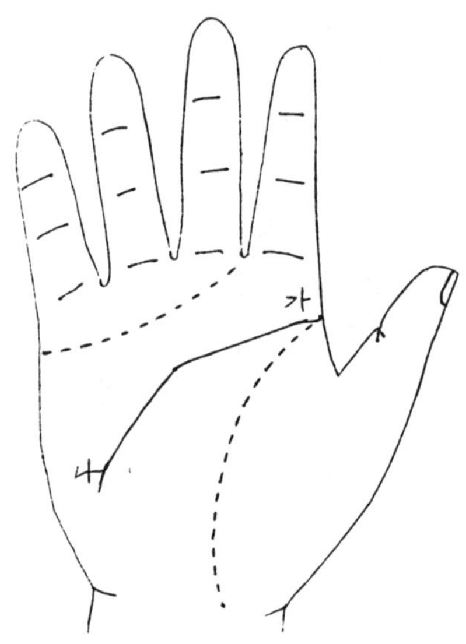

이면 모가 나지 않고 원만한 처세술을 펴나가면서 확고한 기반을 다져
나가는 유형으로 상식이 있는 사람으로 대접받게 되는 사람의 그림인
것이다. 그리고 여자의 경우에도 조그마한 사업체 같은 것을 알차게
경영해 나갈 수 있는 기량을 보여주면서 가정 생활을 행복하게 꾸려나
가는 사람의·유형을 보여준 그림이다.

⑹ 투기 시장에 뛰어들어 성공할 상

사람들이 살아가면서 인생을 투기라 몰아붙이는 생각을 하게 되는
경향이 있는 사람들이 간혹 있다.

그래서 투기를 좋아하는 경우에 쩨쩨하게 월급이나 받아먹고 사는
샐러리맨 같은 것은 안중에도 없어 증권 시장이나 경마장과 같은 곳에
만 찾아다니면서 일확천금을 노리는 사람들 가운데 하루 아침에 벼락
부자가 되었다는 사람들이 더러는 있게 되는데, 지금 보여준 44의 그

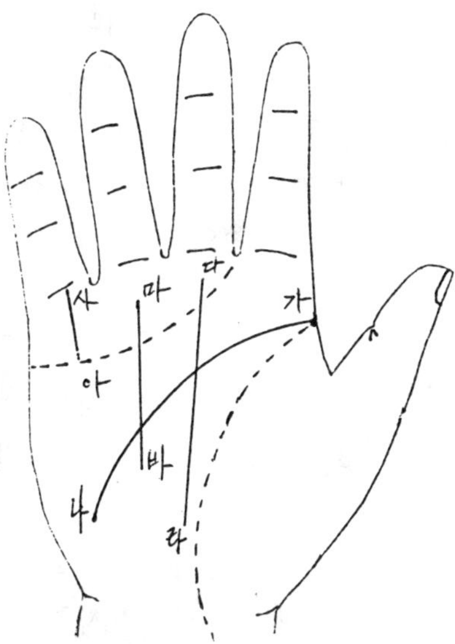

림을 수상으로 가지고 있는 사람들이 해당된다는 사실을 알아두기 바란다. 이 그림에서는 두뇌선이 「가」와 「나」의 지점으로 길게 뻗어나가고 있으며, 「다」와 「라」를 잇게 되는 운명선이 아주 멋있게 뻗어나가면서 토성구의 밑에까지 이르렀는데, 이러한 상을 가지고 있는 사람은 도박적인 사업의 재능이 뛰어나게 발달돼 영감과 직감으로 투기를 성공시키는 예리한 판단력을 가지고 있다. 게다가 「사」와 「아」를 잇는 종선이 나타나 있어 도박에 의한 승부를 걸게 되는 성격을 발휘시켜 버린 것이다. 그래서 일확천금의 기회가 자주 찾아오게 되는 것인데 새끼손가락이 길었을 때는 100%의 성공이 되겠지만 태양선까지 나타나서 더욱 더 확률이 높게 되어 있다. 그러나 새끼손가락이 아주 짧았을 때에는 투기는 금물이라는 것을 보여준 그림이다.

(7) 구두쇠 칭호를 듣기 좋아하는 상

우리들의 사회에서 구두쇠라는 칭호를 붙여주게 되는 사람들이 가끔씩 있는데, 구두쇠가 되는 것도 타고나는 모양이다.

　여기 이 그림은 구두쇠 소리를 들을 만큼의 이재형의 손금을 보여주고 있는데, 두뇌선 「가」와 「나」가 커브가 아주 없이 손바닥을 똑바로 가로지르면서 뻗어나가다가 그 끝이 새끼손가락 아래에 있는 수성구를 향해 살짝 구부러지면서 위쪽으로 향하고 있는 것이다. 이러한 경우에서는 수성구의 의미가 상공업, 과학 등의 의미를 가지고 있는 성격이 나타나 대단한 경제적 관념이 강한 사람이 되도록 유도하게 되는 두뇌선이 되어 버렸기 때문에 재물을 관리하는 데 있어서 아주 철저하도록 관리를 잘 해내게 되며 사회적인 사교 활동면에서도 사교성이 풍부하게 나타나게 된다.

　그래서 뛰어난 지기와 민첩한 활동력을 발휘하여 돈을 버는 일이라면 철저하리만큼 타산적인 계산에 의해 투자를 하게 되기 때문에 때에 따라서는 구두쇠라는 칭호를 듣게 되지만, 구두쇠라도 좋다면서 돈만

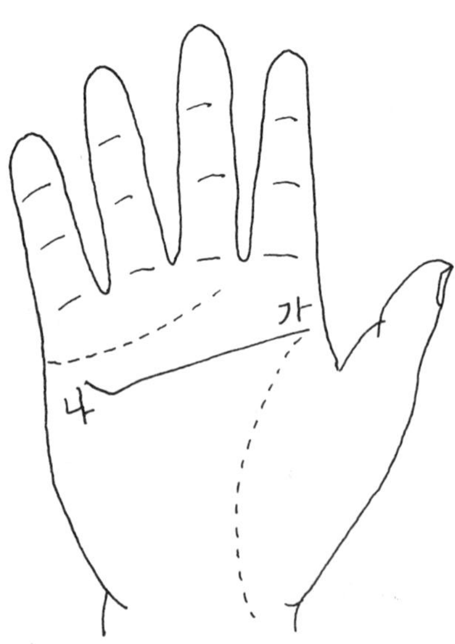

벌면 그만이라는 사람이다. 그래서 이 사람의 주위 사람들에게는 인심을 얻지 못할 수밖에 없다는 단점 하나 때문에 잔치를 벌여 놓는다 해도 찾아와 줄 손님 하나가 없대서야 되겠느냐 하는 상이라 하겠다.

⑧ 지혜와 기지로 대성할 상

당신의 수상에도 아래그림과같은 선이 나타나 주었다면 대성은 문제 없기 때문에 사장님이나 회장님의 소리 한 마디 듣게 되는 것은 시간 문제일 뿐이라는 이 수상을 한번 눈여겨 보아주기 바란다.

이 그림을 보게 되면 두뇌선 (가)와(나)의 지점에서 갈라진 지선이 무명지의 뿌리에까지 뻗어올라가고 있어서 이 선의 작용은 태양구를 관통하면서 올라간 지선이 되기 때문에 태양선과 맞먹는 작용을 하게 된다. 그리고 태양선의 작용도 하게 되는 이 지선이 두뇌선에서 갈라 져 나갔기 때문에 이와 같은 경우가 될 때에는 비상한 두뇌 활용이 사

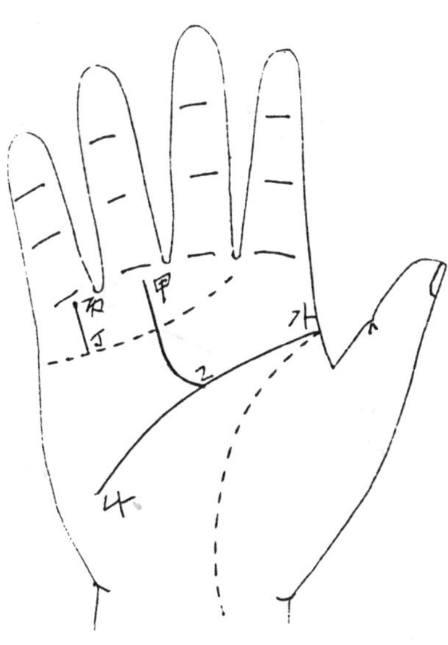

업적인 기지로 나타나져 돈을 벌 수 있겠다는 생각을 하고 있는 일에
대해서는 절대로 실패할 경우가 없으므로 대성의 활로는 시원스럽게
열려질 수밖에 없게 된다. (甲)과 (乙)을 잇고 있는 지선 이외에 (丙)
과 (丁)을 잇는 재운선까지 나타나 있기 때문에 더없이 좋은 재운과
사업운이 활짝 열려지게 되어 있는 이 그림은 참으로 보기드문 길상을
나타내 주고 있는 유형이라 하겠는데, 여자의 경우라 할지라도 이와
같은 유형의 상만 나타나 있다면 재명 쌍수의 대길격이 나타나 모왈
모인을 하게 되면 알만하다는 사회적인 지위를 누려볼 수 있게 된다는
상임을 알아두라.

⑼ 직무와 취미를 함께 누릴 상

이 그림의 경우를 보게 되면 자기에게 주어져 있는 직무에도 아주
성실한 활동을 경주해 나가고 있으면서도 지칠 줄 모른다는 마음의 여

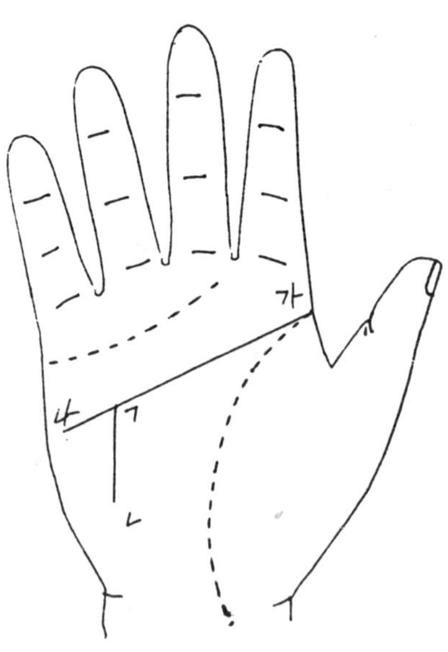

유를 한껏 발휘하여 취미 생활과 같은 활동에서도 상당한 소양을 보여줄 수 있는 그야말로 정력이 넘쳐흐른다는 사람의 수상인 것이다.

그림에서 보여준 두뇌선 (가)의 지점에서 (나)를 이어나가고 있는 두뇌선의 중간 부위에 (ㄱ)과 (ㄴ)의 확실한 지선이 일직선으로 나타나 있는데, 이 지선의 의미란 과단성이 있다는 결단력과 자신감이 넘쳐흐른다는 활력을 상징하게 되는 아주 여유만만한 정신력을 가지고 있다는 것으로 해석도 내릴 수 있는 것이기 때문에, 실무에는 충실을 기해 가면서도 환상적인 것이거나 공상적인 취미 생활 같은 것에도 상당한 재능을 지니고 있는 사람이라는 것을 보여주고 있다.

우리들의 주위에서는 언제라도 남들보다 유별난 취미 생활을 너무 즐기기 때문에 아예 방탕한 사람 같아 보이고 있는 사람들이 더러는 있게 되는데, 그런 사람의 능력을 잘 모르고 있는 사람들이 저 사람은 도대체가 무엇을 한다는 사람이길래 취미 생활에만 빠져 있을까 할 정도의 평가를 받게 되기 쉽지만, 사실인즉 그게 아니다. 그 사람은 자기가 할일을 모두 다 해놓고 난 다음이기 때문에 자기가 먹고 쓸 만한 돈 같은 것은 이미 벌어 놓을 만큼은 벌어 놓았다는 상태에서 여가선용을 하고 있는 것이라는 사실을 잘 모르고 있는 사람들의 눈에는 그렇게 보여질 수밖에 없을 것이나, 사실상은 돈과 시간 같은 것은 충분히 여유가 있다는 복을 많이 타고난 사람인 것이다.

(10) 황소 같은 노력형의 알부자상

우리들의 주변에서는 언제라도 황소처럼 일밖에 모른다는 사람들을 독자 여러분들도 더러는 알고 지내고 있을 것이다. 여기에 보여준 그림의 사람이 바로 소 같은 사람이라 하겠다. 열심히 일만 해나가면서도 가타부타 말 한 마디 없이 자기에게 주어져 있는 사명을 철칙처럼 알고 살아나가고 있다는 사람의 수상을 보여주고 있는 것인데, 두뇌

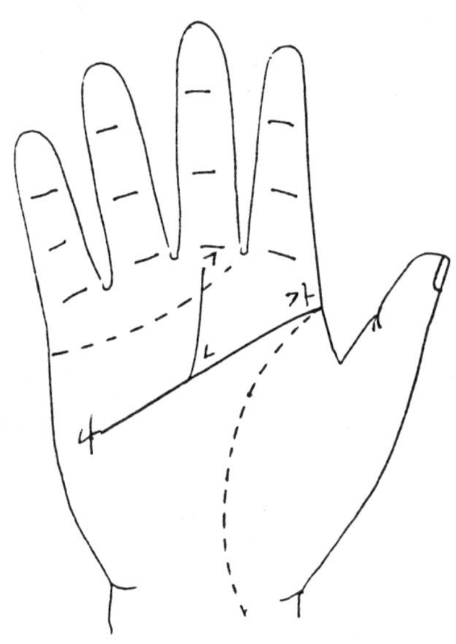

선 (가)와 (나)는 화성구를 향해 아주 힘차게 뻗어내려가 있으며 두뇌
선의 중간쯤 되는 지점(ㄴ)과 (ㄱ)을 잇고 있는 또 하나의 지선이 토
성구를 향해서 뻗어올라가고 있다.

　이와 같은 지선의 성질은 토성구의 의미가 나타내는 침착성이나 사
려 그리고 고독 등의 의미가 상징적으로 나타나고 있기 때문에 이 사
람의 생활 자세는 함부로 덤비는 일이 없이 아주 침착한 사려와 냉정
한 판단에 의해 실행으로 옮겨나간다. 그러므로 웬만한 실수 같은 것
은 절대로 하지 않는 사람이다. 그러나 이와 같은 유형의 사람은 점진
적인 치부형이라 할 수 있기 때문에 투기나 모험 같은 것에는 매우 둔
감한 유형으로 어쩌다가 자기에게 주어진 행운까지도 놓쳐버리게 되
는 경우도 더러는 있다. 그러나 실속형 알부자상인 것이다.

(11) 남을 지배해 버려야 직성이 풀려지는 상

　인간들의 사회에서는 남을 지배하는 사람도 있는가 하면 남의 지배 권하에서 살아가고 있는 유형의 사람도 있게 되는데, 이런 그림의 사람이라면 유별나게 남을 지배하고 싶어지기 때문에 자기 스스로는 남에게 절대로 지배받지 못하겠다는 권위 의식이 많다. 이 사람의 생명선은 엉뚱하게도 제2화성구에서부터 목성구까지 길게 뻗어나가면서 생명선은 뒤로 놔 버린 채 천상천하 유아독존이라는 격으로 검지의 뿌리밑에까지 치받고 올라가 버렸다. 이런 사람의 성격은 목성구의 의미와 같이 명예욕에 대한 집착력이 아주 강하게 나타날 뿐만 아니라 자기 일신에 대한 영달만을 위해 일로 매진을 해나가야 하겠다는 기백이 나타나지기 때문에 어떤 경로를 통했건간에 출세는 좀 하고 보아야 하겠다는 권위 의식에 불타 있는 경우이다. 甲의 부분에는 언제라도 장애선이 나타나기 쉬운 부위가 되는데, 만약에 이곳에 장애선만 나

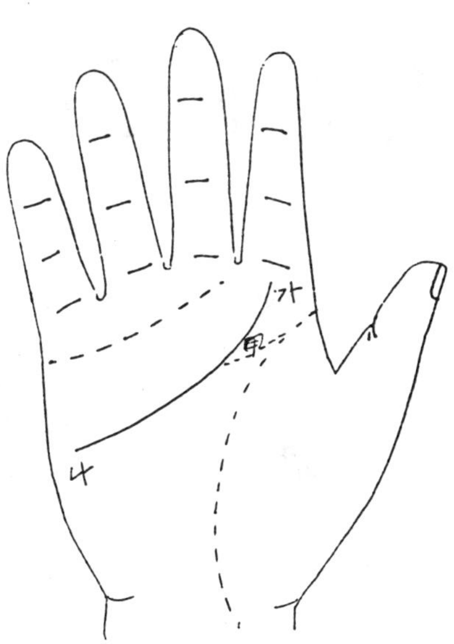

타나 주지 않게 된다면 군인이나 정치가, 실업가 그리고 외교관과 같은 직업 분야에서 대성할 재목임에 틀림이 없을 것라는 것을 보여주고 있다. 이와 같은 수상을 가지고 있는 사람의 결점으로는 명예욕에 불타 있기 때문에 남을 업신여기기 쉬운 경우가 있어서 타인들로 하여금 인심을 잃기 쉬운 상이라 하겠다.

(12) 예술 방면에는 천재라는 상

예술이란 분야에서는 타고난 재능이 특수하지 않으면 안 된다는 것쯤은 누구나가 다 알고 있는 사실일 것이다. 그러나 배우면 되는 게 아니냐며 반문을 해버릴 사람이 있을지는 몰라도 배운다는 것 역시도 타고난 소질이나 소양이 있어야만 하는 것이지 무조건 배운다고 예술의 천재는 될 수가 없다는 것쯤은 재론의 여지가 없다.   아래에서는 예술의 천재는 어떻게 생겼다는 그림을 보여주고 있는 것인데, 두뇌

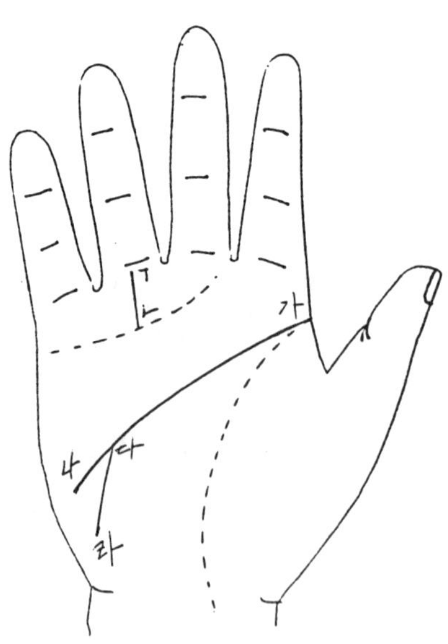

선 (가)와 (나)가 너무 급하지 않은 아주 완만한 커브를 그려나가면서 손바닥을 가로질러 생명선과 함께 합쳐지게 되었는데, 두뇌선 (다)의 지점에서부터 (라)의 지점으로 Y자를 만들면서 한끝은 (나)의 화성구 아래쪽으로 들어갔고 또 한쪽 (라)는 월구를 향해 들어가고 있기 때문에 공상력이나 상상력 등이 뛰어나게 잘 발달되어 있다. 창작이나 글재주, 그리고 예술적인 면에 있어서는 다른 사람들은 도저히 따를래야 따라잡을 수가 없는 천재적인 소질을 가지고 있다는 것을 나타내주고 있다.

그리고 태양구에 (ㄱ)과 (ㄴ)을 잇게 되는 지점에는 태양선이 또 나타나 있기 때문에 예술 분야에서는 하늘이 준 사명을 다 해낼 수 있다는 상이 되고 있다. 그러나 이 사람의 결점이란 너무 이기적인 성격이 나타나는 점이라 하겠다.

※ 극작가나 배우, 탤런트, 서예가, 문묵가로서 대성할 상

(13) 감수성이 너무 예민해 컴퓨터 같다는 상

인간이 타고난 감각은 한계성이 있다는 것이 원칙이라 하겠지만, 이 그림은 남들보다는 아주 유별나다 할 정도로 감각이 너무 예민한 사람의 경우를 보여주고 있는 것이다.

이 그림을 자세히 관찰해 보게 되면 어느 것이 두뇌선이고 어느 것이 생명선의 기점인지 도저히 분별해 낼 수가 없을 정도로 희한한 손금이 뻗어나가고 있는 것이다. 물론 두뇌선이나 생명선의 기점은 분명 (가)의 지점이라 하겠지만, (ㄱ)의 부분에서 생명선은 아래편으로 커브를 그렸고 두뇌선 역시도 여기에서부터 두 가닥으로 뻗어나가면서 한 개는 화성구로 들어가고 있고 또 한 개는 월구 쪽을 향해 달려가고 있으니 (ㄱ)의 지점은 사거리인지 삼거리인지조차 분별하기 어려운 기점을 형성하고 있다.

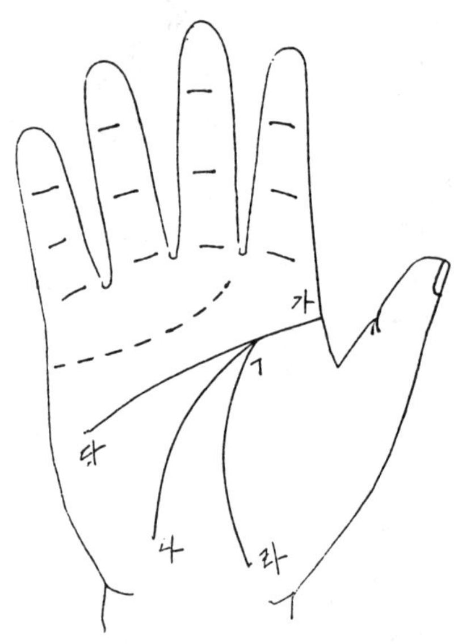

그래서 (가)에서부터 시작이 돼 곧바로 달려나가고 있는 선은 아주 조심스러운 성격이 나타나지게 되고, 월구 쪽으로 달려나가고 있는 (나)의 선은 감수성이 아주 예민한 예술 방면의 소질을 가지고 활동하게 될 거라는 활동상을 나타내 주고 있다. 이 손금을 가지고 있는 사람은 컴퓨터만큼이나 예민한 감각이 있게 된다는 것을 보인 그림이라 하겠다.

그러나 이런 사람은 예민하다는 그 자체가 병적일 수도 있기 때문에 결벽증 같은 것이나 타인 기피증 같은 것이 나타날 수도 있는 결함이 염려된다.

(14) 집중력이 높은 영감이 있다는 상

우리의 주변에서는 이따금씩 아주 기이하다는 사람들이 화제의 주인공으로 등장할 때가 더러 있는데, 가령 초능력자라던가 신통한 도

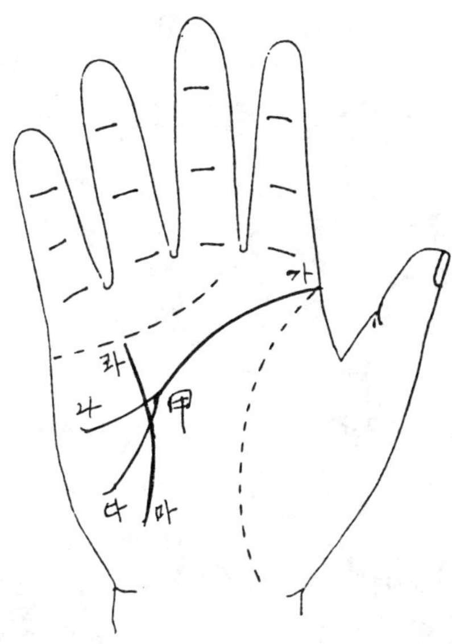

사나 신이 들린 사람들 하는 식으로 그 무엇을 귀신같이 꿰뚫어 맞춰 버린다면서 법석을 떨어대는 아낙들이 심심찮은 화제거리로 삼고 있는 것을 보게 될 때가 있는데, 지금 이 위의 그림처럼 신통하다는 사람들의 수상을 대표적으로 보여주게 된 그림이라 하겠다. (가)와 (나)를 잇고 있는 두뇌선이 커브를 그려나가면서 손바닥을 가로질러 화성구에까지 뻗어갔으며, 이 선의 중간 지점인 甲에서부터는 두 갈래로 쫙 갈라지면서 월구의 아래쪽 (다)의 부분에까지 뻗어나간 (가)와 (다)의 선은 아주 신비로운 일을 좋아하거나 동경하게 되는 성격이 나타나지게 되는데 이것은 월구의 뜻이라 할 수 있는 영감, 상상력, 직감력 등의 의미가 아주 강조되고 있는 현상이다.

  그래서 이 선이 있게 되면 직감력이나 투시력 그리고 예언 등에 의한 아주 신비로운 일들이 뛰어난 영감의 적중력으로 나타내게 되며, 운명학이나 예언가 등과 같은 특수 재능을 과시해 보이게 되는 사람인

것이다. 화성구의 아래편에서 월구로 향한 (라)와(마)가 비스듬히 나
타난 선이 또 있는데, 이 선이 영감선으로 전기한 두뇌선과 영감선이
함께 있게 된 경우에는 아주 신비스럽다고 할 정도로 인간 이상의 신
통력이 있게 된다는 그림이다.
※ 영감선은 육안으로는 식별이 약간은 어렵다 할 정도로 희미하게 나
타나는 경우가 많기 때문에 아주 세심한 관찰을 요하게 된다.

(15) 감정 때문에 정에 약한 상

이 그림은 인정에 말려들어 자기 자신도 못 살면서 남들의 딱한 사
정을 보아넘기지 못해 빚 보증을 서준다거나 결혼을 하게 되었을 때에
동정으로 하게 되어 기대 이상의 실망을 안게 된다는 경우 등을 나타
낸다. 그림은 두뇌선 (가)와 (나)가 (마)에서 (바)의 지점으로 이어져
감정선(애정선)으로 연결이 되어 버리고 만 경우라 하겠는데, 이와 같

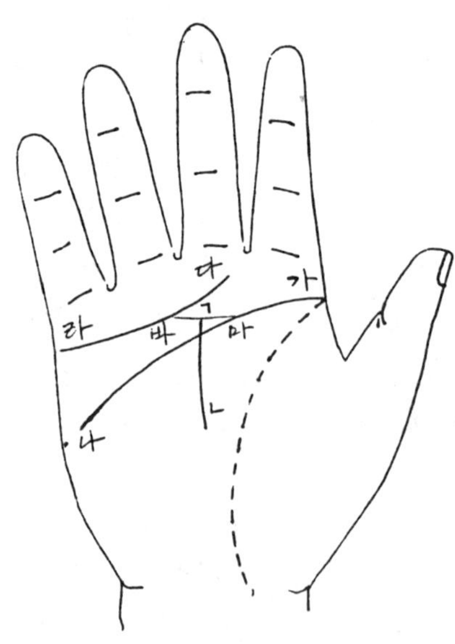

은 선이 나타나 있게 되면 대단한 감정가이기 쉽기 때문에 남을 돕고 싶은 생각 때문에 인정에 빠져들기 쉽다고 하는 것을 나타내고 있다.

그래서 두뇌선과 감정선이 함께 합쳐지게 되는 이 선을 가지고 있는 사람의 판단력은 이성이 감정을 이겨내지 못한 경우가 된다고 말할 수 있겠는데, 이와 같은 수상을 가지고 있는 사람들은 사람이 너무 좋아 인정 하나 때문에 선의의 피해자가 되기 쉽다는 사실을 말해주고 있다. 그리고 (ㄱ)과(ㄴ)을 잇는 종선은 운명선일 수는 없는 것이기 때문에 감정적인 문제로 인해 도깨비에게 홀려버린 것처럼 이성을 잃어버리기 쉽고 그것 때문에 자기 운세를 아주 흉하게 만들어 버리게 되는 경우라 하겠다.

그래서 이와 같은 경우를 심령학적으로 얘기하게 될 때에는 전생에서부터 지어진 빚이 너무 많았기 때문에 한평생을 남이나 도와줘야 할 거라는 얘기를 하게 되는 경우라 하겠다.

(16) 사랑을 쫓아가다 실업자나 되기에 꼭 알맞은 상

다음에는 "사랑 따라 잘도 가네 임을 따라 나는 가네" 하는 노랫말처럼 임을 따라 가시다가 아차 하는 한순간에 너무 병적으로 빠져들어 버리기 쉽기 때문에 무엇을 위한 사랑을 속삭였는지조차 모를 수렁 속으로 깊숙이 빠져들어가 버린 사람을 나타내 준 경우를 보인 것이다.

그림의 (가)와 (나) 지점의 두뇌선 한 부분이 나타나 있는 가운데에 (ㄱ)표시의 가느다란 세로줄이 마치 울타리처럼 나타나 감정선 쪽을 향해 있는 것은 정에 약하기 때문에 마음이 흔들리기 쉬울 것이라는 것을 나타낸 것이다. 이와 같은 선이 나타나 있는 사람은 아주 대단한 정열로써 사랑을 속삭일 수밖에 없게 되기 때문에 흠뻑 빠져들어 헤어날 수가 없는 경우일 것이다. 학생의 경우라면 자기가 다니고 있던 학교마저도 집어치워 버리게 되고 직장인이라면 자기의 직장마저 아주

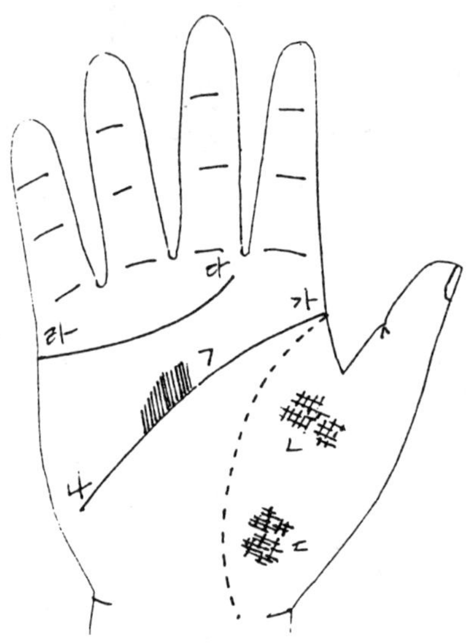

홀가분한 기분으로 내버릴 수밖에 없는 열애에 사로잡혀지기 쉽다. 그래서 두뇌선의 곡선 커브가 월구를 향해 내려가고 있는 사람은 환상의 꿈속으로 육신마저 함께 끌고 들어가기 쉬운 경향이 나타나므로 각별한 주의를 요해야 한다는 그림인다. 모지의 근원인 금성구가 잘 발달해 있고 격자(grid)문이 나타나 있는 사람은 더 심한 경우라 하겠다. 그리고 여자의 경우라면 남자들의 유혹에 빠져들기 쉽고 남자의 경우라면 여자들의 뒤꽁무니나 따라다니기 쉬운 할일없는 남자가 되지 말라는 경고를 한 그림이다.

(17) 권력을 못 얻어 안달병이 난다는 상

인간의 굴레 속에서 살아나가자면 권력이 좋다고 하는 것쯤은 누구나가 다 아는 일이라 하겠으나, 하고 많은 사람들 가운데에 권력에만 눈이 어두워 몸살병을 앓아댈 정도의 사람들도 꽤 많은 것이 우리들의

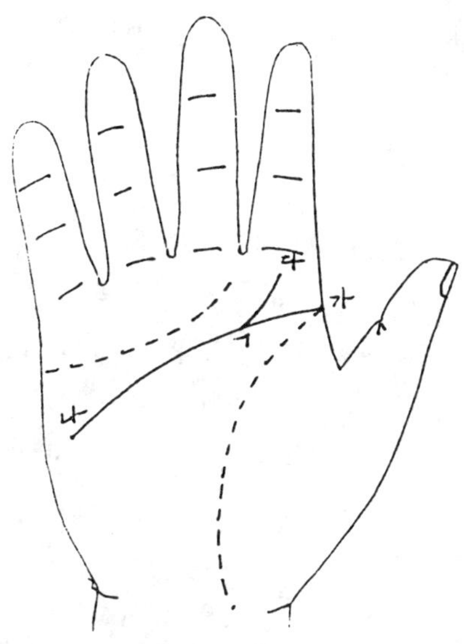

사회인지라, 이 그림에는 어느 정도 수단이나 방법을 강구해 권력자
가 한번 되어 보겠다는 사람의 경우를 나타내주고 있는데, 55의 그림
을 한번 살펴보자. 두뇌선은 원래가 한 가닥만 있는 것이 정상인 것이
다. 그런데 (가)와 (나)의 지점에서 목성구 아래로 찢어져 올라가고
있는 (다)는 (ㄱ)의 지점에서 두뇌선을 목성구의 영향을 받을 수밖에
없도록 유도하고 말아버렸다. 이와 같은 수상이 나타나 있는 사람은
권력을 구하려 하는 일에는 아주 강력한 관심을 갖게 되며, 허영을 좋
아하고 위세라도 한번 떨쳐봐 가면서 남들을 굴복시켜 지배라도 한번
해보고 싶은 명예 같은 것을 아주 동경하는 경향이 많으며, 타인들을
깔본다거나 얕잡아 보게 되는 경향이 많은 사람이다. 그러나 이와 같
은 상을 가지고 있는 사람들 중에서 한평생을 살아가면서 언젠가는 꼭
한 번쯤은 권력을 쥐어보게 되는 성공을 하고 만다.
　여기에서 주의해야 할 것은 생명선에서 갈라져 나오는 희망선과는 혼동해 버리면 절대로 안 된다. 그리고 희망선의 작용은 이 금과는 그 성격이 다르며 나쁜 작용을 하게 되는 경우가 거의 없으므로 신중한 검토를 필요로 하게 된다.

(18) 팔방미인이라 칭하는 만물박사의 상

항간의 사람들이 흔히들 말하기를 저 사람은 팔방미인이라느니 만물박사라느니 해가면서 재주가 너무 많다는 사람을 칭하는 말을 하게 될 때가 있는데 사람이 부릴 수 있다는 재주는 과연 얼마만큼이나 될지 한계조차 모르겠다 할 정도로 재주가 많은 사람들을 흔히 볼 수가 있다. 이 그림에서는 이와 같은 사람들의 손금은 과연 어떻게 생겼을까에 대한 의문을 풀어주고 있는 그림이라 하겠다.

우리들이 흔히 보게 되는 두뇌선이란 한 개가 정상이라고 알고 있다. 그러나 이 경우에 있어서는 두 개나 되는 두뇌선이 마치 철로선처

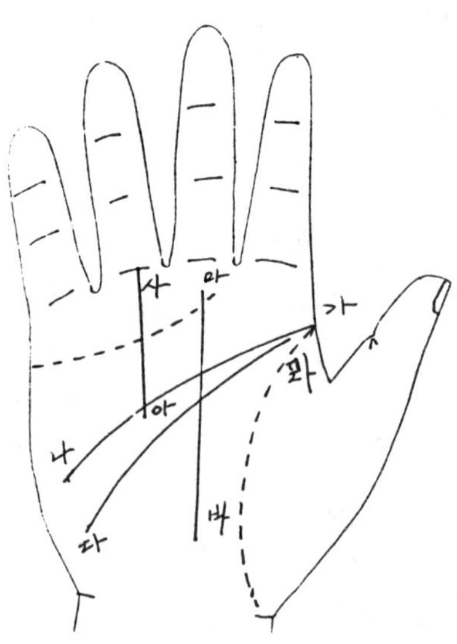

럼 나란히 평행하는 이중 두뇌선을 취하고 나타나 있는데, 한 가닥은 약간 길고 또 한 가닥은 약간 짧게 약간 긴 두뇌선의 아래에서 뻗어나 가고 있다. 이와 같은 두뇌선이 있는 사람은 사물을 보는 시각이 아주 예민하고 민감하기 때문에 조심성이 아주 많은 점도 있고 또 한편으로 는 아주 냉정한 판단력과 실행력을 가지고 있는 양면성이 갖춰 있는 사람으로 두뇌의 기능이 뛰어나다 할 정도의 창의성과 공상력을 충분 한 실행으로 옮겨나갈 수 있는 실무파에 속한다.

그리고 운세 아주 또한 강력하게 작용을 하기 때문에 상당한 성공의 기틀을 마련해 나가게 되는데, 여기에다가 태양선(사)와 (아) 그리고 운명선 (마)와 (바)까지 함께 나타났다면 거대한 성공을 거두게 되는 것은 재론의 여지가 없는 경우라 하겠다. 그래서 이와 같은 손금이 나 타나 있는 사람은 만능 인간의 칭호가 달라붙을 수밖에 없지 않은가 한다.

(19) 자살은 연습하지 말라는 상

생명을 받고 이 세상에 태어난 사람이 죽기 위해 태어났다는 사람은 단 한 사람도 없을 것이다. 그러나 우리들의 주위에서는 이따금씩 자 살을 해버려야 하겠다, ××는 자살을 했다 라는 등의 사람들을 보게 될 때가 있는데, 그런 사람들이란 참으로 용감한 사람들이 아니겠느 냐 하는 생각을 항상 해보게 된다. 왜 그러느냐 하게 되면, 인간이 한 이세에 한번 태어났다면 자기의 생명이니까 자기의 마음대로 끊어버 릴 수도 있다는 것은 참으로 어렵고 또 어리석은 일이기 때문에 살아 있는 것보다는 죽어버리겠다는 생각을 실천으로 옮겨본다는 것은 참 으로 힘이 드는 일인데, 그 얼마나 용감하고 지독한 사람이었으면 자 살을 다 한다는 말인가?

이 그림은 그런 사람들은 어떤 사람들인가를 나타내 준 수상을 보여

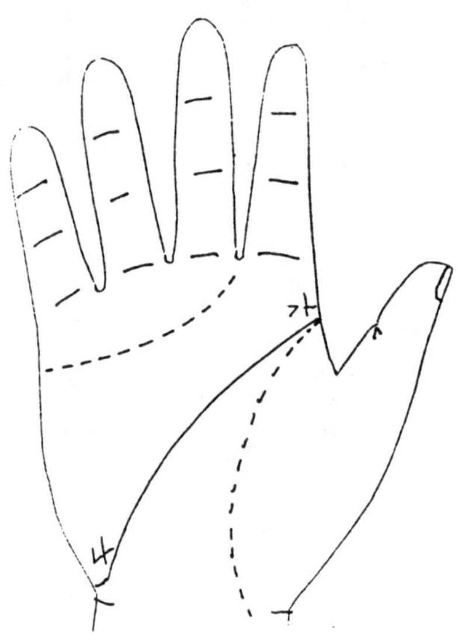

준 것이라 하겠는데, 두뇌선이 (가)에서 (나)로 이어지는 선의 윤곽은
아주 확실한데 (나)의 부분이 월구의 맨 마지막 구석에까지 파고들어
갔기 때문에 월구의 상징이라 할 수 있는 상상과 고독, 그리고 신비감
등이 이 사람의 정신을 이상주의자로 만들어 버리고 있어서 죽음이 하
나의 환상적인 쾌락일 것이라는 상념에 빠져들어 연습으로라도 한 번
쯤은 죽어보아야겠다는 생각을 하게 된 것이 그만 진짜가 돼 염라왕을
찾아가 버릴지도 모른다는 수상이라 하겠다. 이와 같은 경우에는 자
살도 물론 있다 하나 발광자도 가장 많이 나오게 된다.

(20) 한 마디를 못 참아내 개꼴이 된다는 상

  사람과 사람의 사이에 끼어들어 한평생을 살아나가다 보면 하고 싶
었던 말 한 마디라 할지라도 참아내야만 할 말도 많은 곳이 인간들의
세계다. 다음그림의 경우에는 잘 알지도 못하는 일을 마치 자기의 두

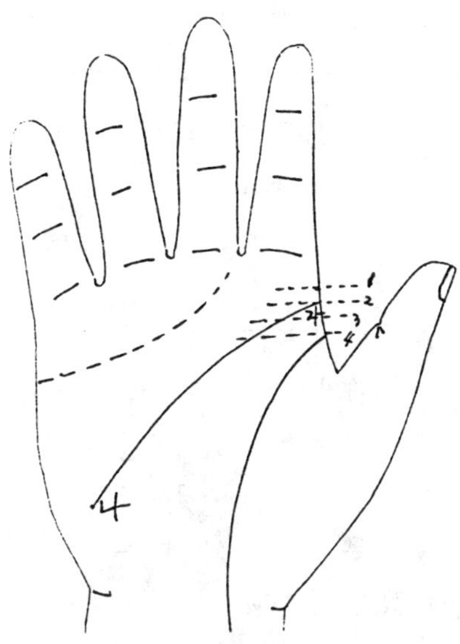

눈으로 확인이라도 해본 것처럼 자기의 멋대로 떠들어대면서 한번 뱉어내버린 말은 다시는 주워담아 버릴 수도 없다는 아주 평범한 진리조차 난 몰라라 해가면서 경거망동을 일삼는다는 사람의 손금을 보여준 수상이다.

그림의 (가)와 (나)의 기점인 가는 생명선보다는 훨씬 멀리 떨어져 있는 검지의 밑부분인 목성구에서부터 시작되었다. 두뇌선의 기점이란 본시 목성구의 밑부분에서 약간 떨어져 있거나 생명선과 맞붙어 있는 $\frac{1}{3}$ 정도가 정상인 것인데, 이 경우에는 너무 위로 올라가 있으며 이와 같은 두뇌선을 가지고 있는 사람들은 자기의 식견이 너무 지나치다 싶을 정도로 지나친 자신을 갖게 되기 때문에 언행에 대한 주의력을 기르지 않은 채 말을 함부로 내뱉어버리게 되는 유형이다.

그리고 독립심이 강한 것은 좋다고는 하겠으나 자아 자존에 의한 아주 경박한 처신을 하게 된 것은 결코 타인들로부터는 존경을 받지 못할 인물인 것이다. 그래서 그 사람이 가정내에서는 폭군이기 쉽다. 청소년층이라 한다면 부랑자의 소굴에나 빠져들어 놀아먹기 쉬운 아주 충동적인 사람이기 때문에 매사에 주의를 하지 않고 자기 멋대로만 처신을 하려 하다가 개망신이나 당하게 된다는 사람을 경고한 수상이라 하겠다.

(21) 겁이 너무 많아 큰일을 그르칠 상

복잡한 세상을 살아가자면 어느 정도의 뱃심도 있어야만 할 때도 있는 것이며 겁을 내야 할 경우도 있어야만 하는 것이 인간지사일 것인데, 세상만사에 겁만 난다면 좋은 것을 쥐어주면서 가져 버려라 했는데 그래도 겁이 나서 못 가지게 되었다는 바보짓을 하지 않는다는 보장을 어느 누가 하겠는가? 타고난 그 사람의 천성이 그렇다면 어쩔수가 없지 않겠느냐는 겁쟁이의 수상을 이 그림에서 보여주고 있는데,

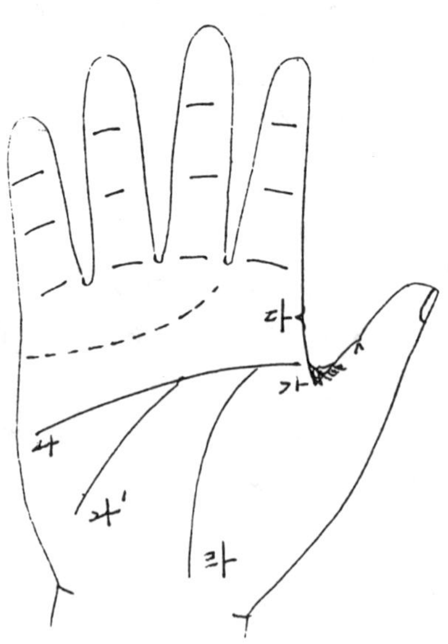

왜 그렇게 되어지는가를 한번 살펴보기로 하자.

이 그림의 두뇌선이 생명선 (가)와 (라)의 안쪽인 제1화성구 또는 금성구의 윗부분에서 시작되고 있는 상이 나타나 있다. 이와 같은 경우에는 극단적인 신경질을 나타내게 되는 것이기 때문에 어떠한 일에나 신경과민 현상이 나타나게 되며, 사물의 판단에 있어서 너무 지나친 조심성이 나타나 너무 많은 자기 생각에 몰두하는 결점으로 인해 용단을 내려버릴 수가 없어 망설이기만 하는 유형이 되기 쉽다. 그래서 겁이 많은 성격의 소유자라 한다. 그러나 이와 같은 선이 생명선의 안쪽 입구에서 시작이 되어 손바닥을 가로지르게 되었다면 조심성만 많은 것으로 보게 되지만, 이 경우에 있어서는 그림에서 보인 바와 같이 (나)와 (라)가 두뇌선 중간중간에서 갈려나간 두뇌선의 근원이 제1화성구에서 시작되고 있는 기점을 형성하고 있기 때문에 겁쟁이의 기질이 나와 버리고 만 수상인 것이다.

(22) 아주 인색한 노랭이의 수상

경제 생활의 바탕이 기초가 되고 있는 현대 사회는 생활의 안정을 찾지 못하고 있다는 경우의 사람들이 비록 아닐지라도 인색하다 하리만치 아주 철저한 생활 패턴이 없이는 도저히 살아나갈 수가 없다는 사고방식이 아주 철저하도록 요구되어지고 있다. 우리들의 주위에서는 그렇게까지는 인색하지 않아도 될 만한 일까지도 몇 푼 되지도 않는 잔돈푼이라 할지라도 전혀 쓰지 않겠다며 고개를 돌려버린 사람들의 수상이 다음그림에 나타나 있다.

두뇌선 (가)와 (나)의 기점이 제1화성구 쪽으로 다가온 부분의 생명선에서 출발한 두뇌선이 통상적인 사람들의 수상과는 정반대 방향인 태양구와 수성구 중간 지점의 밑부분으로 살짝 구부러지면서 올라가게 돼 감정선 (다)와 (라)가 뻗어간 A의 지점을 교차하면서 지나가고

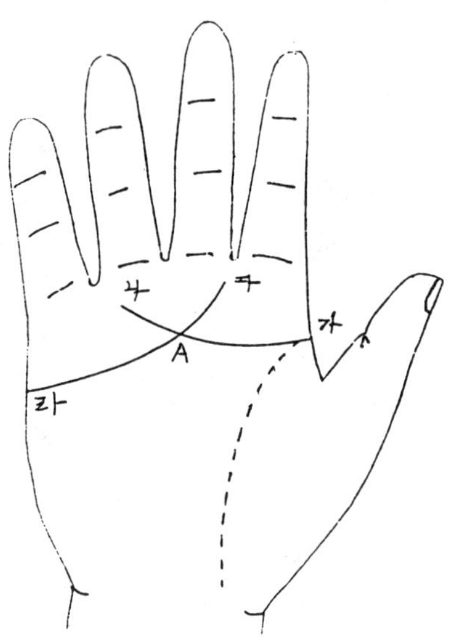

있는 것이다. 그래서 이 사람의 지능 발달은 수성구의 의미와 태양구의 의미가 함께 병합되어 나타나는데, 수성구의 의미는 재리 애호라는 관점이 아주 철저하게 작용을 하게 되어 자린고비처럼 돈을 벌기만 하고 쓸 줄을 모르는 사람이 되어 있으며, 태양선의 의미란 화려, 인기 등의 의미가 되기 때문에 이 사람의 경우에는 화려한 인간관계 같은 것은 이뤄지고 있으면서도 남에게는 대접을 받기만 하고 답례를 할 줄 모른다는 사람의 수상이라 하겠다.

※ 이 수상을 가진 사람은 연애, 우정, 의리 같은 모든 것들이 안중에도 없는 경우이기 때문에 감정선이 아주 나쁘게 나타나 있게 되면 금리 관계로 범죄를 범할 수도 있는 형이 된다.

(23) 영고성쇄의 싸인파 인생의 수상

우리들의 주위에서 흔히 볼 수 있는 막쥔손, 즉 두뇌선이 손바닥 한

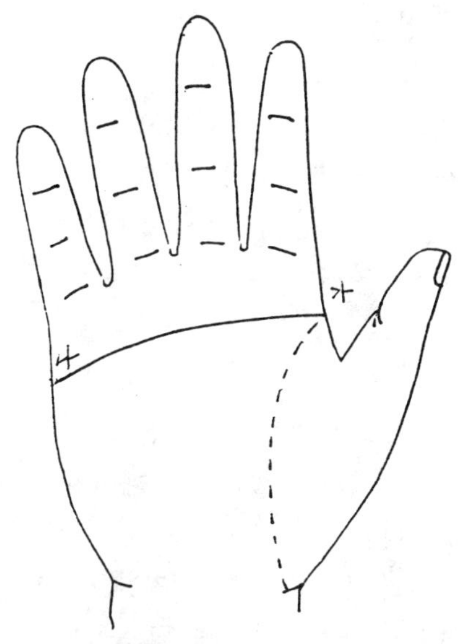

복판을 가로질러 한일자처럼 쭉 관통을 해버린 손금인데, 이런 손금이 있는 사람은 감정선이나 태양선 그리고 결혼선 같은 것은 아예 보이지도 않고 생명선과 두뇌선 두 줄만이 아주 뚜렷하게 나타나 있는 경우이다. 위 그림에서 보이고 있는 것처럼 이와 같은 경우에서는 두뇌선과 감정선이 합쳐져 있는 것으로 보게 된다. 이 수상을 가지고 있는 사람들은 상당히 까다로운 성격이 나타날 수도 있는 반면에 아주 극렬 극냉(極熱極冷)하기 쉬운 성격의 소유자이기 쉽기 때문에, 무슨 일이건 아주 대범한 활동을 해나가게 되어 이 사람에게 승기만 잡혔다 하게 되면 일약 대성을 하게 되지만 아차 하는 한순간에 알거지가 돼버리고 말기도 하는 싸인파 인생을 살아가게 되는 유형이기 때문에 남녀간에 사랑을 하게 될 때에는 죽지 않으면 살아남겠지 하는 생각을 하게 된다. 그래서 마음이나 육신까지라도 몽땅 바쳐버리고 마는 아주 열렬한 연애형인 사람이다. 그러나 이 사람의 마음이 한번 식어버

렸다 하게 되면 다시는 뒤를 돌아보지도 않는 냉철한 면이 있는 유형
이다.

  이런 유형의 사람들은 남녀를 불문하고 뱃심이 아주 좋은 기백으로
세상사를 자기의 소신껏 헤쳐나가기 때문에 대성자가 많은 상이다.
그래서 동양류 수상학에서는 대부호의 상이라는 해석을 하고 있기도
하지만 사실은 기복이 아주 많은 극성 극패의 상임을 알아둬야만 한
다.

⑵⑷ 석두(石頭)의 칭호나 받아야 할 상

  사람들은 누구나가 자기의 머리가 천재이기를 원하지만 천재라는
것은 노력의 결산서라 말하는 사람들도 있는 것이 사실이다. 그러나
제아무리 노력을 많이 한다고 해도 되지가 않는다는 사람들이 있다.
그런 사람들을 일컬어 석두(石頭)라는 말을 하기도 하는데, 수상학적

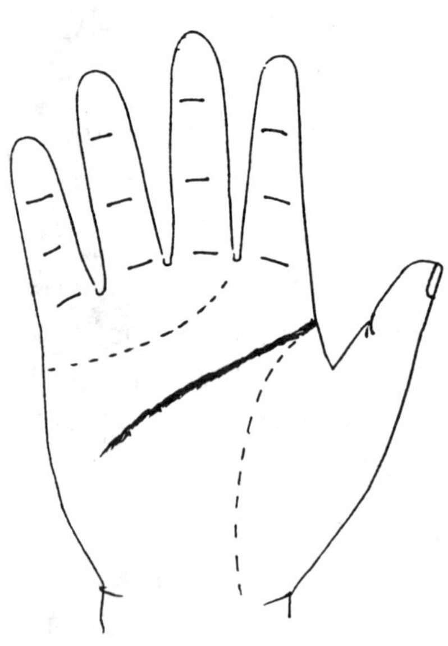

으로 본 석두는 역시 따로 있는 것이구나 하는 것을 금방 알아내 버릴
수가 있는 것이 바로 이 그림이라 하겠다.

이 그림에 나타나 있는 두뇌선을 한번 자세하게 살펴보게 되면 두뇌
선의 흐름이 마치 보푸라기가 일고 있는 가느다란 헌 노끈의 모양처럼
아주 산만하게 그려져 나가고 있다. 이와 같은 두뇌선은 선의 깊이가
하나도 없이 살갗의 표면에 흔적 정도만 겨우 나타나 있다. 그래서 두
뇌의 발달 상태 역시도 아주 산만하게 되고 사고력이 없기 때문에 무
엇을 생각하게 되었을 때에도 어떠한 경지에까지 도달을 하는 차원에
까지는 이르지를 못하게 되기 때문에 보통 사람들을 대하게 되었을 때
에도 이해심이란 단 하나도 없는 처세를 하게 된다. 그래서 석두의 칭
호를 듣게 되는 저능 상태를 보이고 있는 그림이 되겠는데, 만약에 두
뇌선이 가늘면서 똑똑하고 아주 깊게 나타나 있다면 두뇌의 발달 상태
나 기능이 아주 완숙한 지능의 소유자라고 하는 것을 알아둬야 한다.

(25) 중년기에 머리가 나빠질 상

이 그림은 중년기에 머리가 나빠진다는 수상을 보여준 것인데, 인간
의 건강 문제는 타고나면서부터 결정되는 것은 아니겠지만 생로 병사
라는 대자연의 섭리에 따라 한평생을 살아가다 보면 병이 들기도 하고
어떠한 불운이나 불구의 한을 갖게 되는 경우도 있게 되는 인생살이의
고달픈 환경 변화에 따라 이와 같은 문제들이 생겨나는 것 같다.

이 그림의 경우 역시도 태어나면서부터 이와 같은 수상이 나타나 있
었던 것으로는 볼 수가 없고, 각박한 인생살이에서 지나치게 많은 신
경을 쓰게 되어 생겨나게 된 경우가 첫번째의 경우라 하겠는데, 여기
에서 참고로 일려두고 싶은 것은 사람의 손금은 건강과 영양 상태 및
환경과 직업의 여하에 따라 변한다는 사실을 먼저 알고 있어야만 이
수상의 경우를 이해할 수 있을 것이다. 아무튼 이 수상의 경우에 있어

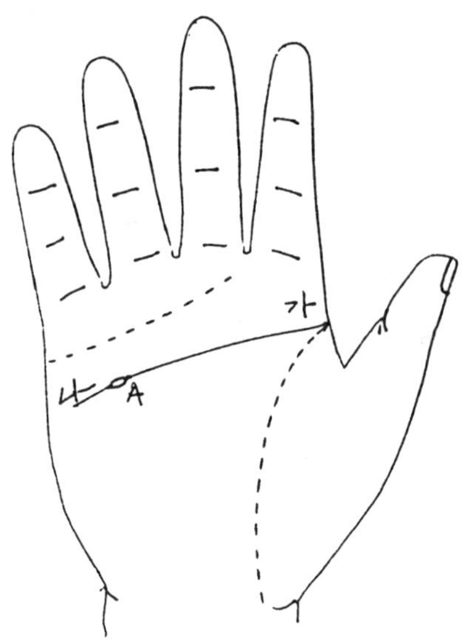

서는 두뇌선에 나타난 수성구의 아래 부분에 나타난 섬형의 기호는 중간에 생겨난 것이며, 이 섬형 작용 때문에 중년기 이후에는 머리가 점점 나빠지게 되어 사고력이 쇠퇴해지는 것은 틀림없이 있게 된다는 사실을 나타낸 그림임을 기억해 주기 바란다.

(26) 다재다능한 예술가상

"재주가 많아 다재다능하다면 얼마나 좋을까? 나도 한번 저런 재주라도 좀 있어 봤으면" 하면서 부러워할 만큼의 재주꾼들이 우리들 주위에는 참으로 많다는 사실을 알게 될 때마다 무재인이라는 사람들은 재주가 많은 사람들이 동경의 대상이 되기도 하는 게 사실이지만, 이 그림에서 보여준 바와 같은 수상을 당신이 가지고 있다면 남을 동경해야 할 이유가 없을 것이니까 지금이라도 당신도 혹시 이런 손금을 갖고 있지나 않은지 자세히 살펴보라. 그림에는 두뇌선의 외줄기가

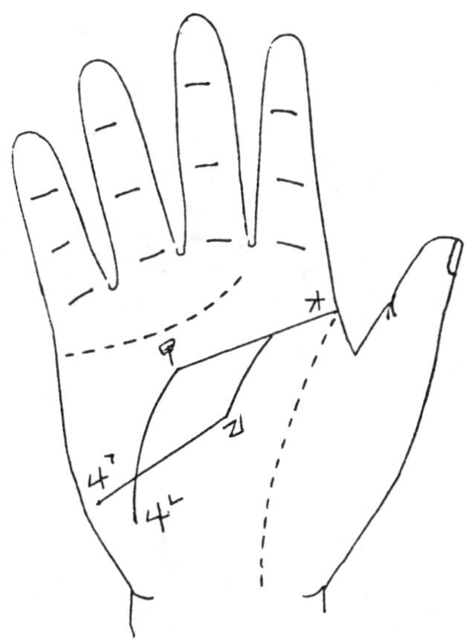

뻗어 나가다 제1화성구(갑과 을의 지점)에서 세 갈래로 갈려지면서 수성구의 아래쪽 월구의 중간이나(나의 ㄱ) 월구의 아래쪽(나의 ㄴ)으로 돌아들어가는 모양으로 나타난 상으로, 장사꾼이 되어 상재나 상상에 의한 지능 발달이 함께 이뤄지는 지능을 나타내 주고 있기 때문에 다재다능하다는 예능적 기량 역시도 특수하게 잘 발달된다는 상이다. 여기에다가 태양선과 운명선 또한 아주 아름답게 나타나 있다면 더더욱 점입가경격으로 대지대성(大志大成)은 따놓은 당상격인 아주 멋진 이름을 이 세상에 드날릴 수 있다는 수상을 보여준 것이라 하겠다.

(27) 달이 기울 듯한 쇠운이 나타나 있는 상

사람의 운수가 열릴 때에는 귀신도 범접을 못한다는 속언이 있듯이 상운기를 만나진 사람들의 운수는 참으로 무서우리만큼 승승장구한

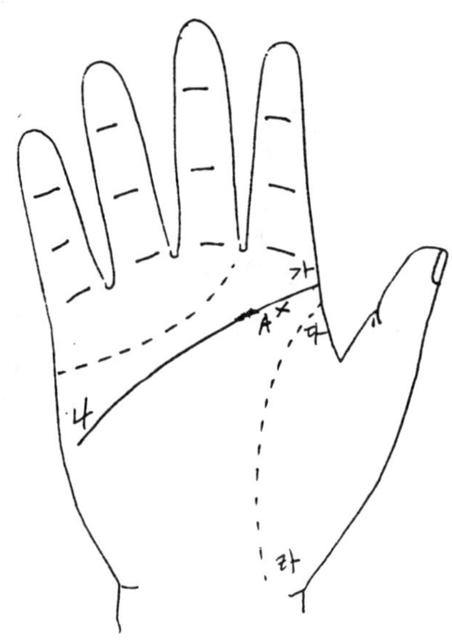

발전을 거듭하게 되지만, 어쩌다가 쇠운이라도 만나지게 되었을 때에
는 걷잡을 수조차 없는 내리막에서 모진 고통과 시련을 겪게 되는 기
막힌 사연들에 의해 괴롭힘을 당하게 되는데, 이 위 그림에서는 아차
하는 한순간의 방심 때문에 내리막을 만나지게 될지도 모를 일이니까
조심을 해야 한다는 경고를 해주고 있는 것이다.

두뇌선 (가)와 (나) 사이에 A지점의 두뇌선상에는 흠집이 하나가
나타나 있고, 그 열에는 또 十字의 기호 한 개가 나타나 있는 것이 경
고의 표식인 것이다. 그래서 이와 같은 모양들의 표시가 나타나 있게
되면 자기 스스로는 생각이나 계획 같은 것을 미처 정리해 보지도 못
한 상태에서 진전하지 못한 처세로 사회 활동을 하게 되어버리기 때문
에 자연적으로 자기의 운세마저 약화시켜 버리게 되어 달이 차면 기울
듯이 이 사람의 운세 역시도 쇠운을 맞이해 버리게 될지도 모른다. 그
러므로 보다 더 강인한 인내와 노력을 게을리하지 말아야 한다는 충고
를 해주고 있는 형상을 보여주고 있다.

⒇ 소심하기가 좁쌀알 같다는 수상

저 사람은 마음이 넓어 바다와 같은 사람이라고 말을 하기도 하고 마음쓰임이 적은 사람을 소심하기가 좁쌀알 같다고 하는 말들을 많이 하게 되는데, 마음이라는 존재 자체는 자기 스스로도 알 수가 없는 그 어떠한 형태의 마음이 자기의 몸속 어느 구석지에 들어앉아 있는 줄도 모를 존재라 하지만, 일상적인 생활을 통하여 행동과 행위에서 나타난 형태만을 가지고 마음이 넓다느니 혹은 좁다느니 하는 말들을 하게 된다.

이 그림에서 보여주고 있는 것은 소심자의 수상을 나타내 준 것인데, 그림(가)에서 (나)로 이어지는 A의 부분에는 가느다란 지선들이 아래쪽을 향해서 그어져 내려간 형태를 볼 수가 있으며, 이런 사람들은 대체적으로 머리는 비교적 좋은 편에 속한다지만 마음의 씀씀이가 아주 소심하여 어떠한 일이든간에 결단을 내려버리지 못해 포기를

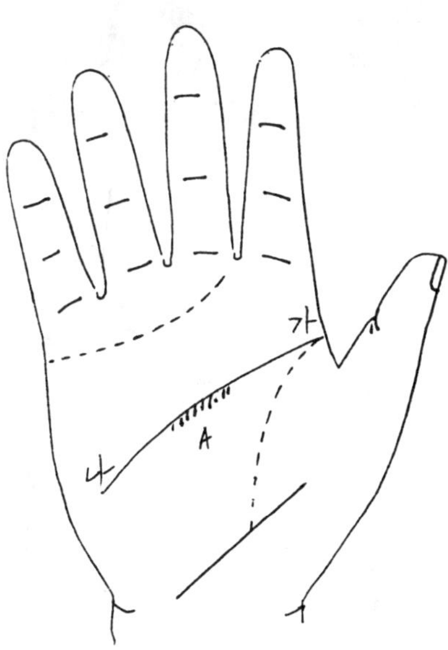

해버리기 쉬운 사람이라는 것을 나타내 주고 있는 것이다. 이와 같은 수상의 사람들은 조그마한 일에도 집착이 아주 강하기는 하지만 인내력이 없으므로 매사에 실패만 가져오는 결과를 낳게 된다. 그러므로 굳은 의지와 실행력을 길러내야 된다는 경고를 하고 있기 때문에 이상과 같은 결점들을 보완해 두지 않게 되면 집안에 들어앉아 아낙네들이나 달달 볶아대는 잔소리꾼이나 되기에 꼭 알맞는 상이라 하겠다.

(29) 돈만 벌면 움켜쥐고 쓰지를 못하는 수상

돈이라고 하는 것은 벌면 쓰게 되어 있는 것이고 또 쓰기 위해 벌어야 한다는 함수 관계가 성립이 되는 것이어서 돌고 도는 연자방아처럼 빙글빙글 돌아가면서 이 세상 사람들의 주머니 속으로, 지갑 속으로 임자를 바꿔가며 돌아다니게 되어 있는 것이다.

이 그림의 경우에는 두뇌선 (가)와(나)를 잇는 사이가 너무 짧은 경

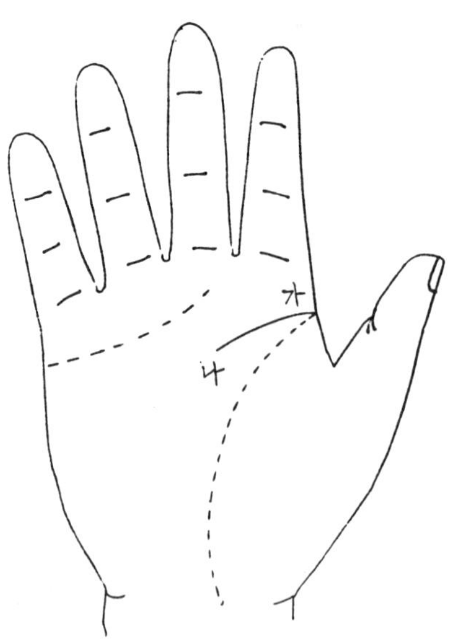

우를 보여주고 있는 것인데, 두뇌선의 (나)의 부분은 토성구의 아래 부분에서 딱 끊기고 만 것이다. 이와 같은 두뇌선을 가지고 있는 사람은 물질 제일이라는 관념이 아주 강하기 때문에 철저한 재리애호형이다. 그래서 그 액수가 많고 적고간에 이 사람의 수중으로 한 번만 들어왔다 하게 되면 주머니의 속 깊숙이에 간직해 버리고 난 다음에는 웬만큼의 쓸 곳이 있다 하더라도 그 돈이 아까워 쓰지도 못하고 벌어들인 것 이상으로 움켜쥐는 데 더 많은 신경을 쓰게 된다는 유형을 보여주고 있는 것이다.

이와 같은 두뇌선을 가진 사람들은 그 사람의 생각 자체가 아주 단순하고 상상력이나 공상력 같은 것에 너무 우둔하기 때문에 멋을 알고 살아가지는 못한다. 성품 때문에 금전수호주의만이 최상일 거라는 생각을 하게 되는데, 이런 유형에서 큰 부자라도 되어질 것처럼 보여지지만 부자가 되지 않는 게 특징이며, 수명 또한 짧아 돈이나 몇 푼 벌어 놓은 다음에는 황천길로 떠나간다는 상을 보여준 그림이다.

(30) 작은 재간으로 인기를 얻는 수상

이 그림은 우리 주위에서 흔히 만나볼 수 있는 기술자라는 부류들 가운데서 세공 분야에 종사한다는 사람들에게서 가장 많이 볼수 있는 그림이다. 그림 (가)와 (나)의 중간 A의 지점에는 참빛살처럼 잘잘한 금이 토성구와 화성구의 밑부분을 향해 나타나 있는 것이다 그래서 이와 같은 선이 나타나 있는 사람들은 큰 재주는 별로 없는 편이지만 자그마한 손재간 같은 것으로 세밀한 공정을 통하여 처리를 요하는 금은 세공이라든가 조각과 같은 분야라든가 전자기기 조립 같은 것이나 컴퓨터의 프로그램 같은 것을 짠다든가 하는 정밀한 분야에는 적성이 아주 잘 맞아 실수가 별로 없는 일처리를 해낼 수 있는 기량을 간직하고 있는 사람이기 때문에 남들처럼 크나큰 사업을 벌여 대성을 한다든가

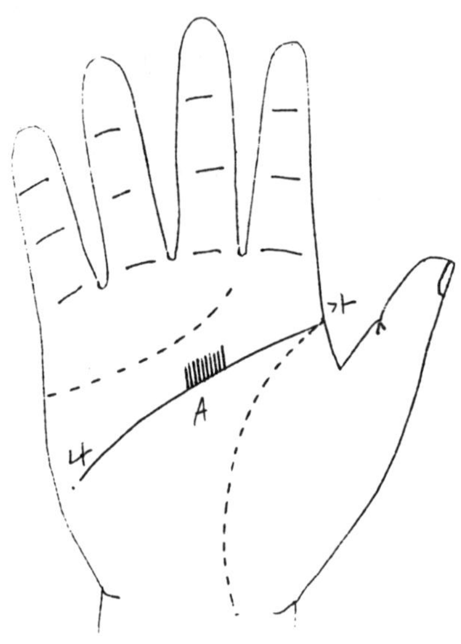

재벌이 되기는 어려운 사람인 것이다. 왜 그런가 하면, 이런 사람들의 생각으로는 자기가 간직하고 있는 재주는 천하에 제일이다 라는 생각을 하기 쉽기 때문에 자기의 재간을 너무 믿고 있는 버릇이 이것저것 가리지 않고 많은 것에다 손을 대보기는 하지만 성공을 못하게 되거나 만약에 그러지도 않다면 상술이 너무 없기 때문에 기술자와 장사꾼은 역시 따로따로라는 철칙이 있다는 것을 말해주고 있는 그림이라 하겠다.

(31) 위험한 사고현장에서 기적이 나타나는 수상

문화의 발달로 인해 시대적 변천의 과정에서 일어나게 되는 각종의 사고 가운데서도 가장 흔한 사고가 바로 교통사고라 할 것이다. 이런 사고의 현장에서 기적과도 같은 생명의 구원을 얻게 된 신화적 사건들이 심심찮게 많이 있다. 이와 같은 사고를 몸소 당했었는데 털끝 하나

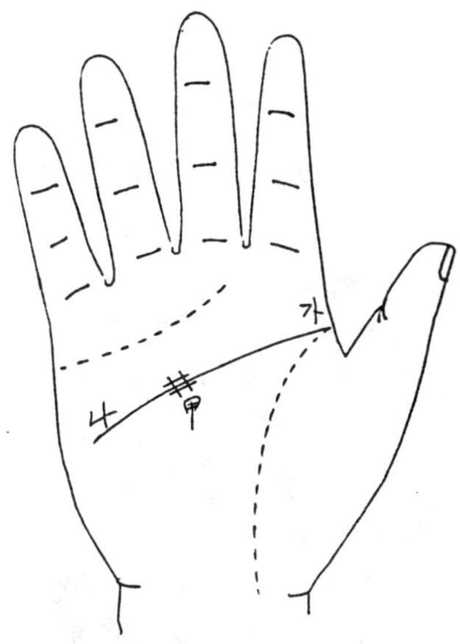

도 다치지 않고 생명을 건졌다는 사람들의 이야기를 들어보게 되면, 자기들이 믿고 있는 신의 가호를 받았다거나 조상의 묘지를 명당에다 잘 모셔 놓았기 때문에 선영들이 잘 보살펴 준 덕분에 자기의 생명을 무사히 건져내게 되었다는 주장을 하곤 한다. 그런데 위 그림에서처럼 생명선 (가)와 (나)의 甲부분과 같은 사각형 기호가 한 개나 또는 두 개까지도 찾아 볼 수 있게 된다. 이와 같은 것들을 모르고 있는 사람들은 자기의 조상들이나 신의 은총을 입은 것이라는 말을 하고 있는 것이다.

 이 그림과 같은 사각형의 기호는 어느 부위에 나타나 있건간에 결코 그 부위의 작용을 나쁘게 하지는 않고 오히려 그 부위의 약한 운세를 보강해 주게 되거나 보조 작용을 해주고 있다는 것은 전장에서 이미 공부를 했을 것이다. 그러나 이같은 경우의 그림을 다시 한번 복습해 두게 되면 위급한 사고를 당하게 되었다 하더라도 기적과도 같은 일화를 만들게 된다는 사실을 나타내 주고 있는 그림인 것이다.

※ 사고의 시기는 유년법의 계산에 의해서 측정하면 나온다.

⑶ 급한 병에 걸린다는 것을 나타내 주고 있는 수상

사람이 살아가는 데는 건강이 제일의 재산이라고 한다. 그래서 누구나가 건강할 때 체력을 잘 관리해야 한다는 것쯤은 이미 알고 있는 일이지만, 생활과 시간에 너무 쫓기다가 보면 자기 자신도 모르는 사이에 신체의 어느 곳인가에는 병마가 이미 침입을 해버렸을지도 모른다. 그래서 어느 날 갑자기 몸져 누워버리게 되는데, 본 수상학에서 이와 같은 예증을 의사의 진찰 한번 없이도 육안으로 판별이 가능하다는 것은 참으로 편리한 일이라 하겠다.

이 그림에서는 언제일지 모를 그 시기에 급병을 앓게 되게 될 거라는 표식을 설명한 그림이 되겠는데, 이 그림의 해독 방법만을 잘 터득

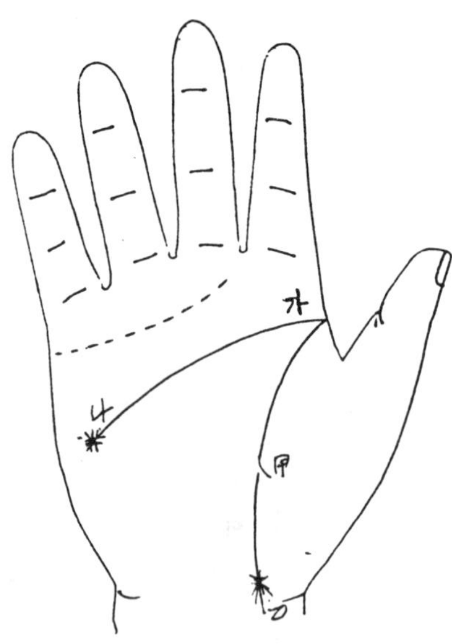

해 두게 되면, 몇 살이 되면 어떤 병을 앓게 될 것이라는 것쯤은 유년
의 법칙에 따라 알아낼 수가 있기 때문에 예방의학적인 차원에서 급병
의 증세가 나타나기 이전에 자기의 체력을 보강시켜 두거나 의사의 진
찰에 의한 예방적인 강구책을 활용하게 되면 병마로부터의 침해는 최
대한으로 줄여 볼 수가 있을 것이다.

그림에 표시된 두뇌선 (나)의 지점에는 (별)이 나타나 있고 생명선
甲의 지점에서는 끊어지면서 꼬부라진 것 같은 형태의 금이 나타나 있
는 것은 틀림없는 급병을 앓게 된다는 것을 예시하고 있기 때문에 사
전의 예방만 있게 되면 죽음도 면할 수 있다는 것을 보여준 그림이다.

(33) 기억력과 체력이 쇠진해질 수상

두뇌선은 아주 길면서도 깊게 그리고 또 가늘면서 뚜렷하게 나타나
야 정상인 것인데, 이 그림의 경우에 있어서는 여인들이 목에다가 걸

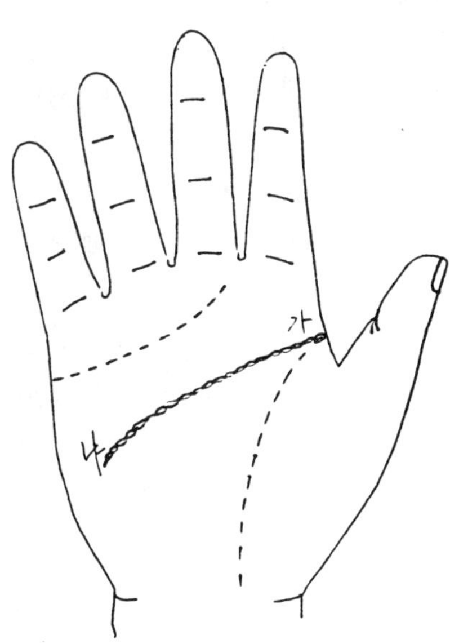

고 다니는 목걸이처럼 이어지고 있는 것이 문제라 하겠다. 이와 같은 쇄상선이 생명선상에 나타나지게 되면 아주 나쁜 것이고, 감정선에 이런 것이 나타났을 때에도 좋지가 않다는 것은 두말할 필요조차 없다.

그런데 이 그림에서는 인간의 육신을 지배해 나가야 할 두뇌선상에 이와 같은 쇄상선이 나타나 있기 때문에 생명선만이 아주 잘 나타나 있으니까 육신은 비록 건강한 사람처럼 보여지고 있다 할지라도 이 사람의 정신 건강적인 측면만은 이미 깨어져 있는 상태가 나타나 있다는 것을 보여주고 있는 것인데, (가)와(나)를 이어나가는 선의 작용은 신경 상태가 극도로 쇠약해져 있다는 것을 나타내 주고 있기 때문에 상습적인 두통을 앓게 되거나 소화기의 이상이 나타나기도 하고 평상시보다는 지능의 활용면에서 장애를 느끼게 한다. 이외에 기억력까지 아주 나빠졌다는 사실을 스스로 느낄 수 있는 정도에까지 도달해 있기 때문에, 사회 활동에 있어서 결단력이나 실천적인 의지 상실에서 기인된 현상이 이 사람의 정신력을 공상이나 망상병의 환자로 만들어 버리고 말았다는 사실을 나타내 주고 있는 그림이다.

(34) 악성 유전병을 타고난 수상

악성 유전이다, 유전성이다 하는 단어 자체가 우리들의 귀에는 그리 낯설지 않은 술어인 것만 같다. 유전이라는 말 자체의 의미는 자기의 것이 아닌, 부모들로부터 태어나게 되었을 때에 받게 되었다는 유산 같은 것이 아니라 고질적인 질병덩이를 물려받았다는 것이다. 유전의 형태에도 꽤 여러 가지가 있다. 유전의 대표적인 것으로 선천성 매독이라든가 선천성 결핵 같은 것을 손꼽아 볼 수도 있겠는데, 부모들의 기벽 중에서도 음주벽이나 몰핀 중독과 같은 습관성 유전도 있다는 사실은 참으로 안타까운 일이라 하겠다.

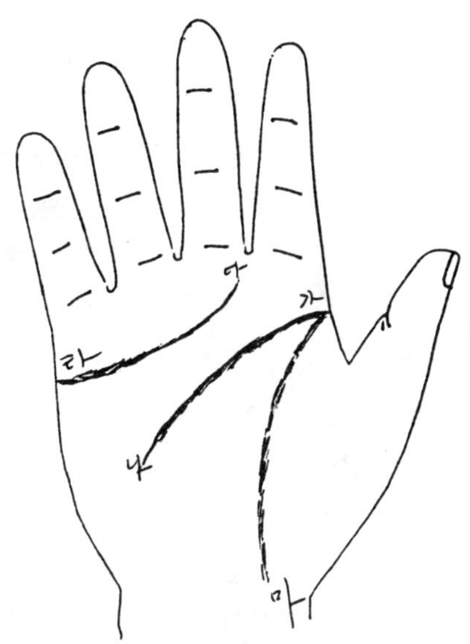

　위 그림은 이상과 같은 유전의 형태를 가지고 있는 사람들이 세상에 태어날 때부터 고질병을 가지고 나왔다는 것을 보여준 그림이라 하겠는데, 이와 같은 것을 알아볼 수 있는 수상학적 판단을 하게 될 때에는 가장 중요하다는 삼대선의 모양이 하나같이 파상형을 이루고 있다. 그래서 육체적인 건강은 말할 것도 없이 허약한 것이며, 정신적인 건강은 더더욱 정상인을 따라갈 수가 없는 저변적인 성격이 나타나기 때문에 매사에 짜증과 신경질만 부려댈 수밖에 없는 사람으로 일을 해나가면서 먹고 살아가기에는 힘에 겨운 아주 나약하고 가련한 인생의 본보기를 나타내고 있는 이 그림을 잘 기억해 두기 바란다.

※ 이 수상에 나타난 (가) (나) (다) (라) (마)의 모든 선이 파상형이다.

(35) 신경의 약화를 나타낸 수상

　산업 사회의 발달에 의한 생활의 패턴이 자꾸만 바뀌어감에 따라 현대를 살아가고 있는 많은 사람들은 소음 공해, 환경 공해 등으로 시달림을 받게 되어 웬만한 사람이라면 거의가 다 신경과민에 걸려 있는 상태라 할 수 있기 때문에 옛날에는 미처 들어보지도 못했던 신경성 질환이라는 아주 새로운 술어가 하나 더 생겨났을 정도인 우리 사회의 여건 속에서 생존 경쟁이라고 하는 과제가 머리를 쓰지 않고는 살아남을 방법이 없다는 생활 패턴이 이 그림과 같은 신경 약화를 가져오게 하는 현상을 만들어 낸 것이라 하겠다. 그림 (가)(나)(다)(라)로 이어지는 섬의 기호가 두 개나 나타나 있다는 것은 자기에게 주어진 업무 수행만을 위하여 몸을 돌볼 사이도 없이 자나깨나 신경만 써가면서 이리 뛰고 저리 뛰고 하는 사이에 갱년기도 아직 아닌데 나는 왜 이렇게 기억력이 없지 하는 소리를 예사롭게 하게 되고 정력이 약해져서 큰일

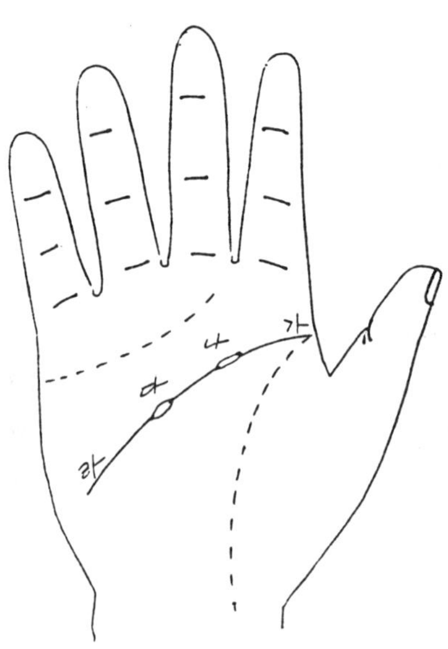

이야 하는 식으로 자각 증상을 느끼게 되면서 몹시 피곤하다든가 생각
이 도무지 나지를 않는다든가 하는 신경 미약 증상이 이미 나타나지고
있지만, 자기 자신도 모르고 있는 사이에 약은 써볼 생각을 하지도 않
고 드링크제나 한병씩 사마시는 안일한 투병 생활이 연속되고 있다는
양상을 그림으로 경고해 주고 있다.
※ 그림 (나)와 (다)의 섬이 생겨났기 때문에 나타난 증상

(36) 머리의 병증을 나타내 준 수상

　머리의 병증을 의학적인 견해로 보게 되면 신경성 두통, 습관성 두
통, 혈허 두통, 신허 두통 등이 보통인데, 그냥 두통 정도라면 진통제
같은 것 한두 알 정도로도 깨끗하게 가라앉아 버리게 되고 마니까 별
로 문제가 되지는 않겠지만 뇌의 수종이나 뇌막염과 같은 병들은 치유
가 아주 힘이 드는 병이며, 정신병과 같은 것 역시도 일종의 뇌신경

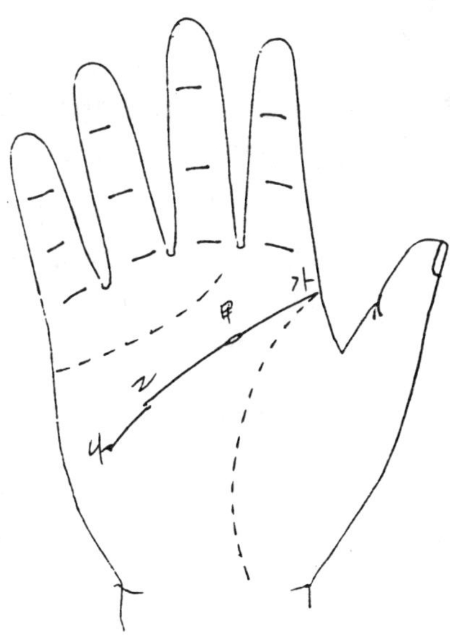

계통의 병인 것이다. 속칭 소아마비나 뇌졸증(중풍) 같은 것 역시도 뇌의 병에 속하게 되며 뇌일혈이나 뇌혈전과 같은 병도 뇌에 관한 병에 속하게 된다.

위 그림의 경우에서는 이상과 같은 증후군 가운데서 소아마비나 정신병자 같은 것을 제외한 두뇌의 병상을 나타내 주고 있는 것으로 판단될 수 있는 그림을 보여주고 있는데, 그림 (가)와 (나)의 사이인 甲의 부분에는 섬형 하나가 나타나 있으며 乙의 지점에서는 두뇌선이 딱 끊어져 버리고 있는 것이 보이는데, 이처럼 두 개의 흉한 징후가 겹쳐 두 개 정도가 나타나 있을 때에는 그 부위에 해당되는 연령 부위의 시기가 도래하게 되면 아무런 소문 하나 없이 잠을 자고 있다가 저승사자와 함께 동행해 염라대왕의 면전으로 끌려가게 되는 비운을 맞이하게 된다는 것을 그림으로 나타내 주고 있는 것이다. 이와 같은 기호가 지금 나타나 있디는 사람이라면 건강 관리에 각별한 주의를 기울여야 할 것이다.

(37) 매사에 싫증만 느끼게 되고 지구력이 없다는 수상

싫증이 많은 것을 병이라고 말을 하기도 하지만 싫증이 병이 아니라는 것쯤은 누구나가 다 알고 있는 사실이다. 그러나 이것 때문에 인생을 그르치게 되는 일이 우리들의 주위에는 얼마나 많은지 모른다. 그래서 학생의 경우라 하면 학업 성적이 너무나 떨어져 상급 학교에 진학도 하지 못하게 되고, 직장인이라 하면 직장마저 이리저리 떠돌아야 하는 철새족 샐러리맨이 되기 쉽고, 여자가 결혼을 하고 나서 싫증을 느끼게 되면 권태기라 하는 처절한 부부 싸움을 해가면서 비련을 겪어나가야 할 것이며, 처녀가 사랑을 한다면서 이 남자 저 총각을 만났다 내버리기를 식은 죽이나 먹듯 한다면 이런 것은 병원을 찾아 치료를 할 수도 없는 참으로 큰 병일 것 같다.

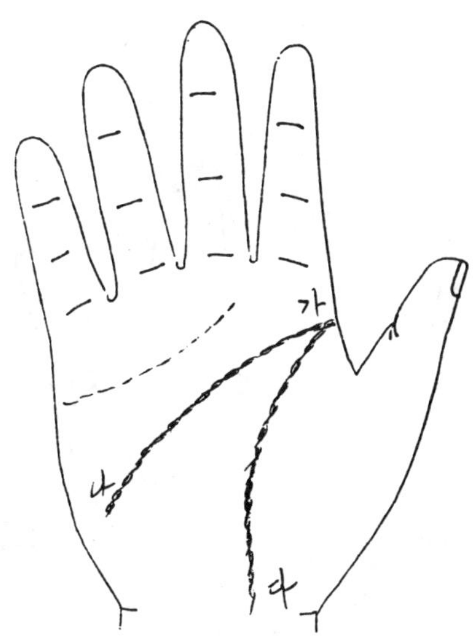

위 그림은 이런 사람들을 그림으로 보여주고 있는데, 두뇌선 (가)와
(나) 뻗어나간 선 모두 다 쇄상선이고 생명선마저 (다)의 지점에 이르
도록 쇄상선으로 이어졌으니 이 사람의 정신력이나 체력이나 감정 같
은 것은 정상일 수가 없기 때문에 싫증과 짜증 투성인데다 잔병깨나
앓게 되고 있는 중년 여인 같다는 상을 보여 주고 있는 것이다. 이와
같은 상을 한 여인이라면 남편에게 바가지깨나 긁어댈 것이기 때문에
이런 여자와 함께 살아가고 있는 남편님은 참으로 피곤할 거라는 그림
이 되겠다.

(38) 머리를 부상하게 된 수상

이 그림은 두뇌선 (가)와 (나)로 뻗어나간 두뇌선 甲의 부분이 딱
끊어지고 있는 상을 하고 있는데, 끊어진 부분을 보충해 줄 만한 기호
나 보조선이 하나도 없을 때에는 부상으로 인한 사망의 징조를 보인

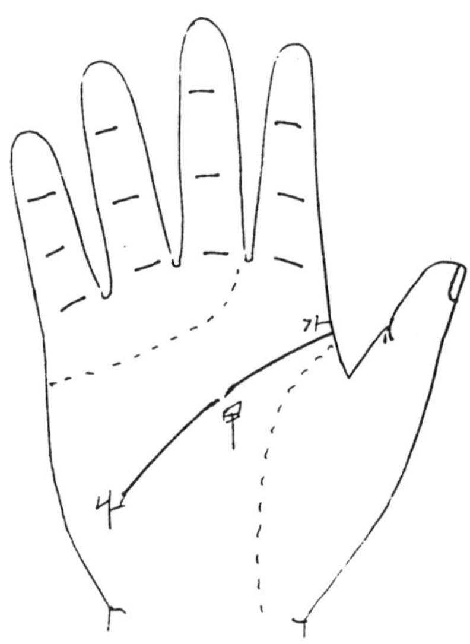

것이고, 사망을 하지 않는다 하더라도 두뇌의 장애나 머리 부분의 부상 또는 머리 이외의 부분에 대한 부상이나 절상 등이 있을 때에도 이와 같은 현상이 나타나게 된다.

두부 이외의 부상을 입을 때에는 신경 계통을 다치게 되었을 때에 주로 나타나는 것이 특이하며, 높은 나무 위에서 떨어진 경우나 스케이팅을 하다가 넘어져 졸도 상태까지 체험을 한 사람의 경우에도 이와 같은 현상이 나타나는데, 이와 같은 두뇌선의 단절 상태가 있다 하더라도 생명선상에 크나큰 흠이 없다면 사망까지는 하지 않게 된다.

이와 같은 경우를 본다 해도 생명선과 두뇌선의 연관성이란 떼어 놓을래야 떼어 놓을 수 없는 상관 관계에 있기 때문에 마치 고기와 물의 관계처럼 중요한 작용이 있다는 것을 새겨둘 필요가 있다. 생명선에는 이상이 없는 경우에서는 신경 계통의 장애가 필연적으로 나타난다는 사실을 경고해 준 그림이라는 것을 알아둬야 하겠다.

(39) 극심한 신경 쇠약을 앓게 될 수상 (노이로제)

현대 사회에서 새로운 병명 중의 하나가 밀려오는 신문화의 물결 속에 우리들의 주변에까지 묻어 온 것이 하나가 있는데, 그것이 바로 노이로제라고 하는 것이다. 이것을 또 다르게 표현하면 신경성 질환이라는 것인데, 신경성이라 하는 것은 필요한 이상으로 아무 일에나 지나친 신경을 쓰게 되어 이것이 질병을 유발하게 되는 원인이 되고 있다는 것이다. 신경성 질환이 더욱 더 발전하게 되면 정신적인 것을 초월하여 한 단계 더 진행되고 나면 신경통이라는 병까지 앓게 된다.

이 그림의 경우에는 두뇌선 (가)와 (나)를 잇는 토성구 밑의 A 지점에 섬형의 기호가 나타나 있고, B와 C의 지점에는 두뇌선의 지선이 수성구로 향해 올라가고 있다. 이것은 건강선의 변형이라 볼 수 있는데, 두뇌선의 섬형이 있는 곳에 이 선이 나타나면 건강선의 작용은 더욱 더 나빠지기 때문에 이와 같은 상은 극도의 신경 쇠약 증세인 노이

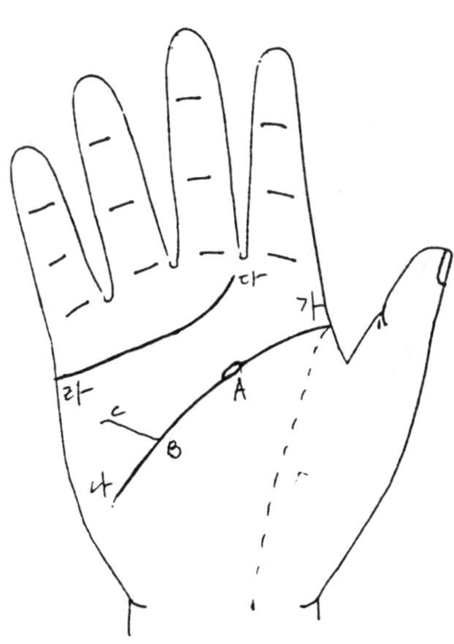

로제 같은 병을 앓게 되거나 고독하다고 느끼면서 얻어진 질환으로서 이런 현상이 나타난 것으로 판단하게 된다. 그래서 이러한 상이 나타나면 조용한 곳으로 주거의 변경 등을 통하여 환경 개선을 통한 심신 안정을 해나가면서 즐거운 생활을 할 수 있도록 주위 사람들의 협조가 필요하다는 그림을 보인 것이다.

(40) 심장병이 악화되어 실명할 수상

심장병은 일명 소모성 질환이라 하는 병인데, 이 병에는 한번만 걸렸다 하게 되면 장기간의 치료로 잘 낫지 않는 것으로 되어 있기 때문에 체력은 자꾸만 떨어지게 되고 성격은 아주 날카로워지면서 극도의 신경 과민 현상이 나타내게 된다. 그리고 이것이 더 심화되게 되면 시력 감퇴 증상이 나타나기도 하는데, 이 그림에서는 이상과 같은 증세를 갖고 있는 사람의 경우를 나타낸 것이다. 그림 (가)에서 (나)를 잇

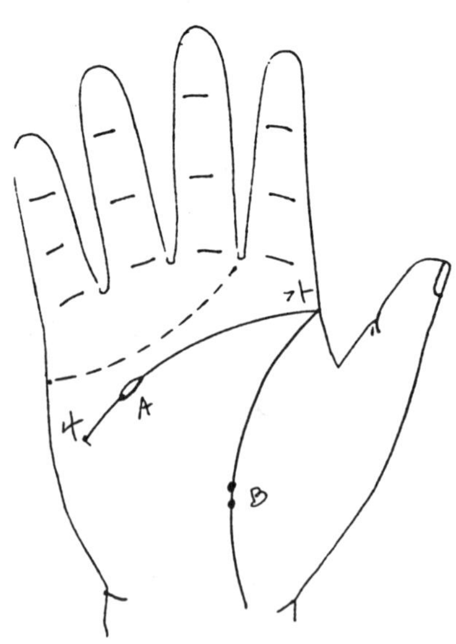

는 두뇌선이 태양구 밑에서 섬형 하나를 보이고 있는데, 태양구의 소속은 화(火)로서 심장을 관장하게 되어 심장 질환이 있는 것으로 해석하게 되며, 사람의 눈도 역시 태양을 뜻하는 고로 시력 감퇴를 나타낸 것이다.

만약에 생명선상에   그림과 같이 반점이 나타나 있다면 실명이 되기 쉽다는 경고 신호가 나타난 것으로 봐야 하며 이상과 같은 증후가 이미 나타나고 있는 경우에는 하루속히 심장 질환으로부터 구해내 주어야 더욱 큰 불행을 자초하지 않는 묘책이 된다는 것을 충고로 받아야 할 줄로 생각되는 그림이니 반드시 참고해 주기 바란다.

(41) 신경 계통의 부상을 의미하는 수상

이 그림은 (가)와 (나)를 잇는 두뇌선 바로 위쪽인 목성구에 (A)의 십자형 기호가 한 개 나타나 있고 태양선 아래의 B의 지점에 십자형

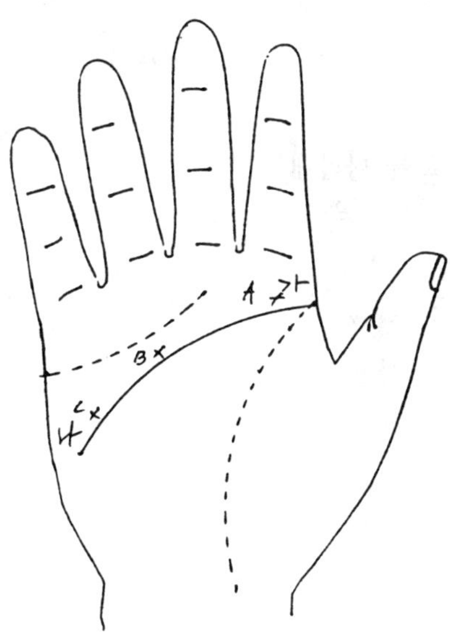

기호가 또 한 개가 나타나 있으며, 수성구의 아래에 C의 십자형 기호가 또 하나 나타나고 있는 것은 두뇌선의 기능을 상당히 약화시키고 있다는 것을 보여준 것이다. 이러한 현상이 있게 되면 두뇌의 장애나 부상을 의미하며 넓은 의미에서는 신경 장애가 있는 것으로 보는 것이 좋을 것이다.

그런데 이러한 경우에 주의를 해야 할 점은 두뇌선이라 해서 두뇌에 관계되는 것만을 얘기하게 되면 맞지가 않는 경우가 많다는 사실로 미루어, 두뇌 이외의 신경 계통의 부상이나 마취를 해야 할 정도의 대수술 같은 것을 받게 되었을 때에는 나타난다는 사실을 명심해야 할 것이다. 재난을 당했던 원인을 알고자 하면 목성구에 있는 십자 기호는 권력이나 명예에 의한 것이고, 태양구 아래에 있는 기호는 높은 곳에서 떨어졌거나 작업장 같은 곳에서 일어난 돌발적인 사고에 의한 것으로 해석하게 되고, 여자의 경우에는 두뇌선의 끝에 있는 수성구 아래 부분에 있는 십자형 기호는 산부인과 계통의 수술이나 질환에 의한 신경 질환이나 난산 등으로 인한 수술을 뜻한다.

⑷ 돌발적인 사고를 나타내는 수상

두뇌선의 위쪽으로 생겨난 +자의 기호는 나타나는 위치에 따라 다른 의미가 나타나게 되는데, 태양구나 수성구 아래에 나타난 경우를 보자. 이 그림에서 두뇌선 위에 나타난 A와 B가 나타낸 의미는 교통 사고나 광산의 폭발 사고 및 폭약에 의한 폭발 사고나, 전쟁터라면 포탄과 같은 것 등의 투하에 의한 위난을 만났을 때 나타나는 것인데, 신경의 장애를 나타내고 있는 것이다. 그러나 새끼 손가락의 아래인 수성구의 근원에 나타난 +자에 기호일 때는 약품 사고나 직장에서의 재난 등으로 인한 사고를 나타낸다. 이상과 같은 설명에서 두뇌선의 위에서 보는 기호 중에 +자의 의미는 위험한 상태를 경고하는 것이

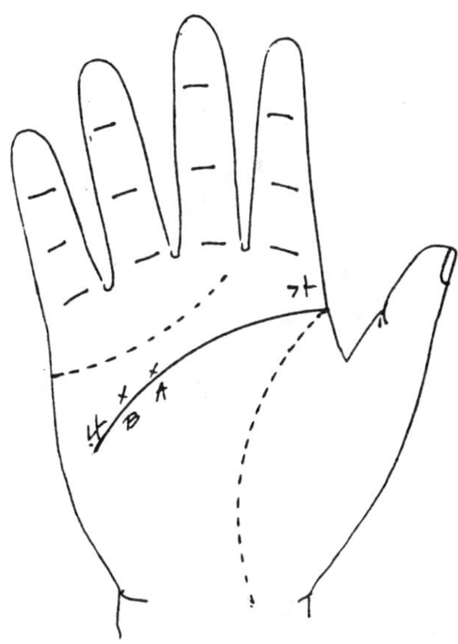

되기도 하고, 막상 위험을 겪었다 하더라도 반드시 신경적인 장애의 요인이 발생하고 있다는 점이 빼놓을 수 없는 점이라는 것을 기억해 둬야 할 것이다. 또 한 가지는 생명선에는 아무런 이상이 없는 상태를 전제로 설명을 한 것이기 때문에 생명선의 이상 유무를 반드시 참작하여 종합적인 해석을 해야 한다는 것도 잊어서는 안 된다는 것을 알아 두어야 한다.

(43) 산부인과 질환을 나타내고 있는 수상

산부인과의 질환 중에서 대사 기능 장애 요인으로 나타날 수 있는 축혈, 어혈냉증, 대하증, 자궁근종, 자궁낭종, 자궁염증 및 성병에 관계되는 질환까지 상당히 많은 유형의 자궁 부속 기관의 질병이 있는데, 동양 의학적인 측면으로 보면 자궁 계통의 질환은 심장병과 연관이 있는 것이 제일 많고 그 다음이 간장 계통의 질환, 그 다음이 소화

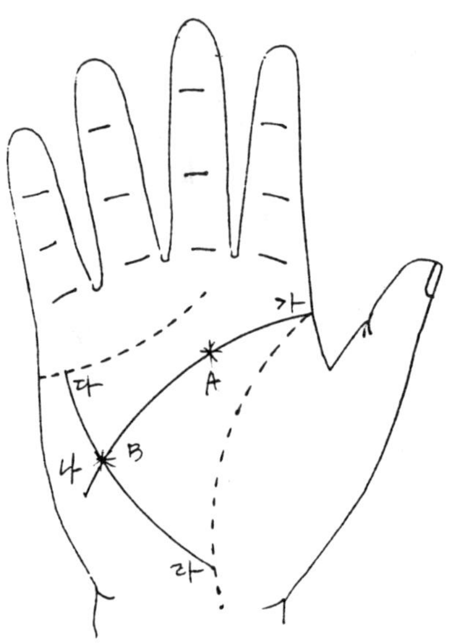

기 계통의 질환 등에서 유발하게 된다. 이러한 현상을 현대 의학에서는 합병증이라 말하고 있다.

그러나 필자가 보는 수상학상으로 이 그림과 같이 나타난 두뇌선상의 별형 기호의 의미는 뇌진탕이나 뇌일혈 또는 부상 등으로 해석을 할 수도 있겠으나, 급성 증상이 나타나 있는 것은 확정적인 것이며, 남자의 경우가 아니고 여자의 경우에서라면 자식을 두지 못해 고민하고 있는 여자들에게 많이 나타나게 되고 해산을 한 경우에는 난산이 되기 쉬우며 자궁경관의 협소일 때 볼 수 있다. 건강선 (다)와 (라)의 교차점 (나)의 부분에 나타난 별의 기호는 자간(子癎)이라고 하는 병에 의해서 분만 도중에 분만이 중단되게 되어 산모나 신생아가 함께 생명을 잃게 되는 경우를 보여준 상이 된다.

(44) 신경이 미약한 것을 나타내고 있는 수상

신경, 신경 하는 이야기가 자꾸 나오니까 도대체 신경이 약한 것이 무엇이고 신경이 예민한 것이 무엇인지 그 한계가 분명치 않은 것 같은 생각이 드는 것 같아 이번에는 신경이 약하다는 것은 무엇을 뜻하는가를 설명하고자 한다. 신경이라 하는 것은 원래 인체가 요구하고 있는 제반 사항을 전달해 주는 경고망과 같은 것인데, 이 계통이 너무 예민한 것은 신경 과민이라고 하고 너무 둔감한 것을 신경이 무디다고 하며, 어떠한 자극에 의해 약간의 충격만 받아도 신경의 조직이 파괴되어 버리기 쉬운 정도를 신경이 약하다고 한다. 그러니까 약한 것과 예민한 것은 거의 같은 것이지만, 너무 예민하기 때문에 파괴의 현상을 일으키게 된다고 보는 것이 좋을 것 같다.

지금 이 그림에서 보이고 있는 것은 두뇌선 (가)와 (나)의 연결점 중간의 甲의 부분은 가느다란 세로줄이 두뇌선을 갈기갈기 끊어 놓았

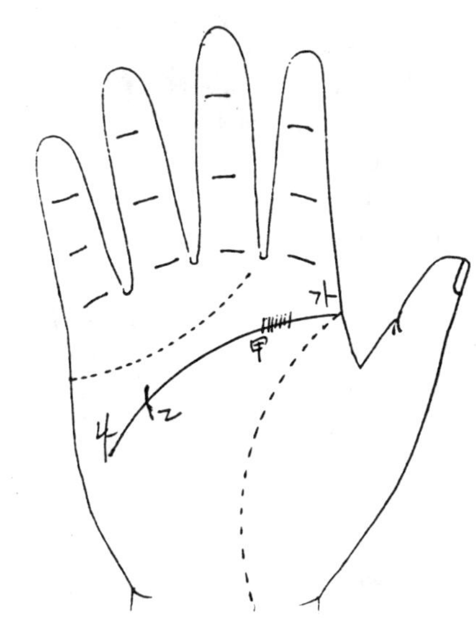

고 그 뒷부분은 딱 잘라 놓은 것 같은 것인데, 피아노나 기타줄이 너무 팽팽하면 끊어져 버리는 것과 같은 현상을 신경이 약한 것으로 나타내 주고 있다. 이와 같은 경우에서는 두뇌선이 굵고 붉은색이 나타나게 될 때는 중한 뇌병이라 할 수 있다. 뇌성마비나 뇌졸증(중풍) 또는 위급한 심장성 질환 등을 앓게 돼 졸지에 쓰러져 버리는 경우를 말하고 있다.

(45) 뇌질환을 나타내고 있는 수상

이 그림은 뇌, 즉 대뇌나 소뇌 그리고 간뇌 등의 질환을 나타낸 것으로, 두뇌선 (가)와 (나)를 잇는 선상에 나타나고 있는 A, B의 반점은 뇌의 급성 질환이 일어나고 있다는 것을 나타내 주고 있는 것인데, 반점의 색깔이 하얀 색상일 경우에는 신경쇠약의 증세로 오랜 세월 동안 머리의 병이 걸린 것을 나타낸 것이고 붉은색으로 나타나 있는 반

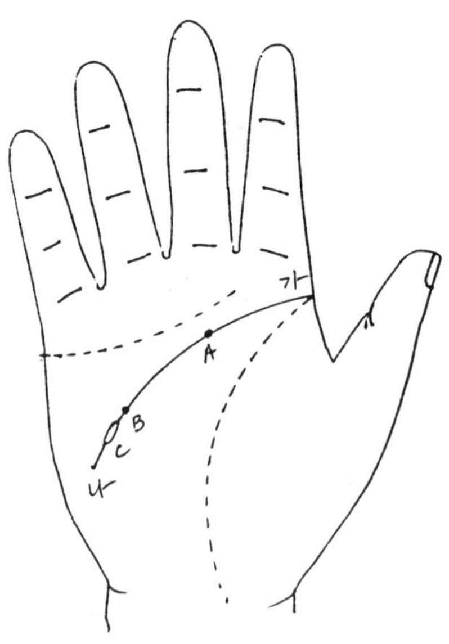

점의 경우에는 부상을 당하거나 격투에 의한 충격으로 인해 부상을 당한 뇌병 또는 급성 질환을 앓게 될 거라는 것을 예시해 주고 있는 것이다. 그리고 그림 A와 B의 반점에서 이어진 섬형의 기호가 나타난 것은 머리의 병을 앓고 있기 때문에 그 여파로 인해 사고력이나 기억력이 약해져 있다는 것을 나타내 준 것이다.

이상과 같이 반점과 기호의 설명을 한 것은 어디까지나 두뇌선 하나만 가지고 판단할 경우라는 것을 알아야 하겠고, 여타의 생명선이나 각 언덕에 나타난 기호난 문양 등을 종합적으로 참작해야 한다는 것은 재론한 여지가 없는 것으로 정확한 판단을 하는 데 노력해야만 확실한 판단이 내려질 수 있다는 것을 재삼 부탁하고 싶다.

3. 감정선을 보는 법(愛情線)

감정선이란 수상학의 주요 삼대선 중에서 가장 위쪽에 새겨져 있는 손금이다. 이 선은 지혜와 지성을 뜻하는 수성구의 새끼손가락 아래의 옆부분에서 시작하여 손바닥에 나타나 있는 두뇌선의 반대편으로 가로질러 뻗어나간 선인데, 이 선의 작용으로는 사람의 감정이나 애정 관계 그리고 가정적인 면과 결혼운 등이 나타나는 중요한 선인 것이다.

감정선은 일명 애정선이라 하기도 하는데, 우리들이 살아가는 생명 활동에서 생명선은 천혜(天惠)의 선이라고 한다면 감정선은 인간들이 살아가는 사회 관계에 대한 횡적인 것으로 인간 개척 내지는 유대 관계를 나타내는 부위로서, 인간들의 생활 속에서 이루어지는 남녀 노소, 지기, 육친 및 애정 관계 등에 얽혀지게 되는 마음과 정신의 합일체인 사랑과 정의 모든 분야를 나타내 주는 선이며 그 사람의 감정 여하를 감평하는 포인트이다. 감정선 역시 손바닥에 깊이 그어져 흐트러지거나 산만하지 않고 똑똑하게 나타나 있어야만 좋은 선이라 할 수 있다.

만약에 이 선이 흐트러져 있어서 아주 산만하다거나 깊이가 매우 얕아 희미하게 나타나든가 얕으면서도 넓게 나타나 있을 때에는 감정의 발달과 표현이 풍부하지 못한 것으로 보여 박정한 사람으로, 인간 활동의 원동력 이외에는 정이 아주 메마른 사람이며 사회적인 활동에 있어서 대인 관계가 박약하게 이루어지게 된다. 인간들의 유대 관계란 감정으로 뭉쳐진 집단이라 할 만큼 애정과 감성 표현이 요구되는 환경에서 살아가고 있기 때문에, 인간은 감정의 동물이라는 대명사가 따라야 할 만큼 정감이 요구되고 있어 다정 다감하다는 "말" 한 마디만 오고가도 마음이 끌려들어가면서 곧 친해 보고 싶은 충동이 생겨날 것 같은 순수성이 모든 인간들에게 요구되고 있으므로 인정을 주고받는 인간 활동이야말로 참으로 중요한 것이다. 때문에 수상학에서 말하는 감정선의 발달은 가장 정상적인 것이어야 한다는 지적을 하게 된다. 그래서 감정선이 사람의 감정 표현의 지표가 되기 때문에 감정선 판단의 요점 몇 가지만 기술해 보기로 하자.

　앞서 말했듯이 감정선은 가늘면서 분명히 깊게 그려져 있으면서 흐트러지지 않았으면 좋은 것으로 보지만, 이러한 경우에는 사실상 감

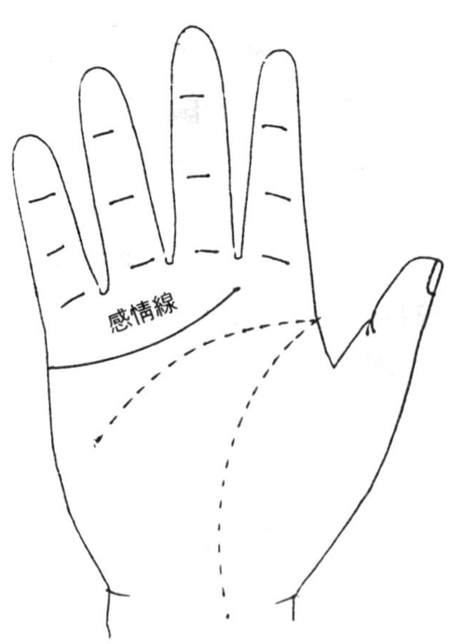

정이 너무 단순한 일면도 있기 때문에 약간의 리듬이 있는 듯한 것이 오히려 좋은 것이다. 그래야만 감정의 표현이 원만히 이루어질 수가 있기 때문이다.

감정선이 너무 흐트러져 있고 얕게 그어진 경우에는 감정의 표현이 경박하다거나 변덕스런 처신을 하기 쉽기 때문에 나쁘다는 것인데, 어느 정도의 깊이와 넓이가 갖춰져 있고 똑똑하면서 약간의 피상 상태가 나타나 있는 것은 자유로운 감정 표현을 할 수 있는 사람이기 때문에 오히려 좋은 것으로 보는 편이 정상이 아니겠느냐 하는 견해가 오늘날의 수상학 연구가들의 공통된 의견이 되고 있다. 그러나 감정선 그 자체는 길게 뻗어 있는 것이 정적(情的)이기 때문에 감정이 풍부한 것은 틀림없는 사실인 것이고, 짧고 단순한 것은 정감이 매우 단순하다거나 매정스러운 면이 있다는 것으로 보는 것은 통상적인 감정선 판단의 관례라는 것을 독자 여러분들은 십분 이해하고 있어야 할 줄로 생각된다.

(1) 화롯불처럼 정열적인 수상

우리의 주위에는 정열적인 사람이라는 평판을 해줄 만큼 매사에 열성을 보여주는 사람들이 더러 있는데, 이러한 사람들의 수상이 그림에서 보여준 것처럼 두뇌선 (다)와 (라)가 감정선 (가)와 (나)보다는 약간 짧게 보이고 있는 것이다. 그래서 이 사람의 경우에는 성격 그 자체가 명랑할 뿐만 아니라 매우 쾌활한 사람으로 감정이 아주 풍부한 면을 보여줄 수 있는 상인데, 특히나 연애를 하는 경우에 있어서는 다른 일은 아예 걷어치워 버릴 만큼 아주 정열적인 사랑을 하게 되는 유형에 속한다. 이 사람의 주위에서 함께 생활을 하게 된 사람들은 이 사람의 정열을 화롯불만큼이나 뜨거운 것이라는 평판을 할 정도로 열성을 다 바치는 유형이기 때문에 사랑의 포로가 되기도 한다.

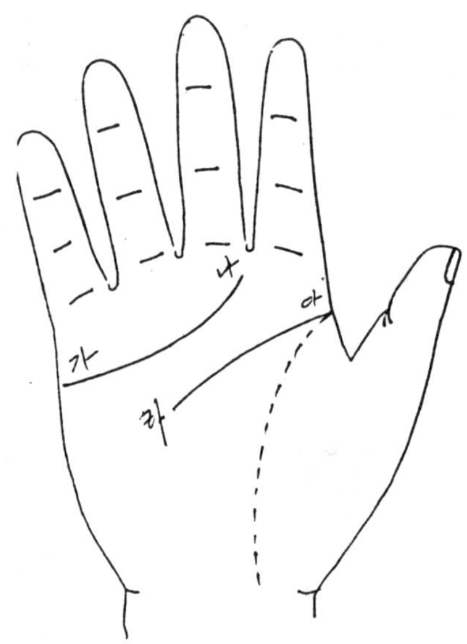

그러나 목성구가 발달돼 있는 사람의 경우에는 자기가 해야 할 일에는 열심히 노력해 나가면서 정열적인 사랑을 하게 되지만, 만약에 금성구의 살집이 아주 좋으면서 탄력이 있는 사람이라면 더 한층 열렬한 것이 되기 쉬워 연하의 이성만을 사랑하게 되는 기벽이 나타나기도 한다. 그래서 이 그림은 정열적인 것도 좋다지만 자칫하다가 인생의 행로가 뒤바뀌어 버릴 가능성도 있다는 것을 보여준 그림이다.

(2) 의지와 사고력이 강렬한 수상

이 그림의 경우에는 감정선이 짧고 두뇌선이 길게 뻗어나간 그림이 되겠는데, 이러한 그림의 사람은 감정을 앞세우지도 않으면서 무슨 일을 한다 해도 이성적인 판단을 가지고 면밀한 계획을 짜놓은 다음에야 실행에 옮겨나가는 경우를 보여준 것이다.

이러한 유형의 감정선을 가지고 있는 사람은 대체적으로 사회 생활

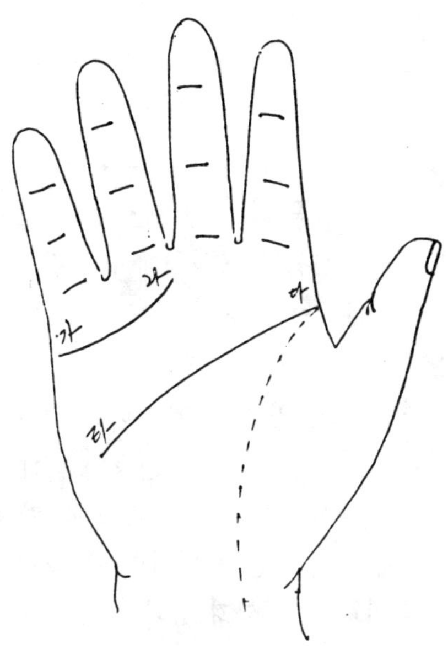

을 해나가면서도 쓸데없는 인정에나 말려들거나 맹목적인 연애를 하
지는 않게 되는데, 자기의 계획이나 계산에 걸맞는 상대자였을 때에
는 자기의 지성으로 상대방을 아주 설득력있게 자기 쪽으로 끌어들이
게 되지만, 쓸데없는 선심을 쓴다거나 요령을 부리지는 않는 성품으
로 상대방이 느껴지기에는 대단히 철저한 사람 같다는 취급을 당하기
쉬우며, 이런 사람의 처신은 정확하면서도 정직하다는 것을 금방 알
아볼 수 있는 것이다.

그래서 이와 같은 수상을 가진 사람들이 우리 사회의 일각에서 착실
한 기업 발판을 굳혀 성공을 거둔 사람들 가운데에서 흔히 찾아볼 수
있는 실리추구형의 기업가들 가운데 많다는 것을 기억해 두기 바란
다.

⑶ 타인들의 사랑을 받을 수 있는 수상

이 세상을 살아가면서 남들의 사랑을 받는다는 것처럼 흐뭇한 일은 별로 없을 것이다. 남을 사랑하기도 쉽지가 않은 일이라 하겠지만, 사랑을 받는다는 것 역시도 그리 쉬운 일은 아닐 것이다.

이 그림은 남들에게 사랑을 받게 된다는 애정선을 표시한 그림이 되는데, 이 그림의 (가)와 (나)는 목성구에까지 길게 뻗어들어갔고, 거기에다가 (ㄱ)의 지선마저 위쪽으로 뻗어올라갔는데, 두뇌선인 (다)와 (라)까지 충실히 뻗어나가 있는 것이다. 그래서 이 사람은 이성적인 면에서도 충분한 기교가 있을 뿐만 아니라 감정의 표현 방법이 타인들의 환심을 사기에 충분할 만큼 잘 활용하게 돼 있다는 점이 다른 사람들로 하여금 사랑을 받기에 충분한 원인을 만들고 있는 것이며, 두뇌선마저 잘 발달돼 있기 때문에 의지력이나 사고력이 남에게 뒤지지 않을 만큼의 상식이 함께 갖춰져 있어서 더욱 더 사랑을 받는 사람

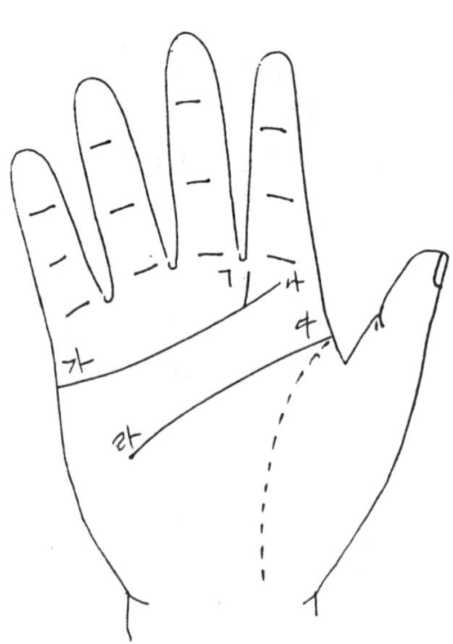

이 되는 것이다. 그러나 이러한 상의 사람은 남달리 인정도 많은 편이기 때문에 남을 돕는 일로 인해 오히려 손해를 보게 되거나 약삭빠른 사기단에게 홀딱 넘어가 실패를 자초하는 경우도 있다는 것을 보여준 그림인 것이다.

(4) 활기가 넘쳐흐르는 수상

이 그림은 감정선 甲과 乙의 위에 또 한 가닥의 감정선이 나타나 있는 것을 보이고 있다. 이것을 이중 감정선이라 부른다. 그러나 이 이중 감정선은 금성대가 아니라는 점에서 자칫하다가는 혼동하기 쉽다는 것을 일러둔다. 또 감정선 甲과 乙의 아래 부분에 (다)와 (라)로 뻗어나간 선이 두뇌선과 연결되고 있다.

이것 역시도 앞장에서 이미 논한 바 있는 영고성쇠의 선과는 다른 것인데, 이것을 혼동하지 말아야 한다. 이상과 같이 감정선이 상하로

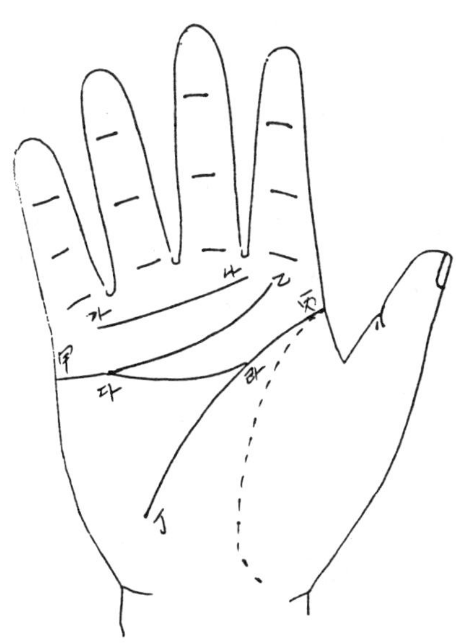

한 개씩 두 개의 이중 감정선이 나타나 있는 것은 활기와 패기가 넘쳐 있다는 것을 나타내 주고 있는 것이며 체력이 왕성하다는 것을 나타내 준 것이다.

이러한 수상을 가진 사람들은 어떠한 난관에 부딪친다 하더라도 무난히 극복을 해 나갈 수 있는 강인한 의지력과 정열로써 타개해 나가게 되고, 생활력이 아주 강한 사람이기 때문에 인기를 끌게 된 사업에서는 명성을 얻게 되고 재물도 모을 수 있는 사람인 것이다. 특히나 여자가 이와 같은 수상을 가진 사람이라면 가정에만 틀어박혀 살림살이나 하고 있는 것보다는 사회 진출을 하는 편이 훨씬 더 좋을 것이라는 유형을 나타내 주고 있다.

(5) 헌신적인 정을 주는 수상

우리들 주위에는 유별나게 아내를 사랑하고 자식 사랑을 지나치게

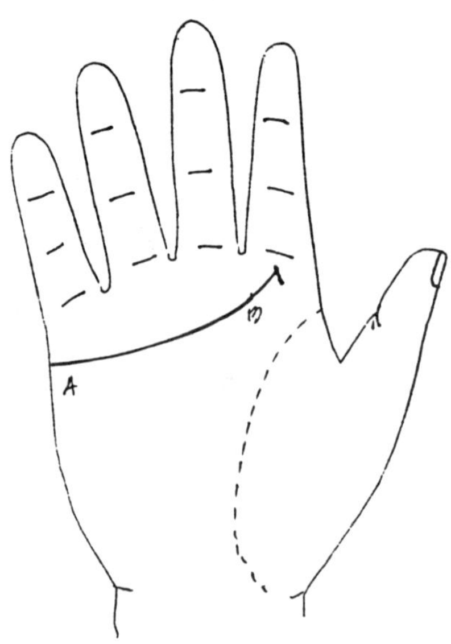

하는 헌신적인 사람들을 가끔씩 볼 수가 있다. 이런 사람들의 주위에서 살고 있는 사람들은 이런 사람들 때문에 ○○는 어떻게 어떻게 처자식을 끔찍히도 사랑해 준다는데 당신은 왜 그렇게 멋이 없느냐며, 아내에게 짜증을 듣게 될 때가 있다. 그러나 짜증을 들었다고 해서 타고난 본성이 그렇지를 못한 사람이 헌신적인 사랑을 어떻게 해주겠는가?

이 그림의 사람은 애정선이 장지와 검지의 사이에서 끝났지만 여기에서 더 위편으로 검지의 아래 부분에까지 올라가 버린 상을 하고 있는데, 이런 상의 경우에서는 지나칠 만큼의 애정을 가지고 있는 사람으로 이성지간이나 자녀들에게 애정을 쏟아버리지 않고는 초조해서 배겨나지 못할 사람이다. 그래서 가정 생활이나 애정 생활이 즐거우면서도 명랑한 생활을 누려가지만, 어떠한 시간의 흐름에 따라 자기 스스로가 주고 있는 애정의 대가를 요구하는 경우가 있게 되어 자기에게도 사랑을 좀 돌려 달라는 마음이 있게 되기 때문에 가정적인 파탄을 초래하는 경우가 있다는 것을 보여준 그림이다.

(6) 진실한 자세로 세상을 살아가는 수상

이 세상이 제아무리 각박하더라도 진실만을 추구해 가면서 의리와 인정과 도덕관만을 앞세우며 진실한 생을 잘 살아가려 하는 사람들이 꽤 많은 것도 사실이다. 그러나 이것 역시 타고난 성품이 아니면 어렵다는 것을 실감나게 느끼면서 살아가야 하는 시대적 배경 속에 살아가고 있는 우리들이다.

이 그림의 경우에는 타고난 자기의 천분을 다할 수밖에 없다는 것을 보여준 그림이다. 감정선 (가)와 (나)와 (다)가 토성구와 목성구로 갈라져 나가면서 두 가닥으로 각각 뻗어올라가고 있는 상을 하고 있다. 이러한 경우에는 이 사람의 진실성을 나타내 주는 것으로 대단히 좋은

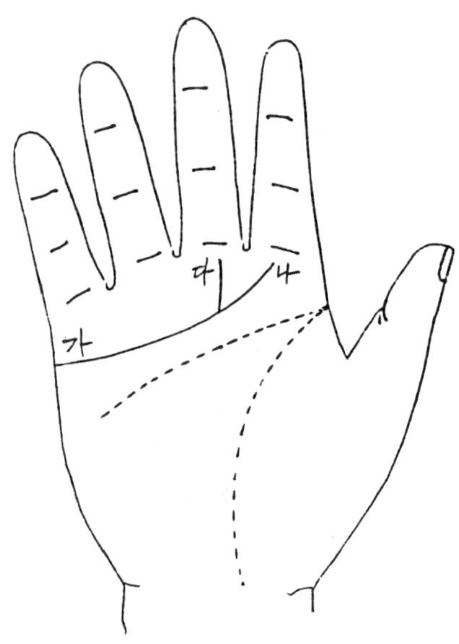

성격을 나타내게 되어 타인들로부터 호감을 사기에 충분하고, 명랑한 성격과 풍부한 정감을 가지고 있기 때문에 직장 생활에서도 상사나 주위 사람들로부터 사랑과 존경을 받게 되는 진실된 덕을 베풀면서 살아가는 사람이다. 가정적인 면으로 본다 해도 원만한 생활을 누려가면서 살게 되지만, 때에 따라서는 악랄한 사기배에게 걸려들지도 모를 결점으로 작용당할 수 있는 사람이라는 점을 기억해 두어야 할 그림이다.

(7) 감정이 극단적으로 강인한 수상

이 그림은 감정선 (가)와 (나)를 잇고 있는 감정선에서 甲과 乙을 연결하는 지선이 깊게 뻗어 두뇌선(다)와 (라)의 연결된 선과 생명선 (다)와 (라)를 연결하는 선을 지나 금성구에까지 뻗어들어가고 있다. 이러한 것은 대단히 강렬한 감정을 가진 사람에게서 많이 보게 되는

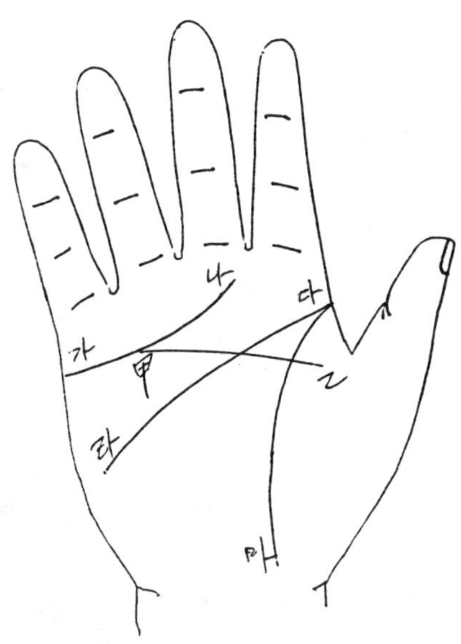

경우가 되겠는데, 이런 사람들이 연애를 하게 될 때는 그야말로 열렬하게 정열을 불태우는 적극적인 사랑을 속삭이게 되고, 사랑의 승리자가 되어 보기 위해 몸과 마음을 불태우는 유형에 속하게 돼 자못 파란의 지경으로 빨려들어버릴지 모를 일이 생겨나기 쉬운 사람이다. 비단 연애뿐만이 아니라 여타의 다른 일에서도 자기의 마음에 끌리는 일만 있다 하게 되면 밤낮을 가리지 않고 그 일에 빠져들어 미쳐버린 사람처럼 매달리기 쉬운 사람인 것이다. 그래서 매사에 성공과 실패가 많은 원인을 만들기 쉬운 경향이 있게 됨은 물론 또 한편으로는 빨리 데운 밥이 빨리 식는다는 격언처럼 강렬한 열정만큼이나 냉정한 사람일 수도 있겠지만 냉정을 찾게 되는 것보다는 정열에 빠져들기 쉽다는 것을 보여준 그림이다.

⑻ 고생을 모르면서 살아가는 수상

인간이 살아가면서 고생을 하고 싶어 고생을 하는 사람은 아마도 없을 것이다. 그리고 고생을 한다는 것은 가난 때문에 하게 되는 고생이 고생 가운데에서도 가장 많은 경우가 되겠는데, 이 그림은 감정선이 검지의 맨 밑부분인 목성구에서 감정선의 끝이 세 가닥으로 갈라지면서 뻗어나가고 있는 것이다. 이러한 상을 한 사람은 정신적인 면에서도 이성 판단에 의한 안정을 찾은 사람이기 때문에 물질적인 면에서도 이미 안정을 갖게 되어 명예와 재물 두 가지를 모두 얻은 사람으로, 사회 생활을 해나가는 것이나 가정 생활에서도 이미 기반이 잡혀 있는 사람이라는 것을 나타내 주고 있는 그림이다. 그러나 이처럼 잘 정돈된 선의 모양이 아니고 감정선이나 두뇌선 그리고 생명선 등을 참고로 보았을 때 어느 부위든지 단절된 부분이 있거나 +자형의 기호 등이 나타나 있다면 이상에서 설명한 의미는 아주 달라진다는 사실을 염두

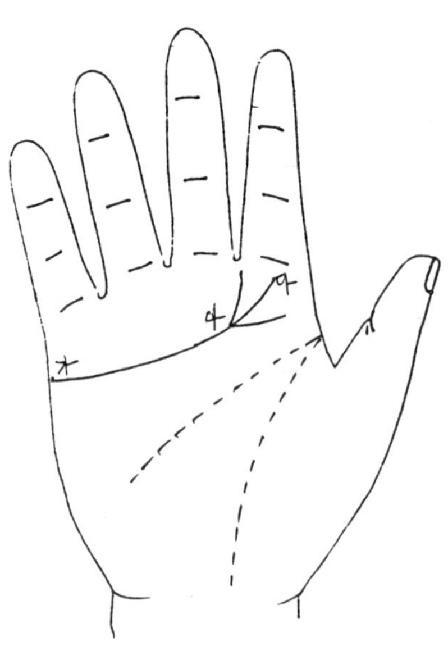

에 두고 판단을 내려야 한다는 것을 참고적으로 덧붙여 두고자 한다.

(9) 관능에 사로잡히기 쉬운 수상

사람의 습성이란 가지가지여서 관능에 사로잡히기 쉬운 사람도 하나의 병적인 요인으로 취급을 하는 경우가 있는데, 어떠한 경우라 할지라도 그 정도가 좀 지나치다면 병적이라는 취급을 받기 쉬운 것이다.

이 그림의 경우가 이상과 같은 경우의 그림을 보여준 것인데, 감정선의 위쪽에서 장지와 무명지를 싸고 반달형을 그려나가고 있는 그림으로 이 부분을 금성대 (A)라고 부른다. 그래서 이 금성대를 이중 감정선으로 잘못 혼동하면 안 되기 때문에 세심한 주의를 요한다. 금성구를 이중 감정선과 구별을 하는 방법은, 이중 감정선은 끊어지지 않으면서 이어져 나가지만 금성대는 무명지의 아랫 부분에서 작은 원의

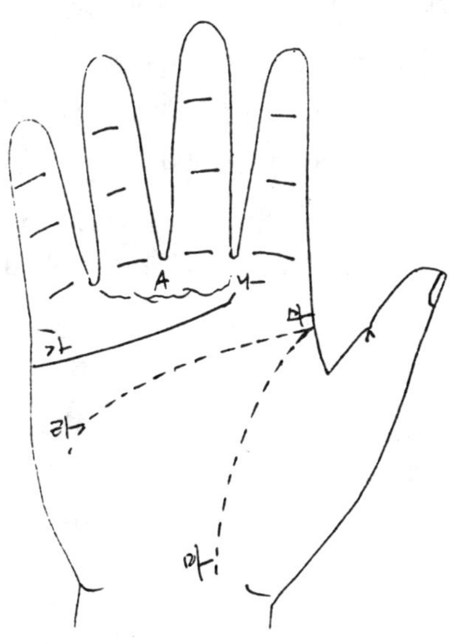

선이 희미하게 중지의 아래로 나가고 중지의 아랫 부분에서는 또다른 작은 반원형의 선이 검지 쪽으로 나타나게 되고 소지의 끝부분 사이에서도 또 이와 같은 선이 무명지 쪽으로 나와 세 개 정도의 적은선이 이어져 나가면서 반원을 이룬 것이다. 이러한 선이 있게 되면 감정이 매우 예민한 성격이 나타나고 감수성이 강해 사물에 대해 몰두하게 된다. 그래서 관능적인 처신을 하기 쉽고 애정 관계에서 방종으로 흐르기 쉬운 것을 나타낸 그림이다.

※ 금성대의 작용은 다른 선의 흉한 작용을 더욱 흉하게 하고 좋은 것은 더욱 좋게 유도하는 역할을 하게 된다.

(10) 감정이 풍부한 수상

이 그림은 감정선이 검지의 아래와 중지의 아래에서 (가) (나) (다)의 세 가닥으로 갈려지면서 한 가닥의 지선은 검지의 근원으로 올라가고 있고 또다른 한 가닥은 검지와 장지의 사이로 뻗어올라가고 있으며, 다른 또 하나의 지선은 장지의 근원인 토성구를 향해 올라가고 있다. 이런 상으로 나타난 상을 가진 사람은 남달리 깊은 애정을 갖고 있는 사람이며 이지적인 지성을 기반으로 한 상식인으로, 이 사람의 본능적인 인격 형성이 보다 좋은 면을 나타내는 쪽으로 발달하고 있다는 것을 나타낸 상을 보여주고 있다. 이런 선이 나타나 있는 사람은 감정에 치우쳐 감정의 늪으로 빠져드는 일이 전혀 없으면서도 인정이 있으며 동정심이 남달리 많아 훈훈한 인정미를 느끼게 하는 인간미가 풍부한 사람이기 때문에 이 사람의 주위에서 함께 생활을 하는 사람들은 좋은 사람으로 평가하게 되는 사람인 것이다.

그러나 성공이냐 현상 유지냐 하는 것은 여타의 다른 선의 판단에 달려 있는 것이나, 통상적으로는 중산층 이상의 생활은 누려가면서 타인들의 존경을 받는 행복한 인생을 살아간다는 그림이다.

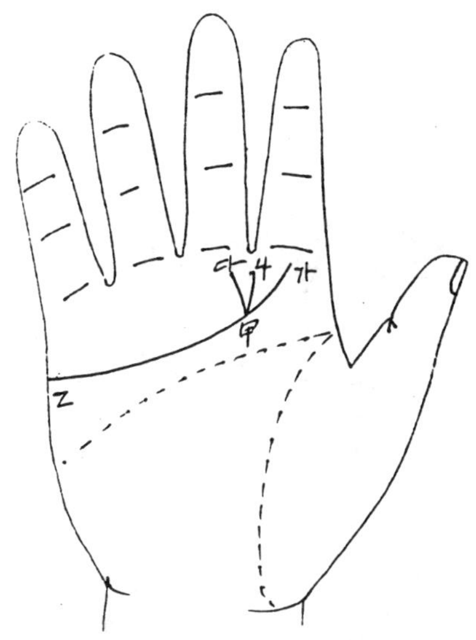

(11) 극단적인 감정가의 수상

　감정선의 일반적인 기점은 목성구와 간격이 아주 멀리 떨어져 끝난 것이 보편적인 것인데, 이 그림의 경우에서는 목성구의 언덕을 통과하면서 검지의 근원에까지 뻗어올라가 있어서 감정선의 길이가 통상인의 경우보다 훨씬 더 길게 나타나지고 있는 것이 특징이다. 이런 경우에 해당하는 사람은 감정의 표현이 극단에서 극단으로 싸이클의 패턴이 아주 크게 나타나는 감정의 소유자인 것이다.

　그래서 이런 사람들은 특수한 직업 분야인 군인이나 정치가 등에서는 상당한 발전을 가져오기도 하지만, 이 사람의 극단적인 감정에 대한 후유증이 나타나기 시작하면 하루아침에 몰락의 기로에서 헤매이게 되며, 일반적인 사업 방면으로 활약을 한다면 사물과 세태에 대한 관찰력이 결핍된 자기의 편견에 의한 고집 때문에 계획보다는 실천이 앞서가는 실수를 범하기 쉬운 유형으로 성공과 실패의 고난과 역경을

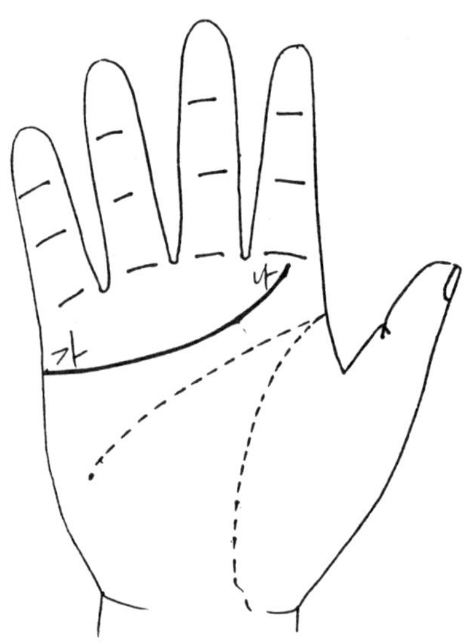

자초하는 경향이 짙은 사람이다. 이런 사람들은 직장 생활이나 사회
생활을 함에 있어서 격하기 쉬운 감정을 스스로 억누르지 못해 항명이
나 반항 등으로 인해 상사로부터 환심을 사지 못하는 경우가 생겨나게
되고, 부하에 대하여서는 너무 위압적인 면에 있어서 인심을 잃을까
염려가 되는 상이다.

(12) 결혼의 판단을 나타낸 수상

남녀 한쌍이 결혼을 하게 되면 부부가 되고 남남의 만남이 한 가정
을 이루지만, 한평생을 잘 살려는 꿈에 부푼 그날들도 아침의 이슬처
럼 종적없이 사라지고 부부간의 갈등에 얽매인 채, 살아보자 헤어지
자 하는 감정의 격돌이 있게 되면 어느 사이에 이별의 송가를 불러야
하는 가정의 파탄이 있게 된다는 사람의 경우를 나타낸 그림 96을 보

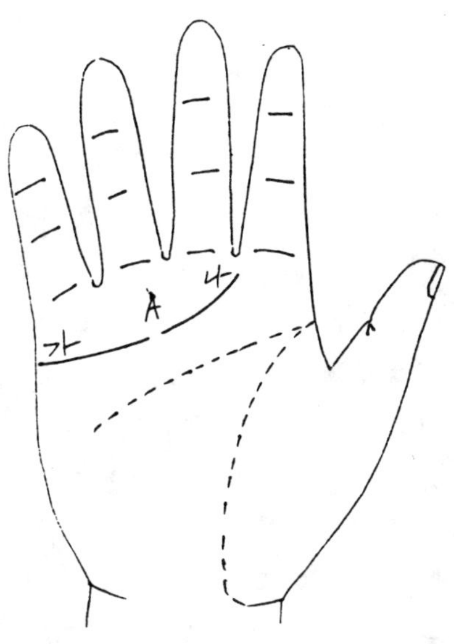

라.

이 그림을 보게 되면 감정선(가)와 (나)의 사이에 A의 부분이 딱 잘라져 이어지지 못하고 있는 것을 볼 수 있는데, 이러한 경우에는 연애중인 사람은 서로가 좋아한다고 하면서도 결혼에 성공을 하지 못하고 심리적인 갈등 때문에 이별의 장을 열어가야만 하고, 결혼을 한 사람의 경우라 할지라도 결혼 생활을 오랫동안 지속하지 못하게 된다. 이와 같은 수상이 나타나 있으면 이혼이라는 불명예의 소동을 피워야 하니 참으로 안타까운 일이라 하겠다. 이 그림의 경우에는 감정의 격돌로 인한 이혼은 없었다 하더라도 돌발적인 사고나 심장병과 같은 급환으로 인해 사별이 있거나 교통사고와 같은 돌발적인 사고에 의해 두 사람이 한쌍으로 맺어진 부부가 어느 날 갑자기 한 짝이 되고 마는 경우의 그림인데, 만약에 제 2의 애정선(감정선)이라도 나타나 주었더라면 이와 같은 파탄은 면할 수 있었을 것이라는 그림을 보인 것이다.

(13) 빨리 덥고 빨리 식는 사랑을 하는 수상

사람들의 성격이란 천태만상이라서, 성격이 느린 사람도 있는가 하면 급한 사람도 있는데, 성격이 급한 사람쳐놓고 서두르지 않는 사람이 없는 것은 삼척동자라도 다 아는 일이겠지만, 이 그림에서 보인 그림은 감정선이 길어도 너무 길다는 것이 결점이 된다. 거기에다 그 끝이 목성구를 향해 살짝 올라갔다가 싹 구부러어지면서 두뇌선과 생명선의 기점으로 침략해 들어가는 상을 보이고 있다.

이와 같은 형태의 애정선(감정선)은 우리들의 세간에서 흔히 말하는 정열의 사나이라거나 혹은 열정의 여자라 칭할 수 있는 사람들을 나타낸 것이다. 이러한 사람들은 무엇보다도 애정 문제에 대한 정열이 그야말로 화끈한 사람인 것인데, 이런 사람에게 걸려든 사랑의 동반자라면 떨어져 나갈래야 떨어질 수 없는 애정의 피해자가 되어야 할 것이다. 그러나 어느 정도의 시간이 흘러가면 불붙듯이 뜨거웠던 정

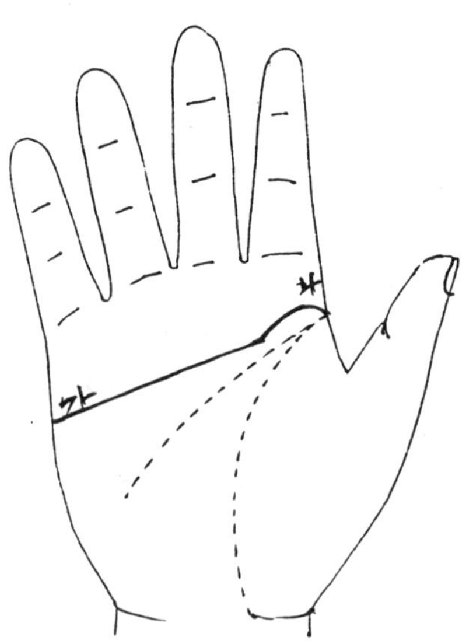

열이 어느결에 식어져 내가 언제 너를 그토록 사랑했었더란 말이냐, 너 같은 것은 이제 꼴도 보기 싫으니 갈 데로 가버려라 하는 식으로 냉정한 사람으로 변해 버리기 쉬운 사람의 손금은 이렇게 생겼다고 하는 경고를 해준 그림이다.

※ 그러나 이러한 사람이 이토록 뜨거운 열정을 사업 방면으로 쏟게 된다면 대성의 재목이 된다.

⒁ 감상에 젖어들기 쉬운 수상

그림은 감정선의 중앙에 있는 A의 부분에서 두뇌선 아래쪽으로 가느다란 손금이 하나가 나타나 내려가고 있는 지선이 한 개 혹은 두 개 이상이 나타나기도 하고 어떤 경우에는 여러 개가 한꺼번에 나타나는 경우도 있다. 이렇게 생긴 감정선을 가지고 있는 사람은 감정이 매우 약한 사람으로서, 눈으로 보고 느끼는 것이나 귀로 듣고 느끼게 되는

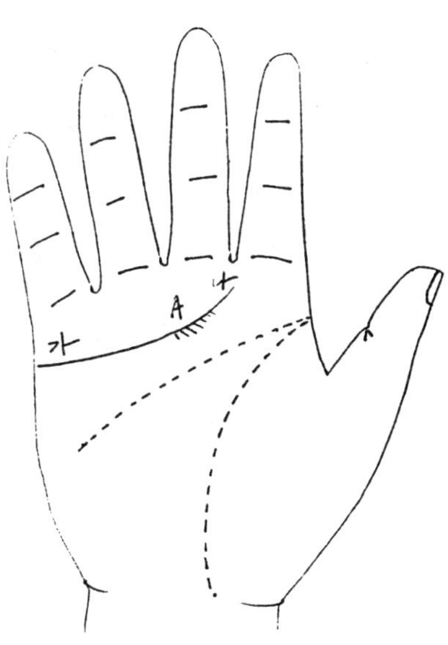

것조차 필요 이상으로 세심하게 신경을 쓰게 되는 사람이다. 심지어
는 사랑의 열정을 쏟아부어야 할 연애마저 감상적으로 하게 되기 때문
에 적극적인 의사 표현이 없는 편에 속해 상대자는 자기가 싫어져 이
토록 냉담한 것이나 아닌가 하는 생각을 하기에 이르게 되어 사람의
곁을 훌쩍 떠나가 버릴 것이다. 그래서 이러한 수상을 가진 사람이라
면 남자건 여자건간에 성격 개조를 하지 않는 한 절대로 결혼 생활이
나 연애에 성공하기 힘들다는 것을 알아야 한다는 것을 경고해 준 그
림이다.

※ 서양류 수상학에서는 이 선을 실연선이라고도 한다.

(15) 과대망상증에 걸리기 쉬운 수상

이 수상은 감정선이 정상을 벗어나 아주 딴판으로 생긴 변형적인 모
양을 나타내고 있다. 이 그림에서 보이고 있듯이 감정선의 시작이 마

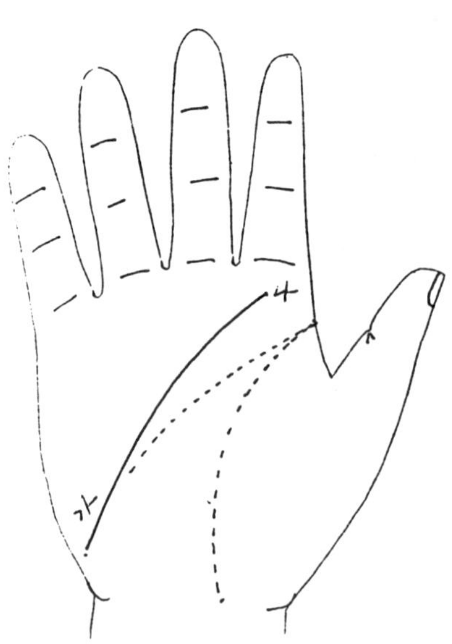

치 두뇌선처럼 월구의 맨 아랫부분에서부터 뻗어나기 시작해 목성구에 있는 검지의 뿌리 부분에까지 치켜져 올라가고 있는 것이다. 이와 같은 상을 나타낸 사람은 극단적인 감정을 가지고 있는 사람으로 월구의 의미인 공상력이나 상상력 같은 회의적인 성격이 나타나게 돼 자기의 처신과 분수는 알지도 못하면서 가당치도 않은 공상의 세계에 빠져 들어가거나 자기의 신분에는 걸맞지도 않은 상대자에게 연애를 하겠다는 생각을 하게 되지만, 자기 자신이 실제로 실행해 볼 만한 능력은 없는 것이기 때문에 마치 정신병자처럼 우두커니 먼산이나 바라보며 자기가 해내지 못한 일을 남이 해냈을 때에 괜한 질투심이나 느끼면서 쓸데없는 넋두리나 신경질을 부리는 과대망상증에 걸린 사람으로, 자기 생각에 집착된 나머지 자기 혼자 자문자답을 해보다가 실제로는 있지도 않았던 일이 실제인 것처럼 태연한 거짓말이나 늘어놓게 되는 이상야릇한 생리 작용이 있게 된다는 것을 보여준 손금이다.

(16) **바람기가 있는 수상**

이 그림에서 보는 바와 같이 감정선이 사슬형으로 이어져 있는 사람들은 마음이 항상 들떠 있게 되고 주관이 확실하지가 않아 기분내키는 대로 행동을 하게 되어, 생전에 단 한 번도 만나 본적이 없는 사람이라 할지라도 다정다감한 친구처럼 상대방의 호의나 유혹도 있기 전에 찰싹 달라붙어 버릴 것처럼 친근한 자세로 접근하게 되는 기질이 있다. 그래서 체면이나 윤리관 같은 것은 아예 귀찮은 존재일 거라는 생각을 하게 되기 때문에 무조건 자기 기분이 내켜지는 대로 행동하게 된다.

남자는 행여나 저 여자가 자기를 좋아하고 있지나 않나 하는 생각을 하게 되고 여자도 역시 저 남자가 자기를 좋게 해줄 사람이 아닌가 하는 생각을 가지고 이성에 대한 자극을 구하면서 안일과 방종한 생활

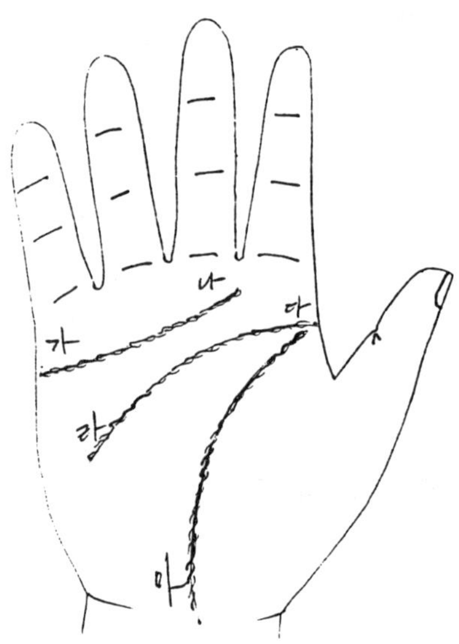

속에 자기 스스로를 순간의 도락으로 빠져들게 해 쾌락을 맛보려 하는 사람이다.

금성구에 살집이 좋게 발달해 있고 색상이 붉으면 애정의 대상자가 연하일수록 좋다는 색광으로 변하기 쉽고, 성적인 표현마저 노골적이며 오로지 SEX에 대한 방종이 자기 인생의 지고한 예술품인 양 생각하게 되는 유형이라는 것을 보여준 그림인 것이다.

※두뇌선과 생명선까지 나쁘게 되면 이러한 현상은 더더욱 강하게 나타난다.

(17) 가정불화가 많은 수상

인간들이 꾸며나가고 있다는 가정에서는 울기도 하고 웃기도 하는 가지가지의 희노애락이 끈끈하게 점철된 인간 바탕의 이야기들이 즐비하게 많다. 그 중에서도 가정적으로 불화가 일어나는 것 중에서 제

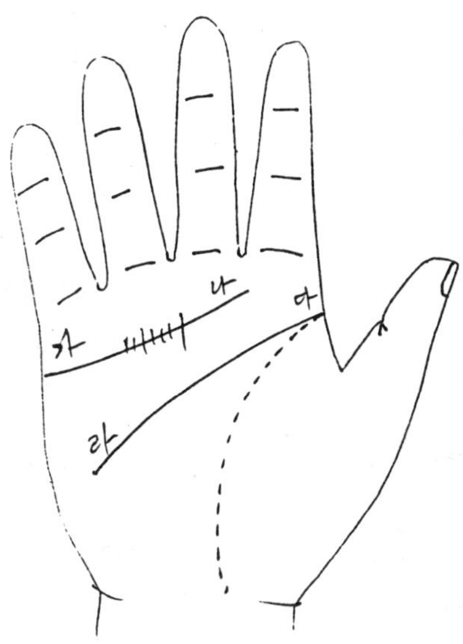

일 큰 문제거리가 애정적인 삼각 관계 내지는 사각 관계, 그렇지도 않은 경우에는 부부 중에 어느 한 사람이 도둑고양이처럼 어느 한쪽을 감쪽같이 속여가며 살랑살랑 바람이나 피워대면서도 겉으로는 자기는 절대로 결백하다는 사람들의 경우에 있어서 꼬리가 길면 밟힌다는 속담처럼 어쩌다가 들통이 났다 하면 허구헌날 많은 세월을 지워버릴 수도 없는 오해와 충고의 공방전이 불을 튀기듯 큰소리로 터져 이웃집의 담을 넘어 동네 사람들의 귀에까지 추문을 일으키게 하는 상이 바로 이 그림에서 보인 것인데, 감정선의 한복판에 세로줄이 잘잘하게 여러 개가 나와 감정선을 짝짝 가르면서 두뇌선 쪽으로 뻗어나고 있는 것은 가정 불화의 원인이 의사(意思) 단절이라는 사실을 보여준 것이다. 이러한 수상의 경우에는 하루에도 열두 번씩 보따리를 꾸려가면서 산다 안 산다 하는 공방전을 벌이지만, 헤어져 보지도 못하고 원수같이 싸워만 대는 수상을 보여준 것이다.

(18) 물질욕이 너무 지나친 수전노의 수상

인간들이 살아가는 데는 돈이 꼭 필요하다고 하는 것쯤은 철부지인 어린애들까지도 알고 있는 일이겠지만, 우리들 주위에서는 유별나게 돈, 돈, 하면서 돈밖에 모르는 사람들이 있는 것을 보게 된다. 그렇다 해서 이러한 사람들이 금방이라도 부자가 되느냐 하면 그런 것도 아닌데, 이 세상의 모든 것이 돈이면 그만이라는 생각에 집착돼 한평생을 함께 살아가야 할 부부를 만나는 것조차 상대자가 돈이 좀 있는 사람을 찾고 있는 사람들까지 있는데, 이런 사람들의 손금은 어떻게 생겼을까 하는 의문을 풀어주기 위해 이 그림은 보여주고 있다. 이 그림에서 감정선 (가)와 (나)를 연결하고 있는 소지의 바로 아래에 수성구 밑을 통과하고 있는 지점을 보게 되면 3㎜에서 1㎝ 가량이나 딱 끊어졌다가 다시 뻗어나간 감정선을 볼 수 있는데, 이러한 수상을 가지고 있는 사람들은 금전에 대한 애착심이 지독하게 강하기 때문에 돈의 가

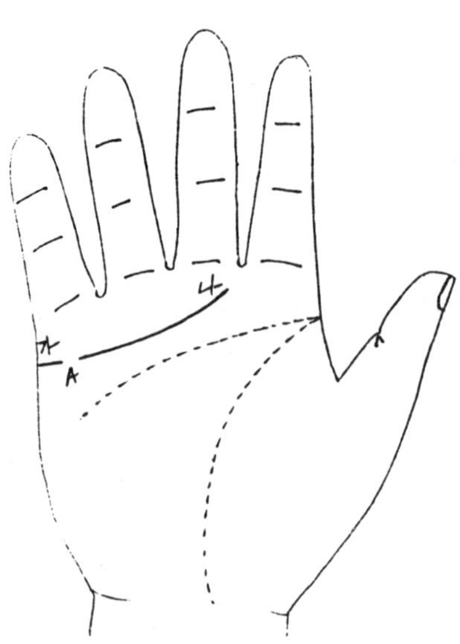

치를 목숨보다 더 중히 알아서 결혼 대상자에게까지 사랑이나 미모 따위는 제쳐놓아 버린 채 돈많은 사람이면 만사가 OK라는 것을 보여준 상이다.

(19) 화려한 꿈과 낭만만을 추구하기 위해 사는 수상

이 세상을 살아가고 있는 사람들 가운데는 살아가는 방법 중에서 최고로 아름다운 꿈과 낭만만이 인생의 극치라고 생각들을 하면서 내일에 있을 사업 계획이나 오늘을 보다 알차게 가꾸면서 미래의 요원한 인생 목표를 정하고 열심히 일을 하여, 지금은 비록 가난하지만 언젠가는 한 번쯤이라도 큰소리 한번 쳐보면서 잘 살아보겠다는 건설적인 생각 같은 것을 거추장스러운 괴변 같은 일이라는 생각을 하면서, 그저 오늘이 최고로 즐거우면 그만이고 오늘이 가장 멋지고 화려하게 지나가면 그만이지 내일에 있을 미래의 부귀영화가 무슨 소용이냐는 식

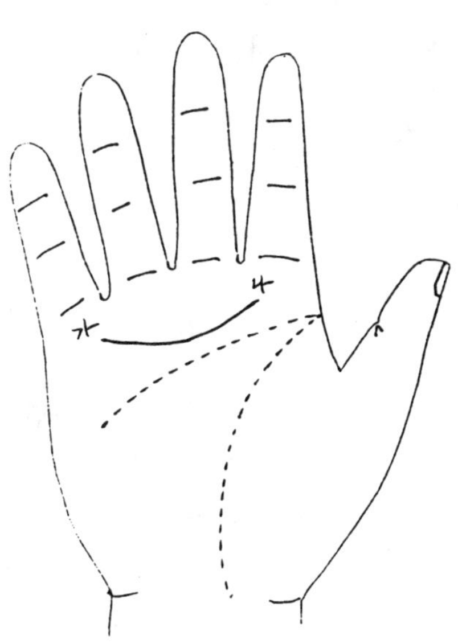

으로 살아가는 사람의 상을 이 그림에서 보여주고 있다.

　이 그림은 감정선이 새끼손가락의 밑에 있는 화성구에서 시작하지 않고 무명지가 붙은 근방에서 시작해 반원형을 그리면서 목성구가 있는 쪽으로 향하고 있는 감정선을 보이고 있는데, 이러한 수상을 가진 사람은 환상적인 꿈과 낭만만을 찾아 헤매이게 되고 아름다운 인생을 만끽하는 것을 지상지고의 과제로 삼아 자기 주관에만 맞춰 극단적인 애정 문제에 집착되기 쉽고 힘드는 일 같은 것은 거들떠 보지도 않은 채 멋이나 부려가면서 아리따운 이성의 용모나 찾아다니는 사람의 상을 보여준 그림이다.

(20) 물질에 혈안이 된 수상

　그림(18)에서 보인 그림은 물질욕이 강한 상을 보였었지만, 이번에는 물질욕에 혈안이 돼 있는 상을 보인 경우가 그림 104가 되겠다. 어떻게 보면 같은 말이 아니겠느냐 하는 사람이 있을지 모르겠으나, 필자가 보기에는 상당히 다른 의미를 가지고 해석하게 된다. 먼저의 그림(18)에서는 노력도 하지 않은 상태에서 허욕을 부린 경우를 말하지만, 이번의 경우에는 돈을 벌어보겠다는 신념에 차 있는 사람의 경우이다. 그림에서 보여준 바와 같이 감정선의 기점이 정상적인 위치에서 출발을 하고 있지만 통상적인 감정선보다는 더 많이 뻗어올라 목성구의 사이에까지 올라간 상태가 되고 있다.

　그래서 이런 수상을 하고 있는 사람들은 상업이나 사업상의 상재나 기량이 풍부한 사람으로 돈을 벌 수 있는 일이라면 "물" "불"을 가리지 않고 용감무쌍하게 뛰어드는 그야말로 저돌적인 상혼이 투철한 상으로, 이 사람의 주위에 있는 사람들로부터 이 사람은 물질욕에 혈안이 된 사람이라는 정평을 받게 되는 사람이다. 이런 사람의 연애 감정은 돈을 벌기 위해서라면 사랑이나 연애 따위는 뒷전으로 팽개쳐 버리게

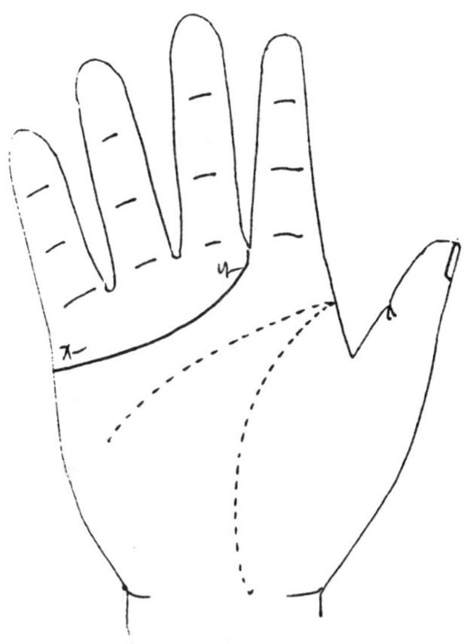

되므로 애정의 배신까지도 불사하겠다는 사람의 수상을 보여준 것이
다.

(21) 감정이 산만해 기분대로 사는 수상

이 그림은 감정선이 파상형으로 아주 산만하게 꼬불꼬불한 굴곡을
이루며 뻗어나가면서 두뇌선과 생명선의 기점에 가깝도록 약간만 구
부러지는 듯 마는 듯하며 손바닥의 가운데를 지나가려다가 멈춰진 상
태를 보여주고 있다. 이러한 형태의 감정선을 가진 사람은 마음의 변
덕이 심해 속칭 변덕이 "죽" 끓듯 한다는 사람이 되겠는데, 이런 사람
의 성격은 시시각각으로 변화되면서 무조건 자기의 기분이 내켜지는
대로 처신하고 난봉기가 많아 웬만한 사람이면 그저 나이가 "손"위든
"손"아래든 할 것 없이 무조건 하고 자기의 기분대로 따라만 주면 좋
다는 이성 문제가 아주 추잡할 정도로 복잡한 양상을 보여준 경우가

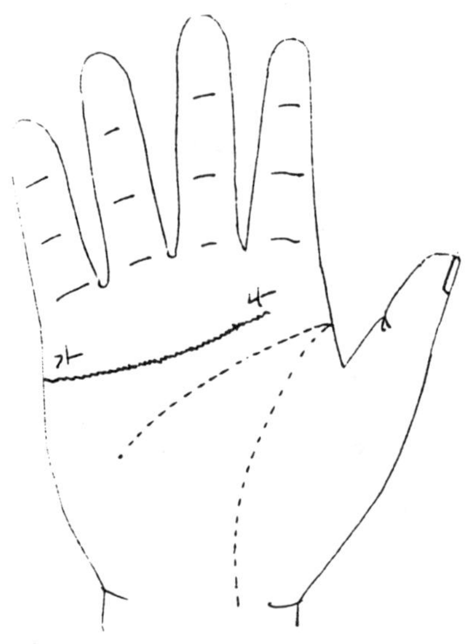

되겠다.

만약에 이와 같은 감정선을 가진 사람으로 토막토막 끊어진 금성대가 있으면 신경과민증 히스테리 증후군 등이 나타나게 되고, 성격적인 변화가 더더욱 심해져 어떤 때는 아주 명랑한 사람이 되기도 하다가 또 어떤 때는 얼음처럼 냉정한 면을 보이는 극과 극의 성격의 소유자이다. 특히 여성에게 많은데, 이런 여자와 함께 살고 있는 남자라면 참으로 피곤한 세월을 보낼 것이다.

(22) 자기 중심의 사랑을 성욕으로 과시하는 수상

사랑이 밥 먹여주는 것도 아닐 텐데 사랑에 정열을 불태운 사람들 가운데는 바보같이 사랑의 고백 한 번 못해 보고 짝사랑에 병이 든 사람까지 있는가 하면, 이 그림에서 보여준 것처럼 자기 중심의 독재자적 사랑을 하는 사람도 있으니 참으로 사랑의 방법도 가지가지로 많은

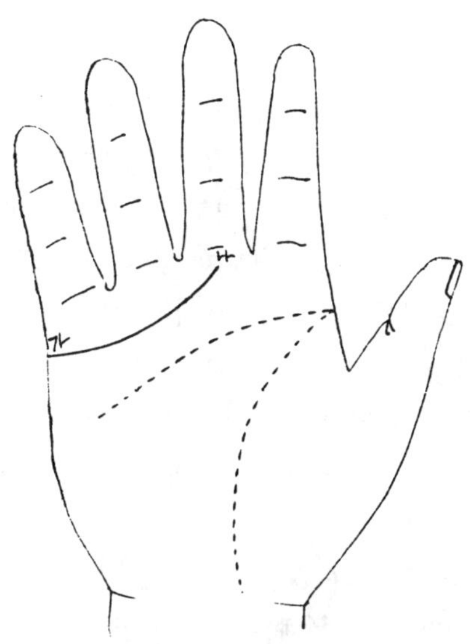

것 같다. 이 그림의 손금은 자기 중심의 사랑을 하게 된 사람의 손은
이렇게 생겼다는 것을 보여주고 있는 것이다.

그림 (가)와 (나)는 정상적인 감정선(애정선)보다 짧으면서도 중지
의 애랫부분인 토성구 밑에까지 치켜져올라가고 있는데, 이러한 선을
가지고 있는 사람은 모든 면에서 자기 중심으로 한 사고방식을 갖게
되며, 자기가 생각하고 있는 방법밖에 몰라 자기의 처신은 모두가 옳
다는 처세를 하게 되기 쉬워 연애를 한다 해도 자기의 의사는 곧 상대
방의 의사와 같다는 독선적인 사랑을 하게 되기 때문에 사랑의 낙오자
가 되기 쉬운 사람이기도 하다. 부부 생활에서도 여자 정도라면 성욕
이나 만족시켜 주면 끝내준다는 가장이기 쉬운데다, 자기의 정력이나
과시해 가면서 방종으로 흐르기 쉬운 소유자를 보여준 그림이다.

(23) 파연이 이루어지기 쉬운 수상

인간이 표현하는 술어 중에 인간은 감정의 동물이라는 말을 하게 되는 경우가 비유법의 술어로서 꽤 많이 활용되고 있는 우리들 사회에서는 정상적인 상태가 아닌 상식 밖의 행위를 나타낼 수도 있는 방법을 사용할 정도로 인간의 감정은 격해지기도 쉽고 변하기도 쉬운 아주 미묘한 존재로서, 이것을 억제하지 못해 파생이 되어지는 문제중에서 가장 심각한 문제가 파연이라고 하는 것이다.

이 그림의 경우가 바로 이에 해당된다는 것을 보여주고 있다. 그래서 이 그림을 보게 되면 감정선의 끝부분이 중지의 근원인 토성구 부분에서 살짝 구부러지면서 두뇌선과 달라붙은 상태가 나타나 있는데, 이런 사람들의 성격은 이성 문제에서 유별날 정도로 감정에 치우치기 쉬운 유형이 되고 있다.

이런 사람들의 애정 문제는 자기의 감정에 치우치기 시작하면 이성

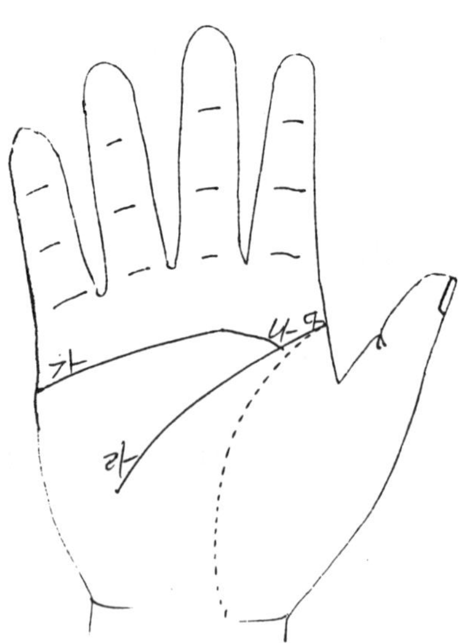

이나 지성 같은 것은 아예 싹 잊어버린 채 감정의 포로가 되어 버리기
쉬운, 열렬하면서도 냉정하기 쉬운 애정 표현이 상대자로 하여금 참
으로 알 수 없는 사람이라는 의식을 갖게 해 이 사람의 곁을 떠나가
버리게 되어 파연을 면하기 어렵다는 그림인 것이다. 만약에 조금만
더 침착하고 이성을 잃지 않는 처세를 하게 된다면 이와 같은 결점은
보완이 될 거라고 한다.

⒁ 침착한 지성으로 사랑을 하는 수상

　이 그림은 연애를 할 때나 가정 생활을 할 때나 아주 침착한 태도
로 애정 표현을 하게 되고 진지한 사랑을 하게 된다는 사람의 표본을
보여준 것이다. 그림 (가)에서 (나)를 잇는 (가)의 출발 지점이 보통
사람들의 감정선과 다르다는 것을 알 수 있다. 점선으로 이어 보이고
있는 A가 정상인의 것인데, 이 경우에는 수성구에서 목성구에까지 이

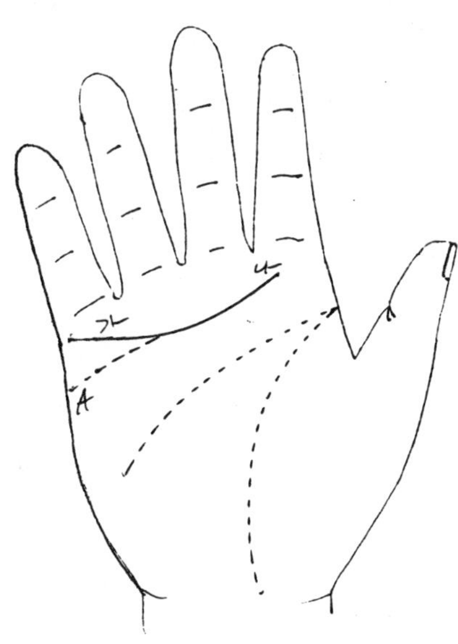

어지면서 반원을 그리고 있다. 그러나 이것은 금성대가 아니라는 것을 알아둘 필요가 있다.

이러한 사람의 성격은 소위 순정파라 하는데, 사랑을 하더라도 진실하고 청순한 애정을 지켜나가면서 성실하고 정직한 사람들에서 흔히 있는 것이다. 이런 사람들은 상대방의 외모나 육체적인 미에만 끌려 정에 치우쳐 버리게 되는 일이 결코 없는 순박한 애정을 진실되게 지키기 때문에, 시체말로 화끈한 멋은 없을지라도 사랑을 주고받는 사람들끼리는 상당히 오랜 시간을 두고 진지하게 사귀고 부모나 형제들로부터 축복을 받는 행복한 결혼 생활을 누려 나갈 수 있다는 과정을 차근차근 밟아가는 경우를 보여준 그림이다.

(25) 극단적인 애정에 빠지기 쉬운 수상

애정 문제에 대한 여러 가지의 유형들은 이미 전술한 바 있지만, 이

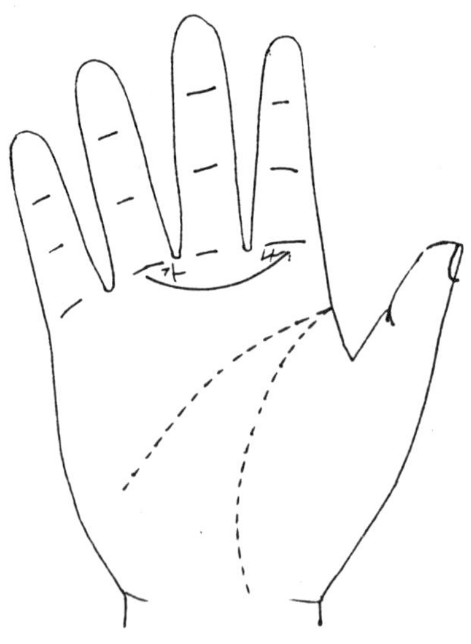

번에는 극단적인 애정으로 빠져들기 쉬운 경우를 이 그림에서 보이고
있다. 이 그림은 감정선 (가)와(나)가 연결돼 있는 감정선의 길이가
매우 짧은 것이 특징인데, 태양구에서 시작해 목성구 쪽으로 반달처
럼 약간 굽어지면서 형성되어 있기 때문에 태양구의 의미와 목성구의
의미가 한데 결집된 성격을 나타나게 되어 있다.

 이런 감정선을 가지고 있는 사람의 성격은 감정이 지나칠 정도로 단
기(短期), 즉 외곬수로 빠져들기 쉬운 경향이 나타나므로 마음의 정열
을 쏟아낼 때는 무쇠라도 녹일 것 같은 정열을 보이게 되지만, 이것이
또 식어지면 얼음처럼 차가운 성격이 수시로 교차하는 성격의 소유자
가 되는 것이다. 그래서 이런 사람의 애정 관계는 극과 극으로 치닫기
가 쉽기 때문에 서로가 좋았을 때는 이 세상을 모두 준다 해도 안중에
없을 만큼 열렬한 애정 행각을 벌이다가, 어느 한편의 실수로 인해 서
로간에 오해가 있게 되었을 때에는 금방 돌아서 버리는 아주 냉담한
반응을 보이며 이제는 사랑 끝 하고 돌아서 버리는 사람의 상을 보여
준 것이다.

(26) 감정선에 나타난 기호의 식별

 감정선에 나타나고 있는 기호는 식별하기가 매우 어려운 것이다.
왜냐하면 감정선은 통상적으로 볼 때는 모두가 흐트러진 것처럼 보이
기 쉽기 때문인데, 감정선의 끝부분이 짧은 선으로 끊어져 있는 (가)
와 (나)를 끊은 B의 상태는 애정 관계로 애인과의 이별을 나타내 주
고 있는 것이며, 또 감정선의 중간의 C의 사각형 기호는 애인과의 감
정 문제에 대한 커다란 갈등을 나타내 주고 있는 것이다. 그러나 언젠
가는 오해가 풀려 다시 만나지는 것을 의미하고 감정선에 나타나는 A
의 기호는 애인과 다투게 될 것을 나타내며, 감정선의 끝부분이 별형
으로 끝나 있는 사람은 애인이든 부부간이든간에 질투로 인한 정신적

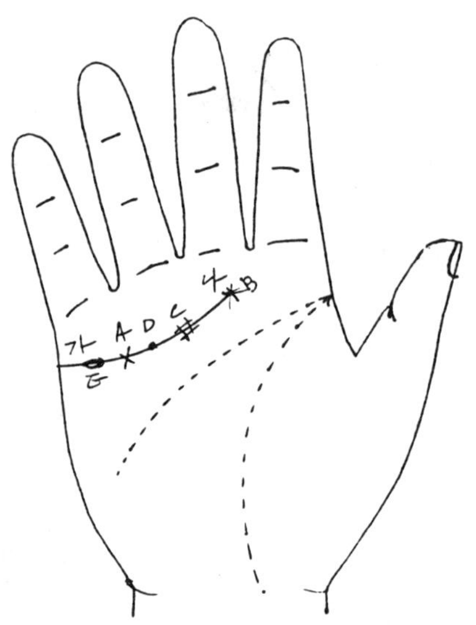

인 견해 차이에서 오는 이별이나 별거 등을 뜻한다. 또 감정선 위에
나타나 있는 D의 반점은 슬픈 일이나 실망을 안겨주는 일들을 예고하
고 있는 것이고, E의 섬형의 기호는 감정의 슬픔을 나타내는 것으로
애인이 병이 들었다거나 부인이나 남편이 사고에 의해 병원에 입원을
하고 있다거나 하는 의미를 나타내고 있는 비련의 상을 말하고 있는
것이다.

4. 운명선을 보는 법

운명선이라 하는 것은 손바닥의 한가운데에 나타나 토성구를 거쳐 가운데 손가락을 향해 세로로 뻗어올라가고 있는 선을 말하는데, 인간의 운기에 대한 흥망 성쇠를 나타내는 데에 가장 중요한 손금이라 할 수 있겠다. 사회적 활동에 있어서 어떠한 생활을 통해 어떠한 생활을 영위해 나가면서 어떠한 운로를 통해 흥하거나 망한다는 운세의 과정을 어떻게 변화시키면서 성공과 실패의 패턴이 이뤄지고 있는가 등을 주로 보는 선이기도 하다.

그래서 한 인간의 운로가 어떠한 역경과 고난을 통해 어느 시기에 어떠한 성공을 하게 되는가의 운명 노정이 나타나게 되는 것인데, 이 운명선이 어떠한 형태로 나타나면 좋은 것이고 또한 나쁜 것인지를 적어나가 보기로 하자.

운명선이 좋다고 판단하게 되는 것은 운명선의 시작이 손목의 바로 위에서부터 시작하여 가운데 손가락의 근원부에까지 굵으면서 똑바로 아주 힘있게 뻗어올라가고 있어야 하고, 주요 삼대선인 운명선, 두뇌선, 감정선 등이 아주 좋은 상태로 나타나 있게 되면 제일 좋은 운명선이라 할 수 있겠다.

이러한 상태로 운명선이 잘 나타나 있는 사람은 지혜와 정감과 의지력이 왕성해지게 되어 힘찬 전진과 발전이 있게 되며, 실천력이나 능

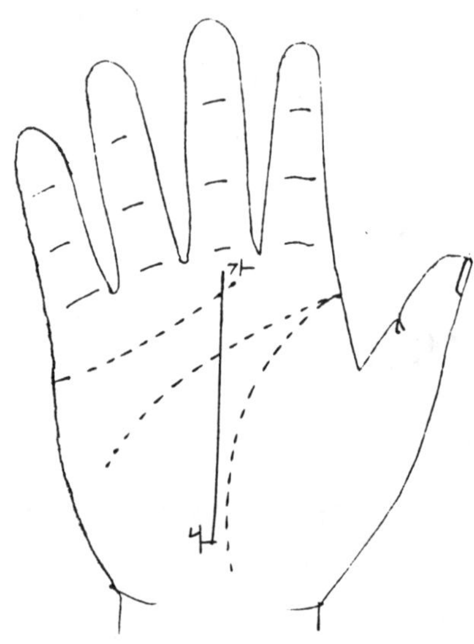

력이 갖춰져 있어서 운명적인 운로가 끊임없이 상승 일로로 치닫고 있는 것으로 나타나지게 되는 것이다. 그런데 수상을 보아주게 되는 경우에 가끔씩 받게 되는 질문 중의 하나가, 나는 운명선이 이렇게 잘 뻗어나가고 있는데 어찌하여 운로가 열려지지 않는지 모르겠다면서 손바닥을 내어미는 것을 보게 되는 때가 많이 있다. 이와 같은 경우에 있어서는 주요 삼대선은 아예 제쳐 놔 버린 채 운명선 하나만을 가지고 애기한다는 사실을 설득시켜야 하는 고충이 따르게 된다는 사실을 먼저 알고 난 다음에 운명선 판단의 요령을 알아 두어야만 할 것 같다.

그래서 이상과 같은 경우를 겪지 않게 하기 위해서라도 운명선이란 어디까지나 생명선과 두뇌선 그리고 감정선을 충분히 관찰하고 난 다음에야 판단해야 한다는 원칙을 절대로 어겨서는 안 된다는 사실을 명심해야 한다. 그 이유는 신체가 건강해야 인간의 활동이 원활하게 되고 정신 상태가 건전해야만 건전한 사회 활동을 할 수 있을 것이며 감정의 상태가 원만해야만 사회적인 처세를 원만하게 해나갈 수가 있기 때문이다. 이와 같은 세 가지의 원칙이 삼위 일체가 되어져야만 성공으로 이끌어가는 운로가 아주 건전하게 열려진다는 자명한 이치이기 때문이다.

건강적인 면을 먼저 판단해 보려고 하면 생명선을 보고, 정신적인 의지력이나 사고력을 판단해 보려 하면 두뇌선을 보면 되고, 감정의 원활 유무를 보려 하면 감정선을 보고 난 다음에 그 사람의 체력과 정신 건강은 얼마 만큼의 활동이 가능하겠느냐의 척도에 따라 운명선의 운로를 판단하는 열쇠가 나온다는 원칙이 정립되어지기 때문이다. 그래서 수상학자들이 수상을 보면서 실직자나 거지의 손에서도 운명선이 나타나 있다는 것을 얼마든지 보게 되는데, 실직자라고 해서 평생 동안을 실업자일 수는 없는 것이고 거지라고 해서 태어날 때부터 거지가 아니라는 사실을 명심해야 할 것이다.

제아무리 운명선이 잘생겼다 하더라도 그 사람의 정신적인 건강 상태가 존경받지 못할 정도로 저속하면서도 나태한 면이 나타나게 되었다면 거지의 손바닥에 나타난 운명선이란 깡통이나 채우도록 얻어먹는 데 밖에는 아무 쓸모가 없는 것이라는 얘기가 되는 것이며, 보통 사람들의 경우에는 운명선은 도저히 찾아 볼 수가 없는데도 주요 삼대선만 착실하게 나타나 있다면 남부럽지 않을 정도의 재명을 얻어가면서 행복하게 잘 살아나고 있는 사람들이 얼마든지 있다는 사실 하나만 보더라도, 운명선의 비중보다는 삼대선의 작용이 더 중요하기 때문에 이것을 바탕으로 한 운명선의 좋고 나쁜 판단이 필요하다는 사실을 알아야 할 것이다.

(1) 위대한 성공을 나타낸 수상

이 그림처럼 운명선이 손목의 바로 위인 (나)의 지점에서부터 시작하여 중지의 근원부인 (가)의 부분에까지 힘차게 뻗어 올라가고 있는 상은 위대한 성공을 하게 되는 수상이다.

이러한 경우에는 자기 혼자의 노력에 의한 성공을 나타내 주고 있는 것으로 물질적인 혜택을 많이 입게 되는 것을 의미한 것인데, 이러한 수상은 모든 면에서 아주 세심한 관찰에 의한 사고력을 바탕으로 꼼꼼하면서도 빈틈없는 계획에 의해 꾸준한 노력을 하여 인해 아주 확실한 기반을 닦아나가고 있는 사람들의 손에서 주로 나타나고 있다. 만약에 두뇌선 (다)와(라)가 굵고 명확하게 손바닥을 가로질러 이어져 나가고 있는 상태가 나타나면 더더욱 견실한 활동을 하게 되며, 태양선 (마)와(바)까지 나타나 있다면 반드시 위대한 성공을 할 수 있다는 것을 보여준 것으로, 이러한 수상을 가진 사람들은 군인이나 정치가, 실

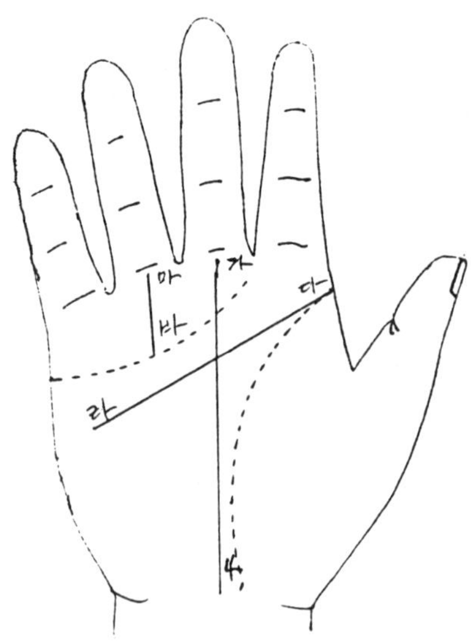

업가, 공무원 등의 직업이 적합한 것이고, 수명도 길어 건강하게 장수
를 누리게 되는 경우가 많다고 하는 수상을 나타내고 있는 그림이다.

⑵ 부와 명예를 함께 얻는 수상

이 그림은 운명선이 힘차게 뻗어져 올라가고 있으며, (가)와(나)의
이어진 운명선에서 지선(ㄱ과ㄴ)의 지선이 검지의 아래인 목성구에까
지 올라가고 있는 수상을 가진 사람은 엄청난 발전을 할 수 있다는 것
을 알 수 있는 것이다. 그것은 목성구의 의미인 권위 등의 길상 작용
이 나타나 있는 것으로, 상향적인 향상심에 불타는 분발에 의해 부단
한 노력에 의한 명예와 권력을 구하게 되기 때문에 마침내 권력을 얻
게 되고 명예를 드날리는 입신 양명의 계기를 잡게 되는 상인데, 이러
한 수상으로서 (다)와 (라)의 태양선마저 좋게 나타나 있다면 중년기
인 30세에서 50세를 맞이하게 되면 영광된 발전의 권좌를 잡아보게 된

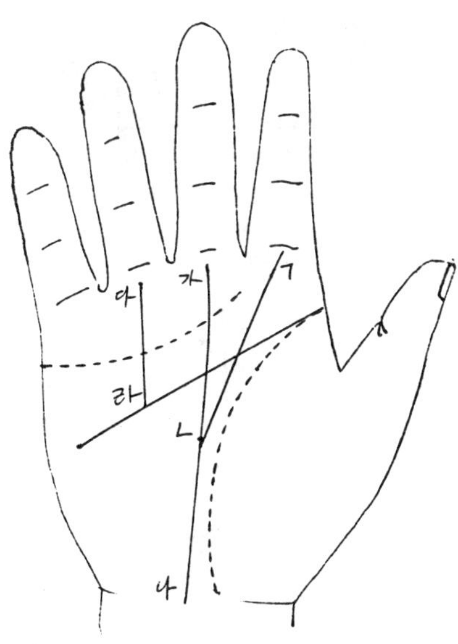

다는 상을 보인 그림이다.

⑶ 자수성가를 하게 된 재산가의 수상

이 그림은 운명선이 똑바로 손목에서부터 가운데 손가락 아랫부분인 토성구를 향해 뻗어올라가다가 방향을 살짝 바꾸면서 무명지의 근원인 태양구 쪽으로 커브를 그리면서 올라가고 있는 그림이다. 이러한 수상이 나타나면 운기가 아주 강력하게 나타나 발전성이 많다는 것을 암시하고 있기 때문에 구태여 남의 힘을 빌리지 않는다 하더라도 자기 혼자 힘으로도 능히 자수 성가를 하게 돼 성공을 거두는 상으로 화려한 사회적 위치를 차지하게 되고, 세월이 더해 갈수록 재물이 늘어나 재산가의 칭호를 듣게 될 수상을 보여주고 있는 것이다. 우리들 주위에서 흔히 볼 수 있는 자립 성공을 했다는 사람들의 수상이 이러한 유형을 하고 있는 경우가 꽤 많다는 사실을 알려주고자 한다.

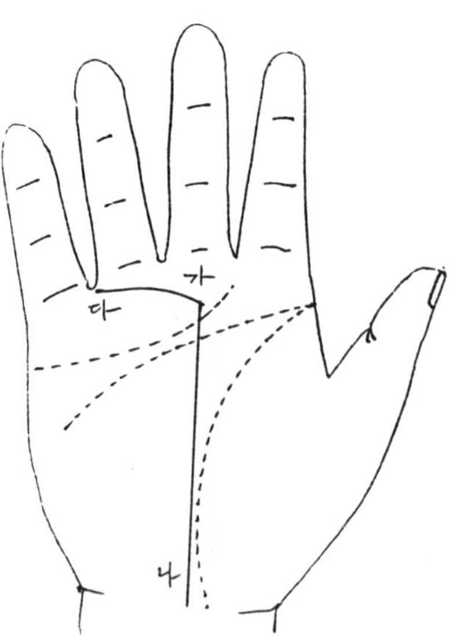

⑷ 명예와 부를 함께 얻는 대길의 수상

이 그림은 명부 쌍수의 대길상을 보여준 수상인데, 군인이나 정치가로 대성을 한 사람들이나 재계의 거물급 인사 등에서 흔히 찾아 볼 수 있는 사람들의 수상이라서 웬만해서는 찾아보기 힘든 상이다. 그림115에서 보인 운명선은 운명선의 흐름이 명확하게 나타나고 있으며 그 지선 (다)와(라)의 두 개가 A의 지점에서 갈라지면서 한 개는 약지의 아래인 태양구로 뻗쳐올라가고 있으며, 또 하나는 검지의 밑에 있는 목성구로 뻗어올라가고 있어서 그 모양이 마치 피뢰침을 연상하게 한 그림이 되었다. 이와 같은 수상을 가지고 있는 사람은 명예와 권력과 재물을 함께 얻게 되며 인기도 좋아 영화도 누리게 된다는 하늘이 준 복을 받은 사람이라 칭하는 상을 보인 것이다.

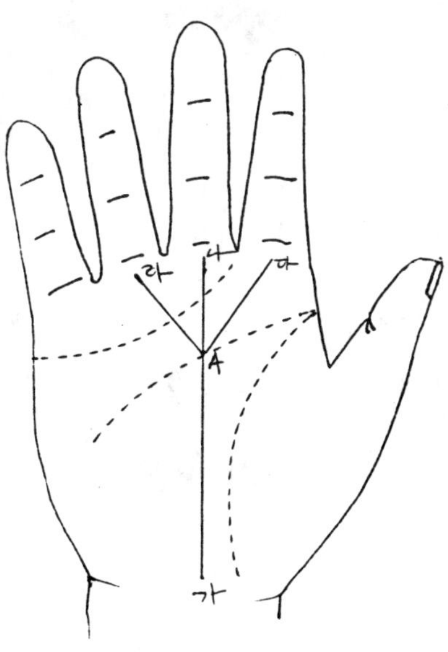

⑸ 재운이 날로 열리는 수상

이 그림은 운명선이 명확하게 중지의 아래 (나)의 지점으로 뻗어올라가고 있으며, 그 중간 지점인 甲의 부분에서 또 하나의 지선이 나타나 성공과 성취 행복 등의 의미를 가지고 있는 태양구의 위쪽 약지의 밑에까지 뻗어 올라가고 있는 것이다.

이러한 상을 하고 있는 사람은 침착하고 깊은 사려의 사람으로 매사에 신중을 기하는 계획성과 더불어 희망찬 성공의 여건을 스스로 조성해 나가면서 타인들의 호응을 받게 되고 협조 또한 얻게 된다. 그래서 이런 사람은 재물이 풍부한 커다란 행운을 가지게 된 사람으로, 이 사람이 하고자 하는 일이라면 매사에 순조롭게 진행돼 나가면서 재물을 얻게 되는데다 재리가 날로 더해지는 호운이 있음을 나타내 주고 있다. 그리고 이러한 상의 사람은 실업 예능 방면에서 대성을 하게 된다.

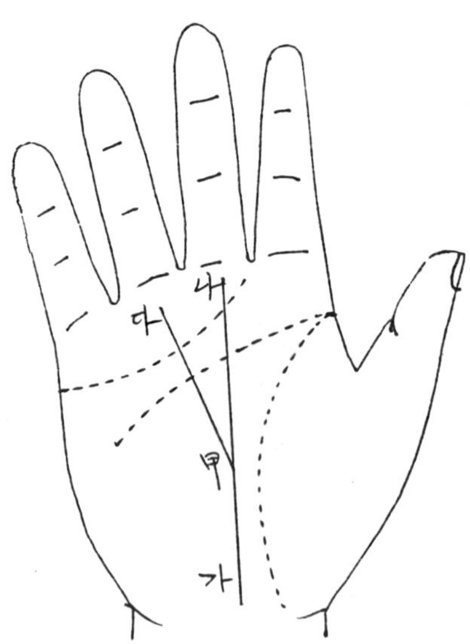

⑹ 상업에 뛰어난 재간이 있는 수상

우리들의 주변에서는 장사를 잘해 거부가 된 사람들이 꽤 많은데, 이러한 사람들은 어느 누구보다 뛰어난 장사꾼의 재질을 타고난 사람들이라 할 수 있다. 아래 그림의 경우가 바로 상업적인 재간이 뛰어났다는 장사꾼의 수상을 보여준 것이다.

이 그림은 운명선 (가)의 지점에서 시작을 해 (나)의 지점인 토성구에까지 곧게 뻗어올라가고 있는데다, A의 중간 부분에서 지선이 하나 나와 수성구로 올라가고 있는 상을 보여주고 있다. 이런 사람은 수성구의 의미인 과학적인 지능도 뛰어나지만, 재리의 애호라는 면에서 더욱 더 지기를 가지고 있어서 앞 그림의 앞사람 경우보다 더 상업적 재간이 월등한 사람으로, 사물의 판단에 기민한 활동을 하는 선견지명적인 안목이 있는 사업가의 기량을 보여주면서 성공을 하는 상이다.

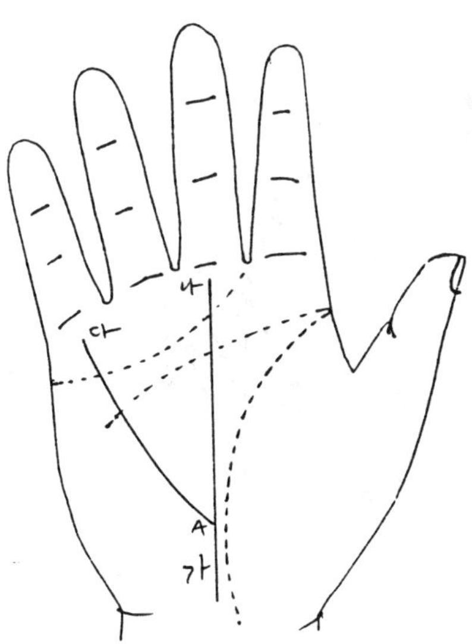

(7) 아주 강력한 운세를 타고난 수상

사람들이 흔히 말하기를 운수가 대통했느냐는 인사를 주고받는 경우가 더러 있는데, 남들은 고전하고 있을 때 유독 어느 한 사람만은 꺾일 줄도 모르는 운수가 열렸는지 고난을 겪지도 않고 불황을 모르는 성업으로 일익 대성의 길을 매진해 나가고 있는 사람에게 하게 된 말이라 하겠다.

이그림은 바로 이상과 같은 사람의 경우를 나타내 주고 있는 경우인 것 같다. 이상의 그림을 보게 되면 운명선은 곧바로 (가)의 지점에서 (나)의 지점으로 일직선이 되게 뻗어나갔는데, 또 한 가닥의 운명선은 (다)지점인 손목 부위에서 또 시작해 목성구(다)에까지 뻗어나간 것이다. 이러한 상의 사람은 부자가 되는 것은 말할 것도 없고 명성까지 떨치게 될 행운을 타고난 사람인 것을 나타내 주고 있는 것이다. 그래서 시체말에 회장님들의 수상에서 많이 볼 수 있는 수상이다.

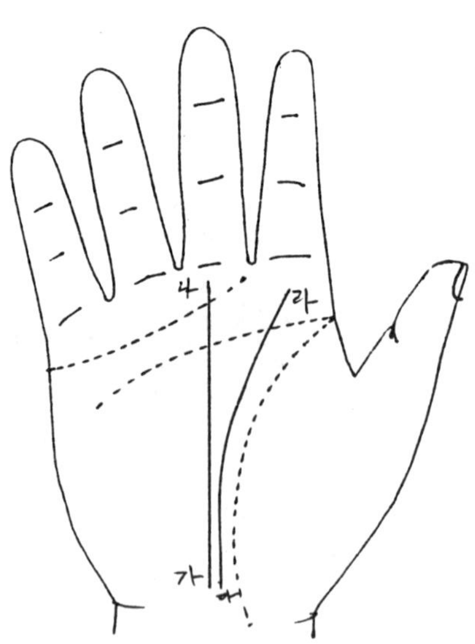

⑻ 운수가 열려지고 있는 수상

이 그림은 운수가 이제야 대통을 하려는 조짐이 나타나 앞길이 점점 열려지고 있다는 상을 나타내 주고 있다. 이 그림을 한번 살펴보게 되면, 운명선이 손목 부위인 (가)에서부터 시작하여 토성구에까지 힘차게 뻗어올라가고 있는데, 운명선의 양편으로는 A, B, C, D와 같은 지선이 하나같이 위쪽을 향해 마치 나뭇가지처럼 뻗어올라가고 있는 것을 볼 수 있다.

이러한 선을 가지고 있는 사람은 운명선의 힘을 강력하게 도와주는 의미가 있기 때문에 앞으로 점점 운수가 대통하게 될 희망적인 예시를 해주고 있는 그림으로서, 전도가 무궁한 대발전이 있게 될 운명선을 보인 것이다. 그래서 이와같이 나타난 운명선은 미래에 다가올 호운의 예시를 받고 있는 상이 된다.

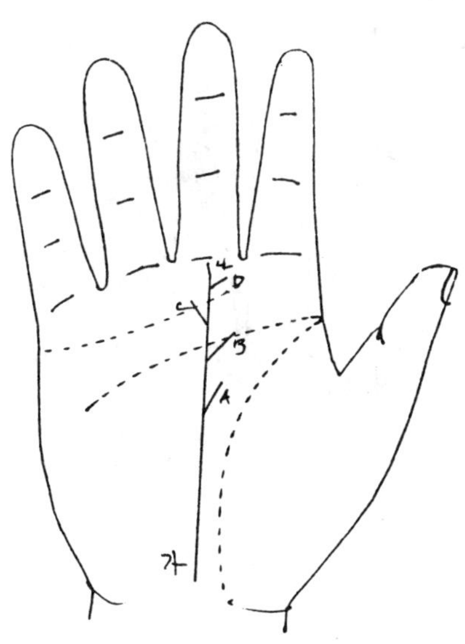

(9) 아내의 덕으로 성공할 수상

우리들의 주위에서 누구누구는 처덕이 많아 마누라 때문에 성공을 했다거나 애인을 잘 만나 팔자를 고쳤다거나 하는 얘기를 종종 듣게 되는데, 지금 아래에서 보이고 있는 그림은 바로 그런 사람의 상은 이렇게 생겼다는 것을 보여주고 있다.

그런데 이 그림에서 본 운명선은 유별나게도 (가)의 지점인 월구에서 시작돼 비스듬하게 목성구와 토성구의 중간쯤 되는 지점을 향해 올라가다가 감정선의 중간 지점을 지나 (나)의 지점에서 감정선과 함께 만나지게 되었다. 그래서 이와같은 운명선의 사람은 공상가이자 애정이 풍만한 감성형이 되고 있기 때문에 좋은 여자와의 인연이 맺어지게 되어 여자의 힘에 의한 재력을 기반으로 대성을 거두는 그림을 보여준 것이다.

※ 이러한 사람은 오랜 기간 동안 연애를 하고 있는 사이의 인간 관계가 아주 원만한 것으로 알려져 있다.

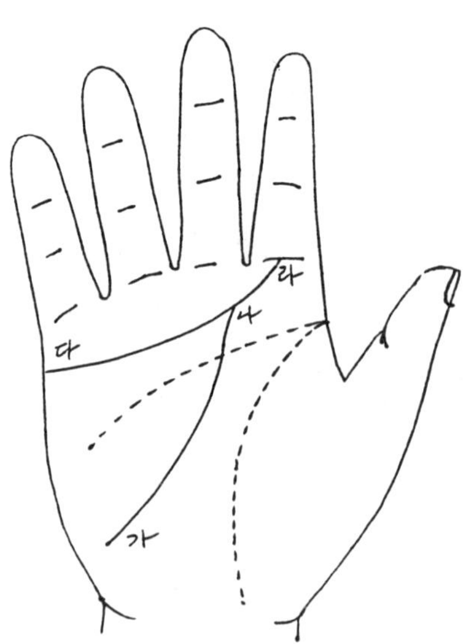

(10) 거북이 걸음처럼 아주 느린 성공을 하는 수상

사람이 살아가면서 자기가 마음먹은 대로 성공이 된다면 얼마나 속 시원하겠는가? 그러나 성공과 실패는 참으로 운명적인 것이기 때문에 인간들의 마음대로 되지가 않는 것을 어찌할 것인가. 그러나 지금 보여준 이 그림은 운명선이 아주 잘 뻗어나가 있는데 중지의 아래 (나)의 부분인 토성구에서 잘라질 듯하면서 또 옆에서는 한 선이 이어주고 이것마저 또 잘라지려고 하게 되면 또 한 선이 이것을 또 이어주는 운명선이 되고 있다.

이러한 운명선을 가지고 있는 사람은 무슨 일이든간에 잘 돼나가다가 중도에서 좌절을 하다가는 또 어떻게 피해 나가게 되곤 하게 되는, 약간의 시련을 몇 번씩이나 겪어가면서 성공을 하게 되기 때문에 거북이가 걸음마를 배우듯이 화끈하게 일어서지 못하고 템포가 매우 느린 성공을 하게 되는 것을 보이고 있다.

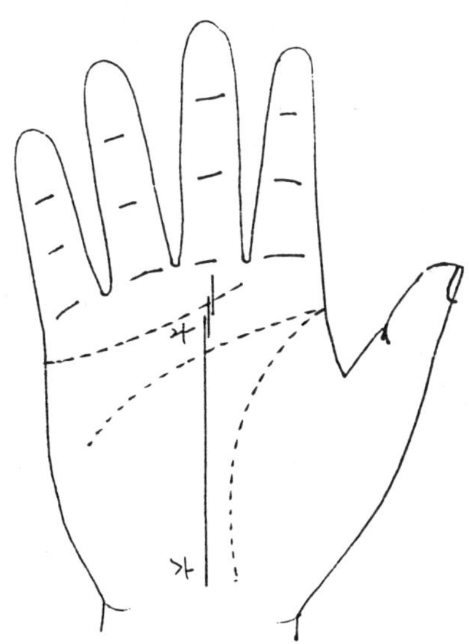

(11) 중년이나 되어야 좋아지는 수상

　우리들의 속언에는 초년 고생은 사서라도 하라는 말이 있는데, 부모의 덕이 없어 초년기에 아주 쓰라린 고통을 당해가면서 살아나가고 있는 사람들을 위로해 주는 말로써, 초년기에는 고생이 좀 되더라도 이 그림에서 보여준 것처럼 중년에서부터라도 좋아지기만 한다면 얼마나 다행스러운 일이겠는가. 그래서 이 그림을 잘 보게 되면 어떠한 사람이 중년부터라도 좋아지는지를 알게 되겠다. 그림의 (가)(나) (다)를 잇는 삼각 지점에서 운명선이 나타나기 시작했는데, 이 지점의 연령기가 바로 35세의 부위이다. 그래서 35세까지 고생고생을 해가면서 쌓아올린 기반 위에 성공의 결실을 거둬들이게 되는 유형이 되기 때문에 고진감래라는 격언처럼 노후에나 가서야 행복을 구가할 수 있는 늦복이 터진다는 상을 보여준 그림이다.

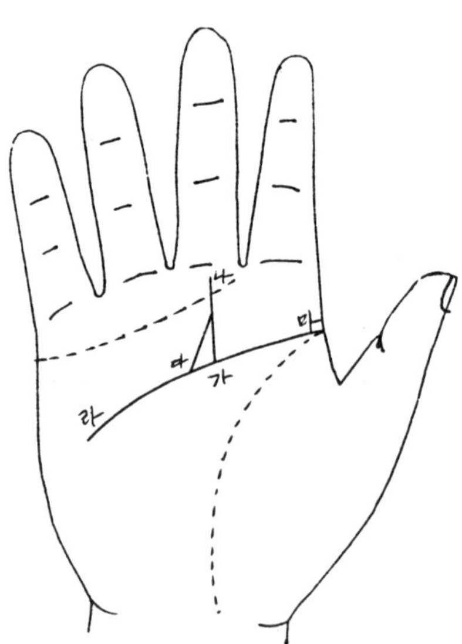

⑿ 말년 팔자가 구자로 늘어진다는 수상

  사람의 한평생 동안 좋은 운수 한 번을 제대로 만나 보지 못해 허구한 세월을 두고 동분서주해가면서 기를 써가며 노력을 해보았댔자 팔자라는 가련한 인생을 살아가고 있는 사람들이 허다한데, 이 그림에 나타나고 있는 사람은 말년 팔자라도 구자로 늘어난다는 사람을 나타내 주고 있는 것이다. 이 그림은 운명선이 손바닥의 가운데서 시작이 되는 것이 아니라 감정선인 (다)와(라)의 (가) 지점에서 생겨나 (나)의 지점으로 토성구를 향해 올라가고 있다. 그래서 이러한 선이 나타나 있는 사람은 초년과 중년까지는 고생을 하기 싫어도 해야만 하게 되었더라도, 말년에 가서는 운수가 활짝 열려 초곤막탄이라는 말처럼 노후의 인생이나마 행복하게 살게 된다는 그림인 것이다.

※ 감정선에서 갈라진 운명선은 예술이나 과학 등의 분야에서 대성을 하게 된다.

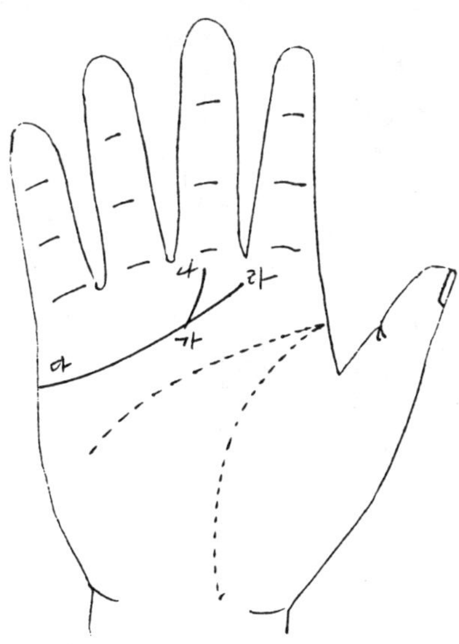

(13) 자기가 희망하는 일에 발전이 있는 수상

사람이 이 세상에 태어나 크던 적던 희망이 없는 사람은 아마 없을 것이다. 그러나 그 희망이 어떠한 것이며 어떠한 과정을 통하여 이루어질 것인가가 문제인 것이다. 이 그림에서 보여준 것은 명예적인 것과 지배적인 의욕의 것으로 운명선이 (가)의 지점인 손목에서부터 시작하여 중지의 밑부분인 토성구 甲의 지점에서 검지가 있는 목성구 쪽으로 골프크럽처럼 휘어지면서 올라가고 있는 그림이 되고 있다.

이와 같은 경우에는 목성구의 의미가 아주 강하게 작용하게 돼 명예적인 공명심을 꿈꾸게 되고 권력을 가지고 만인지상의 윗자리에 군림하여 남들을 지배하고자 하는 자부심을 가지고 자기의 길을 찾아가게 되는 것으로, 자기가 희망하는 일에 대해 소기의 목적을 달성할 수 있는 상인 것이다.

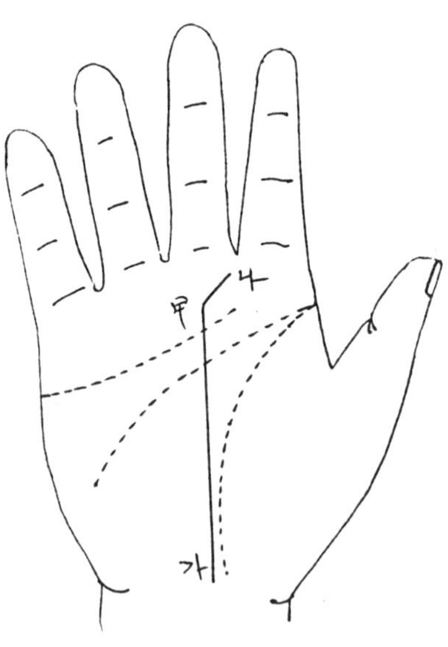

⑭ 연애 결혼으로 운명이 바뀌어지는 상

　인간이 태어나 성년이 되면 사춘기라는 과정을 거쳐 연애를 하게 되
는 결혼전기의 과정을 겪게 되는 것이 현대 사회에서는 하나의 상식처
럼 되어지고 있다.　　이 그림은　연애에 의한 결혼이 이루어진 다음
에는 운명이 바뀌어지게 되는 경우를 보여주고 있다. 결혼이라는 과
정을 거치게 된 남녀 한쌍이 결혼으로 인해 운명이 바뀌어진다는 심오
한 철학의 경지를 설명하고 있는 것이다. 이 그림은 운명선이 아주 좋
게 뻗어올라가고 있는데, 그림(나)의 지점에서 (다)의 지점으로 지선
이 연결된 부분은 아주 좋은 면으로 운명이 바뀌어지게 되지만, (바)
와(마)처럼 지선의 연결이 없게 돼 있는 지선이 나타나게 되면 이성의
관계가 파연이 있게 돼 헤어지게 된다는 것을 보여주고 있다. 그래서
이 그림을 판정할 때에는 결혼선과 감정선을 종합적으로 판단해야 한
다.

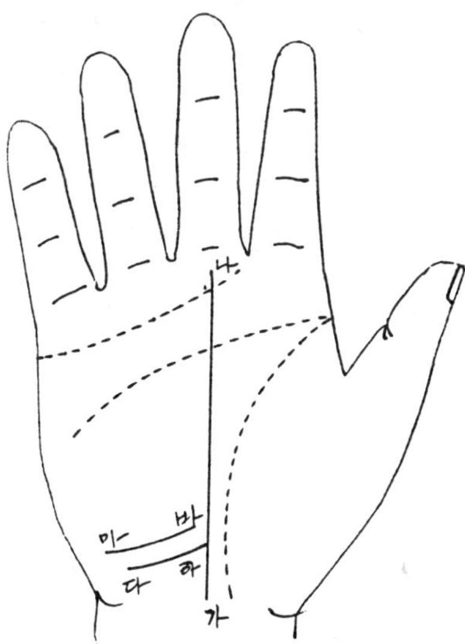

(15) 커다란 재난을 면하게 되는 수상

 사람들이 당할 수 있는 수많은 일 가운데 재난과 역경만 없다면 성공을 못할 사람은 아무도 없을 것인데, 그것이 어떠한 재난이고 어떠한 역경인지가 문제일 뿐이다. 그러나 이러한 고통이 없는 것 또한 인간들의 자만심을 불러 일으키게 될 요인이 되기도 해 참신한 인간상을 만들어 주게 된 스승은 따로 없고 운명적인 재난을 겪음으로 해서 얻어진 경험이 진짜 스승이 되는 경우가 많다는 사실인데, 이 그림은 운명선 (가)와 (나)의 중간 지점에 A의 사각형 기호가 이 수상을 가진 사람의 운명적인 재난이 만나지게 된 것을 보호해 주고 있다는 것을 보여주고 있어서 이러한 사람의 운명 노정에 교훈을 준 스승의 역할을 해주고 있는 그림이다.

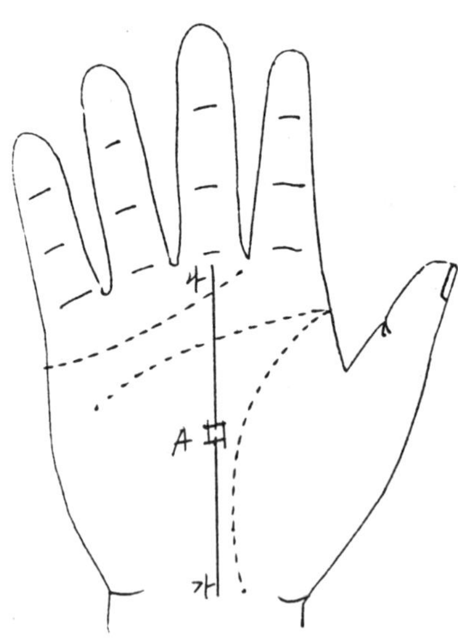

⒃ 운명의 변화가 가볍게 나타난 수상

이 그림은 운명선의 중간 A의 부분이 (가)와(나)가 연결된 중앙에 끊겨 끊어진 부분을 보충해 주고 있는 것을 보여 주고 있다. 이러한 운명선이 나타나게 되면 운명의 노정이 일사천리로 잘 풀려가다가 중도에서 갑자기 좌절을 당하게 되어 파산의 직전까지 이르게 돼 숱한 고역을 겪게 되지만, 다행스럽게도 A의 부분이 운명선의 단절된 부분을 옆에서 살짝 이어주고 있는 것으로 마치 전쟁통에 철교가 폭파돼 버린 것을 가교라도 세워 임시 개통을 하게 된 것과 같은 작용을 하게 되므로 어려움을 당하기는 하지만 비교적 경미한 것으로 어려움을 메꿔 나가게 되는 그림이다. 이러한 경우의 예로서는 어떠한 기업체가 부도를 만나게 되나 채권단에서 부도를 낸 기업체를 다시 일으켜세워 줘 기업이 다시금 회생하게 되는 경우와 같다 하겠다.

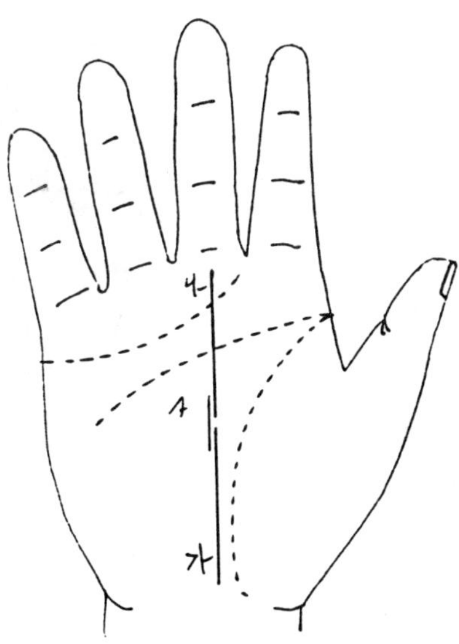

(17) 영감이 뛰어난 점쟁이 같은 수상

이 그림은 영감이 뛰어나게 발달한 수상을 보이고 있는 것인데, 감정선 (다)와(라)의 사이인 乙과 甲을 연결하는 지선이 운명선을 꿰뚫고 지나가면서 생명선으로 합쳐져 버렸고 (가)와 (나)의 운명선은 곧바로 손목 부분인 (가)에서 (나)의 부분까지 일직선으로 올라가면서 열십자(十)형으로 교차되고 있다.

이러한 사람의 경우에는 영감이 아주 뛰어나기 때문에 신묘한 경지에까지 감지하게 되는 특이한 수상이다. 그래서 이러한 수상을 가지고 있는 사람은 운명학자, 철학자 및 추리를 요하는 유능한 수사관이나 정보요원 등에서 흔히 볼 수 있는 것인데, 세인들을 놀라게 할 만큼 뛰어난 영감을 활용할 수 있는 사람들을 그림으로 보여준 것이다.

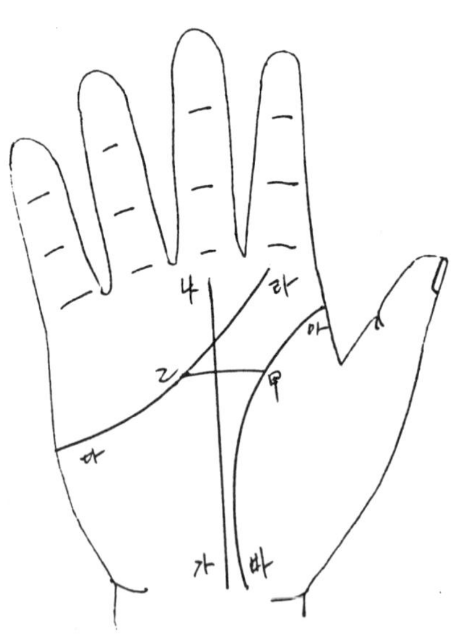

⒅ 발전을 기대해 볼 힘이 없다는 수상

　이 그림에서는 손바닥에 나타나고 있는 손금은 겨우 생명선과 감정선 그리고 두뇌선의 삼대 주요선만 보이고 있으며 운명선 같은 것은 전혀 나타나 있지도 않고 있는 것을 보여주고 있다. 이러한 수상은 대개가 평범한 보통 사람들의 손에서 흔히 나타나게 되는 선으로, 특별한 발전도 없고 야망도 없는 관리나 샐러리맨 등에서도 많이 나타나게 된다. 이러한 사람들은 젊어서나 늙어서나간에 무사하면서도 안일한 세월이나 보내면서 정년 퇴직이나 바라다보고 있는 유형에 속한 사람이다. 그러나 사회적으로 대성하고 있는 사람들 가운데서는 이러한 사람들이 가끔씩 나오고 있으니, 비록 삼대 주요선만 나타나 있다 할지라도 아주 좋은 상태의 선이 보이고 있어서 운명선을 대행해 주고 있는 경우가 되고 있는 것을 보게 된다.

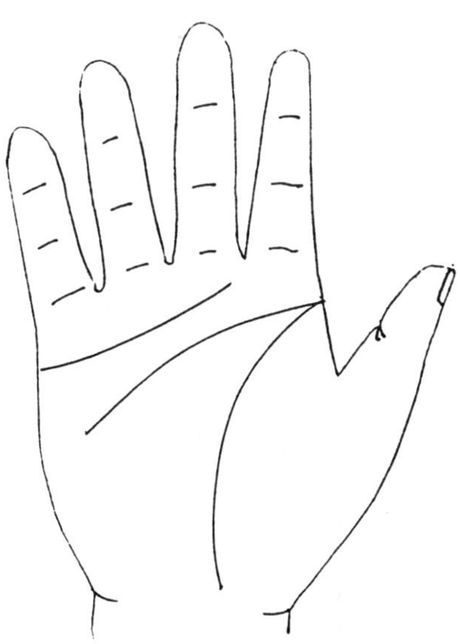

(19) 육친만을 위해 세상을 살아가는 사람의 수상

시대의 변천에 따라 대가족 제도가 날로 줄어들고 핵가족 제도가 점차 늘어나고 있는 것이 현대 사회의 특이성이라고 지적을 할 수가 있다. 이 그림은 대가족 제도의 희생자라 할 수 있는 육친 봉사의 수상을 보여준 것이 특징이라 할 수 있겠다. 그림과 같이 운명선의 시작이 손목의 약간 위에서부터 시작하여 장지가 있는 중앙을 향해 토성구에까지 뻗어올라가고 있지만, 운명선이 시작되고 있는 (가)의 부분에서 (ㄱ)과 (ㄴ)처럼 생명선과 삼각점을 이루면서 생명선과 함께 뻗고 있는 상이 된다. 이러한 상을 가지고 있는 사람은 부모나 형제를 돌보기 위해 피나는 고생을 해가면서 점진적인 발전을 하게 되는 상을 보이고 있으나, 만약에 태양선만 하나 더 나타나 있었다 하더라도 고생은 덜하게 된다는 수상을 보여주고 있다.

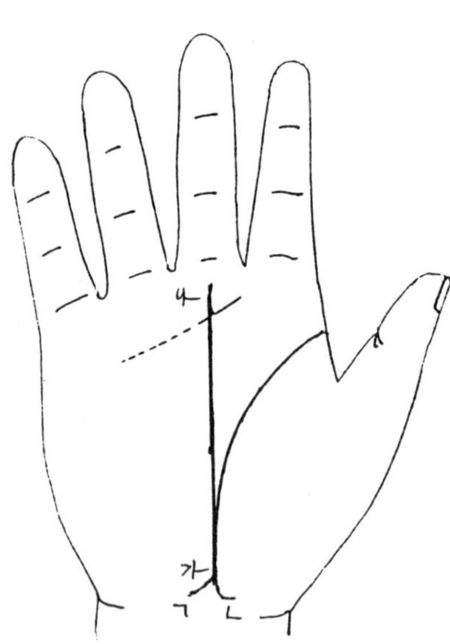

⒇ 천하를 통일했다는 징키스칸 같은 수상

섬나라 왜왕 풍신수길은 중원 43주를 모두 다 자기의 수중에다 집어 넣어 버리려고 했으며, 몽고의 징키스칸은 천하를 다 자기의 수중에 다 집어넣어 버리려고 하였다. 이러한 사람들의 수상이 그림 121에서 보이고 있는 것처럼 돼 있는 상인데, 그림에서 보이고 있는 것처럼 운명선이 가운데 손가락의 둘째 마디까지 뻗쳐올라가고 있으니 가히 천하통일을 해보려는 야심이 있을 법도 한 상이지만, 전근대적인 사회의 난시라면 모르겠으나 현대 사회처럼 조직이 강화되고 있는 사회에서는 오히려 좋은 상이라고는 할 수가 없는 상이다. 왜냐하면 자유주의 사상이 지상 목표처럼 되고 있는 현대 사회에서 어느 누가 독재나 독단적인 권력 추구를 갈망하고 있는 사람의 추종자가 되어주겠는가. 그래서 오히려 이러한 상은 스스로 불행을 자초할 수도 있다는 상이라 하는 것을 보여준 것이다.

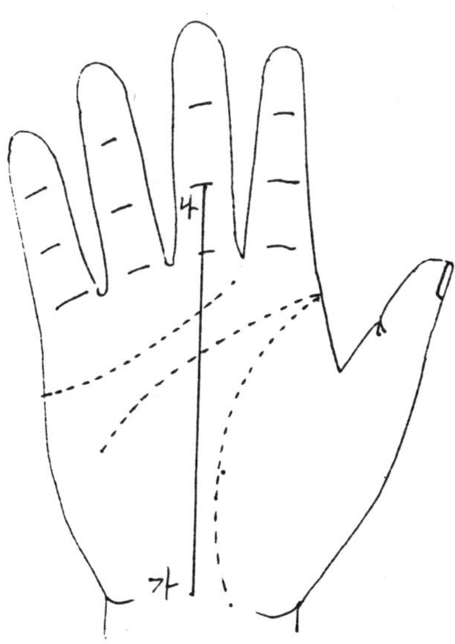

(21) 감정 때문에 실패를 자초할 수상

　인간들의 집합체 속에 생활하고 있는 우리들은 생존 경쟁의 활동 무대나 애정의 각축전 같은 것이나 할 것 없이 자기의 이성을 억누르지 못해 감정이 앞서게 되는 경우를 많이 겪게 되는데,　이 그림은 바로 감정이 지나친 감정 폭발이 있기 쉬운 사람을 보여준 것이다.

　그림의 (가)에서 (나)를 잇게 되는 운명선이, 감정선(다)와(라)를 연결하고 있는 중앙의 (나)에서 운명선과 교차가 될 뻔 하다가 맞붙어 버리게 되었다. 그래서 이러한 상을 하고 있는 사람은 자기의 감정을 억누르지 못해 애써 닦아 온 초중년의 운세를 막아버리게 되는 경우가 되어 버리고 만 그림을 보여주고 있다. 또 한편으로는 상사와의 관계 역시도 감정 대립이 자주 있게 되고, 심지어는 애정 관계에 있어서도 감정이 대립되는 경향이 많이 있어서 파멸을 자초하게 된다는 경고를 하는 그림이다.

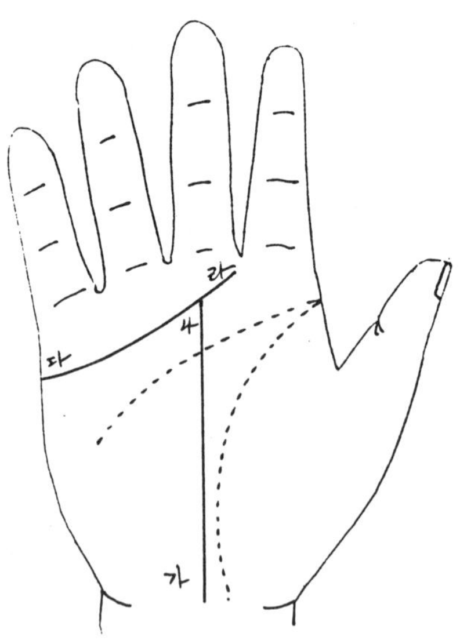

⑵ 애정 문제로 고통을 받는 수상

이 세상 사람들에게는 의식주를 해결하는 일만큼이나 애정 문제 또한 중요한 문제로 등장하게 된다. 그 중에서도 젊은 세대들이 더 많은 애정 문제를 가지고 많은 고통을 겪게 되지만, 기성 세대들도 젊은 세대들 못지 않게 가정적인 애정 문제나 사회적인 애정 문제 등으로 상당한 고통을 겪게 되는 경우는 얼마든지 있다. 이와 같은 사람들의 수상은 어떻게 생겨 있는지를 이 그림에서 보여주고 있는데, 이 수상을 얼핏 보게 되면 아주 좋은 수상처럼 보여지게 되지만 자세한 관찰을 해보게 되면 두뇌선과 운명선이 교차하고 있는 A의 지점에는 十자의 기호가 하나 나타나 있는 것이 보인다. 이것이 바로 애정 문제를 야기시키게 되는 아주 나쁜 기호인데, 운명선이 교차되는 지점에서 나타나 있기 때문에 애정 문제로 인해 한 인간의 운명까지도 뒤바뀌어 버리는지도 모른다는 경고를 하고 있는 그림을 보여준 것이다.

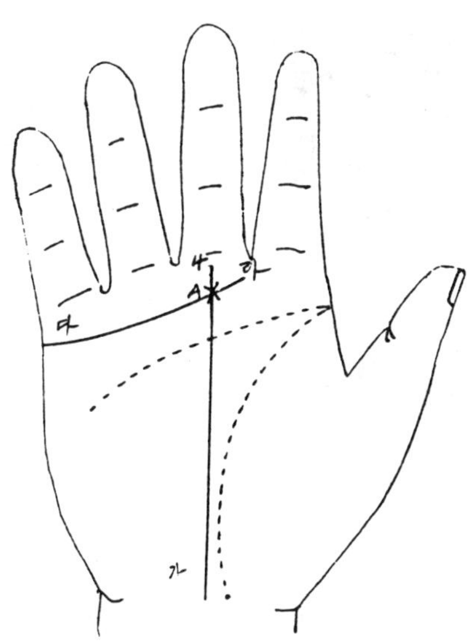

㉓ 애정 문제 때문에 실패를 하는 수상

앞장에서 보여준 경우는 애정 때문에 고통을 받게 된다는 수상을 보여주었지만, 이 그림은 애정 문제로 인해 실패를 하게 되는 경우를 볼 수 있다. 이 그림은 운명선 (가)와 (나)가 중지의 아래에까지 뻗어 올라가고는 있는데, (다)와 (라)가 뻗어나가고 있는 감정선이 운명선과 교차하고 있는 가운데 지점에서 섬형의 기호가 하나 나타나 있어서 바로 이것이 문제인 것이다.

그래서 이 그림의 사람은 애정 때문에 정신적 병이 먼저 들어버리게 되기 때문에 애정 문제를 떠난 세상만사가 모두 귀찮아진다는 생각을 하게 된다. 그래서 사업이나 직업 같은 것을 등한히 하게 되기 쉬워 실패의 원인을 만들게 되고 쓰라린 고통을 겪어나가면서 사랑의 열정에 빠져들었던 실책에 대한 엄청난 대가를 지불하게 되는 실연과 실패의 고난을 함께 겪는 그림을 보이고 있는 것이다.

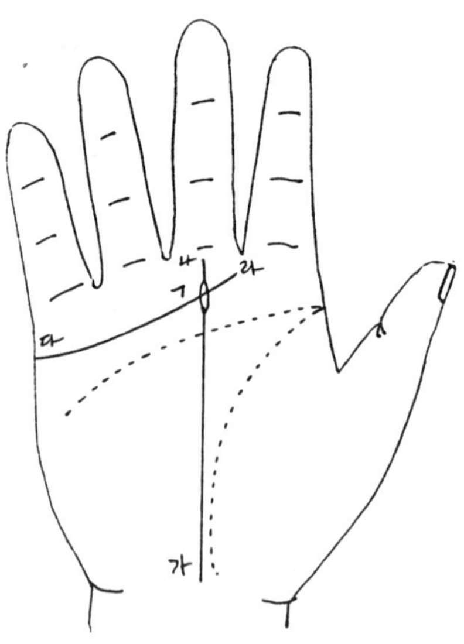

⑳ 역마 직성이 나타나 있는 수상

  우리들의 곁에서는 유별나게 바쁜 사람들이 간혹 있다. 그렇다고 일이 그렇게 바쁘다는 얘기만은 아닌 것이고, 무엇이 그렇게도 바쁜 것인지 동쪽에서 번쩍, 서쪽에서 번쩍 하면서 홍길동처럼 돌아다니는 사람들을 보게 되면 엄청나게 많은 돈이라도 벌고 있는 사람처럼 보여지기 마련이지만, 사실인즉 그런 것도 아니라는 것을 알게 되었을 때에는 옆에 있는 사람들이 말하기를 저 사람은 역마 직성이 들렸는지 왜 저렇게도 바쁘냐는 말을 하게 된다.

  이런 사람이 바로 이 그림인데, 이 그림을 보게 되면 운명선이 나타나 있기는 한데 마치 한떼의 파라미들이 일렬로 릴레이 경주라도 하고 있는 것처럼 꼬불꼬불 뻗어나가다가 딱 딱 끊어지고 있으니 실속도 없이 바쁘기만 한 것은 당연한 것으로밖에 볼 수가 없는 사람의 경우인 것이다.

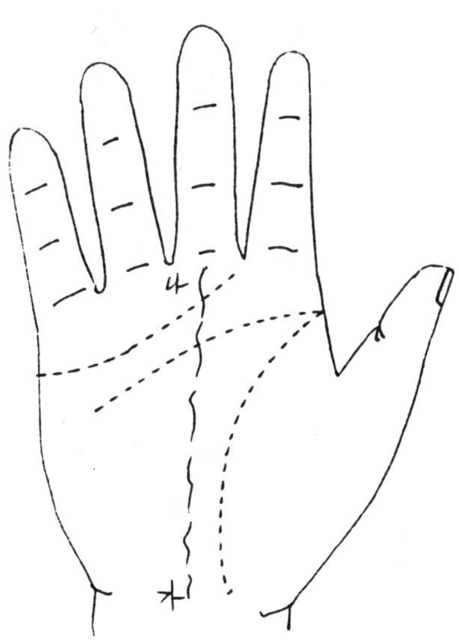

⒄ 일신상의 대변혁을 나타낸 수상

인간의 운명이란 참으로 알 수 없는 변화가 많은 것은 누구나가 알고 있는 일이라지만, 때에 따라서는 자기 자신도 알지 못할 엄청난 변화를 가져오게 되는 경우가 왕왕 있게 되는데, 이 그림에서는 수상학적으로는 어떠한 경우에 그렇게 되는가를 나타내 주고 있는 경우를 보여주고 있다. 그림에서 보이고 있는 운명선 (가)와(나)는 중지 쪽으로 올라가고 있는데, 중간에서 A와 B를 잇게 되는 지점쯤에서 딱 끊어지면서 옆으로 비껴져 다시 시작해 운명선 (나)의 지점에 까지 올라가고 있다. 이 선이 확실하게 잘 나타나 있는 사람의 경우에는 변화는 비록 크다 할지라도 오히려 더 좋은 운로가 열려나가게 될 대변혁이 있게 된다는 것을 나타내 주고 있는 그림을 보여주고 있는 것이다.

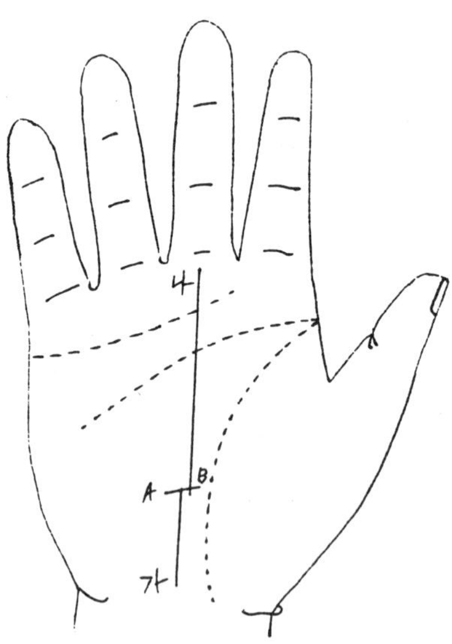

⑳ 중년의 운세가 약해지는 수상

사람이 태어나서 한평생을 좋은 운수만 타고났다면 어느 누가 고생을 하게 되고 또 남들보다 잘 못 사는 사람들이 있겠는가. 그러나 흥하고 망하는 것은 운명에 따라 변화되는 기복을 겪을 수밖에 없게 되는 것이다. 이 그림은 초년과 장년의 운세는 좋은데 중년의 운이 약해진다는 것을 보여준 그림이다.

그림(가)에서 (나)까지의 운명선을 자세히 살펴보게 되면, 운명선이 두뇌선을 교차하고 있는 지점의 (다)가 있는 곳이 아주 희미하게 나타나고 있는 것이 보이게 되는데, 이러한 현상이 나타나지게 되면 중년기에 접어들면서 운세가 약해져 매사에 고전을 면치 못하게 되지만, 끝부분에서부터는 다시 굵고 확실하게 나타나 있으므로 만년의 운세는 또다시 열려지게 된다는 손금이다.

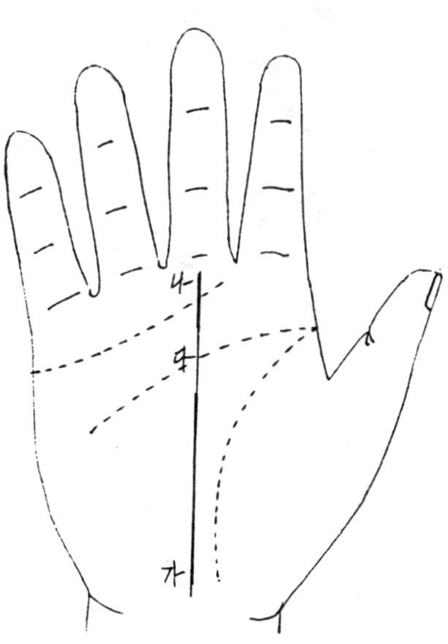

(27) 운명의 기복이 심하고 비참한 삶의 수상

　인간의 한평생에는 거룩한 명예도 좋고 부자도 좋겠지만, 큰 복이 없더라도 소박하게 살아가고 있으면서 기복만은 원하지 않는 것이 가장 행복한 인생살이를 하는 것으로 받아들이고 착실하게 살고 있는 사람들이 많은가 하면, 단 하루를 살다가 죽는다 하더라도 인생을 좀 멋지게 살아보아야 하겠다는 야심이 많고 기복은 비록 심하다 할지라도 남들보다는 좀더 화려하게 잘 살아보고 싶은 사람들도 있는 것이다.

　이 그림은 운명의 노정이 기복 투성이라는 것을 보여주고 있는데, 운명선 (가)에서 (나)를 잇게 된 운명선은 마치 지렁이라도 한 마리가 지나가 버린 것 같은 자국을 만들어 버리고 있다.

　그래서 이러한 수상을 가지고 있는 사람은 중구난방으로 기복이 많은 한평생을 살아가야만 한다는 그림인 것이다.

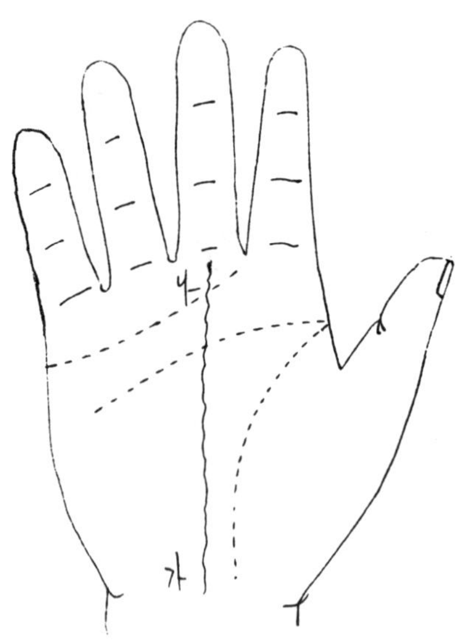

⑳ 머리를 쓰지 못해 손해만 보는 수상

머리가 좋아야 잘 산다는 것처럼 애기를 하고 있는 사람들도 있다.

그러나 머리가 좋다 해서 잘 산다는 보장은 없는 것이다. 그래서 천재가 거부 된다는 말은 아직까지 우리들의 사회에서는 없는 것이다.

이 그림은 머리를 잘못 써 손해를 보게 된다는 그림을 보여주고 있는 것인데, 이 사람은 머리가 나빠 머리를 잘못 쓴 게 아니고 그림에서 보이고 있는 바와 같이 운명선이 (가)와 (나)의 지점으로 뻗어나가다 두뇌선과 교차되고 있는 (다)의 지점에서 섬형이 하나 생겨나게 되었으므로 섬형 기호의 나쁜 작용 때문에 순간적인 실수에 의한 자기의 잔꾀에 자기가 넘어가버린 꼴이 되어 손해가 나고 있다는 것을 보여주고 있는 것이다.

그러니까 독자 여러분들도 이 그림을 염두에 두어 주기 바란다.

※ 그 연령을 알고자 하면 유년법으로 측정하면 되는데, 이 그림의 경우 33세에서 37세 사이가 된다.

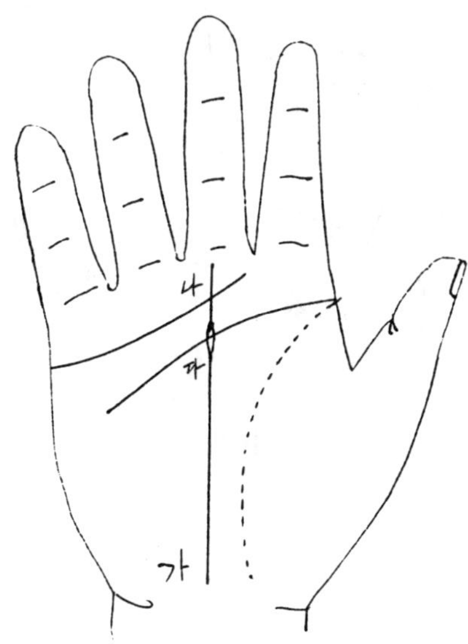

(29) 운명 노정에 대변혁이 있는 수상

  사람 팔자는 시간 문제라는 말을 쓰게 된 경우는 얼마든지 있게 되지만, 사람마다 출생의 기반이 따로 있어 어떤 사람은 가난한 집에서 출생을 하게 되고 또 어떤 사람은 부자의 집안에서 출생을 하게 되는 것은 세상만사가 고르지 못한 중에서도 가장 불공평한 것 같은 일 중에 하나라 하겠다. 이 그림은 대체적으로 부유한 가정에서 태어나 부모들의 재력에 힘을 입어 비교적 순탄한 발전을 거듭해 나가다가 중년기에 접어들게 되면서부터 구제불능의 불운이 만나지게 되어 이 사람의 운명에는 대변혁을 가져온 경우의 예를 그림으로 보여주고 있다. 운명선의 (나)와 (다)의 사이가 딱 끊어져 버리고, 이 운명선을 이어주는 보조운명선도 없고 사각형의 기호 하나도 없기 때문에, 이 그림의 사람은 회생의 길마저 바라볼 수 없는 비운을 맞이하게 되는 그림을 보여준 것이다.

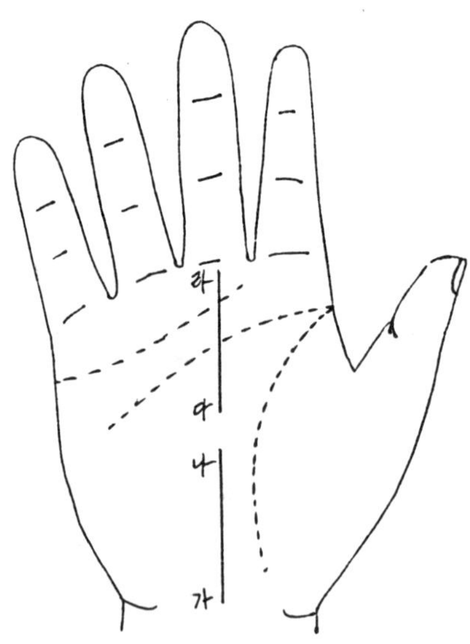

(30) 불의(不意)의 재난을 만나게 되는 수상

이 그림은 불의의 재난을 나타내 주고 있는 그림인데, 운명선이 (가)에서부터 (나)의 지점으로 곧바로 올라가고 있지만 A와 B의 지점에는 각각 十자형 기호가 나타나 있는 것으로 보아 육친 관계나 가정적인 문제로 인해 곤란과 역경을 겪게 되는 것을 의미하게 되고, 운명선의 바깥쪽인 월구 쪽에서 B와 같은 십자형의 기호가 또 하나 나타나게 되면 사회적인 변란이나 제삼자에 의해 피해를 입게 된다는 것을 나타내 주고 있다.

그러나 운명선이 튼튼하고 곧게 잘 뻗어올라가고 있는 사람은 그 피해로 인해 곤란을 겪게 되는 것을 나타내 주고 있는 그림을 보여주고 있다.

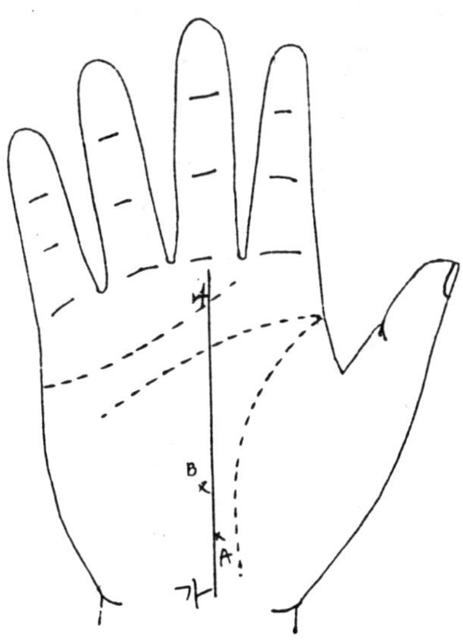

(31) 운세가 장애받게 되는 수상

　사람의 운수가 잘 열려나가다가 때로는 장애도 겪게 되는 것은 누구나가 겪고 있는 일이기는 하지만, 그 정도가 크냐 적으냐 하는 것이 중요한데,　이 그림에서 보여주고 있는 것은 운명선이 (가)에서 (나)로 쭉 이어져 나가기는 했지만 A와 B 그리고 C와 D의 지점에는 여러 개의 반점이 나타나 있고 문양이 생겨나 있는 것을 볼 수가 있다. 운명선상에 이러한 반점이 나타나 있게 되면 그 작용이 매우 흉한 것으로 유년법으로 계산하여 그 반점이 나타나고 있는 해당의 연령에 도달을 하게 되면 이 사람의 운명 노정에 커다란 장애 요인이 생겨나 고전을 겪게 된다는 것을 나타내 주고 있으나, 파멸의 지경에까지 빠져들지는 않는다 하더라도 애로를 많이 겪게 되는 것은 틀림이 없겠고, 운명선의 끝부분에도 이와 같은 현상이 있게 되면 만년에까지 고통을 겪게 되는 그림을 보인 것이다.

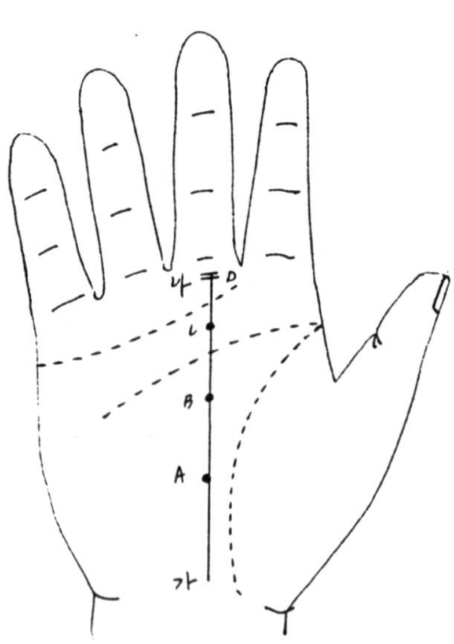

(32) 어린 시절에 고생이 많은 수상

이 세상 사람들이 어느 누가 고생을 하고 싶어하겠는가? 사람마다 타고난 운명이 다르기 때문에 그런 건지는 몰라도, 어떤 사람은 이 세상에 태어난 어린 시절에서부터 피나는 고생을 하게 된 경우가 많이 있다. 이 그림은 바로 이런 사람을 나타내 주고 있는 그림이다. 운명선의 기점인 (가)에서 (나)로 올라가고 있는 (다)의 지점을 살펴보게 되면 섬형의 기호가 하나 나타나 있는데, 여기에서 금성구 쪽으로 횡선 한 개가 약간 나와서 금성구로 들어가고 있으면 그 사람의 부모가 가난했기 때문에 고생을 많이 한 것을 나타내게 되고, 이러한 선은 없고 섬형만 하나 나타나 있을 때에는 출생 이후의 유소년기에 신병을 앓게 되었다는 판단을 하게 되기 때문에 이 부위의 기호 관찰시에는 아주 세심한 주의를 기울여 판단을 내려야 한다는 것을 알아야 할 것이다.

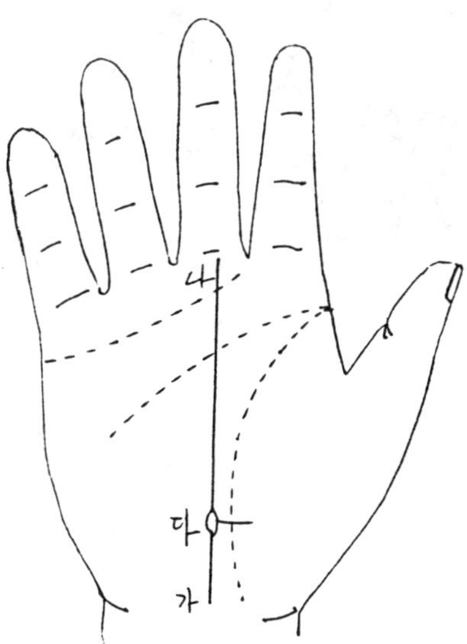

(33) 고생문이 훤하게 열린 수상

이 그림은 시체말로 고생문이 열려 있다는 사람을 나타낸 것으로, 운명선이 (가)에서 (나)의 지점으로 뻗어나가기는 했는데 쇠사슬 모양을 하고 있는 쇄상선이 나타나고 있는 것을 볼 수 있다. 이러한 운명선이라면 차라리 나타나지도 말든가 아주 확실하고 똑똑하게 일자로 나타나 버리든가 그러지도 않다면 생명선이나 두뇌선 그리고 감정선이라도 나타나 있었더라면 차라리 좋았을 것인데, 쓸데도 없는 액세사리처럼 사슬형의 기호는 왜 나타나 이 사람의 운명이 평생을 두고 고생문이 훤하게 열려 있어 세상만사가 하나같이 마음대로 되어지는게 없는 고통을 안겨주고 있는지가 의심스러울 정도로 운수가 열릴 줄 모르는 채 한평생을 살아가야만 한다는 사람의 수상을 보여준 그림이다.

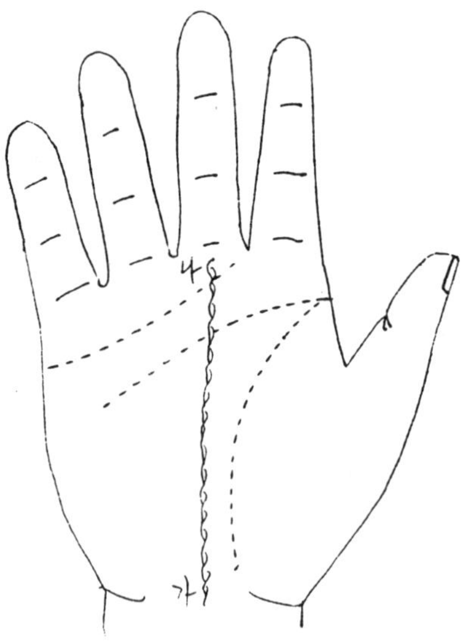

(34) 운수가 쇠해지는 수상

이 그림은 운수가 조금은 열려지는 듯하다가는 또다시 시들해져 버리게 되고, 조금은 또 나아지는가 싶다가는 또 시들해져 버리게 되는 등 운로의 변화가 많아 크나큰 성공 한 번 제대로 못해 보는 지지부진한 운명선을 보이고 있다.

이 그림은 운명선 (가)에서 (나)의 지점으로 뻗어나가고 있는 중간중간에는 가느다란 지선들이 여러 개나 나타나 있는데, 이 선이 위쪽을 향해서 뻗어만 주었더라면 대성은 맡아 놓고 하게 되었을 터인데 어쩌자고 아래쪽으로만 뻗어내려와 운명선의 운세를 이토록 약하게 만들어 운수 한 번 활짝 열려질 때가 없게 만들어 고통만 받게 되고 있는지 참으로 안타까운 생각이 들게 될 정도의 경우를 보여주고 있다.

그래서 이와 같은 운명선이라면 차라리 없는 것만 못한 것이다.

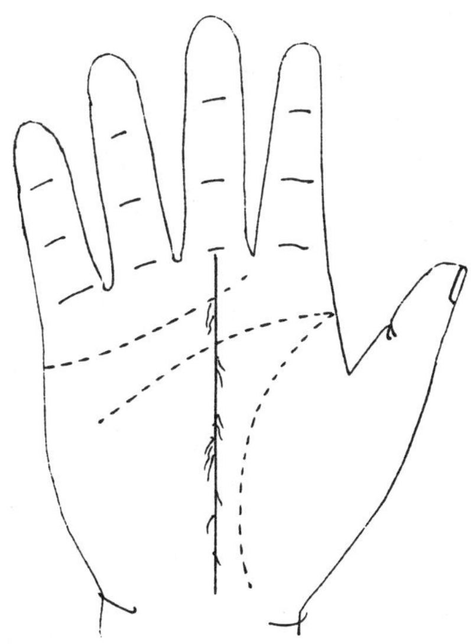

(35) 돌발적인 사고를 당하게 되는 수상

　　아래에서 보여준 그림은 위급한 사항에 처하게 된 변란이나 조난 같은 것이거나 혹은 항공기나 선박 또는 교통사고와 같은 돌발적인 사고 같은 것이 있을지도 모른다는 경고 사항을 나타내 주고 있는 것이다. 그 이외의 경우에 있어서는 상해를 입게 되는 경우이거나 막대한 손실을 입게 되는 등의 아주 흉한 것들을 나타내 주는 경우의 그림으로서 十자의 기호 또는 별형의 기호들이 운명선상에 몇 개씩이나 나타나고 있는 경우인 것이다. 이와 같은 모양을 발견했을 때 신중한 주의를 기울이지 않게 되면 아차 하는 일순간에 불의의 사고에 의해 생명을 잃어버리게 되는 불운을 겪게 되거나 사업상의 손실을 입게 되어 생명 이상으로 중요하다고 하는 재산상의 손해가 있을지도 모른다는 사실을 예고하고 있는 기호이기 때문에 신중한 주의를 기울여야 한다는 경고를 해주고 있는 예라 하겠다.

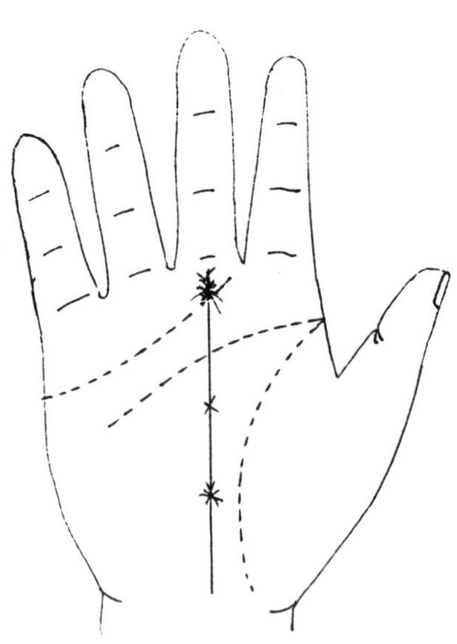

5. 태양선을 보는 법

태양선이라 하는 것은 약지가 붙은 곳, 즉 태양구를 향해 수직으로 올라가고 있는 손금을 말한다.

이 손금은 어느 곳에서 시작되어도 태양선이라고 보며 운명선 다음으로 중요한 의미를 가지고 있는 손금인 것이다. 그리고 태양선은 그 사람의 사회적 지위나 신용의 정도, 사회적인 인기도 같은 것, 그리고 그 사람에 대한 매력적인 면과 행복 등을 보게 되고 불행의 여부도 함께 판단하게 되며, 운명선을 보조해 주는 역할을 맡아 보게 되기 때문에 운명선과의 관계에서는 내외지간처럼 아주 다정한 연관성을 가지고 있는 것이다. 운명선이 남편이라면 태양선은 마누라와 같은 역할을 하게 되는 것이다.

예를 들어 얘기를 한다면, 운명선이 제아무리 확실하게 잘 뻗어올라가 있다 하더라도 태양선이 없게 되면 홀아비가 혼자 살고 있다는 집처럼 외롭고 쓸쓸하다는 것을 느끼게 되어 이웃해 살고 있는 사람들이 이 사람을 꺼리고 있는 것과 같이 서먹함을 면할 길이 없는 것처럼 사회적인 명성이나 인기가 별로라고 하는 것과 같은 것이다. 홀아비로 살아가면서 돈은 비록 벌어 여유는 있다 할지라도 알아주는 사람들이 별로 없다고 한다면 돈이 다가 아니었구나 하는 생각을 하게 되겠지만, 태양선이 나타나 마누라의 역할만 잘해 준다면 행복한 가정을

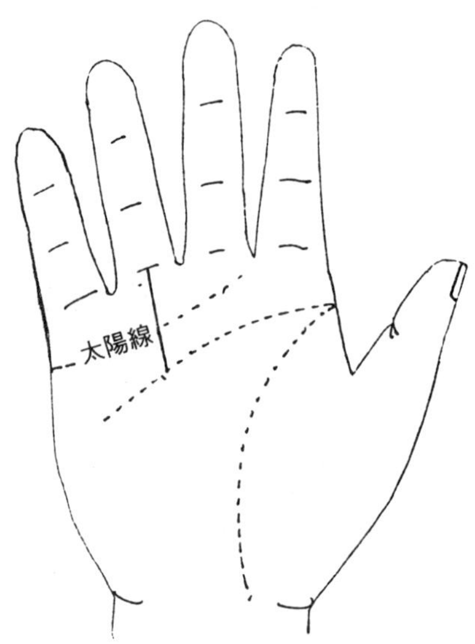

이룬 누구누구의 집에서는 아들딸은 어떻고 하면서 행복한 가정이라
며 부러움을 사게 되고 동네 사람들과도 아주 존경받는 유지의 대접을
받게 되는 것과 같은 의미가 되는 것이 태양선의 역할인 것으로, 태양
선이 나타나 있는 사람은 운명선이 다소 약하다거나 끊어져 있다 하더
라도 태양선의 도움을 받게 되어 이 사람의 운명은 좋은 운으로 상승
운세를 만나게 된다.

그래서 태양선의 역할은 아주 중요한 내조자의 역할을 하게 되는 것
으로, 무명지 아래 부분인 화성구를 향해 바늘처럼 직선으로 명확하
게 쭉 뻗어올라가 있는 것을 제일 좋은 태양선으로 보는 것이다. 그리
고 태양선이 길고 아름다운 사람은 명랑하고 쾌활한 성격이 있게 되고
적당한 감수성과 예능적 이해력이 풍부하며 시교적인 사람으로 명성
이 높은 사람임을 알 수 있게 된다.

⑴ 운수 대통 대성의 수상

이 그림은 태양선의 길이가 운명선만큼이나 힘차게 화성구를 향해 뻗어올라가고 있는 경우인데, 이와 같은 손금을 가지고 있는 사람은 유년기인 어린 시절에서부터 많은 사람들로부터 사랑을 독차지해가면서 화려한 가정 환경 속에서 아주 행복한 생활을 하게 되는 사람이다. 학교 생활에 있어서도 스승의 사랑을 받는 것은 말할 것도 없고 동급생들에게서도 많은 사랑과 더불어 인기가 따르는 사람으로 성장을 하게 되어 사회적인 생활 전선 속으로 뛰어들었다 하더라도 중인들의 신망과 더불어 많은 도움을 받게 될 행운을 타고 나서 승승장구한 발전과 성공을 거두게 되고 이 사람의 이름을 세상에 드날려 화려하고도 장엄한 한평생을 보내게 되는 최길상의 손금이라 하겠다.

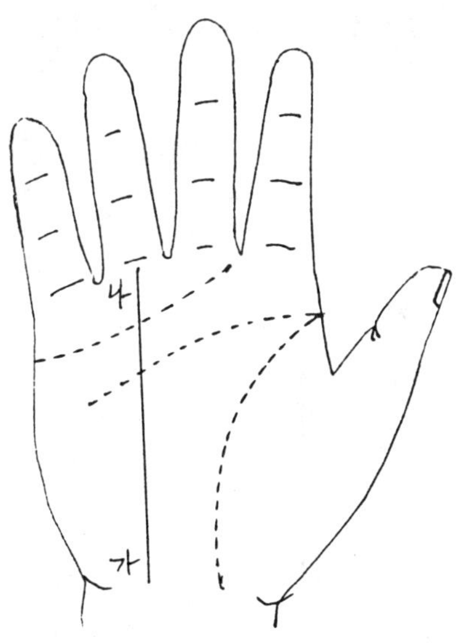

⑵ 위대한 번영으로 성공을 할 수상

이 그림은 태양선이 일자로 아주 힘차게 뻗어올라가고 있다지만 그림 ⑴보다는 약간 짧은 편이다. 그러나 이 그림에서 보이고 있는 것처럼 태양선이 두뇌선을 지난 다음 부위에 별형의 기호가 ㄱ과 ㄴ의 지점에 두 개씩이나 나타나 있는데, 이와 같은 별이 다른 곳에서 나타나게 되었을 때에는 급란, 파멸, 단명 등의 흉조를 나타내는 작용을 하게 되지만 목성구나 태양구 그리고 태양선상에 나타나거나 태양선의 주위인 태양구에 나타나게 되었을 때만은 태양선의 운세를 더욱 더 찬연하게 빛을 발하게 하는 작용을 해주게 되어 운세의 호전을 의미하고 있기 때문에, 상인이라면 신용을 얻게 될 것이며 직장인이라면 상사나 동료들에게 신임과 사랑을 받게 될 것이다. 특히나 인기를 끌어야 한다는 인기인일 때에는 별형의 기호만 나타나졌다고 하면 하루아침에 대스타로 부상하는 대성을 거두게 되는 손금이다.

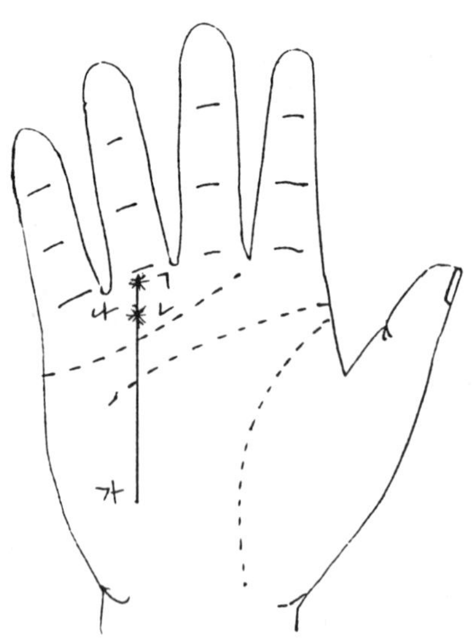

⑶ 로케트처럼 빠른 성공을 하게 되는 수상

이 그림은 태양선이 명확하고 길게 뻗어 있는데 도중에서 지선까지 뻗어나와 두 가닥이 돼 (나)는 태양구로 뻗었고 (다)는 (라)에서 뻗어 토성구로 올라간 태양선이 마치 V자를 연상하게 하는 그림을 보여주고 있다. 이와 같은 모양을 하고 있는 태양선을 가진 사람은 특수한 기능을 가졌다거나 재능을 가지고 있어서, 기회만 주어졌다 하게 되면 로케트만큼이나 빠른 성장 속도가 쾌속적으로 이뤄지게 되는 대성의 기반이 이뤄진다는 것을 나타내 주고 있는 것이다. 만약에 가수나 탤런트 또는 영화배우와 같은 인기 연예인이라면 더욱 더 말할 나위가 없겠고, 오늘날과 같은 시대에서는 올림픽 같은 것에 출전이라도 하여 골드 메달의 획득으로 인하여 특기 보유자가 되어 하루아침에 찬연한 빛을 발하는 샛별처럼 스타로 부상되어지는 영광이 깃들어 있는 상을 나타내 주고 있는 그림이다.

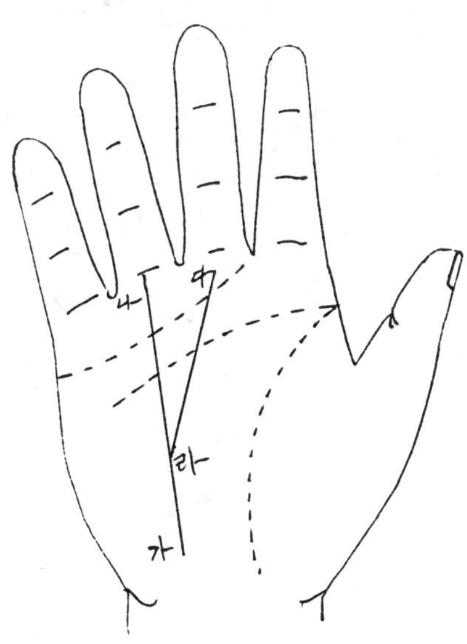

⑷ 상공업으로 대성 할 수상

이 그림은 태양선 (가)와 (나)를 잇는 선이 잘 뻗어져 올라가고 있는데, ㄱ의 지점에서는 또 하나의 지선이 뻗어나가면서 수성구 (다)로 올라가고 있다. 이러한 수상을 가지고 있는 사람은 수성구가 나타내는 좋은 의미가 나타나게 되기 때문에 이름을 얻게 되고, 상대와의 교제면에서는 아주 탁월한 기량이 나타나게 되므로 상공업이나 과학 기술과 같은 분야나 교역업 무역업 등에서 두각을 나타내게 되어 아주 원활한 행동을 펴나가면서 지략과 행동이 일치, 재물을 착실히 축적해 나가게 되기 때문에 뛰어난 성공인으로 대성을 한 사람을 그림으로 보여준 것이다.

이와 같은 수상을 하고 있는 사람들은 국내에는 물론 해외에까지라도 비교적 완벽하다 할 정도로 마케팅 전략을 과시해 가면서 국익과 개인의 영달을 꾀하고 있는 경우가 많다는 것을 볼 수 있다.

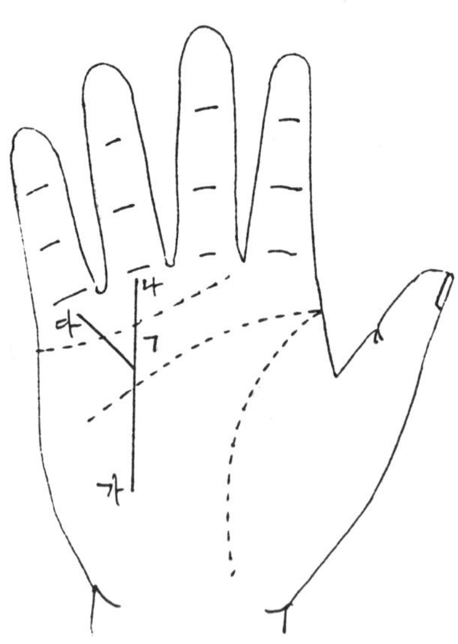

(5) 화려한 명예와 권세를 얻는 수상

이 그림은 태양선이 일직선으로 (가)의 지점에서 (나)의 지점에까지 잘 뻗어올라가고 있으며, ㄱ의 지점에서 (다)의 지점인 목성구를 향해 V자가 아주 크게 그려지면서 올라가고 있다.

그래서 목성구가 나타내 주는 명예와 권능 및 지배욕 등의 권위를 갖게 되고 태양구의 의미인 화려, 인기 등의 의미가 함께 나타나기 때문에 화려한 명예와 권세까지 얻게 되고 남들은 감히 따를 수조차 없는 커다란 그릇으로 대성을 하게 되어 중인지상의 권능을 과시하면서 부를 누리게 될 명부 쌍수의 대길운을 나타내고 있는 수상을 보여주고 있는 것이다. 우리들의 사회에서 권력의 지배층이나 요직에 안배된 직책을 가진 사람들 중에서 흔히 나타나고 있는 수상이다.

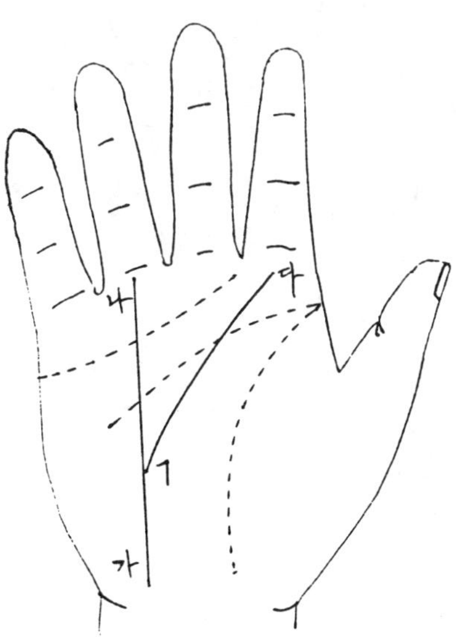

⑹ 명예로운 행운을 얻게 될 수상

이 그림은 국가에 공훈을 남긴 국가유공자 같은 사람 중에서 국가적인 이익을 위해 외교 분야에서 국위 선양을 했다든가 사회적인 위난에 처해 있을 때 사회 안정을 도모할 헌신적인 공로를 세웠다거나 수출을 많이 해 국가의 경제 기반을 세우는 데 이바지한 공로를 세웠다던가 하는 여러 가지 유형 등을 말할 수 있다. 이 그림을 한번 살펴보게 되면, 이 사람의 경우에는 남들은 단 한 개도 없는 태양선이 쌍둥이처럼 마치 젓가락 한쌍을 함께 세워 놓은 것과 같은 모양을 하고 나타나 태양선의 의미는 아주 강력하게 작용을 하게 되어 있는 것이 특이한 점이 되고 있으며, 특이한만큼의 행운도 함께 얻게 돼 대성을 하게 된 명부 쌍수의 대길상을 나타내고 있는 수상을 보인 것이다.

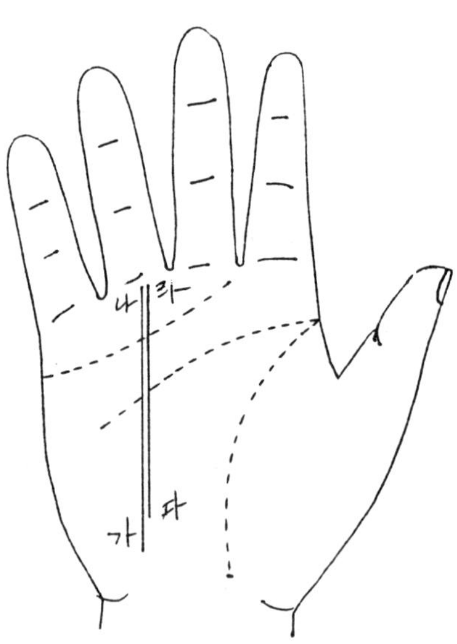

(7) 처음에는 웃고 나중에는 우는 수상

이 그림은 손목 위에서 나타나게 된 (가)와 (나)를 연결하는 태양선이 두뇌선 (다)와 (라) 선상의 (나) 지점에서 만나고 마주쳐 버리고 있는 것이 보이고 있는데, 태양구 쪽으로는 더 이상 뻗어나가지를 못한 것이 참으로 안타까운 점이라고 하겠다. 그래서 이 사람은 초년기에는 일찌감치 일단은 성공을 한 번 하게 된다. 그러나 자기의 사리판단에 의해 일방적인 행동을 하려 하는 세정 불통의 편벽한 성격이 나타나게 되어 인들의 조언이나 충고는 받아들이지 않고 자기의 마음이 내켜지는대로 처신을 하게 돼 자기가 쌓아올려 놓은 명예에 누가 될 수도 있을 행동을 하게 되기 때문에 쉬 성공의 자리에서 몰락을 하게 되는 비운을 맞이하게 되는 상을 보여주고 있는 것이다. 다시 말해 처음에는 웃고 즐기는 명예를 얻게 된다지만 나중에 가서는 울기 싫어도 울어야 한다는 경우의 손금이 된다.

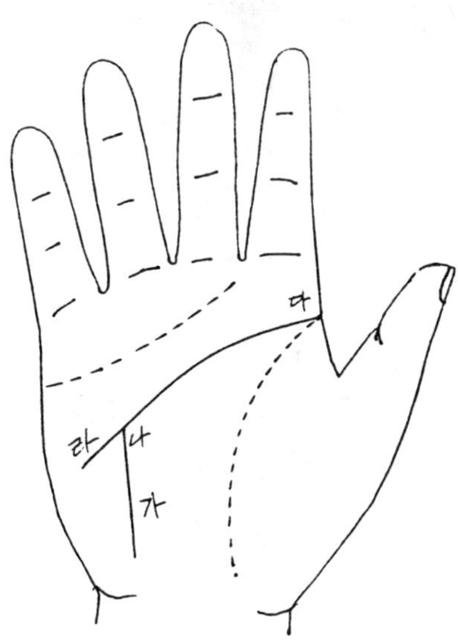

⑻ 천부적인 지혜로서 성공을 할 수상

이 그림은 태양선이 두뇌선의 (다)와(라)가 연결된 (가)의 지점에서 태양구로 지구의 표면을 그린 지표 위에 마치 안테나라도 하나 세워 놓은 것처럼 태양구를 향해 짤막하게 뻗어올라가고 있는 손금을 보여주고 있다. 이러한 상이 나타나 있는 사람들은 대체적으로 보게 되면 중년기인 35세 이후에나 빛을 보기 시작하여 자기의 위치를 인정받게 되는데 성공을 하게 되는데, 과학자나 발명가, 그리고 창안을 하게 되는 고안자와 같은 분야나 연구 활동을 통한 학자나 소설가나 시인과 같은 두뇌를 활용하는 방면에서 대성을 하게 되며, 이 사람은 자기 스스로의 이름을 사회적으로 알려지도록 노력하지 않는다 해도 세인들의 입을 통하여 자연적으로 두각이 나타나지게 되는 성공을 거두는 모델의 상이라 하겠다.

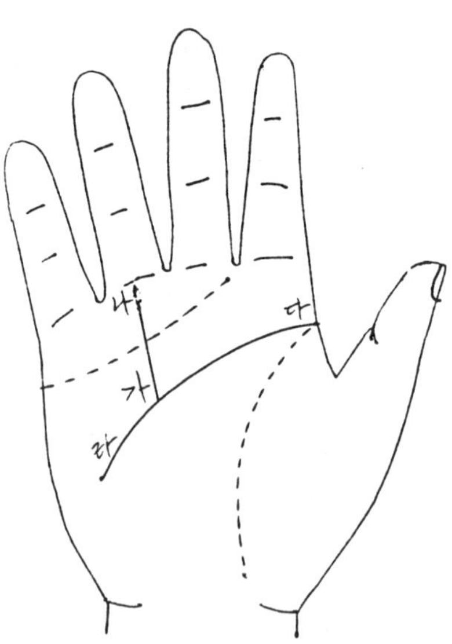

(9) 견실한 생활 자세로 안락을 구하는 수상

이 그림은 감정선 (다)와(라)를 연결하는 선상의 (가)의 부분에 짤막한 태양선이 나타나 있는 손금이 되겠는데, 마치 조각배의 한가운데 돛대가 하나 서 있는 것 같은 느낌이 들게 되는 그림이 되었으며, 이러한 수상이 나타나 있는 사람은 견실한 생활관을 가지고 매사에 임하게 돼 확실한 인기와 신용을 쌓아가면서 재미를 느끼고 살아가는 유형이다. 감수성이 비교적 예민한 예술가로서 풍부한 감정 표현이 세인들의 인기를 끌기에 충분한 면을 보여주기도 한다.

그래서 대체적으로 실속있는 자기의 활동 무대에서 화려한 성공은 비록 아닐지라도 행운의 길을 하나하나 찾아나가는 거북이 걸음마형의 성공을 하게 되는 경우의 그림을 보여준 것이다.

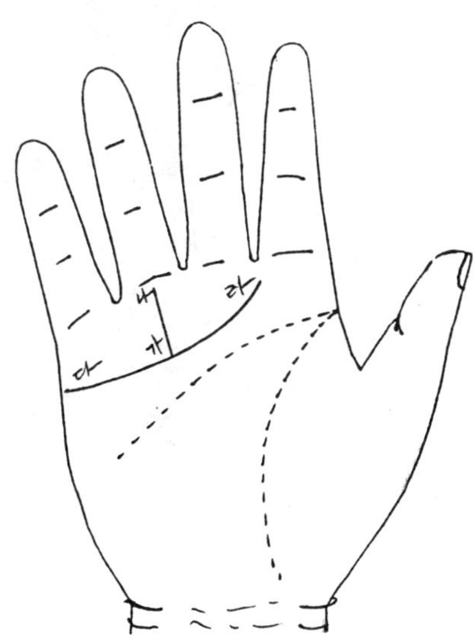

⑽ 재주는 많으나 가난을 못 면하는 수상

　이 그림은 태양선이 한 개가 아니고 두 개 또는 세 개가 줄줄이 나타나 있는 손금이 되겠는데, 이러한 경우에는 어느 일에든지 한 번쯤은 성공을 하게 되지만 대성은 불가능하다는 것을 나타내 주고 있는 것이다. 이러한 수상을 가지고 있는 사람은 재주가 너무 뛰어나 만사 만능의 재간이 있는 사람이므로 경제력이나 사회적인 여건 같은 것은 아예 염두에도 두지를 않고 자기의 재간 하나만 너무 믿게 되기 때문에 한꺼번에 두 가지 세 가지의 일들을 벌여 놓고 동으로 뛰고 서로 뛰고 이리저리 왔다갔다 하다가 찾아온 고객마저 모두 다 놓쳐 버리게 되어 가만히 앉아만 있어도 벌 수 있는 것까지 모두 다 놓쳐 버리고 마는 경우가 있게 돼 자기에게 찾아와 준 복마저 못 찾아 먹게 되어 가난을 면치 못하면서 살아가는 사람의 수상이다.

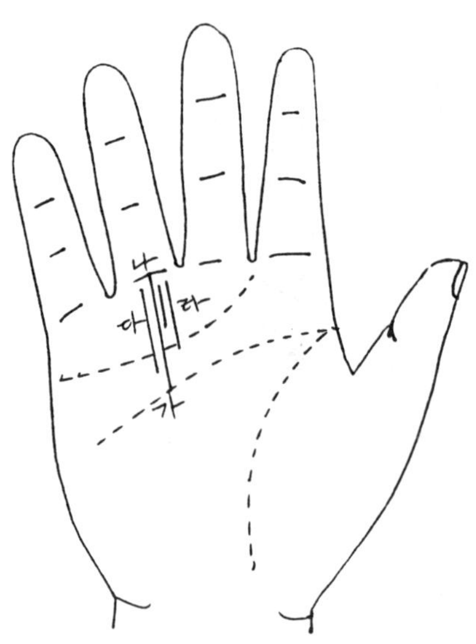

(11) 한 가지에 열중하지 못해 안달을 하는 수상

이 그림은 무명지의 아래인 태양구에는 분명한 태양선이 나타나 있는 것이 아니라 아주 가늘고 약해빠진 명주실처럼 생긴 세로줄이 몇 개씩이나 겹쳐져 있지만, 이 정도의 선으로서는 태양선의 구실을 하지 못하게 되기 때문에 오히려 없는 것만 같지 못해 이 선이나 하나 있다 해도 태양구의 의미만 약하게 만들어 버리고 말게 돼 태양선의 의미만 흐려지게 하고 있는 것이 되어 버렸다.

그래서 이러한 수상을 가지고 있는 사람은 남들 못지 않은 예술적인 감각도 뛰어나고 예민한 감각도 가지고 있다지만, 한가지 일에만 열중을 하지 못하는 성격 때문에 한 가지 일마저 끝맺음을 하지 못하는 십예구불성의 결과만 낳게 되므로 성공을 하려 해도 성공을 할 수 없는 수상을 보여주고 있는 것이다.

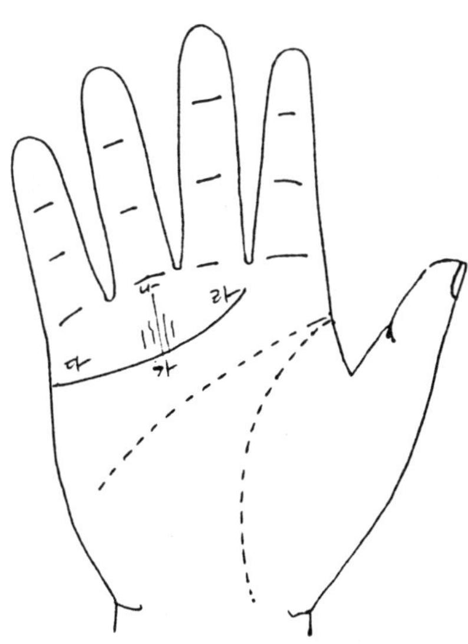

⑿ 운기가 점점 꺾이게 되는 수상

이 그림은 태양선 (가)와 (나)를 잇는 선은 아주 멋있게 뻗어올라 가고 있지만, 태양선을 가로로 횡단하면서 딱딱 끊어 먹는 선이 A와 B, C와 D, E와 F에 세 개씩이나 나타나 좋은 태양선의 운기를 모두 부숴버리게 되었다. 그래서 무슨 일이고간에 일을 벌여 추진해 나가 게 되면 처음에는 그런대로 잘 진행되어 나가는 것 같다가도 중도에서 좌절을 당하게 되고, 또 한 고비를 겨우 넘겼는가 하면 또 재난을 만 나게 되어 아주 고통스러운 실패수를 만나게 되기 때문에 대성은 고사 하고 소성마저 기대하기 힘이 들게 되면 운세가 자꾸만 쇠락해지기만 하니 결국에 가서는 재기 불능의 상태에까지 빠져들어 가버리고 만 다. 그래서 이러한 수상의 사람은 자기의 자영 사업은 절대로 불가능 하기 때문에 취직이나 해 월급이나 받아먹는 편이 나을 것이다.

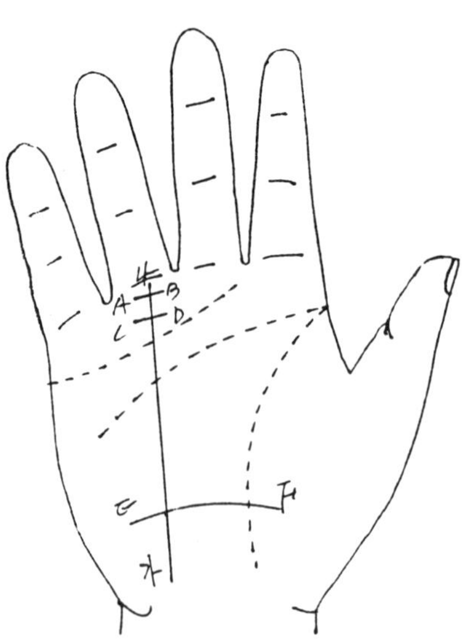

(13) 불운을 만나게 되는 수상

이 그림은 태양선 (가)와(나)의 선 위에 섬형의 기호 A, B가 나타나고 있는 손금인데, 태양선에 나타난 섬형은 곤란과 실패 그리고 역경, 불안 등의 흉한 의미를 가지고 있기 때문에 이러한 수상을 가지고 있는 사람은 운수가 잘 뻗어나가다가도 꺾여 버리게 되는 비운이 운수를 저해하는 요인으로 인해 인기도의 하락, 신용상의 결핍, 사회적인 지위나 명예적인 실추와 같은 현상을 맞이하게 되는 흉조를 알아볼 수가 있게 된다.

그러나 태양선상의 중간 부분에 나타나고 있는 섬형은 일시적인 고난을 겪게 되지만 다시금 만회의 기회가 주어질 수도 있게 되는데, 태양선의 끝부분에 이 섬형의 기호가 나타나 있게 되었을 때에는 도저히 재기 불능이라는 좌절의 예고 표시가 되며, 때문에 아주 나쁜 의미로 작용이 되지만 만약에 섬형의 기호가 있다고 하더라도 태양선의 밖에 나타나 있다면 어느 정도의 희망은 있는 것이다.

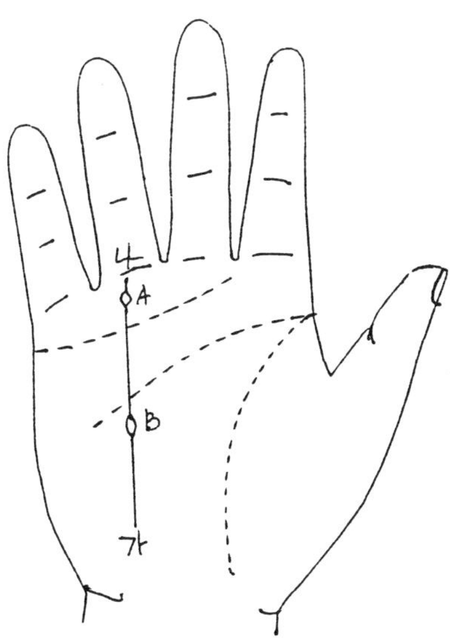

⒁ 마음만 피곤하고 되는 일이 없는 수상

이 그림은 태양선의 (가)(나)를 보게 되면 약지의 밑에 있는 태양구에까지 아주 잘 뻗어올라가고 있는데, 태양선의 중간 지점에 A B C 의 十자형 기호가 나타나 있는 경우에는 이 사람의 명예나 사회적인 인기가 좌절을 뜻하게 되는 것으로 일시적이나마 타격을 받게 된다는 것을 나타내 주는 것이다. 십자의 기호는 어느 곳에서 나타난다 하더라도 흉한 작용을 나타낸다는 것은 이미 수십 차례나 설명을 해왔지만, 태양선의 경우에 있어서는 애정 관계나 인기에 편승하는 쓸데없는 정력을 소비하게 되는 경우가 많게 되는데, 만약에 애정 문제가 아니라면 이 사람보다도 더 강한 실력자가 나타나 이 사람의 지위를 빼앗아 버리게 되는 경우가 되고 있는 상의 그림이다.

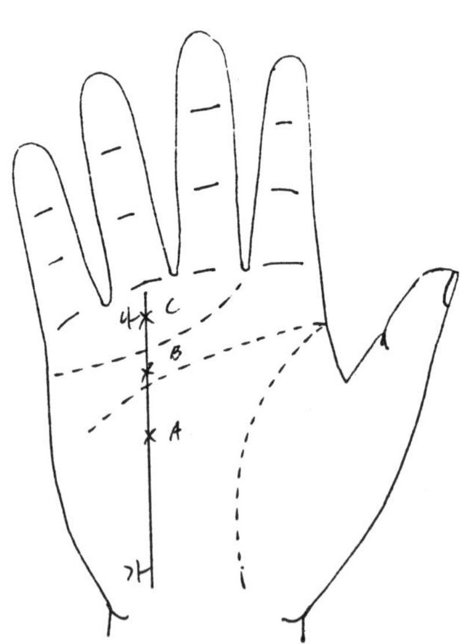

(15) 실패의 늪에서 다시 살아나는 수상

이 그림은 태양선 (가)와 (나)가 아주 힘이 있게 잘 뻗어올라가고 있다. 그러나 (다)의 지점에 가서 약간 끊어지는가 했는데, 이곳을 보강해 주게 된 사각형의 기호가 구세주처럼 태양선상에 나타나 있는 것을 보여주고 있는 그림이다. 앞장에서 이미 설명을 했듯이 태양선의 단절은 일시적이나마 운세가 약해지게 되고 실추의 현상까지 나타난다는 것은 말을 할 것도 없는 일인데, 이 그림의 경우와 같이 약한 곳에다 힘을 보강해 주는 사각의 기호가 나타나 주게 되면 한때의 고난을 겪게 되지만 재기 불능의 파멸 상태에까지는 빠져들지 않게 되고 또다시 만회의 운수가 기다리고 있다는 사실을 암시해 주고 있는 수상을 보여준 것이다.

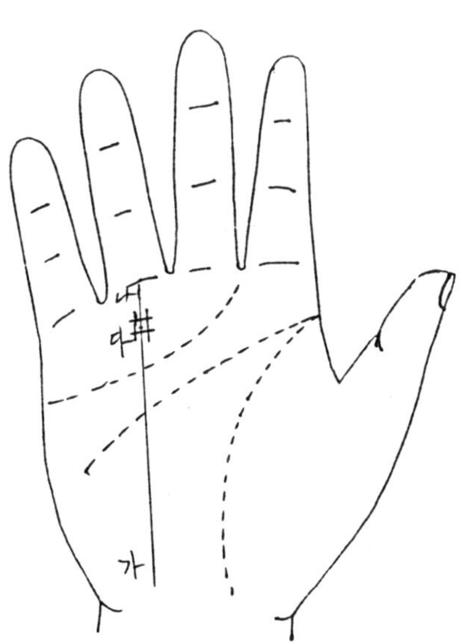

(16) 변화가 아주 많은 기복 투성이의 수상

　이 그림에서 보면 태양선이 뻗어나가고 있는 것인지 없는 것인지 도무지 판별이 되지 않는 엉성한 선 하나가 태양구를 향해 나타나기는 했는데, 확실하지가 못한 이 선을 태양선이라고 보아준다고 하더라도 이 사람의 생활 환경이나 직업적인 면의 모두는 안정을 찾을 수가 없을 정도로 변화 무쌍한 운세를 나타내 주고 있기 때문에 이런 정도의 생김새로 나타나 줄 바에야 나타나지나 말았어야 할 것이다. 태양선으로서는 제구실도 하지 못하면서 이 사람의 운세만 뒤죽박죽으로 뒤흔들어 놔버린 변화의 변수 때문에 성공이 이루어질래야 이뤄질 수가 없는 지지부진한 운로로 미로에서 헤매이게 하고 말았다.

　이러한 태양선이 나타나 있는 사람쳐놓고 고생을 하지 않은 사람이 없다는 것을 보여주고 있다.

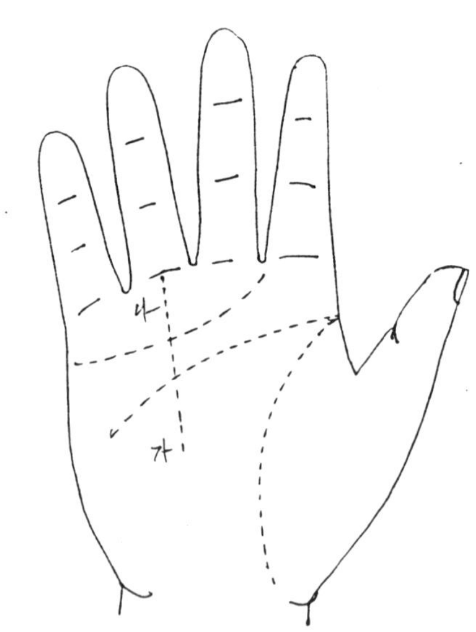

(17) 실패를 면할래야 방안이 없다는 수상

태양선은 끊어지지가 않아야 좋다는 것쯤은 이미 알고 있겠지만, 이 그림에서 보인 태양선은 (가)와 (나)까지 잘 뻗어나가다 딱 끊어져 버리고 나서 한참을 떨어져 다시 (라)에서 (마)의 지점으로 뻗어나가고 있는 상태를 알 수 있겠는데, 이와 같이 태양선이 뚝 끊어져 버린 것은 비록 한때의 고통이라 할지라도 사회적으로나 명예적인 몰락의 한을 면할래야 방편이 없게 된다. 그러나 (마)와 (라)처럼 확실한 태양선이 다시 나타나 있을 때에는 또다시 재기의 기회가 찾아와 준다는 암시를 해주고 있는 것으로, 이와 같은 경우의 수상은 정치인이나 실업인들에게 많이 보여지는 것으로 한때의 시련을 겪고 난 다음에야 또다시 두각을 나타내게 되는 수상이며 연예계의 인사들에게도 가끔씩 있는 수상이다.

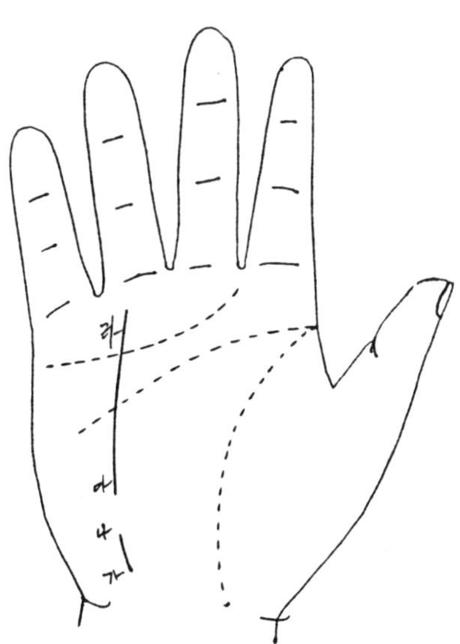

6. 결혼선을 보는 법

결혼선이라고 하는 것은 결혼 관계를 나타낸 선을 말하는데 결혼선의 위치는 새끼손가락이 붙은 곳, 즉 수성구 쪽에서 손바닥을 향해 옆으로 뻗어나가고 있는 짤막한 선이 한 개 또는 두 개 이상이 나타나 있다. 이 선은 태양선이나 운명선처럼 있는 사람 없는 사람이 있는 것이 아니고 누구나가 다 있는 것인데(만 명에 하나 정도는 예외가 있다), 결혼 관계 및 연애에 대한 사항과 기타의 애정 문제를 보게 되지만 본인과의 연관성이 있는 이성 관계를 나타내 주고 있다는 부위가 되며 자기 자신에 대한 감정의 발달 사항에도 여기에 나타나지게 되고 여타의 손금과(생명선, 감정선, 운명선, 두뇌선 등)의 연관적인 관계를 잘 파악해야 하는 곳이다. 그러므로 결혼선이 한 개가 있으면 한 번을 결혼한다든가 두 개가 있으니까 두 번을 결혼하게 된다는 단편적인 판단을 내려 버리게 되면 실수를 하게 되는 경우가 있게 된다. 그래서 다른 주요선과 8개의 언덕에 대한 세심한 관찰을 한 다음에 판단을 내려야 된다는 사실을 명심해야 한다.

필자의 경험으로 비추어 보게 되면 결혼선이 딱 한 개만 있는데도 결혼을 두 번 이상이나 하게 된 사람도 있는 것을 알 수 있었으며, 결혼선이 무려 다섯 개나 나타나 있었는데도 연애 한 번 못해 보고 결혼도 못한 채 40을 넘긴 사람도 보게 되었다는 사실을 명심해 두기 바란다.

그래서 결혼선을 보는 주요 관점은 생명선이나 감정선 그리고 금성대의 발달 유무 등으로 종합적인 판단을 해나가야 하겠으나, 결혼선은 길게 뻗을수록 좋은 것이며 명확하게 나타나 있으면서 색상은 붉으레한 것이 최상의 것으로 보면 틀림없을 것이다.

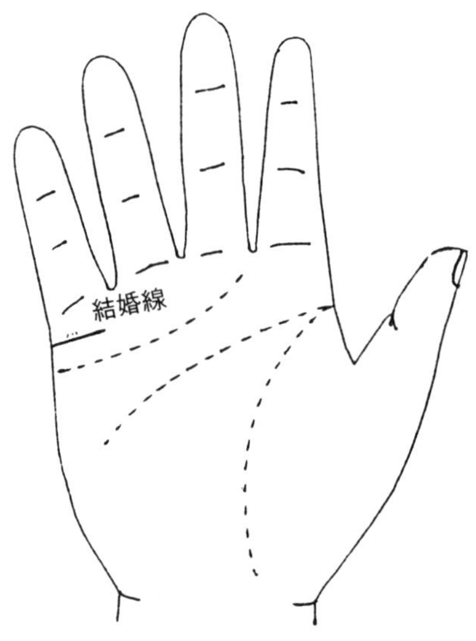

⑴ 행복한 결혼을 나타내고 있는 수상

이 그림은 결혼선이 딱 한 개가 나와 아주 깊으면서도 선명하게 나타나 있으며, 다른 선이 나타나 이 선을 끊어 버리지 않아 깨끗한 상을 하고 있는 것인데, 이렇게 나타나져 있는 결혼선의 색상이 붉으레한 색을 띠고 있게 되었다면 건강이 만점인 사람이며, 애정 감각이 아주 뚜렷한 사람으로 좋은 인연을 만나 행복한 결혼 생활을 하게 된다는 상을 나타내 주고 있다. 만약에 이러한 결혼선이 하나만 있다 하더라도 감정선이 없는 사람이라면 이상과 같은 판단을 할 수 없는 것이며, 감정선이 뚜렷하고 이와 같은 상을 하게 된 사람에게 있어서는 결혼 생활이나 애정 관계가 진지한 사랑을 주고받는 행복을 누리게 될 상으로 판단해도 무방한 것이다.

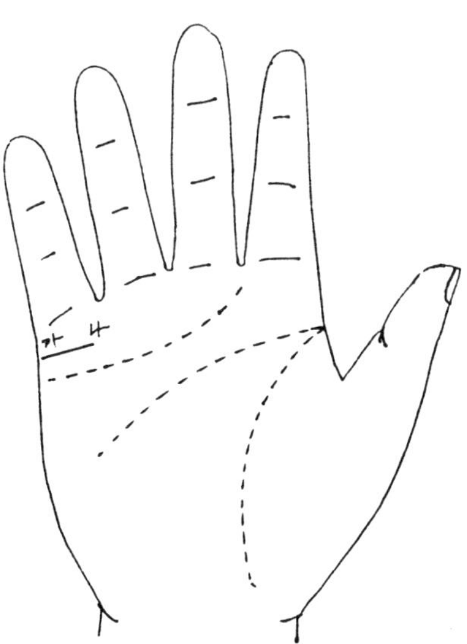

⑵ 아주 좋은 결혼을 하게 되는 수상

이 그림은 결혼선이 아주 명확하게 나타나 있고 그 끝부분이 위쪽으로 살짝 구부러지면서 태양선 (다)와 (라)의 선에 닿게 되어 있는데, 태양선과 결혼선이 합쳐 있는 상은 대단히 좋은 결혼을 하게 된다는 것을 뜻하게 되고 결혼을 하고 나서도 가사가 번창하고 재록이 풍부하게 따르는 상이라고 하게 된다. 그리고 감정선이 목성구를 향해 뻗어 올라가고 있는 것은 명예와 지위가 있는 사람과의 혼인이 이뤄지게 되는 것을 나타내며, 또 운명선이 (자)와 (차)로 가느다란 지선이 나와 월구 쪽으로 이어지고 있는 것도 좋은 인연을 만나 결혼을 하게 되며 한평생 동안 고생을 모르면서 행복하게 지낼 상이 되는 것이다.

그러나 만약에 결혼선이나 감정선 그리고 운명선상에 흠집이 있을 때에는 풍파를 겪게 된다는 것을 잊어서는 안 될 것이다.

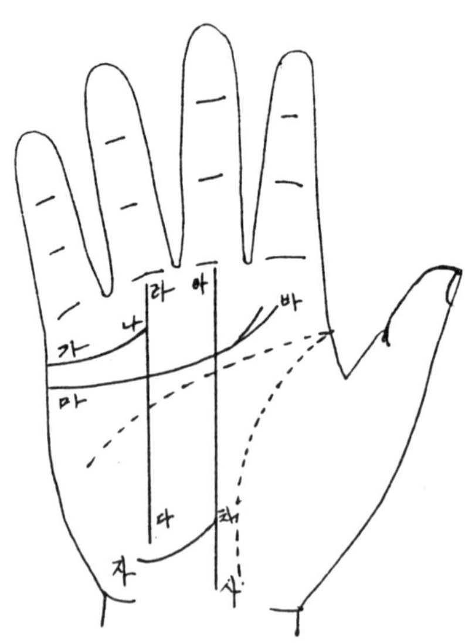

⑶ 근사한 결혼을 하게 되는 수상

이 그림에서는 결혼선이 아주 명확하게 뻗어나와 태양구 쪽으로 살짝 구부러지면서 커브를 그리고 있는데, 그 끝부분에서는 A의 별형 기호가 나타나고 있는 것을 볼 수 있다. 이러한 형태를 하고 있는 결혼선을 가진 사람은 남녀를 불문하고 결혼을 하게 되면 서광이 비치게 되는 화려한 발전이 거듭되어져 가도가 흥왕해지게 되고 사업이 번창하게 돼 점진적인 향상을 보여주는 상이다. 이것은 태양구의 의미가 결혼선에 나타나 화려한 성공의 의미와 행복과 명랑 쾌활 등의 의미까지 상징적인 암시를 해주고 있기 때문인데, 별형의 기호마저 태양구에 뻗어나간 결혼선의 끝부분에 떠올라 있게 되었기 때문에 더 한층 좋은 의미가 강력한 작용을 하게 되기 때문이다.

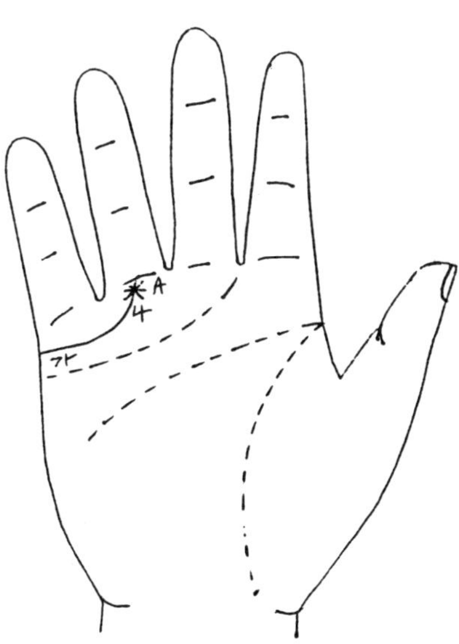

⑷ 행복한 연애를 하게 되는 수상

이 그림에서는 결혼선 (가)와 (나)를 연결하는 선이 명확하게 나타나 있으며, 손바닥의 중앙에 (다)와 (라)를 잇는 운명선이 잘 나타나져 있는데, 손목의 바로 위인 월구에서 (마)와 (바)의 지선이 운명선으로 뻗어올라 (바)의 지점에서 연결되고 있는 것을 볼 수 있다.

이러한 수상을 가지고 있는 사람은 지성을 겸비한 연애를 하게 돼 결혼에 성공을 하게 되며 결혼을 한 다음에도 부부 상호 협력에 의한 발전의 계기가 마련되고 매사가 순조로운 발전이 있는 결혼 생활을 행복하게 해나갈 수 있다는 사람의 경우를 보여주고 있는 그림이 되겠다. 만약에 (마)와 (바)의 지선이 운명선에서 떨어져 있다면 이상과 같은 의미의 판단을 내리게 되면 절대 안 된다는 사실을 기억해 두기 바란다.

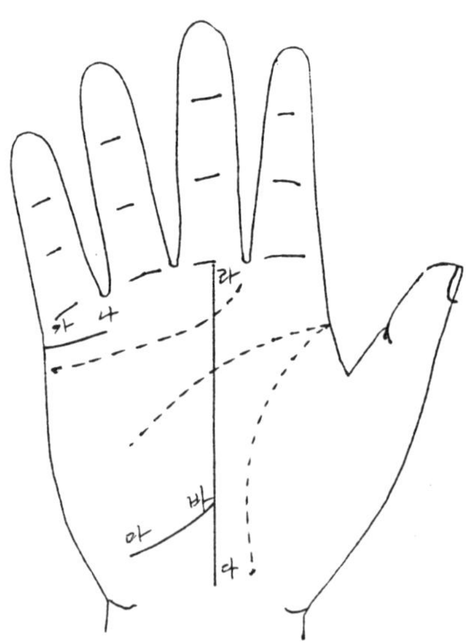

⑸ 결혼을 아주 늦게 할 수상

이 그림은 결혼이 늦어지게 된다는 손금을 나타내고 있다. 그 원인으로서 결혼선 (가)에서 (나)까지의 길이가 아주 짧은데다 새끼손가락 쪽으로 커브를 홱 틀면서 뻗어올라가 버린 것이다. 그래서 이러한 결혼선이 나타나 있는 사람은 결혼 같은 것은 아예 생각 밖으로 팽개쳐 버린 채 자기가 하고 싶은 학업을 계속하거나 연구에 열중하게 된다거나 그렇지도 않다면 이성 기피증과 같은 것이 있어 남과 남이 만나 어떻게 살아가는 건지 모르겠다는 사람들의 경우이거나 독신주의자와 같은 사람들의 경우를 들 수 있겠다. 이러한 손금을 가진 사람은 결혼을 아주 하지 않거나 늦게야 겨우 결혼을 하게 되는 경우가 있다는 것을 보여주는 것이다.

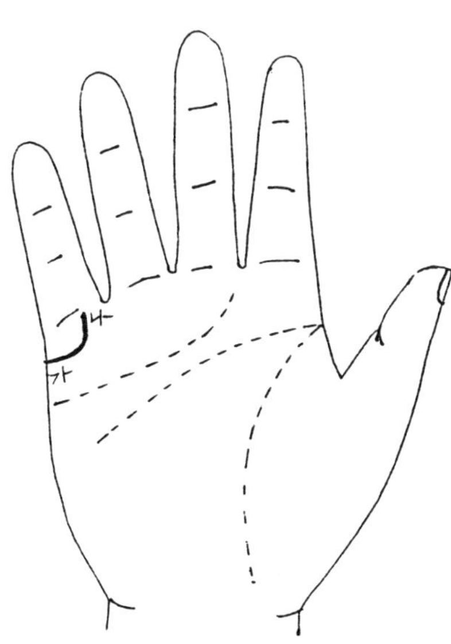

(6) 결혼을 하려 해도 장애가 많은 수상

이 그림은 결혼을 하려 할 때에 장애가 많아 시체말로 치면 딱지를 많이 맞았거나 자기가 상대자에게 퇴짜를 놓아버린 경우가 많은 것을 보여주고 있는 것이다. 그림에도 나타나 있듯이 결혼선은 두 개나 나타나고 있으나 한 개도 쓰지 못하게 나타나고 있는 것이다. 그 이유는 다른 곳도 아니고 짤막한 결혼선에 섬형이 두 군데 (가)와 (나)가 나타나 있으니 문제가 되지 않을 수 없을 것이다. 그래서 이러한 상을 가지고 있는 결혼선의 사람은 결혼을 하는데 많은 문제점이 있는 것은 말할 것도 없으려니와, 막상 결혼까지는 성공을 시켰다 하더라도 남녀의 어느 한쪽 사람이 체질적으로 우세한 정력을 과시하게 되는 경우가 있게 돼 결혼 생활에 파탄이 있기 쉬운, 소위 말하는 공방살이 끼어 있는 상이다.

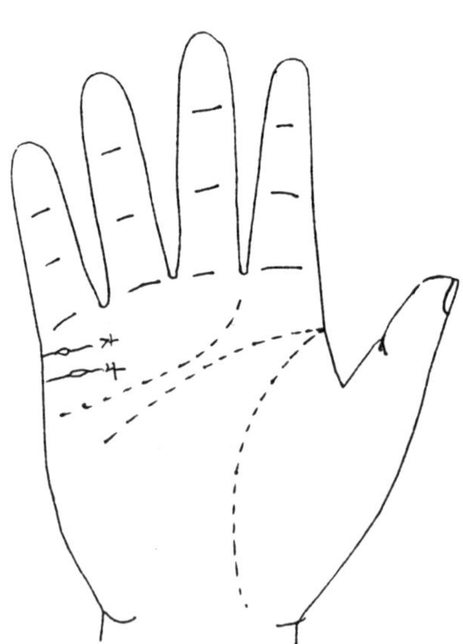

⑺ 바람, 바람의 난봉끼가 있는 수상

　이 그림은 소위 말하는 바람둥이의 손금을 나타내고 있는 것인데, 그림에서 보여주고 있는 것과 같이 결혼선이 한 두 개도 아니고 줄이 줄줄 떼를 지어 나타나 있는 것이 특색이라 하겠다. 이러한 상을 하고 있는 사람은 웃음이 헤프고 사람을 만난다 해도 아주 잘 웃고 참새처럼 재잘거리기를 좋아하게 돼 살살이 사촌을 닮았는지 다정 다감한 성격으로 상대방에게 찰싹찰싹 엉켜붙는 성격을 가지고 있어 결혼 같은 것은 뒷전으로 돌려놓고, 자기 마음에 끌리는 상대였을 때는 시체말로 기분 좀 내고 보자는 식의 프리섹스 형의 사람으로 만약에 이러한 상의 사람이 금성대마저 헝클어진 상을 하고 나타나 있게 되면 이거야말로 한술 더 떠 잡놈이나 잡것의 기질이 한층 더 발달해 작용하게 된다는 상을 보이고 있다.

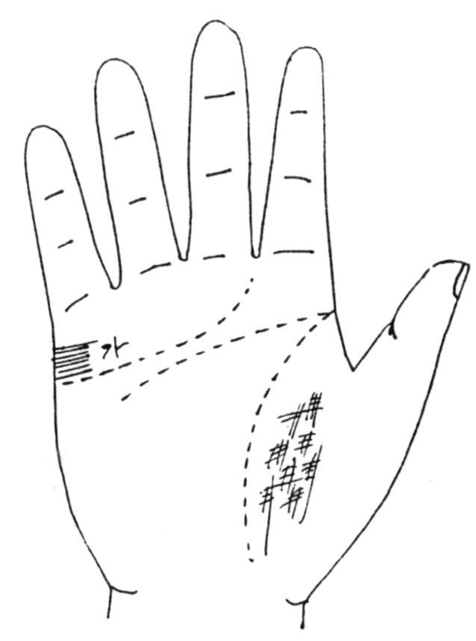

⑻ 한 번은 연습으로 결혼하고 두 번째는 진짜의 수상

이 그림은 결혼을 두 번 하게 되는 경우인데, 이러한 결혼선이 나타나게 되면 연애를 하더라도 한꺼번에 두 사람의 상대자가 생겨나 몸은 하나인데 두 사람을 사이에 놓고 교대 교대로 애인을 만나야 하는 행복에 겨운 고통을 겪다가 어느 한쪽편의 애인과 결혼을 하게 되지만, 막상 결혼을 하고 나니 떠나버린 사람 생각이 머릿속에서 지워지지 않는 상태에서 몸은 비록 결혼을 한 몸이지만 정신이나 생각만은 다른 사람에게 빼앗기고 있는 상태이기 때문에 첫번째의 결혼은 결국에 연습으로 한 결혼에 지나지 않게 되고 두 번째의 결혼을 하고 나서야 겨우 제정신이 들어 결혼 생활에 충실해지는 경우의 손금을 나타내 주고 있는 그림이다.

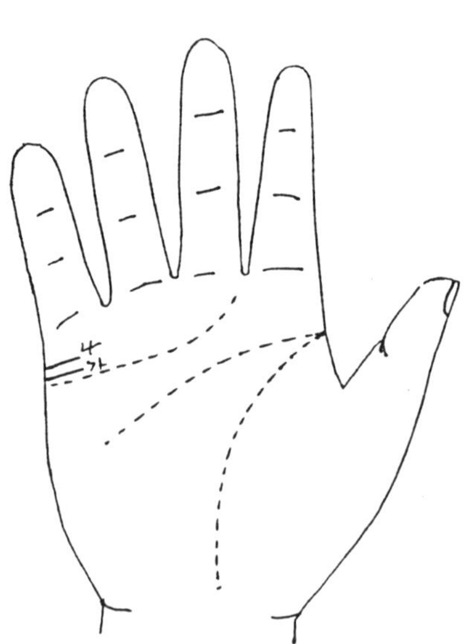

⑼ 사별을 면하기 어려운 수상

이 그림은 결혼선이 바른 위치를 잡고 있으나, 결혼선이 두뇌선이 있는 쪽을 커브를 그리면서 감정선까지 끊으면서 두뇌선 쪽으로 침입해 버렸다.

이와 같은 결혼선이 나타나면 결혼 생활 자체가 정략적으로 이루어 졌거나 두 사람의 의사에 의한 합당한 절차가 무시된 결혼이 되기 쉬운 경우가 있게 되며, 결혼 이후에는 부부는 반쪽이라는 생활 철학이 결여되어 사상적 차이가 나타나게 돼 이별을 하게 되거나 심지어는 사별의 한을 남기게 되는 경우를 겪게 된다. 필자의 경험에 비춰 보게 되면 남자보다 여자가 이와 같은 상의 손금이 많은 것을 볼 수 있고, 과부라고 하는 거룩하지 못한 이름까지 갖고 다니는 사람이 많다는 것을 보게 되었다.

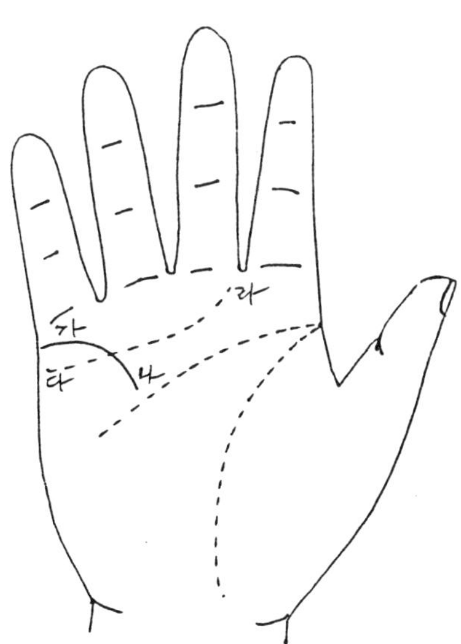

(10) 별거를 하게 된 사람의 수상

현대 사회에서는 별거의 유형도 가지가지로 다양한 것을 보게 되는데, 남편의 직장이 옮겨지게 돼 별거가 불가피한 경우를 많이 보게 된다. 이러한 경우에는 별거가 아닐 것으로 생각이 되는 경우인 것 같지만, 수상학적으로 판단해 보게 되면 이러한 유형도 역시 별거의 상으로 나타나고 있다는 것을 보게 된다.

이러한 경험을 하게 된 필자는, 인간은 역시 운명에 대한 도전의 한계성을 다시 한 번 느끼게 한 일이 한두 번이 아니라는 사실을 부언해 두고자 한다. 이 그림은 별거의 상을 보인 것인데, (가)와 (나)의 결혼선의 끝이 두 갈래로 찢어져 있고 감정선이 (다) (라) (마) (바)로 딱딱 끊어지고 있기 때문에 감정의 대립과 갈등으로 인한 별거가 불가피한 상이나, 전기한 직장 관계로 별거를 하고 있는 상은 두뇌선이 잘려 있지 않았다는 점을 참고하기 바란다.

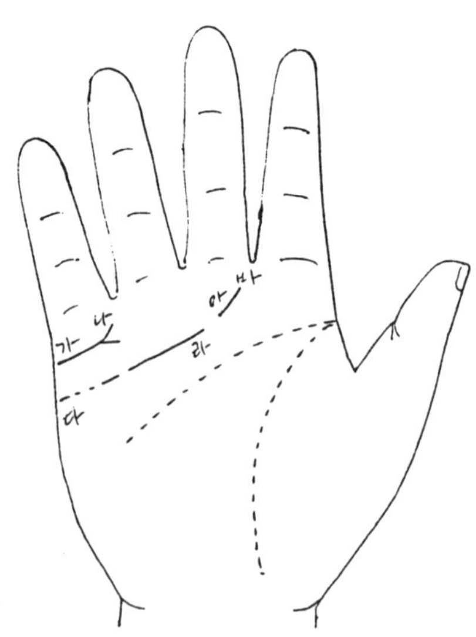

(11) 불행한 결혼운을 나타낸 수상

이 그림은 결혼선이 두 개가 나타나 있지만, (가)와 (나)는 딱 잘려 있고 (다)와 (라)의 것은 또 섬형이 나타나 있어 결혼 생활이나 연애 같은 것이 정상일 수 없는 상을 하게 된 것이다. 이러한 수상을 하고 있는 사람은 (나)와 (다)의 경우에서는 결혼은 했지만 결혼을 하고 난 다음에도 독수공방의 외로운 처지를 나타낸 것인데, 그 원인은 정신적인 이상의 차이에서 나타난 견해 차이라는 사상적 갈등이 문제가 되기 때문에 별거냐 이별이냐 하는 문제가 생기게 되어 있고, (가)와 (나)의 경우에서는 결혼선이 끊어져 있는 경우인데 이러한 경우에는 일정한 기간 동안 멀리 떨어져 살면서 이름만 부부라는 상태의 생활을 하다가 다시 만나 살게 되는 경우가 되는 그림을 보인 것이다.

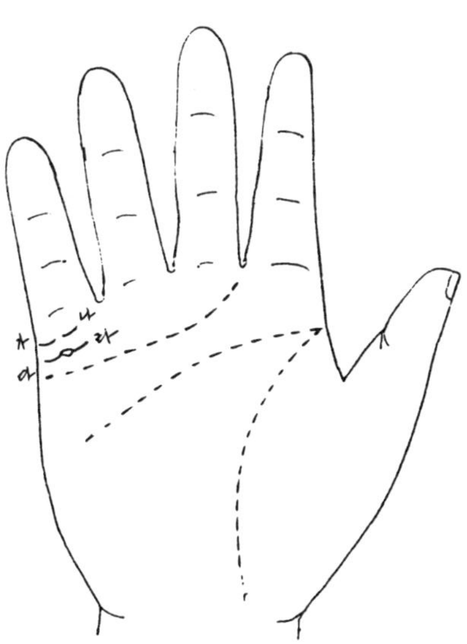

(12) 방탕한 결혼 생활로 세월을 보내는 수상

이 그림은 도타와 향락에 빠져든 사람의 결혼 생활을 그림으로 보이고 있는 것인데, 이 그림을 자세히 관찰해 보게 되면 결혼선이 희미하게 뻗어나가고 있는데 금성대가 결혼선을 ×자로 잘라 버린 것을 발견할 수 있다. 이와 같은 결혼선을 가지고 있는 사람은 애정 행각이 문란해 결혼을 한 부인과는 애정 문제에 대해서는 아예 신경을 쓰지 않게 되고 외방에서 요화를 탐하는 남자들이 있는가 하면, 의젓하게 결혼을 멋을 과시해 가면서 도타와 안일의 부정한 색욕을 충족시켜 이것만이 내 인생의 보람이라고 하는 식의 인생을 살려고 하는 상으로, 여자의 경우에는 유흥업소의 마담 등에게서 많이 보는 그림이다.

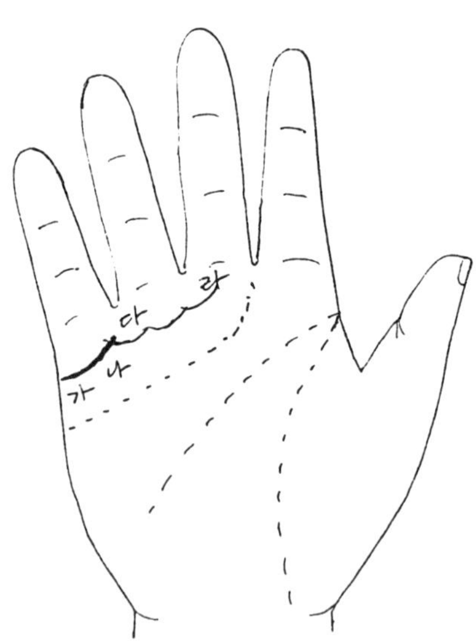

(13) 이별의 블루스를 불러야 할 수상

이 그림은 (가)와 (나)의 결혼선이 (다)의 지점에서 지선 하나가 길다랗게 생겨 생명선을 가르면서 금성구에까지 깊숙이 파고들어간 상을 보여주고 있다. 이와 같은 결혼선을 가진 사람은 정상적인 인간들이 영위하고 있는 가정 생활에는 마이너스가 되는 사람인데, 금성구로 뻗어내려가고 있는 결혼선의 지선은 그 길이가 생명선만큼이나 길게 뻗은 것으로 자기의 향락에 빠져드는 과대한 변태 성욕이 있다. 남자는 한 여자에게 만족할 수 없게 되고 여자인 경우에도 밥을 먹고 일하는 것보다 성욕을 충족시키려 하는 변태적인 섹스 향락을 추구하는 경향으로 연하의 건장한 이성만 찾아다니면서 정열을 불태워 버려야만 직성이 풀린다는 사람으로 결혼한 부부 관계는 파멸을 고하게 되는 그림인 것이다.

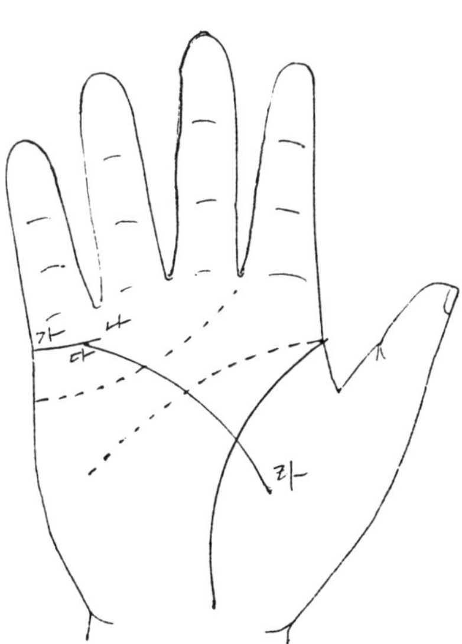

(14) 배우자가 병이 들게 되는 수상

이 그림은 배우자의 건강이 나빠지거나 심하면 사망의 징조까지 보이는 그림으로, ㄱ과 ㄴ으로 뻗어나간 결혼선의 끝부분에는 +자의 기호가 나타나 있어 배우자로 인해 능력의 한계에 의한 경제적인 곤란을 겪게 되거나, 그렇지 않으면 배우자가 병들게 되어 고통을 받거나 심한 경우에는 사별의 징조까지도 있는 흉조를 보여주고 있는 것이다. ㄷ과 ㄹ의 결혼선은 구부러지듯 아래로 살짝 뻗어내려가는 듯하면서 그 끝에는 섬형의 기호가 콩나물 깍대기처럼 되어 있는 섬형의 기호가 나타나 있는 것인데, 이러한 경우에는 배우자의 건강상 문제로 인해 외도를 할지 모른다고 하는 가능성을 보여준 그림인 것이다.

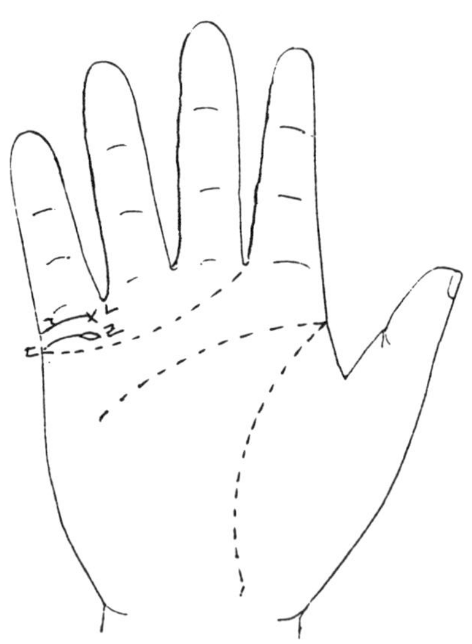

⒂ 문제를 일으켜 이혼을 하는 수상

　이 그림은 결혼선 (가)와 (나)를 잇는 중간 지점에 (다)의 섬형이 나타나 있는데, 섬형을 지나 뻗어나온 결혼선을 태양선 (라)와 (마)를 잇고 있는 윗부분을 자르고 지나가면서 잇게 된 것이다. 이와 같은 경우에는 명예스럽지 못한 치정 사건이나 인기와 관계가 되는 사건들이 이혼의 원인으로 나타나 부득이 이혼을 해야 하는 경우가 되는 것이다. 이런 경우에는 이혼만 하게 되는 것이 아니라 명예마저 실추하게 돼 하나의 사건은 한 인간의 깊숙한 내면에까지 피해를 주게 되고 외부적으로는 사회적인 매장까지 감내해 나가야 하는 수상으로 이 그림은 보여주고 있는 것이다.

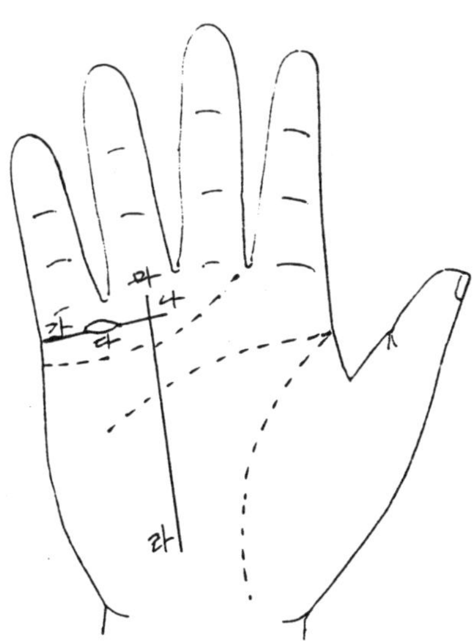

동양류 수상학(東洋流 手相學)

1. 동양류 수상학의 특성과 판단의 원칙

서양의 수상학과 동양의 수상학은 제각기 다른 특성과 판단의 원칙이 있게 된다. 그 원인으로는 관상학의 발달이 별로 시원치 않은 서양에서는 수상학의 연구가 동양의 수상학보다 앞서게 되었지만, 동양에서는 관상학이 서양보다 고차원으로 발달하게 되었다. 그래서 동양에서는 수상학을 관상학의 한 분야로 다루게 되었던 것이며, 동양 철학적인 면에서는 기혈수색(氣血水色)의 기형찰색(氣形察色)의 판별법은 서양의 어떠한 학술로도 따라잡을 수 없을 만큼 인간의 운명을 현재와 과거, 미래 등을 적중시킬 수 있는 차원으로 발달하게 되었으므로 수상의 전형적인 독단적 판단은 있을 수가 없고 오직 관상학의 지엽적인 차원으로 다루어 왔었다고 하는 것이 오늘날의 서양류 수상학보다 발전의 필요성이 적게 만든 이유이다, 하지만 그래도 수상학에 대한 판단의 확률은 연구의 여하에 따라 서양류 수상학 이상의 차원이 있다는 것을 밝혀두고자 한다.

(1) 손가락을 보는 법
○ 손가락의 등 쪽이 둥글고 맑으면서 보드라운 손은 부귀하고 총명할 상이며,
○ 손가락의 뼈마디가 굵게 나타나 울퉁불퉁하게 생긴 상은 빈곤한 상

이라 가난을 면치 못할 상이요.

○ 엄지의 등에 줄무늬가 나타나 있게 되면 운세가 강하고 대성을 할 상이며,

○ 손가락의 등쪽에 검은 점이 있게 되면 길상이며 남들을 뛰어넘는 이름을 날릴 상이요.

○ 손가락의 끝이 가느다랗고 뾰족하게 뻗은 상은 부귀 총명의 상이 되며,

○ 손가락의 끝이 뭉툭하고 굵은 상은 어리석은 사람, 천인의 상이다.

○ 손가락의 살결이 보드랍고 손가락이 길게 뻗은 상은 이름을 드날리게 된 상이며 인자한 마음을 가졌다는 상으로 중인들의 존경과 흠모를 받을 상이다.

○ 손가락의 색이 고와 비단결 같으면 귀하고 귀한 재간을 가지고 있는 사람이며 태산같이 많은 재물을 얻을 상이다.

(2) 손톱을 보는 법 (兆甲判斷法)

○ 손톱으로 사람의 신체의 강건하고 쇠약함을 알게 되고 건강의 유무와 길흉을 알게 되며 신장의 기능을 보게 된다.

○ 손톱이 두껍고 윤기가 있게 되면 건강하고 신기가 강한 상이며,

○ 손톱이 두껍기만 하고 모양이 반듯하지 않으면 건강은 좋은 상이나 천인의 상이라 한다.

○ 손톱이 얇은 사람은 건강할 상이나 반달형의 적은 손톱이 나타나 있는 것은 무병지상이라 한다.

○ 손톱에 나타난 반달형의 적은 손톱의 색상이 들뜬 것처럼 연해지는 색을 띠게 되면 신체의 허약 징조의 상이다.

○ 손톱의 전부가 유리날처럼 광택이 있게 되면 매사에 침체가 있을 상이니 시기의 도래를 기할 상이며,

○ 손톱에 나타난 세로줄은 건강을 해칠 상이요 좋지 못한 흉상이다.
○ 손톱이 안쪽으로 오그라들어간 상은 신체가 허약할 상이며 기상이
미진하여 성공이 없을 상이다.
○ 손톱이 뒤로 젖혀진 상은 전상과 동일지상이며,
○ 손톱이 둥그스름한 상은 대성은 불가하나 중인들의 사랑을 받게 되
고 교미지인의 상이로다.

(3) 오지(五指)의 판단

　모지(母指)는 조상(祖上)이요 양친(兩親)이며, 검지(檢指)는 타인
(他人)이고, 중지(中指)는 기신(己身)이며, 약지(藥指)는 친척(親戚)
이요, 소지(小指)는 자손(子孫)이다.
○ 엄지와 검지의 사이가 크게 벌어지는 상은 양친이 무덕하고 이향
객리에 불로지경이다.
○ 검지와 중지의 사이가 크면 자기를 도와주는 이가 없어 사람이 그
리운 상이며, 사이가 크면 클수록 대인 관계가 나쁘게 될 상이며,
○ 검지와 장지의 사이가 없이 합쳐지면 중인의 친함이 상부상조가 있
는 상이며,
○ 중지와 약지의 사이가 나면 친척과의 사이가 나쁜 상이요 친척과
인연이 없는 상인데다 처와의 인연이 적은 상이다.
○ 장지와 약지의 사이가 크면 육친이 무덕하고,
○ 장지와 약지의 사이가 없어 합한 상은 육친이 화목하며 처자의 연
이 두텁고 친척의 도움도 많을 상이며,
○ 무명지와 소지의 사이가 나면 자손의 연이 박할 상이며,
○ 무명지와 소지의 사이가 합한 상은 자손의 연이 좋아 효자 충남의
상이다.
○ 다섯 개의 손가락이 벌어진 채 힘없이 내민 상은 심신이 허한 상이

다.
○ 다섯 손가락이 합한 손을 내민 상은 의지가 견고하고 심지가 강한 상이다.
○ 손을 내민 자세가 움추러드는 상은 소심한 심성의 소인지상이라 대성은 불가하며,
○ 장지와 검지에 사이가 나면 다른 사람의 말을 믿어 손해를 볼 상이며,
○ 검지와 장지와 약지의 사이가 난 사람은 가산이 탕진되고 육친의 별리가 있게 되며 한평생 고생이 있을 상이다.
○ 엄지의 근원이 가느다란 상은 한평생이 곤궁한 상이다.

⑷ 손바닥의 판단(手掌判斷)

○ 사람의 손바닥이 두텁고 비단결처럼 보드라운 것은 길상이요 복록이 두터우며 성공할 상이며,
○ 손바닥이 얇아 딱딱하기가 송판 같은 상은 가난하고 천한 상이다.
○ 손바닥에 습기와 윤기가 있고 향그러운 손은 귀인의 상이며, 손바닥에 기름기가 흐르고 악취가 나는 상은 하청지배의 상이며,
○ 손바닥의 색이 붉으레하면서 화색이 돌고 선명한 것은 부귀의 상이며,
○ 손바닥이 말라 흙을 만지듯 거친 상은 궁하기가 짝이 없는 상이다.
○ 손바닥이 검거나 누렇고 탁한 것과 푸른 것은 하는 일에 막힘이 있는 상이다.

⑸ 삼대선을 보는 법

天紋(感情線) 人紋(頭腦線) 地紋(生命線)이 三才紋이라 한다. (三才는 天 人 地의 三才이다)

①天紋은 手上之人 人紋은 己身하며 地紋은 家內五事와 壽命五事로다.

②天紋이 굵고 좋은 상은 운세가 좋고 위험에 부딪혀도 구원을 얻어 행운이 있을 상이요,

③天紋이 微細하면 운세가 薄弱하여 한평생 고생이 많을 상이며,

④天紋이 끊어지고 어지러운 상은 파란이 많고 직업 변동이 심할 상이다.

○人紋이 굵고 힘있게 뻗은 상은 심신이 건실하고 대성을 기할 상이요, 人紋이 微細하면 身虛하고 困苦가 많은 상이다.

○人紋이 토막나서 점점이 이어지면 심신이 불안하여 가정이 파탄할 상이며,

○人紋의 끝이 치켜올라가는 상은 만년이 좋을 상이고, 人紋의 끝이 처져내려가면 만년의 고생이 많을 상이다.

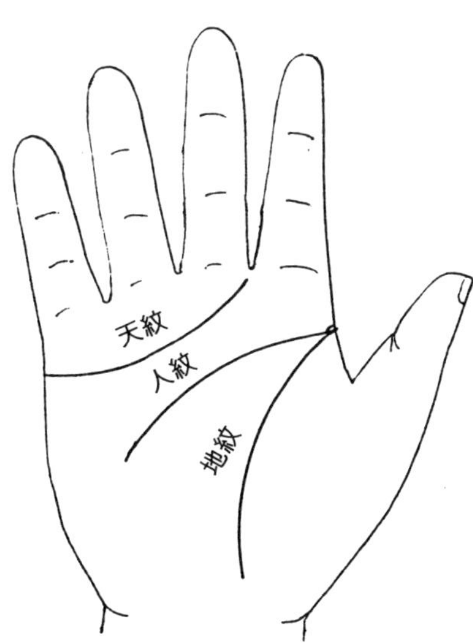

○ 地紋에 가지가 많은 것은 가정이 다스려지지 않는 상이요 불길지상이며,

○ 天紋 人紋 地紋의 三紋은 주로 보되 細線不觀이다.

(6) 수장구궁(手掌九宮)

第一宮 坎宮, 第二宮 艮宮, 第三宮 震宮, 第四宮 巽宮, 第五宮 離宮, 第六宮 坤宮, 第七宮 兌宮, 第八宮 乾宮, 第九宮 明堂(中央)의 九個 部位의 宮으로 나누어 보게 되는데, 震宮은 제일 화성구의 하부인 엄지구의 상부에 해당하고, 巽宮은 검지의 근원, 즉 木星丘에 해당하고, 離宮은 土星丘에 해당하며 중지의 하부이고, 坤宮은 새끼손가락의 아래인 水星丘에 해당하며, 兌宮은 第二火星丘에 해당하고, 乾宮은 月丘의 아랫부분에 해당하며, 坎宮은 손목의 중앙 부위에 해당하고, 明堂은 火星平原에 해당하며, 이상의 부위에 나타나 있는 氣色의

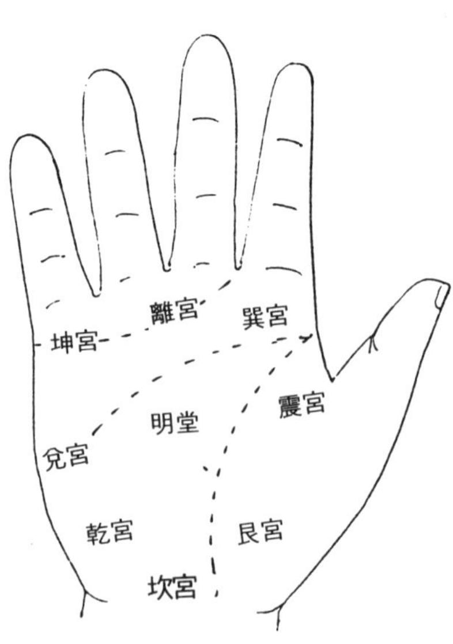

吉凶의 판단에 따라 吉凶을 알아내게 되는 것이다.

❶乾宮

乾宮은 주로 父親의 부위로서 기타의 손윗사람과의 관계나 상속 문제 등이 이곳에 나타나게 된다.

○ 黑氣

부친의 재난과 실패를 나타내고 있는 상이다.

○ 赤氣

이 색이 나타나 있는 것은 부친이나 조부모와 본인 사이에 대립되고 있는 불화의 조짐이 있는 상이다.

○ 靑氣

부친이 어떤 일로 인해 매혹에 빠져들어 놀라게 되는 일을 나타내고 있는 상이다.

○ 紫氣

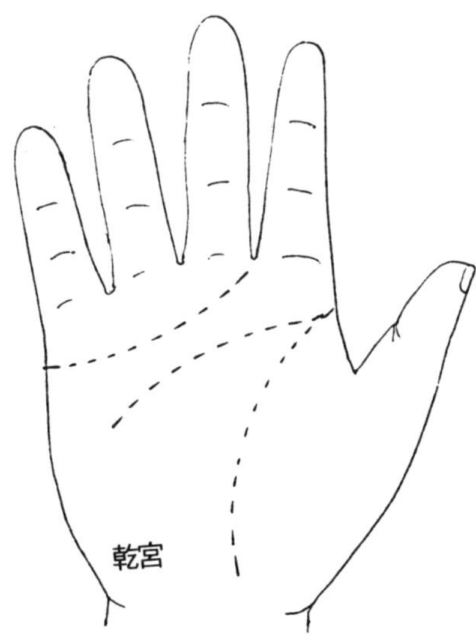

조상이 좋지 못하였던 일의 상이다.

○ 紅氣

선홍의 빛이 아름답게 나타나 있는 것은 부조의 은혜를 입을 상이며 자손을 얻게 되는 상이다. 그리고 이곳에 결점이 나타나 있으면 부조 간의 인연이 적으며 손윗사람과의 사이가 나쁘게 되고 구설과 쟁론이 일어나게 되고 금전운이 나쁘며 자손에 대한 근심이나 주거의 불안정을 겪게 되는 상이다

❷ 坤宮

곤궁은 주로 母親의 일이나 남성이면 妻의 일을 보는 위치이며 기타 住居 및 土地 문제 직업 문제나 사업의 운세 등이 이 궁에 잘 나타나게 된다.

○ 白氣

윤택이 없는 白色이 나타날 적에는 妻나 母親이 病을 앓게 되는 상

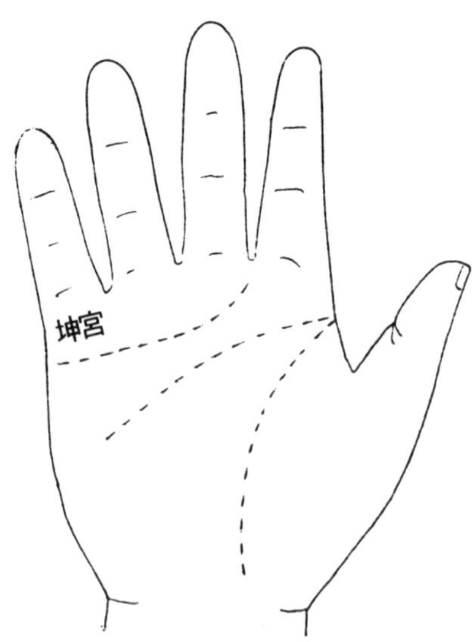

이요, 시드는 白色일 때에는 사망의 상이다.

○ 赤氣

　母親이나 妻와의 구설이나 쟁투의 상이다.

○ 靑氣

　모친이나 처에 대해 놀라는 일이 있게 되는 상이다.

○ 黑氣

모친이나 처에게 재난이 있을 상이며 처와의 離緣 문제가 있을 상이다.

○ 紫氣

　집안에 기쁜 일이 있게 되고 가정이 원만해질 상이다.

○ 紅氣

　선홍의 기가 나타나는 것은 모친이나 처에게 기쁜 일이 있게 될 상이다.

　곤궁이 미색(美色)을 띠고 잘 발달돼 있게 되면 연상의 처를 맞이하거나 노인 처 등의 재력을 얻게 돼 사업을 일으킬 상이며, 이 궁에 흠집이 있는 상은 처와 모친의 불화가 심하고 사업적인 기반이 약해 곤고한 생활을 하게 되고 주거 문제 등으로 고생을 할 상이다.

❸ 兌宮

○ 白氣

手下之人이나 子女에 대한 病이나 고생이 있는 것을 나타내고 있는 상이다.

○ 赤氣

手下之人 子女 등에 口舌, 爭鬪, 義絶 등이 있을 상이다.

○ 靑氣

　子女나 手下之人에 困苦와 逃亡이 있는 상이다.

○ 黑氣

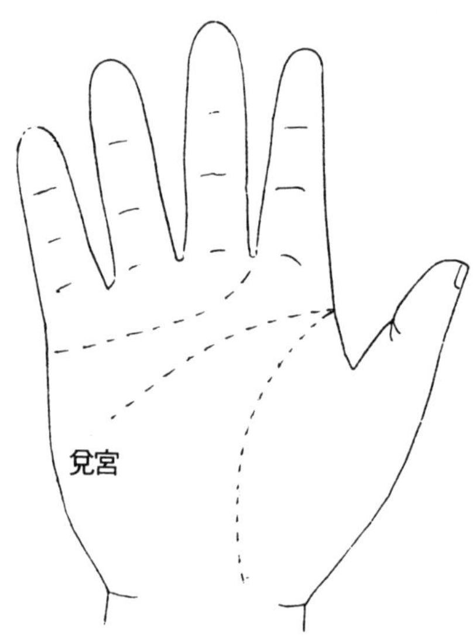

膝下之人에 憂患이나 死亡의 상이다.

○ 紅氣

　鮮紅의 美色이 보이면 膝下之人의 喜慶之事가 있을 相이요 美女나 手下之人에 德을 입게 돼 所得이 있을 상이며, 이곳에 험이 있게 되면 色難, 口舌, 不和, 論爭, 金殘之事등에 凶한 징조의 상이다.

❹ 巽宮

○ 白氣

　家業之事에 損失이나 兄弟의 困苦 病難의 징조가 있을 상이며,

○ 靑氣

　事業上의 損失이나 長女 兄弟 등의 驚烈之事가 있을 상이다.

○ 赤氣

　人事去來에 대한 論爭, 口舌의 징조가 있을 상이다.

○ 紅氣

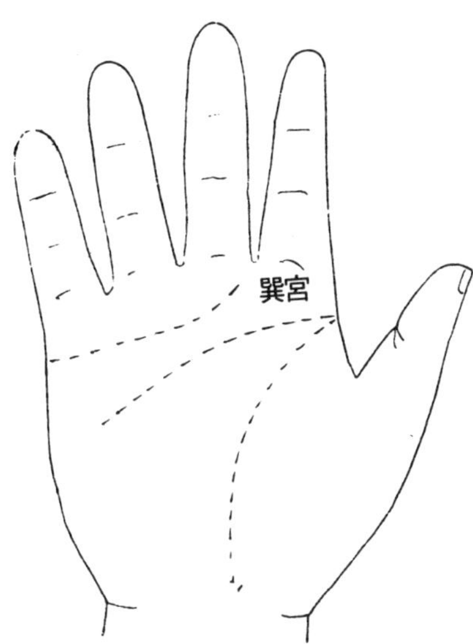

　鮮紅의 美色이 나타나면 兄弟가 和合하고 所營之事 日益增進通之相이다.
이 궁에 흠이 있게 되면 營業失利하고 兄弟不睦하며 不和 論爭이 多하고 所望 不成之相이다.
　巽宮은 주로 兄弟나 家事 문제와 원처의 거래 관계, 신용의 상태와 결혼 및 큰딸의 문제 등을 보게 되는 궁이다.

❺ 震宮

　震宮은 주로 처나 이성의 일을 보는 부위이며 장남에 관계되는 일과 여행 등을 보게 되는 곳이다.

○ 白氣

　妻妾의 病厄이나 心勞 등의 상이다.

○ 黑氣

　妻妾 등의 災難의 징조가 있을 상이며,

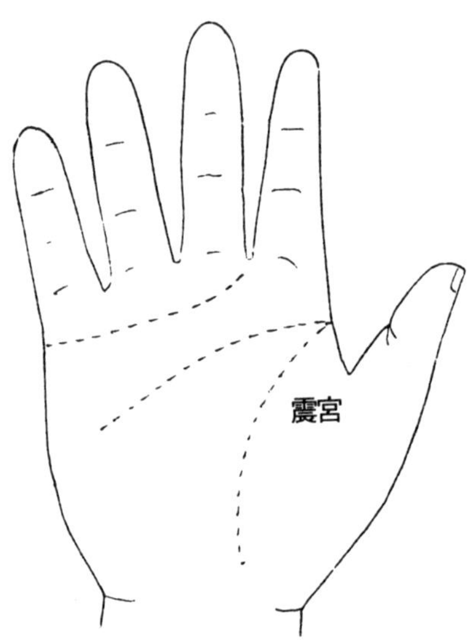

○ 暗氣

  雜病, 精神異常 等의 징조이다.

○紫氣

  妻妾의 産育之病 징조의 상이며,

○ 紅氣

  鮮紅의 美色이 出現하면 妻妾의 喜慶之事가 있을 상이요 家道繁昌
之相이다.

  이 부위에 흠이 있는 상은 妻妾之事나 長男의 困苦, 口舌, 論爭, 災
難之相이다.

❻離宮

  이 궁은 주로 希望之事나 官廳之事 文書나 知能 등을 보게 되는 궁
이다.

○ 白氣

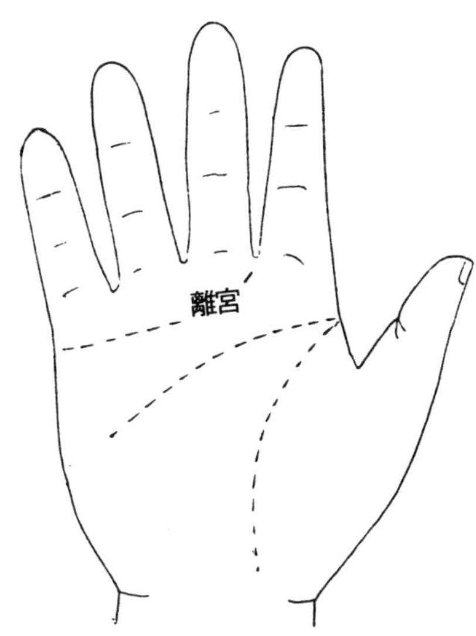

白氣와 白點은 所願之事 不成의 징조요.

○ 赤氣

口舌, 論爭, 訟事, 損失, 官厄 등의 징조가 있을 상이며,

○ 靑氣

所求之事 未達之相이며,

○ 紅氣

萬事如意로 成功을 하게 될 상이며, 離宮에 흠이 있게 되면 病難, 口舌, 文書之變, 生離死別의 징후가 있는 상이다.

❼坎宮

坎宮은 인내력과 수하인의 일이나 병환, 住所地 등의 문제를 보게 된다.

○ 白氣

白色으로 暗暗한 상은 家庭에 근심의 징조가 있을 상이며, 흰점은

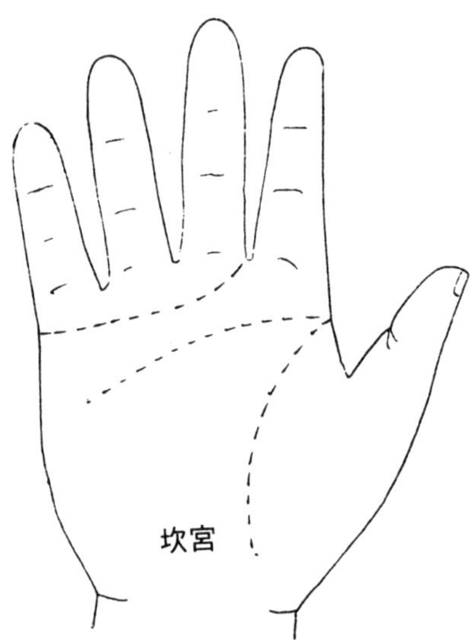

가정 내의 환자가 있음을 나타내는 상이며, 시든 상을 하게 되면 환자의 死亡之相이다.

○ 黑氣

　災難과 疾病之相이며 旅行할 때에 水難을 당할 상이며,

○ 赤氣

　爭論, 不和 및 災難과 兵難이 있을 상이며, 暗氣는 相續 문제나 婚禮 문제를 나타내고 있는 상이다.

○ 靑氣

　事物에 대한 損害와 失利의 상이다.

○ 紅色

　鮮明한 홍색은 좋은 수하를 거느릴 상이며 每事가 順調로울 상이며, 이곳에 흠이 있게 되면 病難, 盜難, 女難 등의 凶事나 住居 등의 쇠운의 상이다.

❽艮宮

艮宮은 주로 福德의 일, 友人 親族 관계의 損益 관계를 보는 부위이
다.

○ 赤氣

口舌, 爭論, 失利의 조짐이 있을 상이며.

○ 暗氣

金錢的 苦生을 말하며 萬事가 不如意한 상이 되고,

○ 白氣

艮宮의 白色은 土地 상속 문제 등의 苦痛이 있고 患者는 死亡之相이
다.

○ 紅氣

最古의 상으로서 友人의 협조가 있을 상이요. 財産 相續 등이 吉運
이며 諸事의 成功이 있을 상이며, 이곳에 흠이 있으면 土地 友人 등에

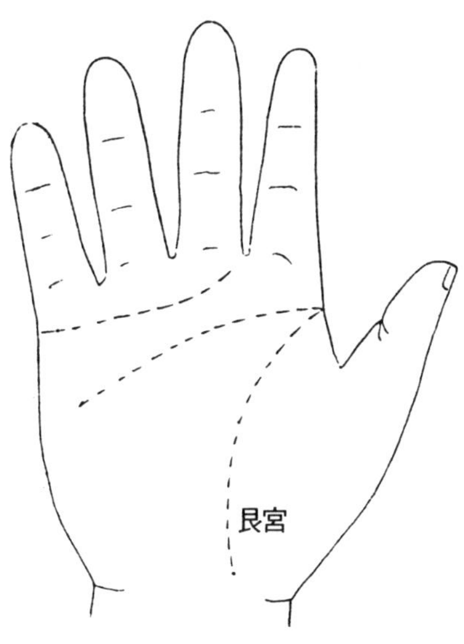

事故가 있을 상이다.

❾ 明堂

명당은 마음으로 바라는 일을 보게 되며 이 궁에는 어느 색이든지 나타나지 말아야 吉한 상인 것이다.

○ 紅氣

마음속에 所求之事가 있고 차차 이루어질 상이며,

○ 白氣

事物이 침체하고 心勞煩悶之相이다.

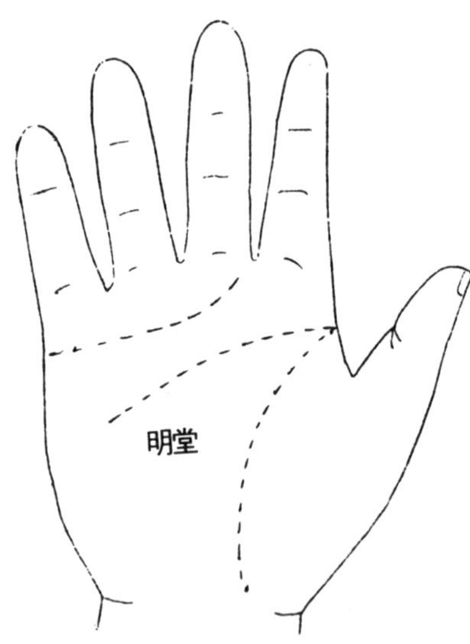

2. 東洋流 手相을 보는 법

동양의 수상에 있어서는 수상에 나타나고 있는 九宮의 氣色으로서 판단의 포인트로 하고 삼대선의 의미만 가지고 주로 보게 되며, 삼대선 역시 잔금의 지선 같은 것은 별로 중요시하지 않고 있으며 어떠한 이름을 가지고 있는 어떻게 문양을 한 특수한 손금이 있게 되면 어떠하다고 하는 식으로 72가지의 손금을 보여주고 있는데, ○○은 어떠하고 ○○紋은 어떠하다고 하는 식으로서 서양 수상학에 있어서 기호를 보고 있는 것처럼 판단을 하고 있는 것이 특징이라 하겠다.

그래서 얼핏 보게 되면 손금 같지도 않은 손금을 풀이하고 있지만, 손금을 보게 될 때에 닮은 형태의 것들을 찾아내 보는 방법밖에는 별다른 도리가 없는 것이기 때문에 다음과 같이 도면을 실었으니 독자 제현들의 많은 연구가 있어 주기를 바란다.

❶四 季 紋(사계문)

사계문은 봄은 푸르고 여름은 붉으며 가을은 하얗고 사계절 중에 검은 것을 겨울이 기뻐하고 가을은 붉고 겨울은 누렇고 봄에 하얗게 보이고 여름을 만났는데 검은색이 많아지면 모두 흉한 증세이다.

註) 봄은 청색이 좋고 여름은 붉은색이 좋으며 가을은 백색이 좋은데 겨울은 검어야 함이 바른색이기 때문에 다른 색이 많아지면 흉조라

하는 것이다.

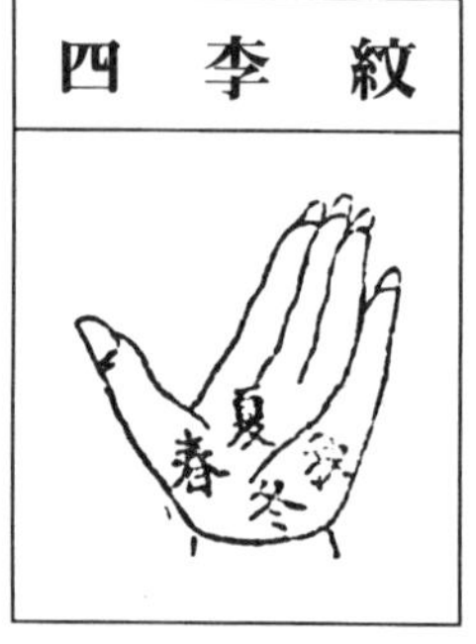
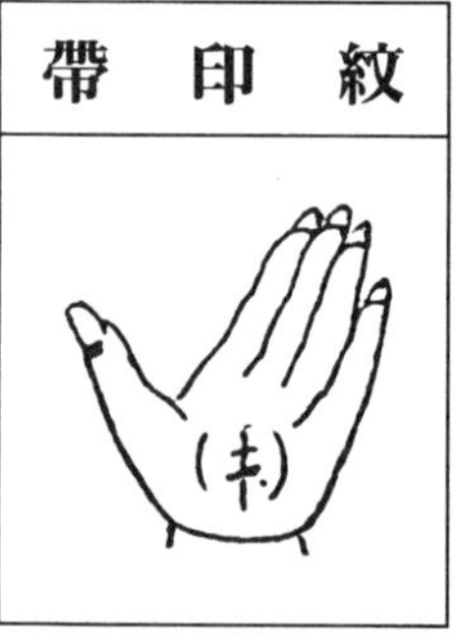
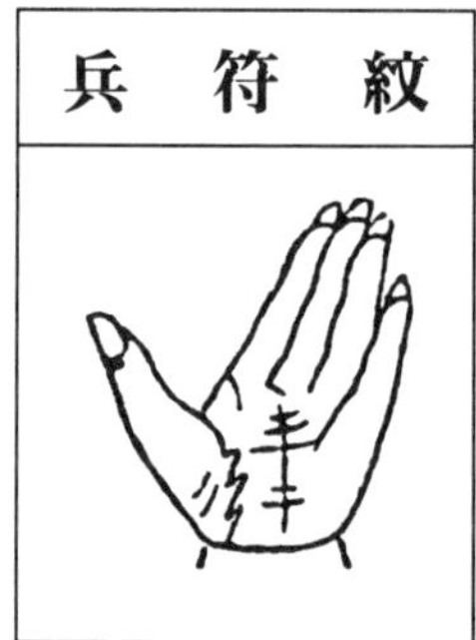

❷ 帶 印 紋(대인문)

대인문이 있게 되면 太子의 스승이 된다는 문으로 손바닥 위에다 도장을 찍어 놓은 듯하며 앞길에는 공명과 영달이 있게 돼 부귀는 원하지 않는다 해도 스스로 깨끗한 이름을 얻어 벼슬길이 열려 정승이 될 수 있다는 예시가 나타난 상이라 한다.

❸ 兵 符 紋(병부문)

옛날 중원땅에 陳平이라는 사람의 상이라 하는데, 出將 入相格이라 하여 이 문을 가진 사람은 어린 나이에 등과를 하게 되고 벼슬길이 오래도록 끊이지 않으며 권세를 잡게 되면 요직에 앉게 된다고 하며 변방으로 나간 장수는 개선 장군을 과시하게 되고 조정으로 돌아오게 되면 내직의 높은 벼슬을 하사받게 된다는 상이라 한다.

❹ 金花印紋(금화인문)

금화문이 하나도 아니고 두 개나 나타나 있는 사람은 입신양명을 하게 되고 부귀를 누리게 돼 가난을 걱정하지 않으면서 살게 되고 남자의 손에 나타난 금화문은 제후나 재상으로 봉해지는 극귀한 상이며 여자가 금화문을 가지고 있으면 정경부인이나 왕후로 책봉되는 재목이 될 수 있다는 상이다.

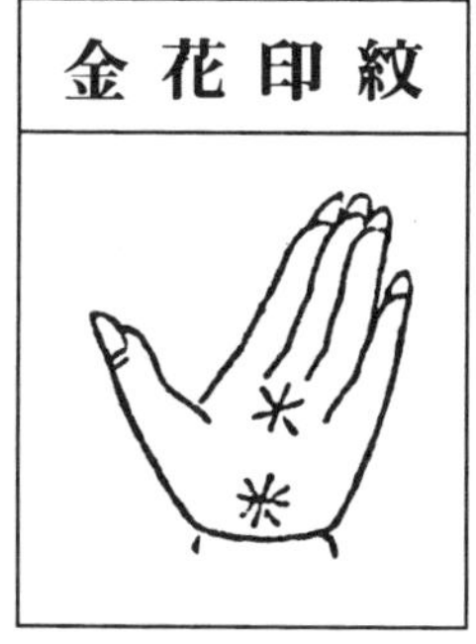

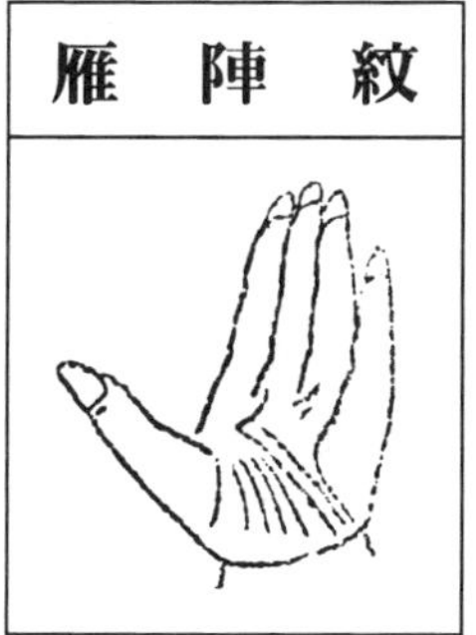

❺拜 相 紋(배상문)

배상문은 중원의 초한 시대 때 장량이라는 사람이 가지고 있었다는 상으로, 배상문은 수상구궁의 乾宮에서 찾아야 하는데 손목으로 뻗어 나간 무늬이며 성정이 온화하고 인정이 많으며 남달리 문장이 뛰어나 항상 임금의 휘하에 머물면서 두터운 신임을 얻게 돼 군왕의 총애를 받게 될 상이라 한다.

❻雁 陳 紋(안진문)

안진문은 마치 기러기떼가 줄을 지어 날아가고 있는 것같이 뻗어나 간 손금을 말하는데 조위문이라고도 한다. 그리고 이 문이 있는 사람 은 공명을 세우게 돼 성씨와 가문의 명예를 드날리고 임금이 계시는 서울(황도)을 드나들며 장수나 재상의 재목이 되며 벼슬길을 물러난 다음까지 몸마다 관복과 관대를 하고 임금을 알현하면서 향을 피워 황 은에 보답을 하는 상이라 한다.

❼雙 魚 紋(쌍어문)

쌍어문은 손바닥의 명당 부위에 두 개 정도가 나타나는 문인데, 문 장을 드날려 당대에 관을 쓰게 되며 석학의 이름을 드날리고 조정에 나아가 벼슬길에 오르게 되면 삼정승의 자리에까지 오르게 되니 명당

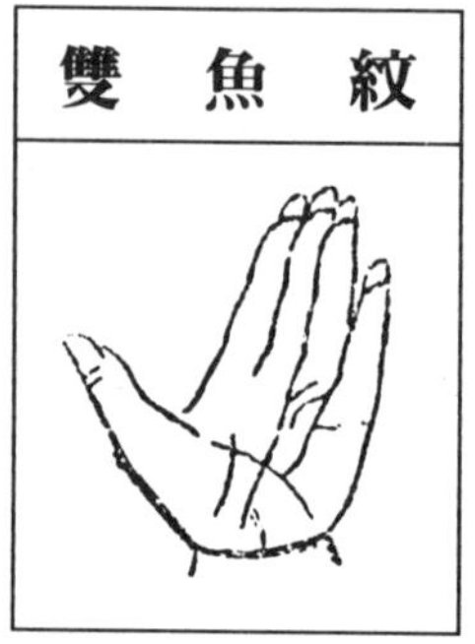

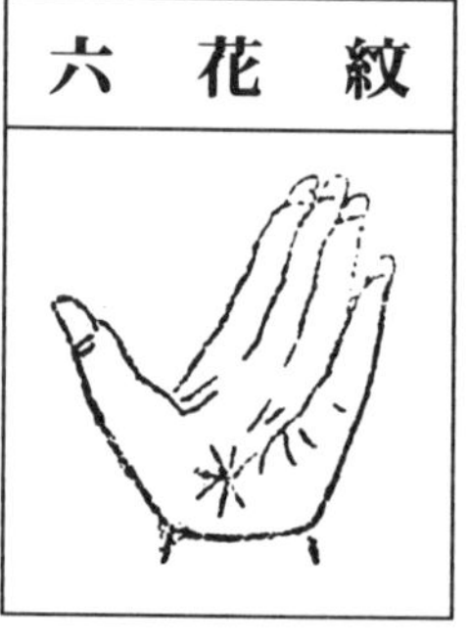

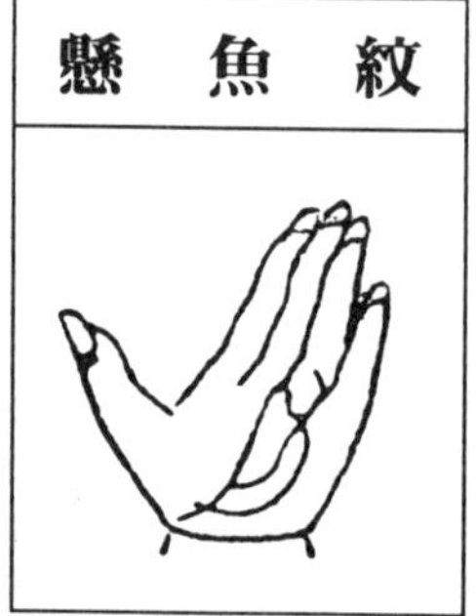

과 天紋의 위치에까지 뻗어올라가면서 붉으레한 색이 나타나고 윤기가 있어야 귀격의 상이 되는 것이다.

❽六 華 紋(육화문)

육화문이 있게 되면 초년기에는 가뭄을 만난 곡식처럼 어려운 고생을 하게 되지만 이슬비와 단비를 만난 뒤에 곡식이 생기를 되찾듯이 늦게나마 벼슬 길이 열려져 시중의 자리에서 정승의 자리까지 오르게 돼 홍대 조복을 입게 될 만년 재상의 상이라 한다.

❾懸 魚 紋(현어문)

현어문이 있게 되면 학문에 뛰어나 부귀를 누릴 상이며 나이 어린 소년기에 장원급제를 하게 돼 임금의 옆에서 시중울 드는 격이요 임금의 출행이 있을시에는 임금의 가는 가마나 연의 길잡이가 되는 상이라 한다.

❿四 直 紋(사직문)

사직문이 있으면 소년과 장년 시절에는 별로 할일없이 지내게 되지만 중년기에 접어들면서부터 쓸데없는 근심이나 걱정이 모두 사라지는 격이요 이 부위에 선명한 홍색을 띠면서 윤기가 흐르게 되면 운로가 열려 일단은 제후로 봉함을 받게 되는 편안한 부귀와 공명을 얻게 될 상이라 한다.

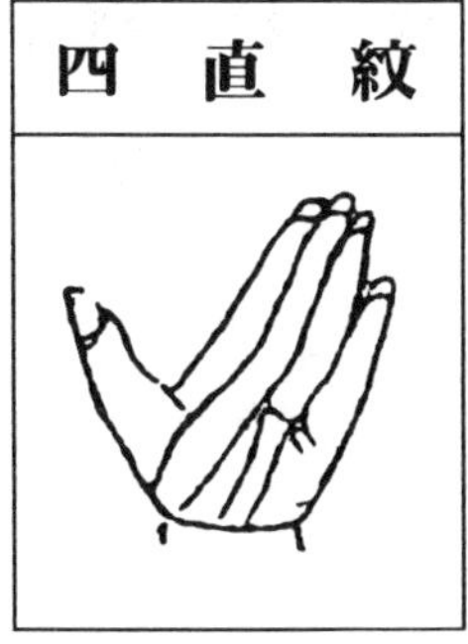

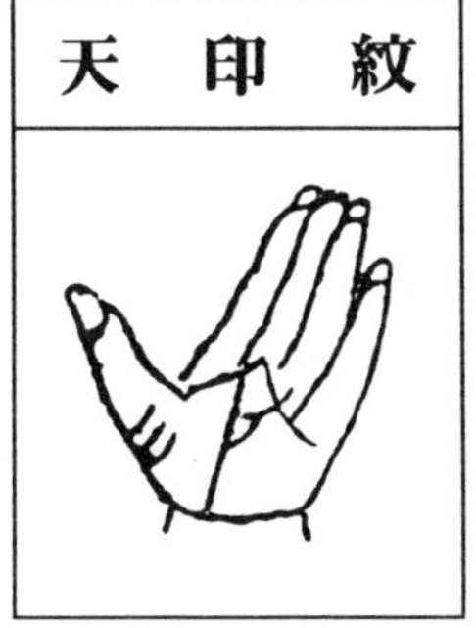

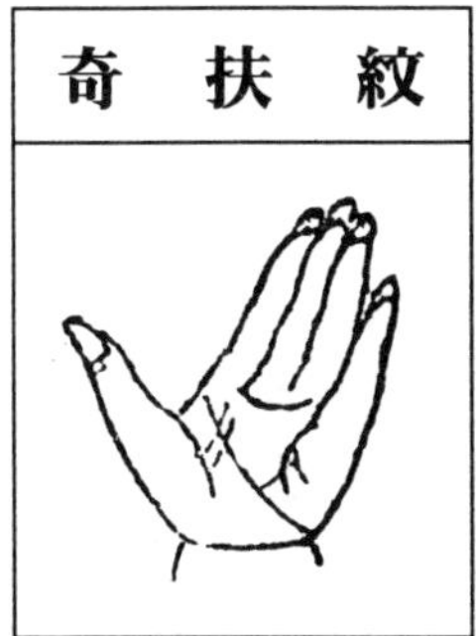

⓫ 天 印 紋(천인문)

천인문은 乾宮에서 생겨나서 天紋이 있는 쪽을 향해 震宮 쪽으로 나타나야 하며 이 문이 있게 되면 문장이 능해 재주를 인정받게 되고 스스로 찾아드는 영화를 누리게 될 상으로 관록을 얻게 되면 평탄한 발전이 있을 것이며 범부 같은 서민의 처지라 할지라도 황금이 집안에 가득히 쌓이게 될 부를 누리게 된다.

⓬ 奇 扶 紋(기부문)

기부문은 무명지 밑부분에서 가로로 나타나 무명지를 떠받치고 있는 것 같은 상으로 담력이 대단한 상이라 하며 이 문이 나타난 손의 색깔은 붉은색이 아름답고 윤기가 있어야 만사에 능한 재주를 갖게 돼 한평생을 부귀와 영화를 누려가면서 잘 살게 된다는 상이다.

⓭ 千 金 紋(천금문)

인생에 영화가 무엇이냐고 물어본다면 천금을 희롱하는 부자가 되는 것이라 할 것인데 이 문이 어린애에게 있게 되면 천금을 유산으로 물려받게 될 것이며 만약에 지금은 비록 가난하다 할지라도 불시에 일확천금의 기회가 찾아들어 일시에 부자가 될 거라는 상이 바로 천금문이다.

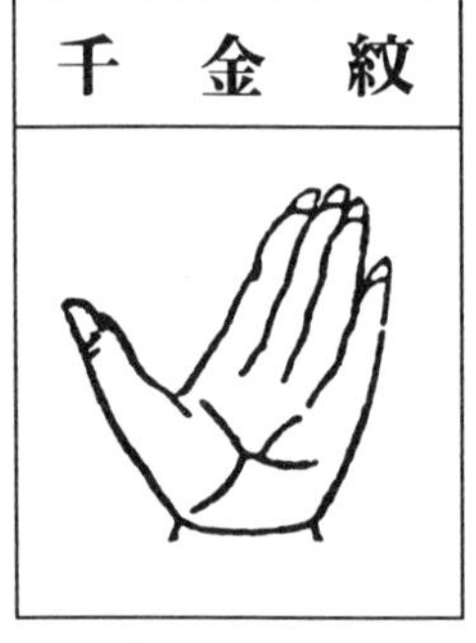
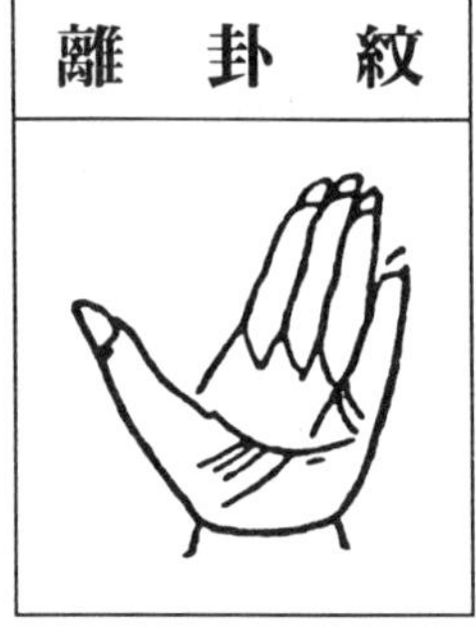
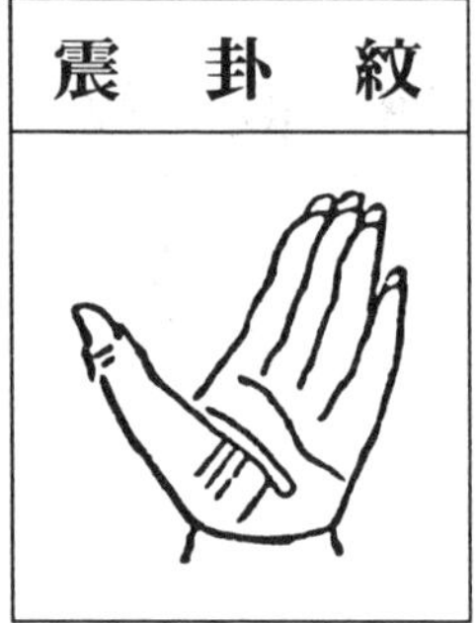

⓮ 離 卦 紋(이괘문)

離卦紋은 坎宮이 實해 미약한 離宮을 沖하게 되면 고생이 많아 빛을 보지 못한다고 하는 것인데 八卦의 부위가 모두 부푼 것처럼 살집이 돼 있으면 아주 천하고 고생이 많은 상이라고 하나 三山 즉 東岳泰山 南岳奉山이 두툼한 사람은 부귀와 영화를 누릴 수 있게 된다고 하는 상이다.

⓯ 震 卦 紋(진괘문)

진괘문은 진궁의 살집이 두툼하게 좋고 색상이 윤택하게 나타나야 吉한 것으로 남자에게 나타나면 주로 좋은 상으로서 진궁에 가로줄이 가늘게 많이 뻗쳐지게 나타나면 자손이 귀하거나 자손 중에 액이 타는 상으로서 띠를 두른 듯이 진궁의 아래에 세로줄이 나타나면 양자 자손을 두게 된다는 문이다.

⓰ 陰 德 紋(음덕문)

음덕문이 있는 사람은 한평생 동안 남에게 음덕을 베풀어야 한다는 문인데 머리는 총명하다 하나 흉하고 위험한 일을 겪게 되는 상으로 마음을 착하게 갖고 자비롭고 좋은 마음가짐으로 성현의 말씀을 받들 듯이 덕을 많이 쌓아야만 흉한 일이 적어지고 늦게나마 복을 받게 된다는 문이다.

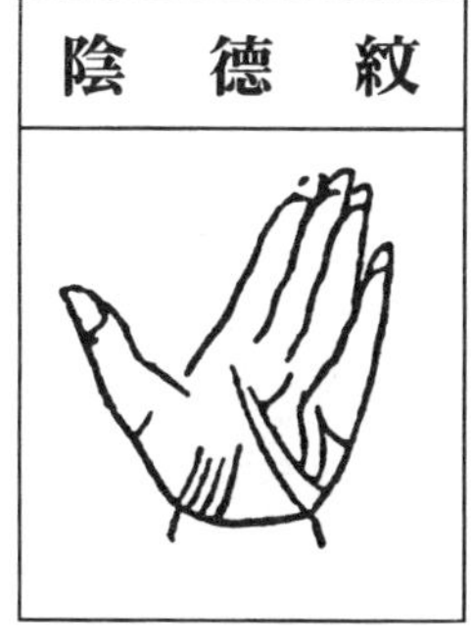

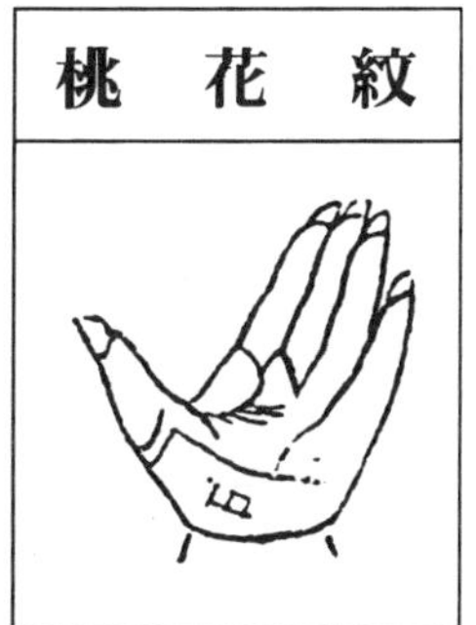

⑰ 隱 山 紋(은산문)

은산문은 글자 그대로 산속으로 깊이 깊이 숨어 버린다는 문으로 손바닥 한복판에 생겨난 문이며 착한 성품을 가지고 자비로운 것을 좋아해 세상을 조용하게 살기를 좋아하는 은둔의 상으로 사랑하고 즐겁게 하는 모든 것들을 고요한 마음가짐으로 가다듬어 남을 미워하는 일과 시끄럽고 요란한 세상을 피해 산중으로 찾아 들어 도나 구한다면 만년 성도를 할 상이다.

⑱ 挑 花 紋(도화문)

도화문이 있는 사람은 화려하고 사치한 것만을 좋아하며 도화를 즐기면서 술과 여자를 탐해 예쁘고 아름다운 요화만을 찾아다니면서 한평생을 그르치게 되는 잘못된 인생길을 헤매다가 몸을 망치고 中年에는 가산마저 패하게 되는 난봉꾼의 상이다.

⑲ 逸 野 紋(일야문)

일야문이 있는 사람은 세상만사를 조용하고 한가로운 것만을 즐기려는 사람으로 이 문이 나타나는 것은 손바닥의 장심에 생겨나고 이 사람의 성품은 너무 좋으며 조용한 것을 배가 부른 것만큼이나 좋아해 시끄러운 것을 싫어하기 때문에 사람이 찾아드는 것조차 꺼리는 사람

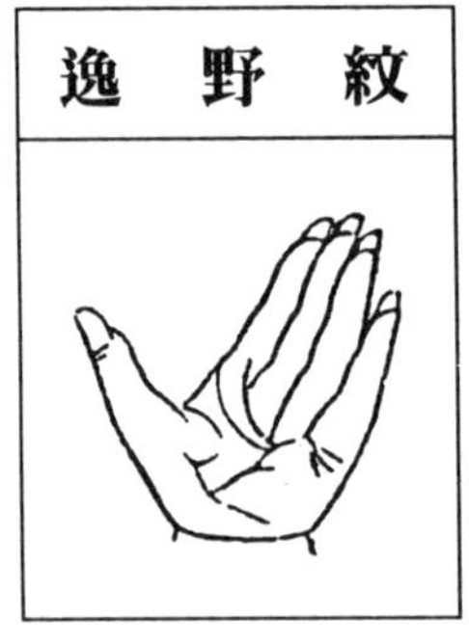
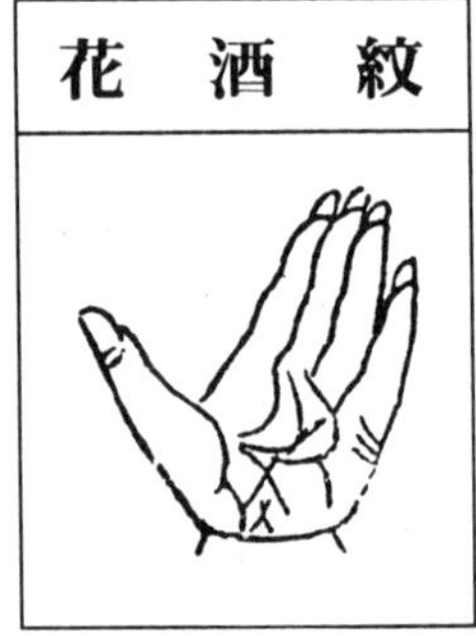

이다.

※ 요술, 도술, 술법을 좋아한다.

⑳ 花 酒 紋 (화주문)

화주문은 글자 그대로 술과 여자를 좋아하는 문으로 이 문은 손바닥의 장중에 나타나게 되고 한평생을 이름있는 좋은 술에 잔뜩 취하는 것을 흥미로 알고 살아가기 때문에 성한 듯, 미친 듯한 사람으로 주거마저 정한 곳이 없고 재산마저 모아진 것이 없으니 젊으나 젊은 나이에 얼빠진 사람처럼 돌아다니게 된다는 상이다.

㉑ 月 角 紋 (월각문)

월각문은 兌宮에서 일어난 문을 말하는데 이 문을 가지고 있는 사람은 여자의 재물로 인해서 출세를 하게 된 상으로 이 사람은 모름지기 경계해야 할 사람으로 돈이나 많은 여자나 쫓아다니는 게으름뱅이의 상이며 이곳의 색상이 나쁘면 관청의 시비를 일으키게 되는 상이다.

㉒ 一 重 紋 (일중문)

일중문은 처첩궁에 있는 문으로 이 문이 있는 사람은 처자의 인연이 박하고 형제간에도 인연이 없는 상으로 고독하기 비길 데 없이 외로운 상이지만 여기에다 또 네 가닥의 무늬가 아울러 나타나게 되면 허군

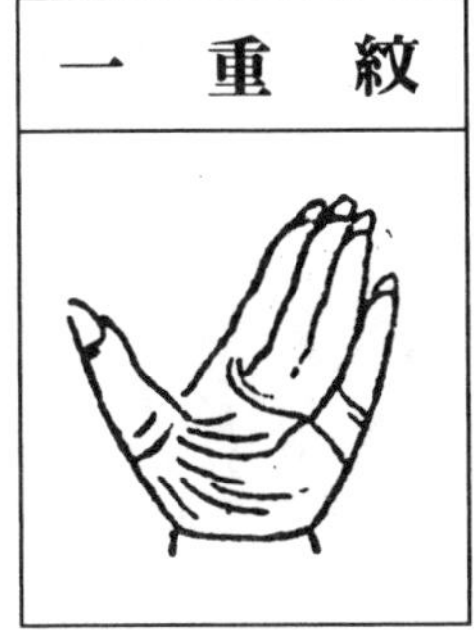
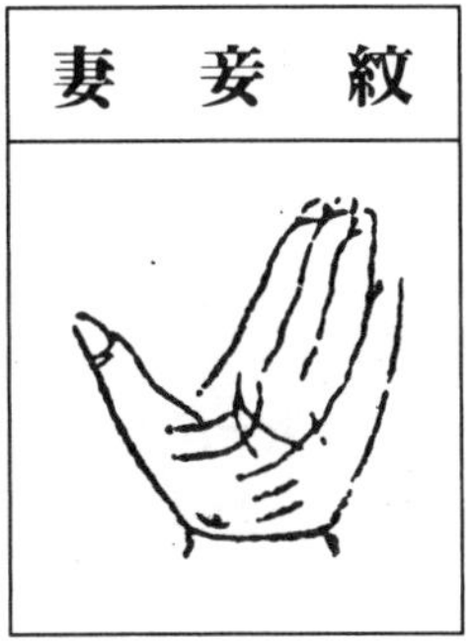
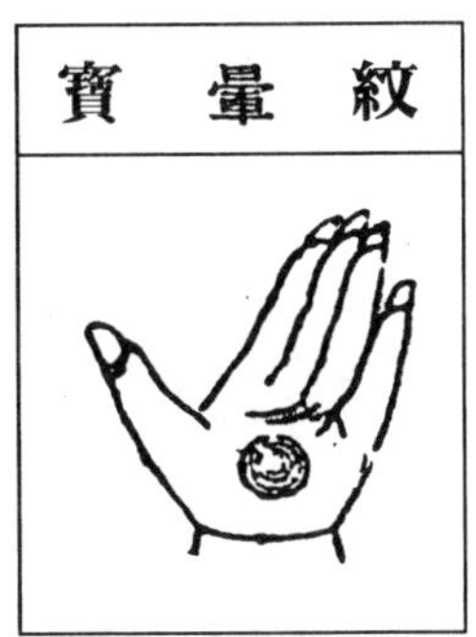

(許君)과 같은 자손을 두게 된다는 문이다.

㉓ 妻 妾 紋(처첩문)

노복궁에 나타난 것을 처첩문이라 부르고 있다. 이 문을 가진 사람은 처의 행실을 잘 살펴야 창피를 당하는 일이 없게 된다는 문인데 마누라가 음탕하게 돼 외간 남자를 불러들여 사정을 통하는 것을 예사로 알게 되는 문으로 집안에 두고 있는 종놈들과도 사정을 통하게 된다는 문이다.

㉔ 寶 暈 紋(보휘문)

이 보휘문에는 서로 다른 두 가지의 형태가 있는데 하나는 달무리와 같고 또 하나는 해와 같은 형상인데 손바닥의 장중에 나타나는 것으로 제후 나래상으로 봉함을 받게 될 상으로 금전과 오곡 그리고 황금이 산처럼 쌓인다는 상으로 한평생은 부자로 잘 살아간다는 문이다.

㉕ 三 日 紋(삼일문)

삼일문은 손바닥의 장심에 나타나는 문으로 그 빛이 뚜렷하게 빛을 발하면서 나타나면 소년시절부터 문장에 뛰어나 관을 쓰고 유림을 출입하게 되며 학문을 닦게 되면 달 속에 있다는 계수나무 궁전처럼 남들이 우러러보게 될 이름을 사태에 떨치게 되고 많은 황금을 쌓아가면

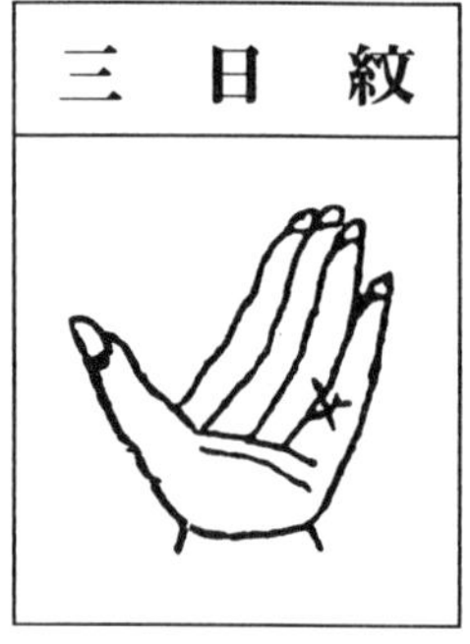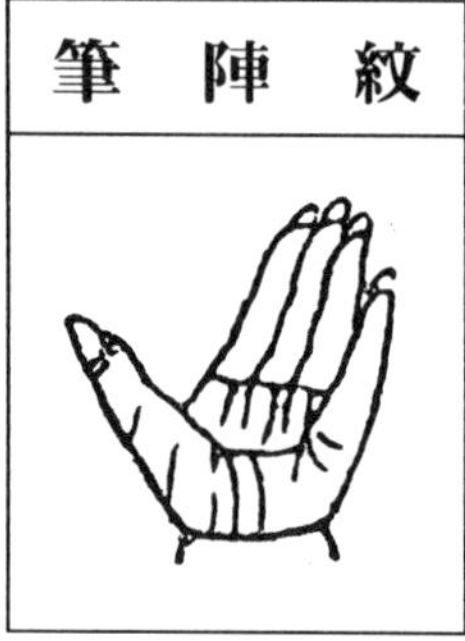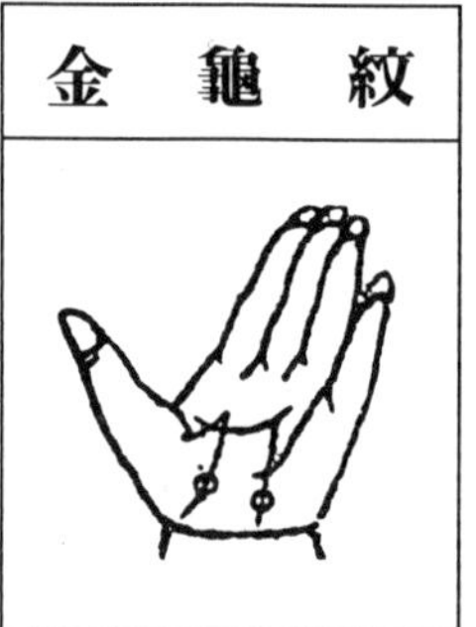

서 살아갈 사람의 문이라 한다.

㉖ 筆 陣 紋(필진문)

필진문은 손바닥의 끝부분인 손가락의 뿌리 부분에 진을 친 것처럼 나타난 문으로 이러한 문이 나타나 있는 사람은 문장이 뛰어나고 덕행이 있는 어진 사람으로 중년에야 뜻을 두게 되어 등과를 하게 되고 복록이 무궁하여 후학들이 기라성처럼 뒤따른다는 상이다.

㉗ 金 龜 紋(금구문)

금구문은 태궁에 살집이 좋게 솟아 있는 데 나타나는 문으로 이 문은 금거북의 기상처럼 웅장하다 하여 붙게 된 이름으로 아무런 탈이 없이 백 살을 넘기도록 오래오래 살아가면서 금은 보화가 집안에 가득히 쌓인 세월을 보내게 되는 다시는 옹색한 일이 없게 된다는 문이다.

㉘ 花 柳 紋(화류문)

화류문이 있는 사람은 자기가 저질러서 근심이나 걱정이 되는 일을 하지 않고 세상만사를 모두 다 잊어버리려 하면서 한평생을 보람없는 세월만 보내가면서 풍류나 사랑하고(좋아하고) 간 곳마다 널려 있는 杏花村나 찾아다니면서 즐겁고 기쁜 짓만 골라가면서 하게 돼 붉은 해가 중천에서 두둥실 떠 있는 대낮에도 생황(거문고)이나 타고 앉아 머

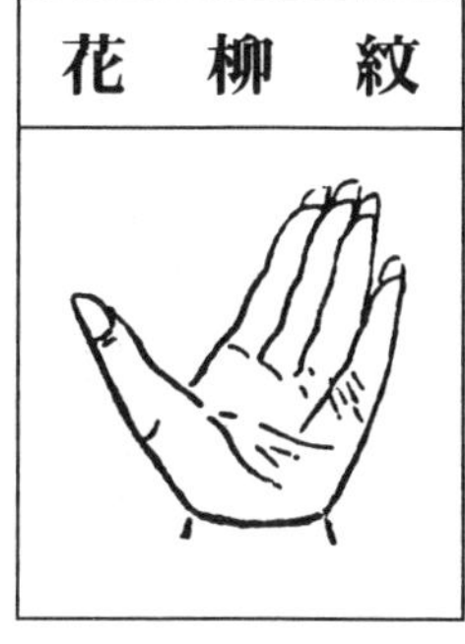
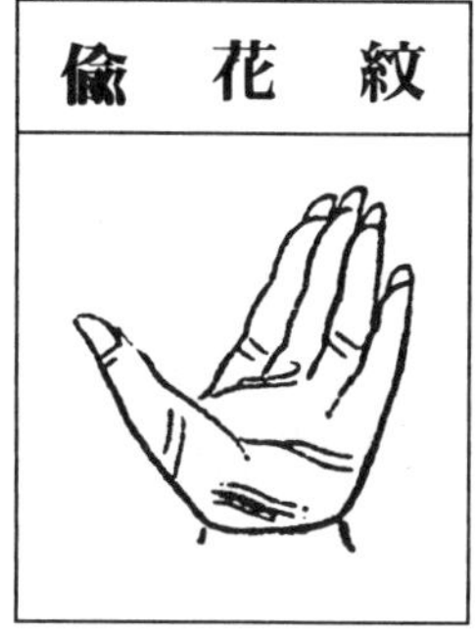
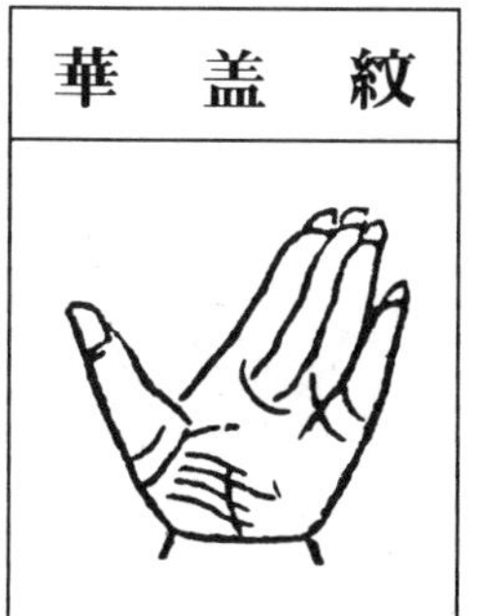

리 들 줄 모른다는 사람의 상이다.

㉙ 偸 花 紋(투화문)

偸花紋이 있는 사람은 제 것을 가지고 있으면서도 도적질을 하는 것처럼 자기의 아내가 제아무리 예뻐 양귀비 같다 해도 제 마누라는 예뻐 보이지 않고 자기의 처보다는 남의 부인이 더 예뻐 보여 유별난 바람기가 마음 한 구석에 연민의 정으로 가득차 있게 돼 남의 여자나 넘겨다 보면서 마누라는 헌신짝 팽개치듯 버려두고 애인이나 구하러 다닌다는 상이다.

㉚ 華 盖 紋(화개문)

화개문이 있는 사람은 화려하지가 않고 조용한 인생을 살아가려 하는 사람들로 비교적 남들의 눈에는 띄지 않는 성공을 한 사람들이 많게 되는 것이다. 그리고 처궁에 이 화개문이 있게 되면 결혼을 일찍 하게 되지만 돈을 버는 일에는 처보다는 돈을 쫓아가는 사람이며 손바닥 한가운데 이 문이 나타나면 다른 부인의 몸을 빌어 자식을 얻을 상이다.

㉛ 魚 紋(어문)

어문은 처의 자리에 나타난 여자의 문으로 부인이 정절이 있는 사람

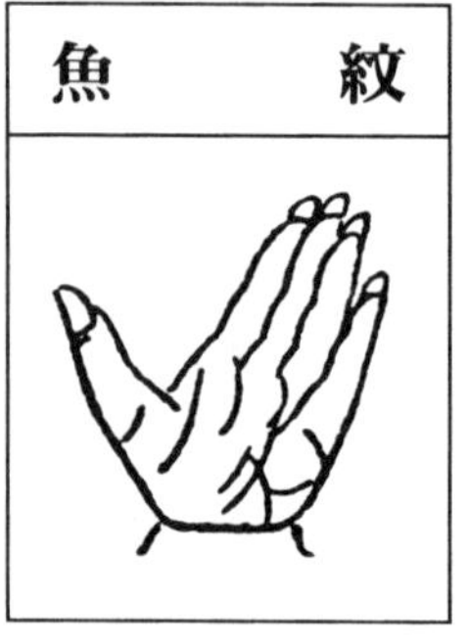

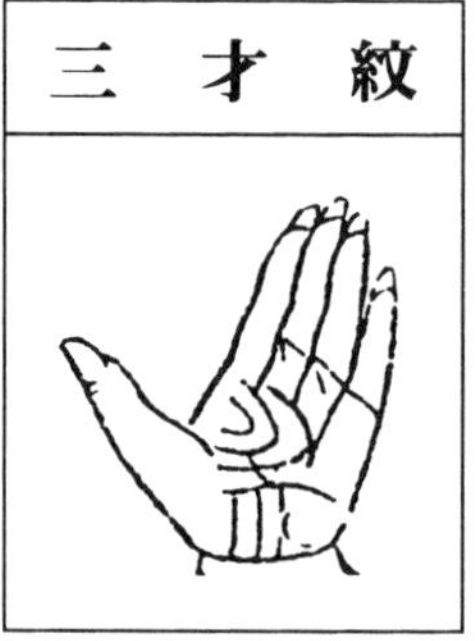

을 맞이하게 될 문으로서 어떠한 시기가 도래하게 되면 청상과부가 된다 하더라도 정절을 지키면서 살아간다는 수절의 상인데 만약에 다른 곳에서 이 문을 충파하게 되면 오히려 음탕한 짓을 일삼게 되는 문이된다.

㉜ 折 桂 紋(절계문)

절계문은 대재가 있다는 사람들에게 주로 나타나는 문으로서 학문을 닦게 되면 과거에 급제할 상이요 재능을 발휘하게 되면 세상을 놀라게 할만큼 재간이 있는 사람이다. 그러나 어여쁜 여자를 가까이 해 옷을 벗기로 약속을 했다면 해가 뜬 다음에 구름이 사라지듯 영화는 하루아침에 꺾여버릴 일이 찾아드는 상이다.

㉝ 三 才 紋(삼재문)

삼재문은 天紋 人紋 地紋의 三才紋인데 이 문이 분명하게 잘 나타나 있다면 한평생을 편안하게 잘 살아가면서 재물을 쌓아가며 행세를 하게 되지만 삼문 중에 어느 것 하나만 沖했다면(잘려지면) 잘려진 문의 인연이 깨어지게 되고 고독해진다는 문이다.

㉞ 福 厚 紋(복후문)

복후문은 복이 두텁다는 문으로 한평생을 재화나 난리에 시달리지

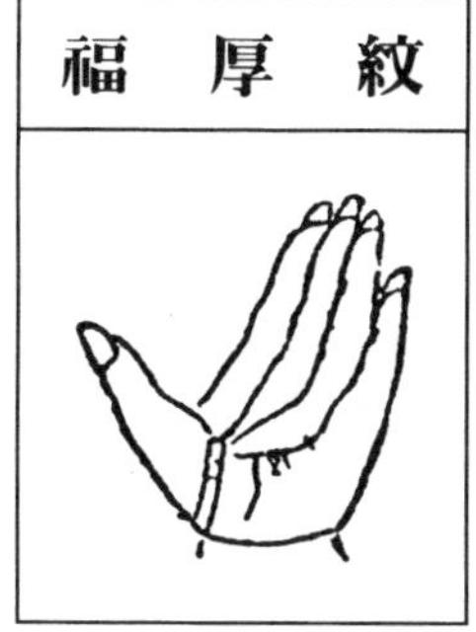

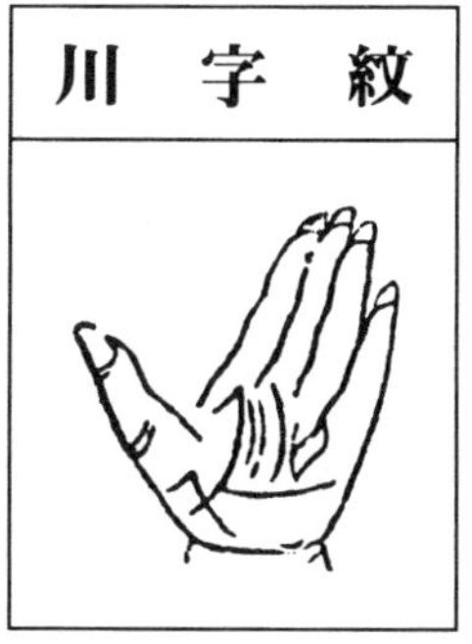

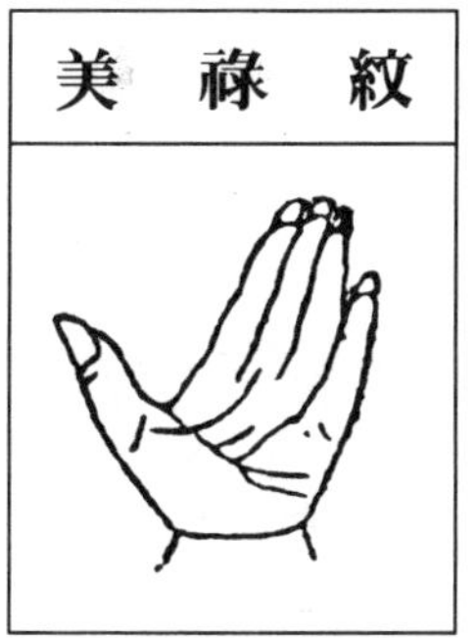

않고 모진 재난을 만나지 않으며 이웃에 살고 있는 가난한 사람들을 도와주면서 살게된다. 음덕을 쌓으면서도 재물을 차츰차츰 모아가고 늙도록 건강하게 세상을 살아간다는 복이 아주 많은 문이다.

㉟ 川 字 紋(천자문)

천자문은 글자 그대로 내천자 문인데 손바닥 한가운데에 나타나고 이 문이 나타나 있는 사람은 어떤 사람을 막론하고 오랫동안 장수를 하면서 신병을 앓지 않는다고 하며 남자로 태어나면 商山(중국의 仙人)과 같이 천수를 누릴 수 있게 된다고 하며 여자에게 이 문이 나타나게 되면 300세까지 살다가 선녀가 되었다는 서왕모와 같이 오래도록 살게 된다는 상이다.

㊱ 美 祿 紋(미록문)

미록문의 모양은 손바닥의 엄지구에 삼각형으로 나타난다고 하며 삼각형을 옆으로 한 것과 나란히 띠를 두른 것 같은 문양이 있는 사람은 衣食이 자연히 늘어나 여유있는 생활을 하게 되고 어느 곳을 간다 하더라도 인정을 베풀어 줄 사람들이 저절로 찾아든다는 문이다.

㊲ 三 奇 紋(삼기문)

삼기문은 무명지를 향해 세 쪽으로 쪼개진 대처럼 생겼고 가운데 손

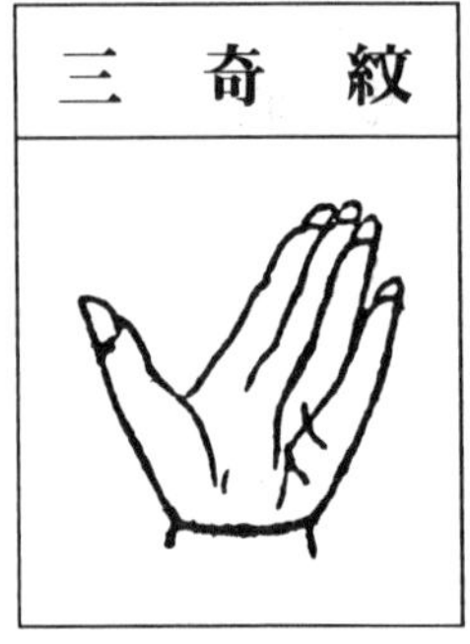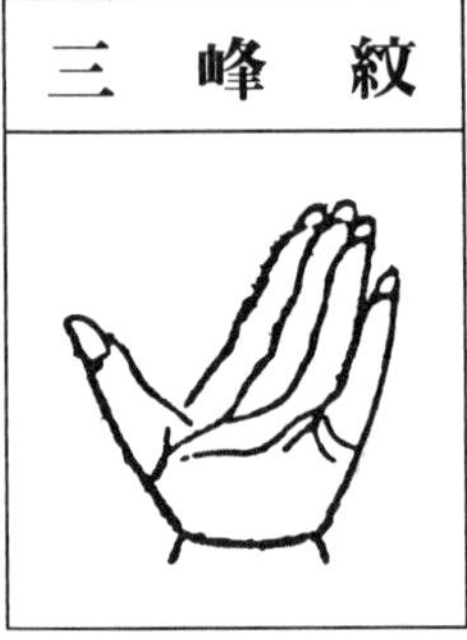

가락으로 한 가닥, 무명지로 한 가닥, 새끼손가락으로 제각기 한 가닥 씩 올라간 문인데 이곳에 흠만 없다면 금귀 옥당의 재상으로 발탁되어 져 금문에 이름을 길이 남길상이라 한다.

❸❽ 三 峰 紋(삼봉문)

삼봉문은 巽宮과 離宮과 坤宮의 세 곳이 유난히 높이 솟아 살집이 좋으면 삼봉문이라고 하는 것인데 이 부위가 둥글둥글하면서 광택이 아름다운 선홍의 색을 띠게 되면 집안에는 金과 玉이 가득 쌓일 상이 요 좋은 논과 밭을 많이 갖게 되는 복을 누릴 상이라 한다.

❸❾ 玉 柱 紋(옥주문)

옥주문은 인당에서 똑바로 뻗어올라간 선으로 사람됨이 담력이 크 고 지혜가 총명하여 학당에 오를 상으로 문장이 빛남을 나타내 주고 중년에 접어들면서부터 공문에 나아가 재상이나 장수의 직을 얻게 된 다는 상이다.

❹⓿ 色 慾 紋(색욕문)

색욕문이 손바닥 장심 아래에서 줄줄이 뻗은 상은 마치 어지러운 풀 잎이 서 있는 듯한 것으로 한평생을 바람기가 멈추지 않아 풍정을 버 릴 수 없다는 사람인데 색을 탐내는 마음이 비온 뒤의 구름 같다 하며

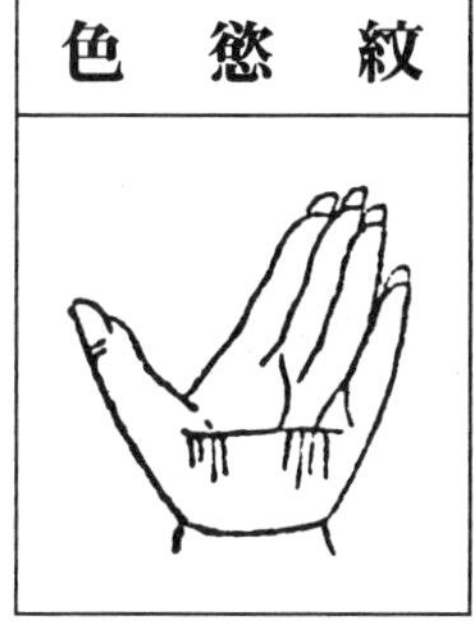

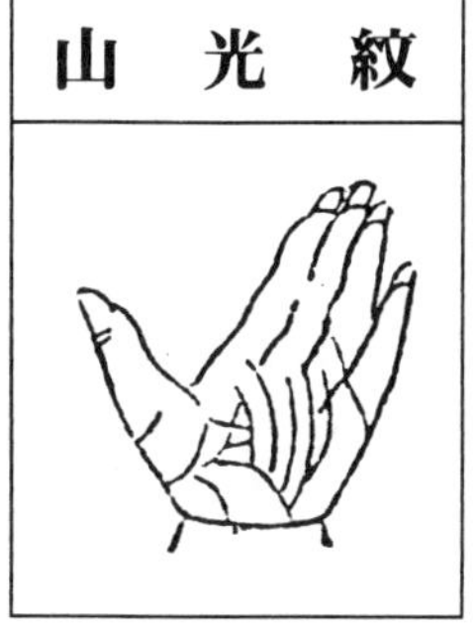

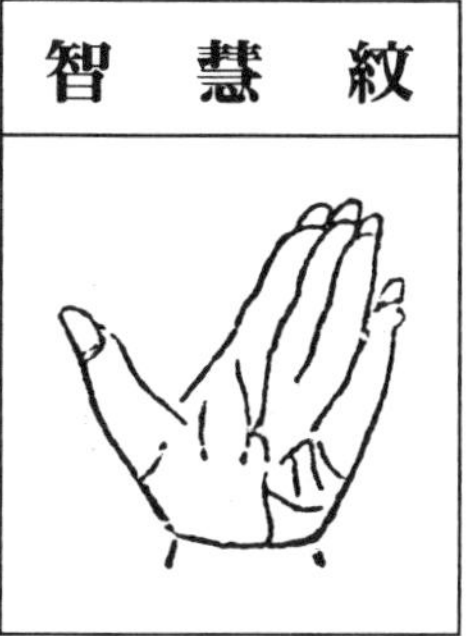

나이가 90이 지나야만 철이 좀 든다는 상이다.

④ 山 光 紋(산광문)

산광문이 나타나면 청아하고 한가롭고 조용한 것들을 좋아하게 돼 시끄럽고 번거로운 것들을 싫어하는 사람으로 이러한 상이 있는 사람은 산 깊고 물 좋은 명산 대천을 찾아들어 승도에나 귀의한다면 안성맞춤이 된다고 하며 만약에 그렇지도 않다면 고독한 홀아비 신세를 면할 길이 없다는 상이다.

② 智 慧 紋(지혜문)

지혜문이 있는 사람은 이름만 들어도 알 수 있듯이 이름을 드날리게 되는데 지혜문이 길고 곧게 창끝처럼 뻗어나가면 평생을 두고 움직여질 때마다 마음과 생각만은 자비와 선한 뜻만 같게 된다지만 옆으로 뻗어나간 금이 하나도 없다면 재앙과 화가 찾아든다는 문이다.

④ 亂 花 紋(난화문)

난화문은 바람둥이의 문으로 나이가 젊은 시절부터 여자들이나 쫓아다니기를 좋아해 한평생을 도타와 화려한 방종만 일삼으려 하는 성품이라서 할일 없이 한가한 사람처럼 남의 집이나 찾아다니면서 개울가에 흔들리고 있는 능수버들처럼 애교나 떨어대는 미인이나 만나고

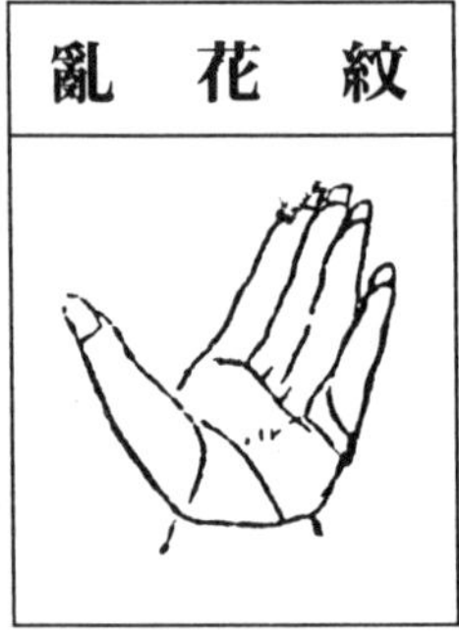 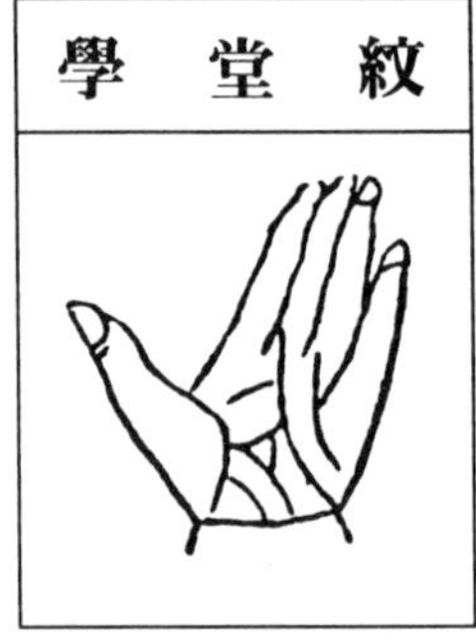 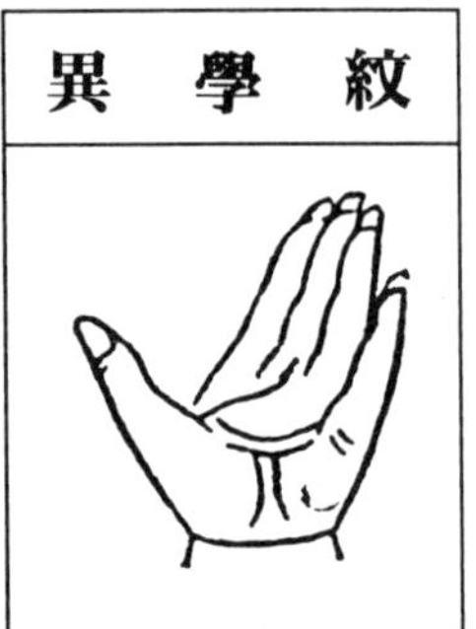

싶어하는 식으로 한평생을 허망하게 보낸다는 상이다.

❹❹ 學 堂 紋 (학당문)

학당문은 가늘게 나타나야 귀히 된다고 하는데 학당문이 있는 사람은 청아하고 고귀한 가운데 복이 절로 따라 다닌다고 하며 세상을 넓게 바라다보는 안목이 있어 큰일이나 작은 일이든간에 교묘한 수완으로 능숙한 일처리를 해내는 재간이 있다는 상이다.

❹❺ 異 學 紋 (이학문)

이학문이 있는 사람은 학예에는 출중하나 기이한 행동을 좋아해 이름을 날리면서 크게 귀히 되기에는 결점이 있는 사람으로 심산유곡을 찾아들어 도를 닦거나 중이 됨이 마땅한 사람이라서 세속에 파묻혀 살아가기에는 어려운 사람이나 산중에라도 들어갔다가 또다시 나온다면 부자 되기가 어렵지 않다는 상이다.

❹❻ 天 喜 紋 (천희문)

천희문이라 하는 것은 하늘만큼이나 기쁘게 살아간다는 문으로 이 문을 타고난 사람은 한평생 복이 많아 왕성한 운을 받아 부귀영화를 누려가며 몸편히 잘 살면서 일마다 어느 것 하나 의롭지 않은 것이 없이 떳떳한 한평생을 잘 살아간다는 문이다.

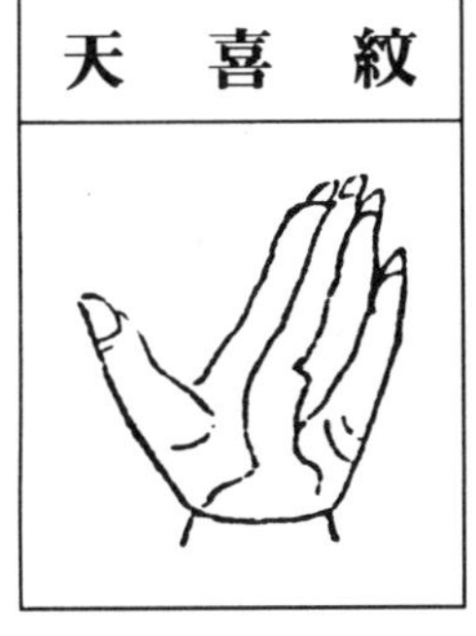

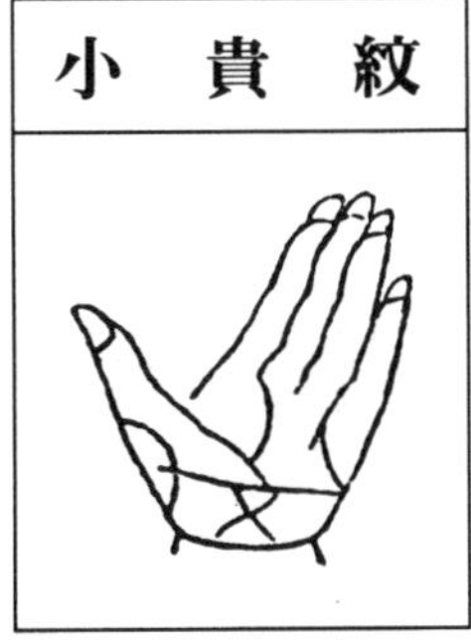

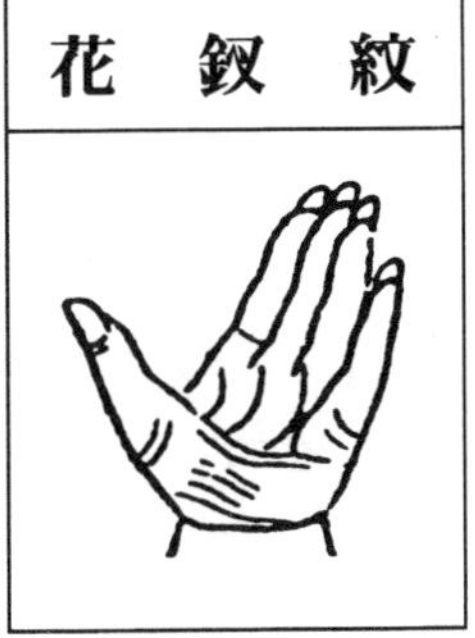

❹⑦小 貴 紋(소귀문)

소귀문은 크나큰 벼슬길과 큰부자는 비록 되지 않는다지만 조그마한 관직이나 얻어 살아가면서 다복한 세상을 살아간다는 문이나 벼슬길을 얻지 못하면 할일없고 돈도 없는 가난을 구제하기 어렵다. 그러나 손의 살결이 부드럽고 홍색으로 윤기가 있게 되면 중이 되었다가도 환속하여 요직에 올라 권세를 누린다는 수상이다.

❹⑧花 釵 紋(화차문)

화차문이 있게 되면 투기나 질투를 하게 돼 여자는 남자를 괴롭히고 남자는 여자를 괴롭히는 문으로 색정에나 빠져 바람이나 피워대면서 남이 잘 되는 것을 못 봐주는 사람이다. 간 곳마다 정을 주고 마음을 빼앗겨가며 즐겁게 노닐다가 西施를 능가하는 色情에나 빠져들기 쉬운 문이 된다.

❹⑨鴛 鴦 紋(원앙문)

원앙문을 가지고 있게 되는 사람은 원앙처럼 밤낮없이 남녀가 한데 엉겨 일도 하지 않고 연연한 정에나 빠져들기 쉬운 상이라서 어쩌다가 떨어져서 일터에라도 나가거나 출행을 하려면 행여나 해질세라, 행여 비가 올까, 바람이나 불게 될까 걱정을 해가면서 곧장 집으로 쫓아가

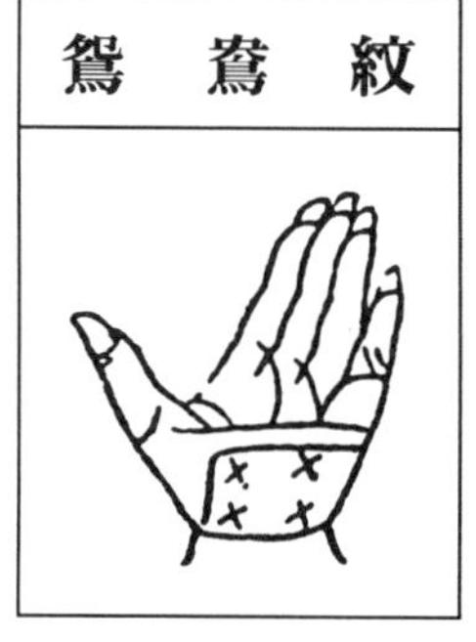

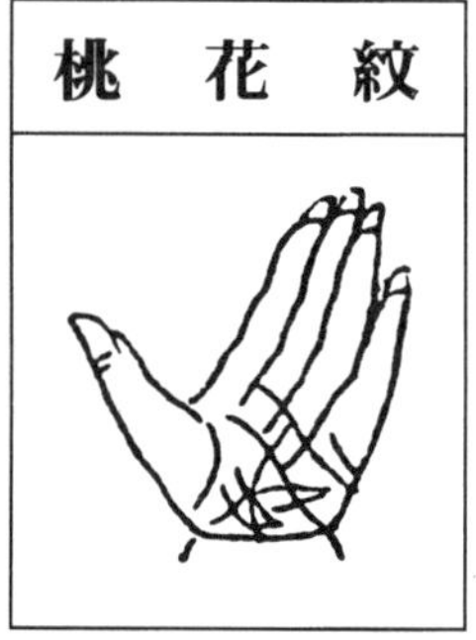

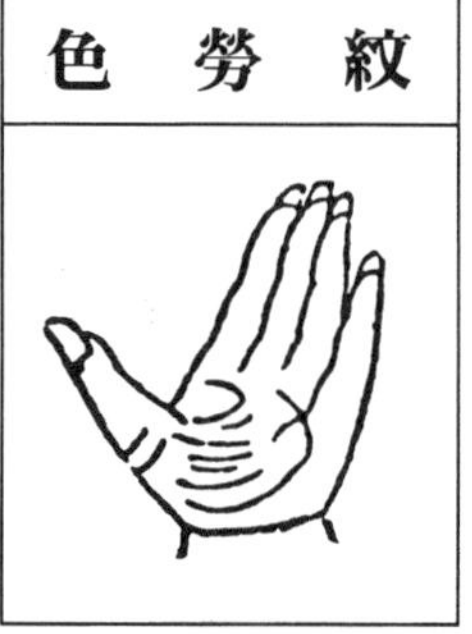

며 젊은 사람을 찾아 사랑을 하다 늙어진 뒤까지 젊은 시절을 못잊어 한다는 상이다.

㊿ 挑 花 紋(도화문)

도화문이 나타나면 사사로운 정에 이끌려 화류춘풍 노류장화로 중년의 인생길을 덧없이 흘러보내 스스로를 한탄하지만 꿈결에 잠꼬대처럼 마음에 품었다는 춘정은 젊었었던 그때 그 사람이 한 가지의 꽃이 되니 나이 들어 철없음도 도화 춘풍 꿈일레라. 후회한들 소용없고 울어봐도 소용없어 신색에 병든 몸을 어이하여 되찾을꼬.

㉛ 色 勞 紋(색로문)

강바람에 흐느적, 바람결에 흔들리는 능수버들 가지마다 귀여운 꽃이 되어 강물에 비쳐질 때 하고많은 세월들을 할일없이 보낸 뒤에 저녁에는 비가 올까 아침에는 구름 낄까 마음의 한구석에 기쁜 마음 가실까봐 마음졸여 두렵더니 중년에 접어들어 깊은 병이 웬말인가 춘색에 짙은 병을 어찌해야 나을 건가.

㉜ 亡 神 紋(망신문)

손의 가운데를 가로지른 문이 망신문인데 이 문을 가진 사람은 재산을 탕진하고 財物은 모산되며 육친마저 간 곳 없어 사람마저 귀하구

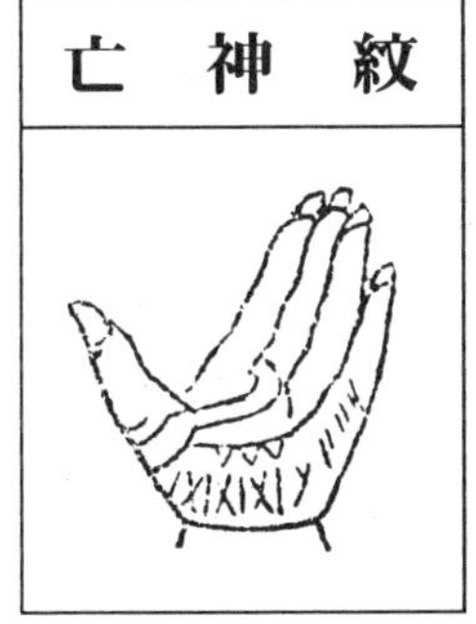

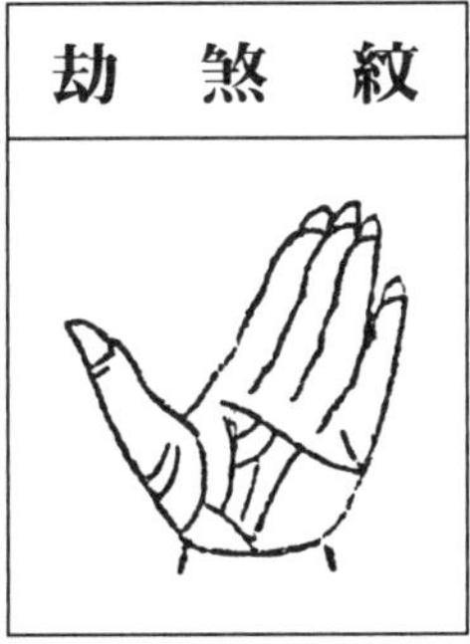

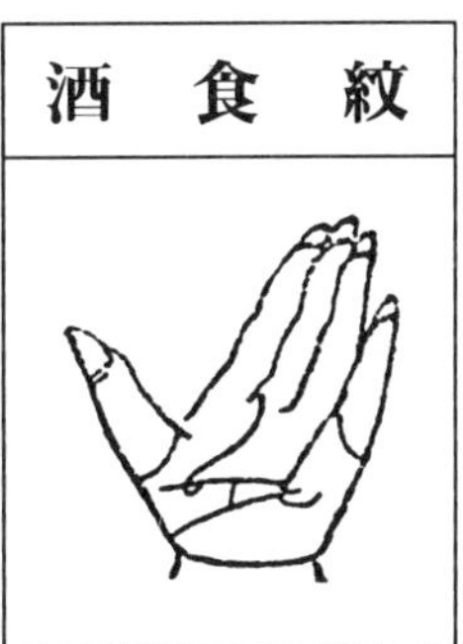

나. 이 때문에 마음마저 몸을 바로 하려 하나 험하고도 어지러운 모든 증후 나타나니 모진 목숨 보전하기 망신살이 뻗쳤구나

㉝ 劫 煞 紋(겁살문)

겁살문은 金紋인데 散亂하여 沖이 되면 이루고 패망함이 흉하기가 그지없다. 초년과 중년에는 재앙이 많더니만 중년에도 재앙만은 끊임없이 찾아들고 刑害의 곤욕마저 끊임없이 괴롭히고 한을 안고 이별하는 골육인해 탄식하며 눈물만을 안겨주고 헤어지는 마음일랑 어이할지 모르겠다.

㉞ 酒 食 紋(주식문)

주식문은 坤宮에서 빠져들어 연못처럼 되어있고 巽宮의 살집이 좋게 드러나면 경사를 이루게 되는데 제비 세 마리가 날아가듯 가로로 뻗어지나가면서 가운데가 겹쳐지게 되어 있는 문인데 이런 문양이 나타나면 술과 밥이 절로 생겨나 찾아가는 자리마다 귀한 손님의 대접을 받게 되는 문이라 한다.

㉟ 獨 朝 紋(독조문)

독조문이란 것은 손목 위에 나타나게 되며 대나무로 만든 홀과 같고 신발을 보는 것처럼 생긴 문으로 이 문양이 있게 되면 총명하기가 그

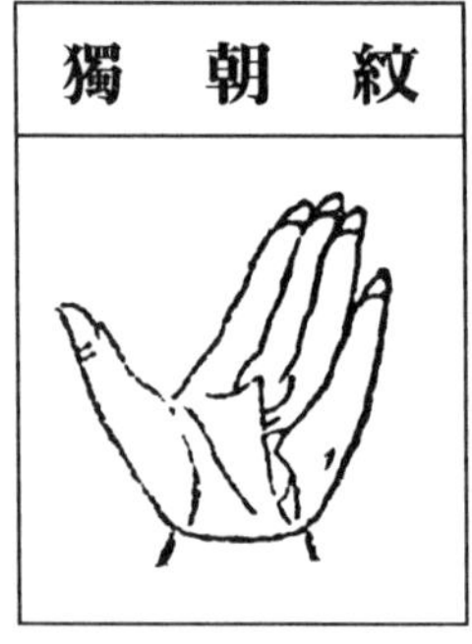
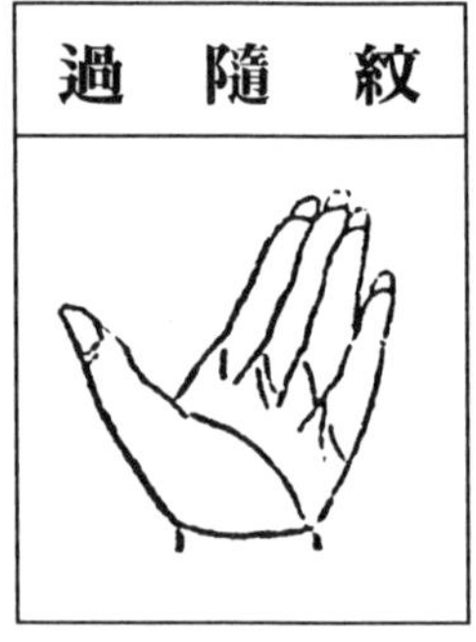
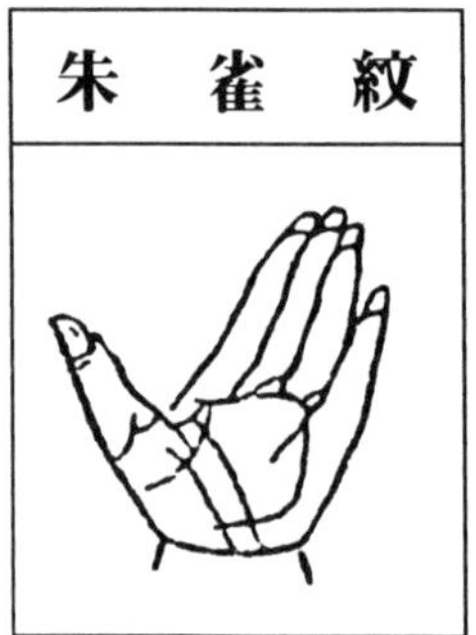

지없어 좋다 하나 알지 못할 일이 있어 중년에야 녹을 받고 자리를 높여가며 입신양명하게 되는 문이다. 이 문을 일컬어 신발과 홀과 같은 귀함이 수장에 있는 재상이라 한다.

❺❻ 過 隨 紋(과수문)

손바닥을 보는 법으로 과수문이라 하는 것은 어려서부터 마음의 슬픔과 거리낌이 많은 생각과 처지가 어찌 집안에 흠이라 할 것인가? 그러다가 남의 집 양아들로 들어가 남의 집에 선영을 받들게 되었음이 그도 또한 흠이라 하겠는가? 이 문은 어려서 남의 집 양자가 되는 문이다.

❺❼ 朱 雀 紋(주작문)

주작문이 손바닥을 향해 離宮에서 뻗어들어오면 한평생의 관청의 액을 형화로 보낼 상이요 만약에 그렇지를 아니하면 좋은 운이 도와줘야 구원을 얻게 될 것이나 그 중에서도 가장 꺼린 것이 머리가 둘이 있는 새가 입을 벌린 듯한 새의 입모양을 한 제일 나쁜 문이 된다.

❺❽ 貪 心 紋(탐심문)

탐심문이 수장에 나타난 사람은 걷잡을 수 없이 탐내는 마음이 질풍같이 생겨나 오직 사랑하는 마음과 기이한 것에만 마음이 끌려 깊은

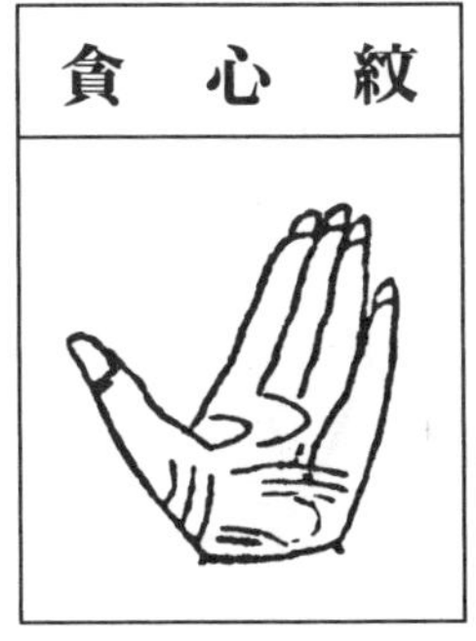

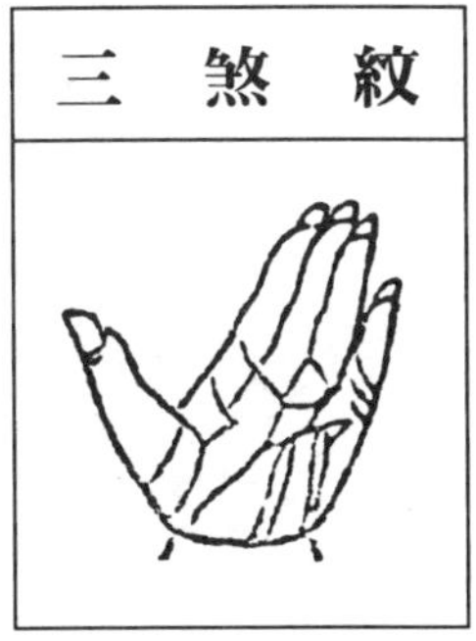

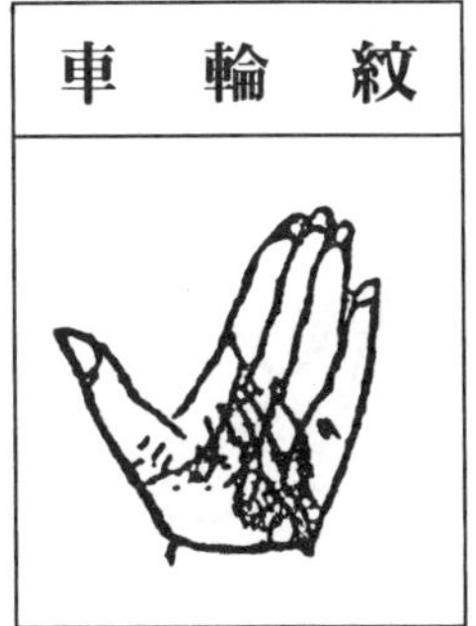

탐심에만 빠져 물건을 보기만 해도 마음을 다잡기가 어려워 가로채 버리고 싶어져서 자기의 마음대로도 되지 않으면 남의 것과 서로 바꿔놓고 속이는 일마저도 마음에 미리 정해둔 바가 아니라는 문이다.

㉟ 三 煞 紋(삼살문)

삼살문이라 하는 것은 처와 자식을 보는 자리인데 이 문을 가지고 있는 사람은 처를 해롭게 하고 내쫓으며 자식이 없어 한숨을 내쉬면서 눈물을 흘릴 상이요 만약에 자기의 잘못을 뉘우쳐 보면 경망스러웠음을 후회하지만 중년에 이르도록 고독하고 외로움을 면할 길이 없는 것은 처자없는 탓이로다.

㉟ 車 輪 紋(차륜문)

차륜문이라 하는 것은 수레의 바퀴처럼 둥글면서 확실해야 차륜문이라 칭하는데 이 문이 있게 되면 필시 皇朝의 객관이나 전각에 묵게 될 상이요 다시금 살펴보아 장대와 북의 형상이 나타나 있으면 제후로 봉함이 있게 돼 百里 밖에 이르는 길목에 신하들의 영접을 받을 상이다.

㉟ 學 堂 紋(학당문)

학당문은 모지의 엄지구에 들어간 산근을 말하는데 마디가 분명하

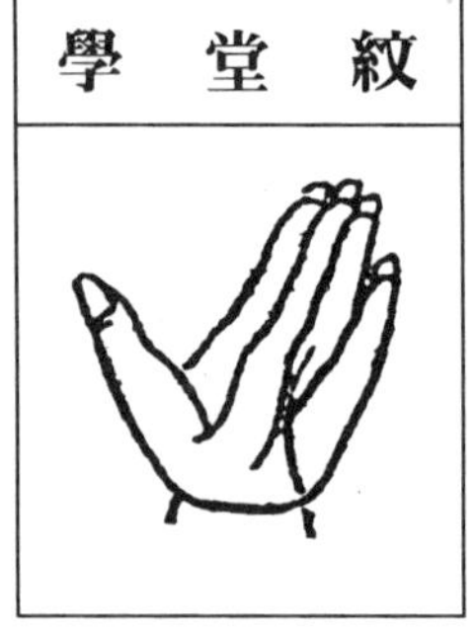

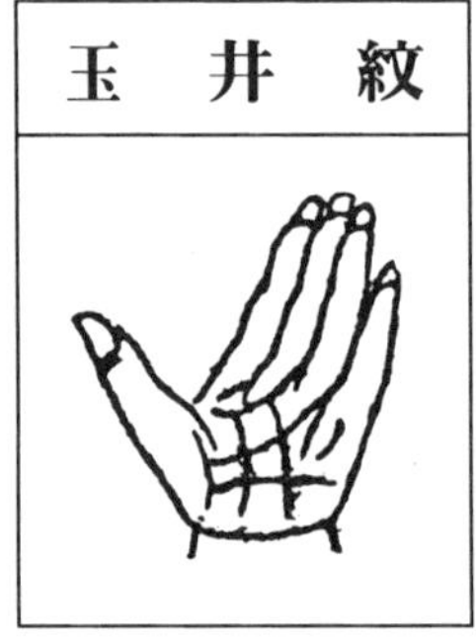

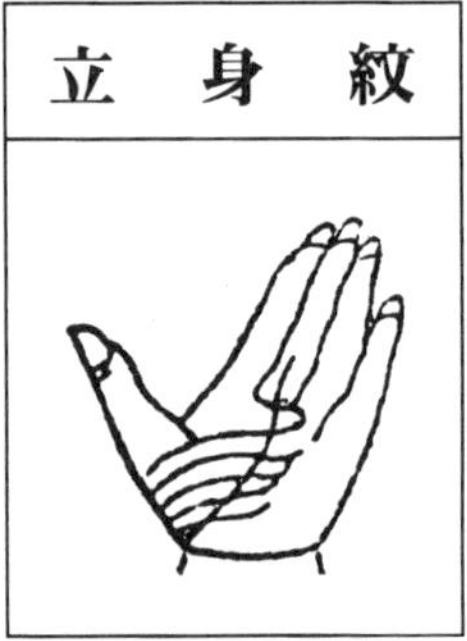

여 눈으로 보이고 문장에 뛰어나 금문에 뽑혀지고 과거를 보게 되면 등과하게 돼 명예는 청아해지고 이름을 멀리 날리게 된다.

❷ 玉 井 紋(옥정문)

옥정문은 우물정 자(井) 문이 되는데 이 문이 있으면 福과 德이 많은 사람이라 하는 상이요 우물정자가 두세 개 겹쳐 있게 되면 옥제의 이름을 얻게 돼 임금의 형제처럼 여겨지는 자리에 서게 되고 청귀한 인품을 인정받아 조정을 출입해 가면서 성상의 스승처럼 조언을 해주는 보좌역을 하게 된다는 문이다.

❸ 立 身 紋(입신문)

입신문은 인당이 두툼해야 하며 당당한 모양으로 항아리의 배처럼 두툼하게 나와 있으면 머지 않아 빛나는 현달과 부귀를 누리면서 늙을 때까지 조정의 높은 자리 지키면서 국사의 공론을 좌지우지해가면서 입신양명을 한다는 문이다.

❹ 훼 父 紋(극부문)

天紋이 가운데 손가락의 밑에서 나뭇잎처럼 흩어지면서 나타나게 되면 이 문을 하괴성이라 하는데 지성을 드려야 기쁨이 있다고 한다. 두 손가락의 중심부에까지 옷을 꿰맨 자국처럼 나타나게 되면 어린 나

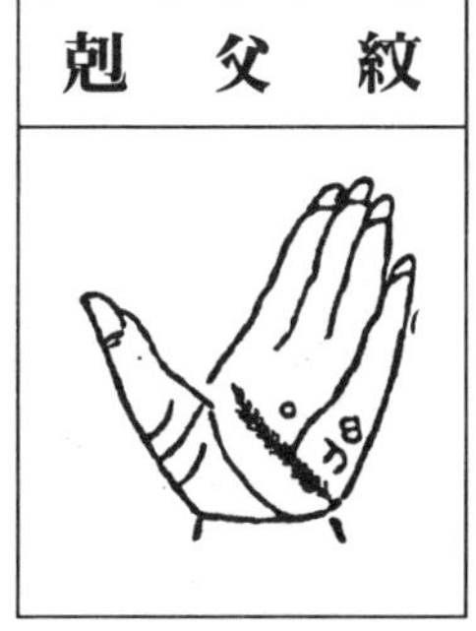

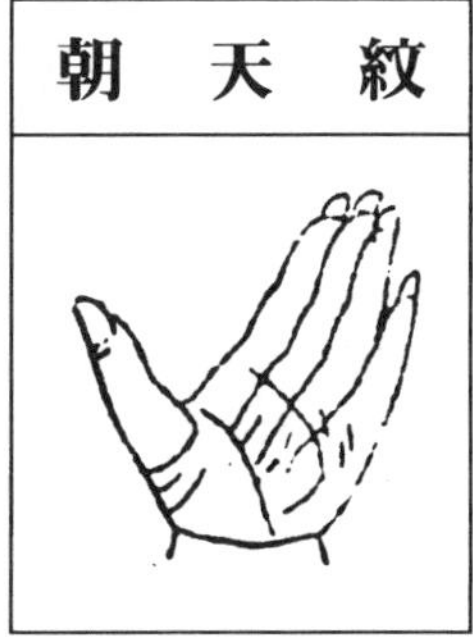

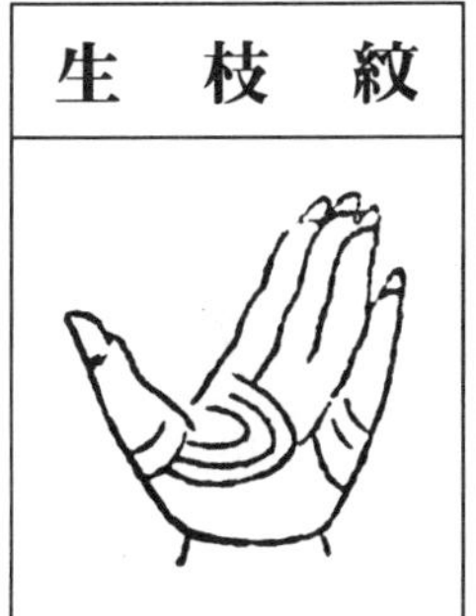

이에 제 아비를 잃게 돼 의지할 곳이 없다는 문이 된다.

❻❺ 朝 天 紋(조천문)

조천문은 처의 문인데 천문(天紋)을 향하여 천문의 가까운 곳에서 위로 뻗어올라가면 처가 음탕한 마음이 생겨나 남편을 받들고 싶은 마음이 없어져 딴 생각을 하게 되고 남녀의 교합을 이루는 것초차 구름 뒤에 비가 오는 것과 같은 일로 人倫이 바르지 못한 음탕한 여자가 가문을 어지럽히게 되는 문이다.

❻❻ 生 枝 紋(생지문)

생지문은 아내가 교활하다는 문인데 처궁에 생지문이 있으면 처의 행색이 남자인지 여자인지 알 수가 없다는 것이다. 그리고 자식을 몇 이나 두었느냐고 물어본다면 자식을 의지한다는 것을 게으른 탓이 아니겠느냐고 반문할 정도로 활동성이 강한 여자인 것이다.

❻❼ 銀 河 紋(은하문)

은하문이라 하는 것은 천문(天紋)이 파해진 상으로 이러한 문을 가지고 있는 사람은 본부인은 쫓아버리고 재취의 부인을 맞이한다는 상으로 坎宮과 離宮이 沖破가 있게 되면 조업을 물려 받고 망하게 되어 자수성가를 해야한다는 문이다.

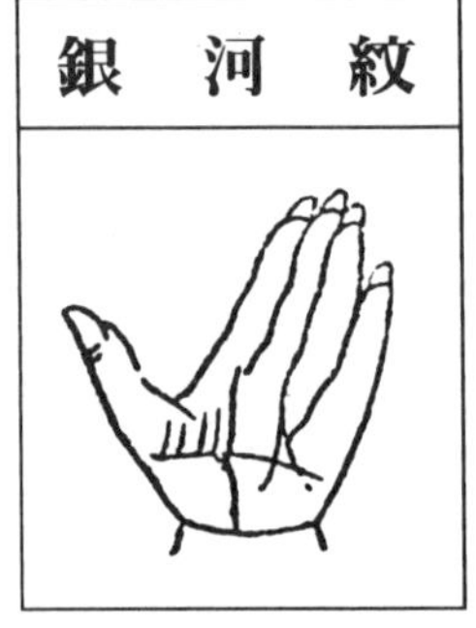

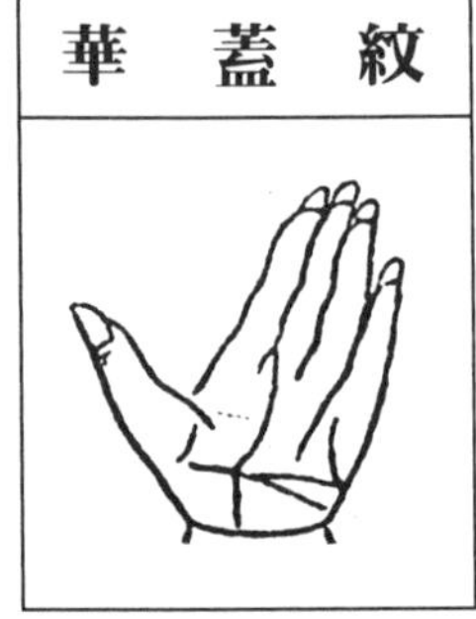

⑱ 華 蓋 紋(화개문)

화개문이라 하는 것은 등사문이라고도 하는 문인데 이 문이 있으면 길하고 의외로 남이 모르는 공덕을 많이 쌓게 되는 상으로 행여라도 손바닥의 수장에 흉한 문이 나타나 있게 되었다면 남모르게 쌓아놓았다는 공덕마저 구하지 못하고 흉한 일이 생겨난다는 문이다.

⑲ 坎 魚 紋(감어문)

감어문은 손목 위에 있는 坎宮에서 고기처럼 생겨난 문인데 길게 뻗어나가면서 手指를 향해 자리를 잡고 있는 문이며 마누라의 힘을 얻어 부를 누리게 돼 전장을 더하게 되고 자식을 두게 되면 관작을 받는 반열에 오를 것이요 乾宮에 井字紋이 나타나 있게 되면 더더욱 좋은 문이 된다.

⑳ 住 山 紋(주산문)

주산문은 손을 편 채 세워보면 옆쪽으로 경사진 문이 쫙쫙 내려와 첩첩산중에 머물러 서 있는 것 같은 문인데 이 문이 있으면 고요하고 적막해서 죽음과 같은 유령의 집을 연상할 만큼 적적한 것을 기쁨으로 여기게 되어 늙어지도록 이 세상은 마음에 들지가 않아 원앙의 한쌍인 부인에게 원망을 듣게 되고 집을 떠나면 영원히 돌아오지 않는다는 문

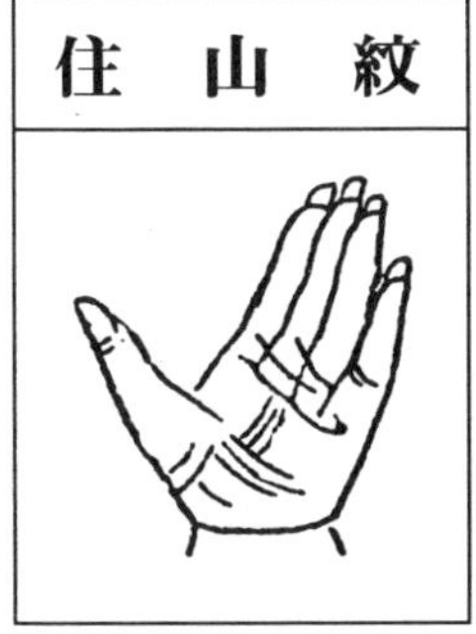

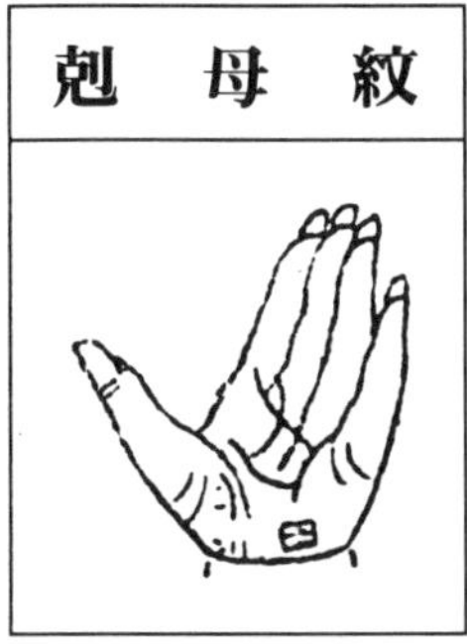

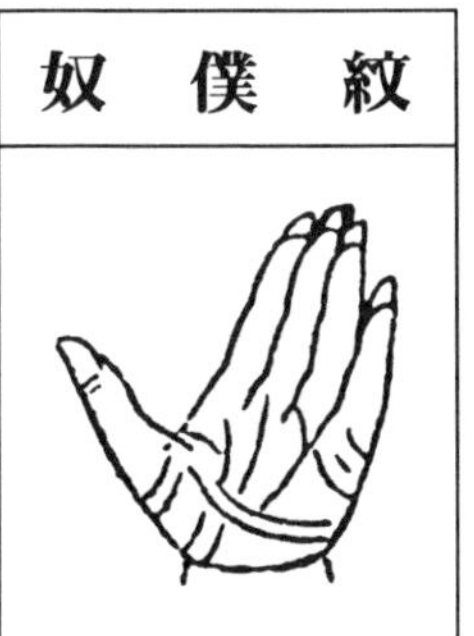

이다(이 문은 중이 된다는 문이다).

❼ 尅 母 紋(극모문)

극모문은 태음 중에 나타나게 되는데 沖破를 당하게 되면 반드시 정해진 어미를 보게 되어 생모에게서 떨어져야 하는 상이며 만약에 엄마가 거처하는 방을 지나치게 된다면 낳아준 생모와 떨어지게 되는 이변이 일어나게 되어 있는 문이다.

❼❷ 奴 僕 紋(노복문)

노복문이 처궁으로 돌아 들어가게 되면 반드시 노복과 사정을 통하는 일이 있게 되며 처의 마음이 부정해지고 노비의 마음은 굳세지게 되어 도도하게 된다고 한다. 군자의 집안에 이와 같은 지경의 일이 생겨났다면 어찌해야 할 것인가. (마누라가 色狂이 되는 문)

3. 발바닥의 상(足相)

동양철학적인 면으로 볼 때 四大六身이 五行의 속성이 없는 것이 없다. 인체의 四大는 바로 두 손 두 발이 소속이 되는지라 손금을 보는 법을 임상의 예를 들어 보았는데, 발을 상을 보는 법도 밝혀 놓았다는 것은 서양류의 철학에서는 찾아볼 수 없는 것이어서 족상(足相) 몇 가지를 밝혀보고자 한다.

(1) 선인진희이의 족상론(仙人陳希夷의 足相論)

사람의 발바닥은 부드러우면서도 유연성이 있어야 하고 발바닥은 무늬가 많은 사람일수록 귀히 된다는 상이라 하겠다.

그리고 발바닥이 딱딱하면서 거칠기 그지없고 무늬나 금이 없이 빤빤한 사람은 하찮은 사람이라 하여 하루에 세 끼의 밥이나 구하려고 동분서주 뛰어다녀야 할 상이라 했다. 발바닥에 거북의 무늬가 있는 사람은 2,000석의 綠을 받게 된다 하여 高名을 얻을 상이라 하였고, 발바닥에 새금자(禽)의 무늬가 있는 사람은 三亞六위 入位의 직책을 얻게 돼 한 나라의 재상이 되는 상이라 하여 귀하기가 그지없는 상이라 하였으며, 발바닥의 다섯 발가락마다에 세로의 무늬가 울타리처럼 나타나 있는 사람은 높이 되는 자리를 얻는 사람은 우상, 좌상의 자리를 얻게 될 상이라 하였으며, 발바닥에 十자로 된 세로줄이 한 개가

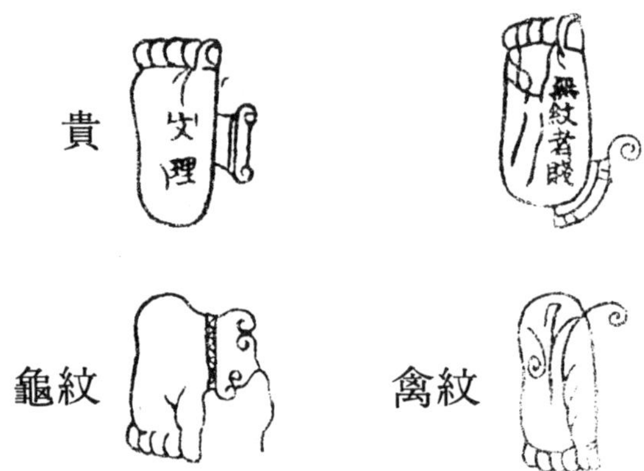

뻗어 있게 되면 육조의 사랑 자리에 오르게 될 상이라 하였고, 발바닥에 세 개의 무늬가 비단결처럼 아름다운 무늬로 아로새겨져 있는 사람은 식록이 만종이라 하였고, 발바닥에 꽃이 피는 듯한 무늬가 있거나 나무처럼 생긴 문이 있게 되면 날마다 재물을 쌓아가는 한량없는 부자가 되는 상이라 하였다.

또 발바닥에 칼과 같은 모양의 무늬가 있는 사람은 은행처럼 많은 돈을 쌓아 모으게 된다 하였다. 발바닥에 사람인자(人) 같은 무늬가 있는 사람은 귀하기가 그지없어 백 가지 관위에 머물게 된 상이라 하겠고, 발바닥에 한 가닥의 무늬가 길게 뻗어 있는 사람은 복록이 있을 상이라 하여 가난을 모르는 복을 누릴 상이며, 발바닥에 소라처럼 꼬불꼬불하게 생긴 무늬가 8개가 있는 사람은 부와 귀를 함께 누리게 될 상이며 이 상은 바로 양쪽발의 발가락의 문이라 한다. 10개의 발가락에 족문이 하나도 없는 사람은 파패가 많은 것이라 하였다.

발밑에 무늬가 있게 되면 크게 이로움이 있어 자손에게까지 미치게 되고 발밑에 있는 거북 무늬는 당대에 청아한 이름을 드날리게 될 상이며, 발바닥에 검은 점이나 사마귀가 있게 되면 부귀는 말할 것도 없고 어진 선비의 자리를 얻게 된다 하였다.

⑵ 발의 형태를 본다

사람의 발이란 자기의 한몸을 싣고 다니는 수레와 같은 것으로 자기의 몸을 실은 운반체의 구실을 하게 되고, 발의 걸음걸이는 묵직해야 하는데 이것을 地의 상이라 하며 몸에 비해 발이 하는 일은 크다 할 것이며, 발의 모양이 크고 적음과 간사하게 생겼거나 추하게 생긴 것을 가지고 천과 귀를 알게 된다.

그래서 발은 네모가 난 듯하면서 넓은 것과 살집이 두터워서 둥근 모양을 하고 있으면서도 부드러워야 하는 것인데, 바로 이러한 상이 부귀의 상이라 한다.

발이 말라 울퉁불퉁 뼈가 드러나 보이고 거칠고 딱딱하면서 좁아 칼을 옆으로 뉘어 놓은 듯한 것은 천하고도 가난할 상이라 하는 것이며, 발바닥에 무늬나 금이 하나도 없는 사람을 아주 천한 상이라 하며, 발 밑에 검은 흑점이 있는 사람은 식록이 많은 사람이며, 발이 크고 얇아 빠진 사람은 또한 천한 사람의 상이라 하는 것이며, 발이 두껍고 살집이 있어도 옆으로만 퍼져 넓기만 한 사람도 역시 가난과 고생을 못면 하는 사람의 상이 되며, 발밑의 뒤꿈치에 근육이 있는 사람은 복이 있는 자손을 두게 되고, 발바닥에 동그라미처럼 돌아가는 무늬가 있는 사람은 어명을 받고 천리 밖으로 나가 명예를 얻을 상이며, 발바닥이 평평하여 판처럼 생긴 사람은 가난할 뿐만아니라 신분마저 천한 것이며, 발바닥에 거북이 얼굴을 닮은 문이 있는 사람은 부귀를 하게 되고, 발가락이 가늘고 길게 뻗은 사람은 나라에는 충성심이 강하면서 어질어 귀히 된다는 상이다.

발가락이 짤막한 사람은 호화로운 것을 돌아보지 않는 어진 사람으로서 부지런한 사람이며, 발의 생김생김이 두텁고 네모 반듯한 사람은 엄청난 부자가 되는 상이 되며, 발바닥에 검은 점 세 개를 함께 늘어 놓은 것 같은 사람은 두 성(兩省)의 대권을 쥐게 되는 상이다. 귀인의 발은 두껍고 천인의 발은 얇아빠지고 크기만 하다는 것을 알게된다.

4. 손바닥의 기호(記號)를 보는 법

손바닥에는 여러 가지의 기호(記號)가 나타난다. 전술한 바와 같이 기호 자체에도 좋은 기호가 있고, 또 나쁜 기호가 있으며, 또 나오는 부위(丘)에 의해 상당히 의미가 달라진다. 이제부터 그 기호에 대하여 적어보자.

이하에 말하는 것은 어디까지나 다른 금(線)을 주로 하여 보지 않으면 안 되는 것이고, 좋은 기호가 나타나 있어도 그것에 상당하는 주요한 선이 나타나지 않거나 또는 나쁜 상(相)을 하고 있으면 그 기호의 의미는 반감(半減)되거나 헛것이 되는 것이다.

(1) 좋은 의미의 기호(記號)

손목의 금(線)에 나타나는 열쇠형의 기호(1)는 유산이나 지위, 기타를 얻는 것을 나타낸다. 검지(食指)의 셋째 마디의 부위에 나타나는 원환의 기호(2)는 희망, 명예, 지위를 얻어 대성공하는 상을 나타내는 것이다.

무명지(藥指)의 둘째 마디에 깊고 명확한 금(3)이 나타나는 것은 명성과 지위를 얻는 것을 나타낸 상이다.

새끼손가락(小指)의 둘째 마디의 부분에 나타나는 별형(星形)의 기호(4)가 나타나는 손을 가진 사람은 상재(商才)가 뛰어난 사람으로서

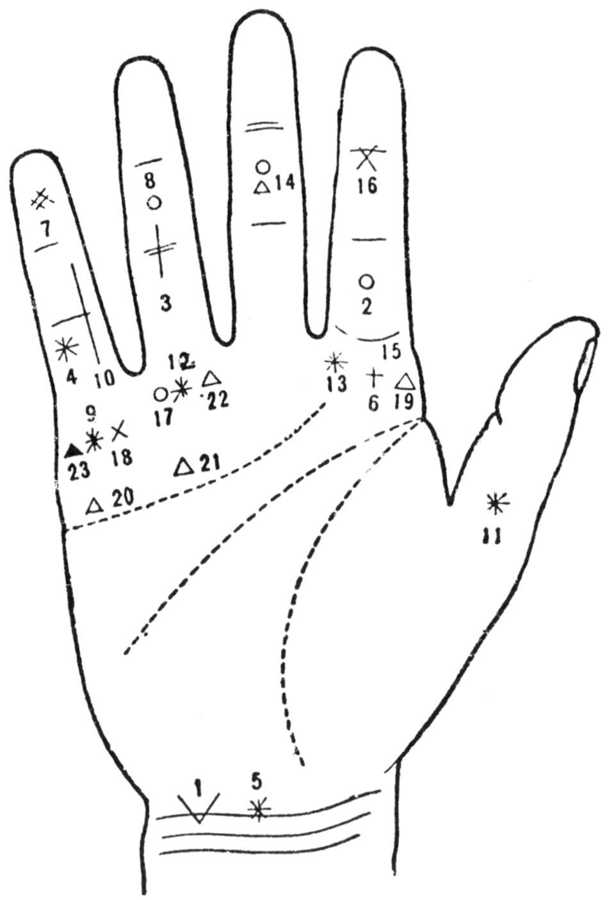

기재, 기지, 웅변의 사람이다.

　손목에 있는 세 가닥의 선 중 가장 윗금에 별형의 기호(5)가 나타나는 것은 유산을 받을 것을 나타내고 있다.

　검지의 붙은 곳, 즉 목성구(木星丘)의 위에 나오는 십자형(十字形)기호(6)는 행복을 의미하는 좋은 것이다.

　새끼손가락(小指)의 첫째 마디에 나온 사각형의 기호(7)는 뛰어난 상재와 과학적 두뇌를 가지고 있는 것을 표시한다.

무명지(藥指)의 둘째 마디에 나타나는 원환(圓環)의 기호(8)는 명성과 부를 얻는 성공할 상을 의미하고 있다.

새끼손가락이 붙은 곳, 즉 수성구에 나타나는 별형의 기호(9)는 실업에 의해 대성공을 하는 것을 나타내고 있다.

새끼손가락에 나타나는 세로의 금(10)은 상업, 과학 등에 의하여 대성공하는 것을 나타내고 있다.

엄지(拇指)의 둘째 마디에 나타나는 별형의 기호(11)는 재운이 좋은 것을 나타내고 있다.

무명지의 붙은 곳, 즉 태양구 위에 나타나는 별형의 기호(12)는 명성, 지위, 재물을 얻는 것을 표시하는 상이다.

검지의 붙은 곳에 별형의 기호(13)가 나타나는 것은 장지(中指)의 둘째 마디에 나타나는 원환의 기호(14), 작은 삼각형의 기호(14), 또는 검지의 붙은 곳에 반원을 그리는 금(15)을 가진 사람은 영감(靈感)에 뛰어난 감수성을 가진 사람으로 신비적인 일에는 특수한 재능이 나타내는 사람이다.

검지의 제1과 제2의 손가락에 나오는 십자형의 기호(16)는 예술적 재능이 뛰어난 것을 나타낸다.

무명지(藥指)의 붙은 곳, 즉 태양구에 나타나는 원환은 지위나 명예를 얻을 것을 나타내고 있다.

새끼손가락의 붙은 곳에 나타나는 십자형의 기호(18)는 기지나 유모어에 풍부한 사교성이 있는 성격을 표시한 것이다.

검지의 붙은 곳, 즉 목성구에 나타나는 삼각형의 기호(19)는 지배력에 뛰어나고 권세가 많은 것을 나타낸다.

새끼손가락의 아래쪽, 즉 수성구의 하부에 나타나는 삼각형의 기호(20)는 사교성과 기지에 의하여 사람을 제압하여 가는 상을 표시한다.

무명지의 아래에 나타나는 삼각형의 기호(21)는 해산이 가벼운 상을 나타낸다.

무명지의 붙은 곳, 즉 수성구에 나타나는 삼각형의 기호(22)는 예술 방면에서 성공하는 상이다.

새끼손가락의 붙은 곳에 나타나는 삼각형의 기호(23)는 그 사람의 사교성, 정치력이 예리한 것을 표시하는 상이다.

(2) 나쁜 의미의 기호(記號)

장지(中指)의 붙은 곳, 즉 토성구(土星丘)에 나타나는 별형(星形)의 기호(1)는 신경의 이상(異狀)을 말하는 상(相)이며 심한 신경쇠약(神經衰弱)이나 두뇌장해(頭腦障害)를 의미한다.

월구(月丘)에 나타나는 원환(圓環)은 사고사(事故死), 특히 여행중의 돌발사고(突發事故)를 표시한다.

장지(中指)의 셋째 마디에 격자형(格字形)의 기호(3)는 극단한 성격이상자(性格異狀者)의 상(相)이다.

월구(月丘)의 상부, 즉 두뇌선의 끝부근에 나타나는 십자형(十字形)의 기호(3)는 해산(解産)이 어려운 것을 나타내고 있다.

손목의 상부에 나타나는 격자형(格子形)의 기호(5)는 부인과 질환(婦人科疾患)을 나타내고 있다.

장지(中指)의 둘째 마디에 나타나는 격자형(格子形)의 기호(6)는 불행을 나타내고 무명지(藥指)의 셋째 마디에 나타나는 격자형(格子形) 기호(7)는 재운(財運)이 없는 것을 말하고 있다.

무명지(藥指)의 세째 마디에 반원을 그리는 기호(8)는 불명예(不名譽), 실패를 나타내는 불행한 것이다.

새끼손가락(小指)의 첫째 마디에 있는 가는 금(線)의 모임 기호(9)는 상재(商才)가 없고 그것 때문에 실패할 것을 가르치고 있다.

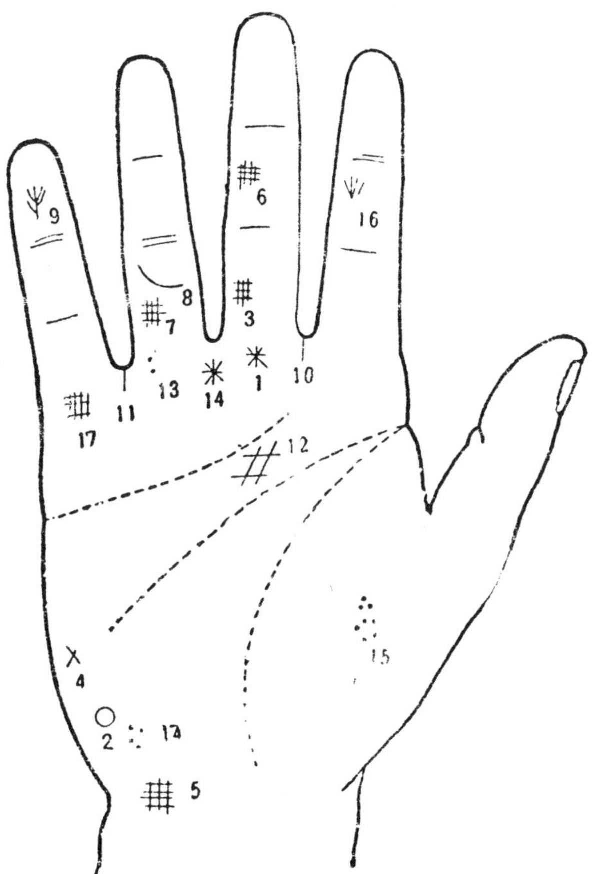

　부인의 손으로 검지(食指)와 장지(中指)의 사이 기호(10) 또는 무명
지(藥指)와 새끼손가락(小指)의 사이 기호(11)에 나오는 붉은 짧은 금
(線)은 해산(解産)의 어려움을 나타내고 있다.
　두뇌선과 감정선 사이의 우묵한 곳에 사각형의 기호(12)가 나타나
는 것은 대단히 노(努)하기 쉽고 싸움을 좋아하여 실패(失敗)하는 것
을 가르치고 있다.

무명지(藥指)의 붙은 곳, 즉 태양구(太陽丘)의 부위(部位)에 나타나는 반점(斑點)(13)은 지위(地位), 신용(信用), 사회적 명예(社會的名譽)를 잃는 상이다.

월구(月丘)에 반점(斑點)의 기호(14)가 나타나는 사람은 대단히 기분적으로 마음의 기복(起伏)이 심한 상(相)이다.

엄지구(拇指丘)에 나타나는 반점(斑點)(15)이나 금성대(金星帶)에 나오는 별형(星形)의 기호(14)는 성병(性病)에 걸려 있는 것을 나타내는 것이다.

엄지(食指)의 두째 마디에 나타나는 가는 금(線)(16)은 도(度)가 넘어서 실패(失敗)하는 상이다.

새끼손가락(小指)의 붙은 곳, 즉 수성구(水星丘)에 나타나는 격자형(格子形)의 기호(17)는 거짓말을 잘하고 실행력(實行力)이 없는 것을 나타내는 상이다.

이상 항상 나타나는 기호는 좋은 것이나 나쁜 것이나 대단히 보기에 힘들다. 때로는 명확히 나타나는 수도 있으나 보통은 확대경(擴大鏡)에 의하여 볼수 있는 크기이다. 그러므로 가는 금(線)이나 기호를 보려면 확대경이 필요하다.

수상의 응용법(手相의 應用法)

1. 수상(手相)은 이렇게 본다

수상에 대하여는 전장까지 모든 수상의 보는 법을 말하였다. 이제는 독자 여러분이 이것을 응용하는 것뿐이다. 전장까지 써온 것은 지금까지의 어떤 수상(手相)의 서적보다도 상세하고 알기쉽게 친절하게 쓰느라고 노력하였다.

한 번 더 반복하여 읽어라. 그리고 당신의 손을, 부모형제의 손을, 친구의 손을 보아라. 그리고 모르는 데가 있으면 몇 번이고 읽어라. 그러면 이내 납득이 갈 것이다. 그러나 필자는 사족(蛇足)이지마는 여기에 또 한 번 손을 보는 법과 응용을 말하고자 한다. 그러하면 어떤 사람도 상당한 수상의 판단이 될 수 있게 된다.

❶먼저 첫째로 양손을 본다.

❷다음에 손의 형이 어디에 속하여 있는가를 잘 본다.

❸거기서부터 손의 피부의 상태와 손톱을 보고 대체의 건강 상태를 살핀다.

❹다음에 손바닥을 보고 언덕(丘)의 발달 정도와 색깔의 상태를 본다.

❺그리고서 손가락의 모양과 길이를 잘 보고 이제부터 주요 삼대선(명선, 두뇌선, 감정선)을 본다.

❻다음에 운명선, 태양선, 건강선, 기타를 본다.

❼ 그리고 손바닥에 특수한 색깔이나 기호가 나타나 있지나 않은가를 잘 찾는다.

이것으로 손을 보는 방법은 끝나는 것이니 거기서부터 본서에 써 있는 것을 머리에 그리면서 판단을 하는 것이다.

지금까지 수상에 관한 책을 읽었지만 조금도 모르겠다고 하는 질문을 잘 받는데, 이러한 간단한 수상을 보는 요령을 저자가 써놓지 않기 때문이다. 이와 같은 순서로 손을 보면 누구나 어느 정도의 정확한 판단을 할 수 있다. 그러나 최후로 한 마디 더 써놓고자 한다.

손의 상은 어디까지나 종합적으로 보지 않으면 절대로 안 된다는 것이다. 결혼에 대한 것을 보더라도 결혼선만 보아서는 안 된다. 결혼은 그 사람의 운세의 변화로 지위, 재력이 갖추어져야 비로소 가정을 갖게 되는 것이므로 운명선, 두뇌선, 감정선을 보지 않으면 안 된다. 또 건강을 보지 않으면 안 되므로 생명선, 그 사람의 두뇌의 상태 때문에 두뇌선도 보지 않으면 안된다.   이와같이 어디까지나 종합적으로 보고 거기에서 그 사람이 가지고 있는 여러 가지 공통점을 여러 금에서 뽑아내어 그것을 정리하여 판단을 하는 것이다.

그럼 다음에는 수상의 응용에 대하여 말하여 보자.

(1) 재운(財運)을 보는 법

금운(金運)은 운명선, 태양선 등을 보고 판단하지만 손의 형도 중요한 판단 재료가 된다.

금운이 선천적으로 있는 상은 방형(方型)의 손이 제일이다. 다음이 원추형의 손이다.

손가락은 엄지가 크고 모양좋게 갖추어져 있고, 이 엄지구가 발달하고 있는 상은 재운이 있다. 또 수성구, 태양구, 즉 새끼손가락과 무명지의 붙은 곳의 사이가 발달한 사람은 재산을 남기는 것이다.

목성구가 발달한 사람은 재운이 있기는 하나 저축을 못하는 사람이므로 수입, 지출이 심할 뿐이고 큰 재물을 보존한다는 것은 무리이다. 금으로서는 좋은 두뇌선과 운명선, 태양선의 상태에 의한다. 물론 재물을 얻는 데에는 건강하지 않으면 안 되니 생명선이 좋지 않아서는 안 된다.

또 태양선과는 달리 새끼손가락 쪽으로 뻗은 금은 재운선이라고도 부르고 재물을 얻을 상이다. 만약 이 가는 명확한 금이 나와 있으면 재물을 얻을 수 있다고 판단하여도 좋다.

⑵ 연애(戀愛)와 수상(手相)

남자가 여자를 사랑하고 여자가 남자에 이끌리는 것은 옛날부터의 전통이고, 미인의 꿈을 안고 사랑의 속삭임을 하는 것은 인간은 감정의 동물인 때문이다. 수상에 있어서는 연애를 어떻게 보고 있을 것인가?

손의 형으로서는 첨두형(尖頭型)의 손과 원추형(圓錐型)의 손의 사람이 제일 멋진 연애를 한다. 이 사람들은 감수성이 풍부하며 예술적이고 아름다운 것을 좋아하고 사물을 낭만적으로 생각한다.

그러므로 이 손의 형을 가진 사람의 연애는 꿈과 시정에 넘치는 맑고 깨끗한 연애이다. 달을 바라보거나 비가 오면 비를 찬양하는 사람들이다.

그러나 가늘고 긴 형이나 방형의 손의 사람의 연애는 꿈보다는 현실을 보고 생계의 견실한 생활을 주시한 연애를 하는 사람들이다. 신혼여행에서 절약하여 절약하여 전기세탁기를 사는 사람들이다.

또 엄지구(拇指丘), 즉 금성구는 애정과 성격, 매력을 의미하는 부위이나, 여기가 발달한 삶은 애정에 대하여도 민감하고 다정 다감한 사람이다. 월구(月丘)는 공상과 꿈을 맡고 있으니 연애의 수상에는 여기도 중요한 역할을 한다.

금으로는 감정선과 결혼선의 상태에 의하여 판단한다. 특히 애정 문제는 감정선의 여하에 따라 여러 가지로 재미있게 보는 방법이 될 수 있다.

두뇌선도 그 사람의 연애 상태나 이성을 구하는 타입에 크게 영향을 준다.

(3) 성공운(成功運)과 그 시기(時期)

인간에게는 반드시 개운(開運)하는 찬스가 있는 것이다. 결코 일생을 불행하게 지낼 삶은 없다. 속담에도 인간에게는 세 번「찬스」의 할아버지가 찾아온다. 그것을 놓치면 일생은 불행한 것이다.「찬스」의 할아버지는 뒷머리털이 없기 때문에 지나간 다음에 정신을 차려 뒤를 따라도 잡지 못한다 라고 하는 말이 있다. 이 말과 같이 세 번은 기회가 있다. 수상에 의하면 이 개운기, 즉「찬스」를 잡아 거기서 일대 발전을 하여야 한다.

원시형(原始型)의 손의 사람은 육체노동이기는 하나 죽어라고 일을 하기 때문에 지위는 낮아도 어느 정도의 직업적 안정을 얻을 수 있다.

방형의 손과 비형의 손의 사람은 실사회에 나가 크게 활동을 하는 사람이기 때문에 다른 형의 삶보다는 성공운이 따르고 있고 또 그 기회도 많은 것이다.

운명선과 태양선에 주의를 하여 그 좋은 기회를 포착하고 있어야 한다.

첨두형(尖頭型)과 마디형의 손의 사람은 공상과 꿈을 버리는 것이 제일 좋은 것이다.

(단, 예술적 천분은 제외하고)

그 사람의 성공, 불성공은 태양선의 인기, 신용 등에 의하는 것이고, 운명선의 상태로 그 사람의 운기성쇠(運氣巢衰)를 판단한다.

⑷ 직업(職業)과 손의 형(型)

사람이 성공하느냐 못하느냐는 그 삶의 일생을 좌우하는 직업의 적(適)과 부적(不適)에 의한다고 말하여도 과언은 아니다. 사람이 즐겁게 일할 수 있는 직업을 얻는 것은 성공 개운의 제일보인 것이다.

수상에서는 직업을 손의 형에 의하여 정하는 것이 제일 좋다고 하고 있다.

원시형(原始型)의 손의 사람은 육체노동이나, 또는 머리를 과히 쓰지 않는 직업에 적당하다.

방형(方型)의 손의 사람은 끈기가 있는 것과 실제적인 행동력이 있는 사람이므로 모든 직업에 적합하다. 실무적 재능이 풍부하니 공무원, 실업가, 정치가 등 모든 면에 성공할 것이다.

원추형(原錐型)의 손의 삶은 감수성이 예민한 예술적 감각의 삶이므로 변화가 많은 사교성이 있는 직업에 적합하다.

· 예능가, 예술가, 저널리스트 등이다.

〈가늘고 긴 형〉의 손의 사람은 활동력이 왕성한 사람이며 그 발전력이 대단하여 다른 형의 삶을 한 걸음 앞서고 있다. 사업가, 정치가, 과학자, 기타, 모든 제일선에서 활약할 수 있는 사람이다.

절형(節型)의 손의 삶은 두뇌적 노동 방면에 적합한 삶이며, 교육자, 종교가, 연구가 등에 알맞다. 첨두형(尖頭型)의 손의 삶은 직감력에 뛰어난 삶이나 거친 사회에 맞는 삶은 아니다. 문인, 배우, 학자 등에 적합하다.

이상은 모두가 두뇌선 언덕(丘)의 발달 정도, 운명선을 보고 판단하는 것이다.

2 손과 그 동작(動作)

(1) 손의 태도(態度)

손의 모양이나 손바닥에 나타나는 금(線)은 그 사람의 전부를 나타내지만 그 손의 동작 태도도 강하게 그 사람의 성격이나 행동을 나타내는 것이다. 최근 외국의 여류 심리학자 "우루후"여사는 여기에 착안하여 손의 형이나 그 동작에 의한 심리학적 수상학을 발표하여 사계에 큰 화제를 던지고 있다. 동양에서는 옛날부터 이러한 방법에 의한 동양 본래의 보는 방법이며 거기에 종교 등을 가미한 것이다. 이번의 "우루후"여사의 이런 관법(觀法)은 심리학에 의한 것이기 때문에 진중(珍重)하게 여겨지는 것이다. 다음에 일반적인 보는 법을 조금 서술하여 보자.

❶ 호주머니에 손을 넣고 있는 사람

언제나 호주머니 속에 또는 품 속에 손을 넣고 있는 사람이 있다. 이 사람은 항상 무엇인가 심중(心中)에 생각하는 일이 있는 사람이며 그 일이 그렇게 좋은 일이 아닐 경우가 많다. 비밀주의고 생활 태도도 음성적인 삶에게서 많이 볼 수 있다.

❷ 손을 늘어뜨리고 있는 사람

힘없이 두손을 늘어뜨리고 있는 사람이 있다. 이 사람은 결단력이 없다. 불안정한 생활을 보내고 있는 사람이며 행동도 그렇게 기민(機

敏)하지 않고 항상 딴 사람의 뒤를 쫓는 정견(定見)이 없는 사람이다. 그러나 때로는 안심하거나 마음에 꺼리낌없는 명랑한 사람도 이러한 태도를 취하는 때가 있으니 그때에는 같이 늘어뜨리고 있는 것이라도 힘이 있는 여유가 있는 태도이다.

❸손을 쥐고 있는 사람

주먹을 쥐고 양쪽에 늘어뜨리고 있는 사람은 강한 의지력과 아무것에나 움직이지 않는 결단력이 있는 사람으로 무엇인가 일을 시작하려고 할 때에 이러한 손의 태도를 취한다.

❹손을 항상 움직이는 사람

손을 움직이거나 비비는 사람은 경박(輕薄)한 사람으로 표면은 좋으나 내면에서는 무엇을 생각하고 있는지 모르는 불성실한 사람이다. 이러한 사람에게는 충분히 주의하지 않으면 안 된다. 말을 할 때에 손을 멋있게 움직이는 사람도 역시 같은 경향이 있다.

❺뒷짐을 지고 있는 사람

항상 무엇을 생각하고 있는 사람으로 극단한 주의가이다. 반면 사람을 신용하는 일이 없고 아무것이나 자기가 하거나 보지 않으면 마음이 놓이지 않는 소심자에게 자주 있는 것으로 겁이 많고 소극적인 사람이다.

❻함부로 손을 움직이는 사람

양쪽 손을 교대로 움직이는 사람이 있다. 이 사람은 기분파이고 제 맘대로의 성격의 사람으로 딴 사람보다 자기를 먼저 생각하고 항상 자기가 주위에서 주목되어 중심적 존재가 되어 있지 않으면 속이 풀리지 않는 변덕이 많은 사람이다.

❼손바닥을 벌리고 있는 사람

팔을 구부려 손바닥을 힘없이 벌리고 있는 사람이 있다. 끈기가 없는 사람이며, 공상가에게 많은 태도이다. 항상 무엇인가 심중에 꿈을 쫓고 있는 것이다.

❽ 손을 쓰다듬는 사람

손을 쥐거나, 또 그 손을 쓰다듬는 사람은 사람의 기분을 알아내고 그 장소의 분위기를 잘 맞추는 아첨을 잘하는 사람이다. 자기로서의 정견이 없는 대신 딴 사람을 따라가는 것을 잘하는 사람이다.

(2) 여성(女性)과 손의 태도(態度)

여성은 항상 「포즈」를 취하고 있고 마침내는 그것이 그 사람의 태도로 되는 것이다. 그 여성의 「포즈」는 어디까지나 남성을 대상(對象)으로 하는 것으로 남성을 의식(意識)하고 여러 가지의 「포즈」나 행동을 취하는 것이므로 여성의 그 태도를 보고 그 여성이 무엇을 구하고 있는가 무엇을 생각하고 있는가를 알아낼 수가 있다. 여기서는 여자에 관련한, 그리고 연애(戀愛)면을 조금 말하여 보자.

❶ 애정(愛情)을 나타내는 태도(態度)

남성 앞에서 머리카락을 손으로 올리는 여성이 있다. 이것은 그 여성이 남성의 주의를 끌기 위한 수단(手段)인 것이다. 몇 번이고 몇 번이고 머리카락을 쓰다듬는 것은 그 남성에게 마음이 있다는 것을 나타내고 있다.

○   ○

다음에 마찬가지로 머리카락을 아무일없이 괴로운듯이 긁어대는 여성이 있다. 이것도 전기(前記)와 같은 의미를 하고 있다. 오직 이 여성은 전기(前期)의 여성에 비하여는 요부형(妖婦型)이고 「히스테리」증(症)의 여성이다.

자기의 팔이나 유방(乳房) 언저리에 손을 가져가는 여성은 남성의 주의를 끌게 하여 환심(歡心)을 사려고 하는 사람이다. 이것이 무의식(無意識)의 행동(行動)이라도 그 여성의 심중(心中)은 벌써 남성을 향하여 미태(媚態)를 나타내고 있는 것이다.

아무일도 없이 양팔을 쓰다듬거나 팔짱을 끼거나 또는 어깨에 손을 가져가거나 겨드랑이에 마음을 쓰는 여성이 있다. 이것은 남성에게 쏠리기 전의 상태(狀態)를 나타내고 있다. 그저 어쩐지 들뜬 기분을 나타내는 것이다.

또 함부로 「포즈」를 취하여 무릎을 겹쳐 그 위에 담배를 가진 손을 척 올려 놓는 여성은 자기의 기분을 어찌할 바 모르는 것을 표시하며 또 남성을 구하고 있는 것을 나타내고 있다.

남성에게 다리나 손의 아름다움을 자랑하여 보이는 여성이나 팔에 손을 가져가는 여성은 남성에 대한 대단한 능동적 구애(能動的求愛)의 동작(動作)을 표시하고 있는 것이다.

⑶ 여성(女性)의 애정 판단(愛情判斷)

언제나 아무일없이 손으로 머리카락을 만지고 있는 여성은 성적 몽상(性的夢想)에 잠겨 있거나 또는 마음속에 남성을 그리며 꿈을 쫓고 있는 것이다.

머리카락을 함부로 난폭(亂暴)하게 긁는 여성은 마음이 들뜬 것을 표시하고 있다.

물건에 기대거나 의자에 앉았을 때에 바로 볼에 손을 갖다대어 짚는 여성이 있으나 초연(初緣)으로 끝이 나지 않은 사람이다.

마찬가지로 앉거나 기대었을 적에 팔굽을 대고 몸을 움츠리는 여성은 다정(多情)하고 경박(輕薄)한 여성이다.

앉았을 적에 어쩐지 오른 어깨를 낮추고 「포즈」를 취하는 여성은 애정(愛情)문제를 일으키기 쉬운 바람기가 있는 사람이다.

일어설 적에 치마의 아랫자락을 잡는 여성은 애정 문제(愛情問題)를 일으킬 것을 나타내고 있다.

앉았을 적에 유방(乳房)이나 가슴에 손을 대거나 앞에 손을 놓는 여성은 다정(多情)하고 남성을 끌려고 무의식(無意識)으로라도 생각하고 있는 사람이다.

팔짱을 끼는 여성은 다정(多情)하고 남자를 남자로 생각지 않는 음부형(淫婦型)이다.

불필요하게 작은 물질을 만지거나 의류(衣類)에 손을 대거나 하는 여성은 호색(好色)의 성격으로 언제나 기분이 가라앉아 있지 않은 것을 나타낸다.

앉아서 겨드랑이를 더듬는 여성은 정(情)에 빠지기 쉬운 사람이다.

앉아서 팔굽을 딱 펴는 여성은 표면(表面)은 강한 것처럼 보이나 마음이 약한 사람이어서 유혹(誘惑)당하기 쉬운 여성이다.

말하는 도중에 때때로 손을 귀로 가져가는 여성은 마음에도 정(情)이 움직였다는 것을 표시하는 것이다.

함부로 동정이나 소매 끝 옷고름을 만지는 여성은 남성에게 속기 쉬운 사람이다.

3. 요약한 수상(手相) 보는 법

수상(手相)의 지식(知識)을 여기에 요약(要約)하여 다이제스트처럼 하여 보았다. 이제부터 서술(敍述)하는 것을 항상 머리에 넣어두면 언제 어디서든지 손의 판단을 할 수가 있다.

◎ 오른손(右手)과 왼손(左手)
오른손(右手)……후천적 성격(後天的性格), 운명(運命), 현재(現在).
왼손(左手)……선천적 성격(先天的性格), 운명(運命)

◎ 손의 경유(硬柔)
딱딱한 손……둔감(鈍感), 완만(緩慢).
부드러운 손……명랑(明朗), 활발(活潑).

◎ 손의 살결
거친 살결……둔감(鈍感), 난폭(亂暴).
보드러운 살결……민감(敏感), 고상(高尙)

◎ 손의 색깔
담홍색(淡紅色)……건강(健康).

적색(赤色)……다혈질(多血質).
청색(靑色)……신경질(神經質).
거무스레한 색……음성(陰性).
창백(蒼白)……빈혈증(貧血症)
황색……담즙질(膽汁質).

◎ 손의 대소(大小)
큰손……손재간, 소심(小心).
작은손……손재주 없음, 대담(大膽).

◎ 손톱
긴 손톱……심장(心臟) 계통에 주의.
짧은 손톱……흉부(胸部)에 주의.

◎ 손가락(指)
엄지(姆指)……애정(愛情).
검지(食指)……권력(權力).
장지(中指)……사려(思慮).
무명지(藥指)……명성(名聲).
새끼손가락(小指)……사교(社交).

◎ 언덕(丘)
목성구(木星丘)……명예(名譽), 공명(功名), 지배(支配).
토성구(土星丘)……침착(沈着), 고독(孤獨), 사려(思慮).
태양구(太陽丘)……명랑(明朗), 인기(人氣), 예술(藝術).
수성구(水星丘)……지혜(智慧), 외교(外交), 상재(商才).

화성구(火星丘)……원기(元氣), 대담(大膽), 저항(抵抗).
월구(月丘)……공상(空想), 상상(想像), 신비(神秘).

◎ 생명선(生命線)

수명(壽命)의 장단(長短), 건강 상태(健康狀態),
좋은 금……무병(無病), 장수(長壽).
흐트러짐……병약(病弱).
반점(斑點)……급성병(急性病).
섬형(島形)……만성병(慢性病).
끊어짐……중병(重病), 죽음(死亡).

◎ 두뇌선(頭腦線)

지능(知能)의 강약(強弱), 성격(性格).
좋은 금(線)……영리함.
흐트러짐……신경장해(神經障害).

◎ 감정선(感情線)

성격(性格), 애정(愛情).
좋은 금(線)……애정(愛情)을 가진 사람.
짧은 금(線)……성급한 사람.
끊어짐……감정의 갈등.
흐트러짐……다정다감(多情多感).

◎ 운명선(運命線)

운명(運命)의 소장(消長).
좋은 금(線)……대발전(大發展), 성공(成功).

반점(斑點)……일시적 사고(一時的事故).
끊어짐……변화(變化).
섬형(島形)……장해(障害).
십자형(十字形)……곤란(困難).
별형(星形)……위험(危險).

◎ 태양선(太陽線)

인기(人氣), 신용(信用).
좋은 금(線)……인기(人氣), 신용(信用).
별형(星形)……명성(名聲).
섬형(島形)……불명예(不名譽).
끊어짐……실패(失敗), 전락(轉落).
십자형(十字形)……실패(失敗).

◎ 결혼선(結婚線)

애정(愛情), 연애(戀愛), 결혼(結婚).
좋은 금(線)……양연(良緣), 원만(圓滿)한 부부 생활(夫婦生活).
아래로 쳐진 금(線)……이별(離別).
위로 올라간 금(線)……고독(孤獨).
흐트러짐……결혼(結婚)의 장해(障害).

※ 參 考 附 記

지문(指紋)의 판단(判斷)

❶ 오지(五指)가 모두 고리(渦紋)

어느 손가락이나 고리(渦紋)로 된 사람은 운명상의 파란 변동이 많다.

기질은 대단히 자신이 강하고 성미가 강하고 사람에게 머리를 숙이는 것을 싫어한다. 그 때문에 실수를 하면 어디까지고 떨어져 나간다.

❷ 오지가 전부 치(流紋)

지나치게 정직하여 요령없고 그저 착실만 하여 융통성이 없기 때문에 출세가 늦다. 그러나 착실히 일을 하고 있으면 나이를 먹은 후는 의외로 좋은 운세가 된다. 단지 어떤 일이고 사람과 협동하여 하는 일은 적합치 않다. 소규모라도 독립하여 경영하는 것이 좋다. 손재주는 좋은 편이다.

❸ 엄지(拇指)만 고리(渦紋), 나머지는 치(流紋)

대기만성이며, 소년 때부터 장년까지는 고생을 하나 만년이 되면 쑥쑥 머리를 들어 뛰어나게 성공을 한다.

❹ 검지(食指)만 고리(渦紋), 나머지는 치(流紋)

이것은 사교적인 사람이고 서재에 들어앉아 꾸준히 하는 것은 싫어하고 활동적으로 뛰어다니는 성격이다. 다른 사람의 일을 잘 돌봐주는 것을 좋아하고 자기 일보다 다른 사람의 일에 노력하는 형(型)이다. 성격은 분방(奔放)하고 활발하여 세세한 일은 잘못하며 공장 경영이라든가 광산업 증권업 등에 적합하다.

❺ 장지(長指)만이 고리(渦紋), 나머지는 치(流紋)

이 사람은 계획도 대단히 크고 허풍이 낀 형이다. 운수로서는 부모의 집을 계승치 않고 독립하여 살아가는 사람이다. 착실하고 견고하게 나가도록 하지 않으면 일생에 성공 못한다. 직업은 정치가, 변호사, 예술가와 같은 그리 고리타분하지 않은 것을 선택하는 것이 좋다.

❻ 약지(藥指)만이 고리(渦紋), 나머지는 치(流紋)

지극히 출세가 빠른 사람으로서 친구 사이에 부러워하는 바가 된다. 젊어서부터 늙은 티가 나고 모든 일에 빈틈이 없다. 재간이 있어 쓸모가 있는 관계로 사람에게 뽑히어 일찍부터 상당한 지위에 오를 수 있다.

❼ 소지(小指)는 고리(渦紋), 나머지는 치(流紋)

조상의 유업을 이어받지 않고 자기가 좋아하는 일에 종사하여 성공한다. 비범한 수완가이나 끈기가 없는 것이 결점이다. 그러므로 그점을 주의하면 좋은 운이 열린다.

❽ 엄지(拇指)와 검지(食指)는 고리(渦紋), 나머지는 치(流紋)

관대하고 대범하여 소위 귀공자형이어서 존경을 받는다. 그러나 사람이 좋아서 이용당하는 수도 있으니 신중히 교제할 사람을 선택하지 않으면 실패한다.

❾ 엄지(拇指)와 장지(中指)는 고리(渦紋), 나머지는 치(流紋)

일찍 부모의 집을 떠나 타향을 자기 마음에 향하는 곳, 희망하는 길에 나가는 사람. 그러나 기질로 보아 변하기 쉬운 기질이므로 정주성(定住性)이 없으니 그 결점을 시정하도록 노력하지 않고는 운수는 펴지 못한다.

❿ 엄지(拇指)와 약지(藥指)가 고리(渦紋), 나머지는 치(流紋)

　청년 시절에는 고생을 하나 중년경에서 운수가 열려진다. 능력을 인정받으면 순조로히 일이 되어 신용도 얻고 만년에 향할수록 좋은 운이 된다.

⓫ 엄지(拇指)와 소지(小指)는 고리(渦紋), 나머지는 치(流紋)

　말을 잘하고 변호사, 재판관, 정치가에 적합하다. 부모보다 뛰어나게 출세하는 운수이다.

⓬ 엄지(拇指)와 검지(食指) 장지(中指)는 고리(渦紋), 나머지는 치(流紋)

　의지가 약하고 자신이 없어 갈피를 잡지 못하고 그것 때문에 일생을 망치는 수가 되니 주의가 필요하다. 게다가 참을성이 적어 화를 내는 일이 많으니 명심해야겠다.

⓭ 소지(小指)만 고리(渦紋), 나머지는 치(流紋)

　온순한 성질이며 타협적이어서 결코 다른 사람과 충돌하지 않는다. 선배나 동료간에 신임과 인심을 얻어 출세가 빠르다. 따라서 그 사람의 실력 이상의 성공을 할 수 있다.

⓮ 엄지(拇指)만 치(流紋), 나머지는 고리(渦紋)

　이는 성급하고 신경질적이며 침착하지 못한 성질이므로 될 수 있는 한 기를 누구고 마음을 크게 먹고 한 걸음 한 걸음 나아가는 마음의 준비가 필요하다. 재기(才氣)도 있고 머리도 좋고 운수도 기회를 잡아 발전하는 사람이니 하기만 잘하면 성공할 수가 있다.

⓯ 검지(食指)만 치(流紋), 나머지는 고리(渦紋)

　도덕성이 뛰어나고 이상은 높다. 일반의 상인에는 적합치 않다. 학자나 교육가, 종교가와 같이 두뇌를 쓰는 직업이 적당하다. 단 성 문제로 재난을 당하는 일이 있으니 주의하라.

⓰ 장지(中指)만 치(流紋), 나머지는 고리(渦紋)

　의협심이 강하고 부탁하면 무엇이나 한다. 그리고 일을 하는데도 면밀하며 근면하기 때문에 세간의 신용도 두텁고 대단히 발전하는 사람이다. 단, 사람이 추켜주거나 이용당하는 일이 있으니 주의를 요한다.

❶ 약지(藥指)만 치(流紋), 나머지는 고리(渦紋)

온후착실(溫厚齓實)하고 사교성이 좋아 윗사람 아랫사람 누구에게나 호감을 준다. 천직에 만족하고 부자유함이 없는 행복한 인생을 보낼 수 있는 좋은 운수이다.

❸ 검지(食指)와 약지(藥指)만 고리(渦紋), 나머지는 치(流紋)

원래 정직하나 지나치게 고지식한 데가 있고 완고하다. 윗사람에 대하여 고집을 세우는 버릇이 있고 그것이 화(禍)가 되어 장년이나 중년까지 답보를 면치 못한다. 그러나 나이를 먹으면서 성실도 일변하여 온순하여지므로 그때부터 출세의 싹이 터서 상당한 데까지 올라간다.

❹ 엄지(拇指)와 약지(藥指)만 치(流紋), 나머지는 고리(渦紋)

둔중(鈍重)한 성질이고 하는 일이나 말하는 것이 똑똑치 못하다. 그러나 꾸준히 쉬지 않고 나아가기 때문에 다른 사람이 모르는 사이에 운명을 개척하여 부와 명예를 잡을 수가 있다.

❿ 검지(食指)와 장지(中指)는 고리(渦紋), 나머지는 치(流紋)

도덕심이 견고하여 소위 군자의 품을 갖춘 사람이니 모든 사람과 협동하여 사업을 하여도 틀림이 없다. 대회사의 중역, 은행의 두취(頭取), 대상점의 지배인 같은 데에 적합하다. 주의할 것은 성(性)문제로 일을 저지르기 쉽다.

㉑ 검지(食指)와 약지(藥指)는 치(流紋), 나머지는 고리(渦紋)

성급하고 무엇이거나 자기의 원하는 것은 빨리 해치우려고 하는 성질이다. 이 사람의 성패는 무반성한 행동에서 오고 있다.

㉒ 검지(食指)와 소지(小指)는 치(流紋), 나머지는 고리(渦紋)

관용하고 대인군자의 품격을 갖추고 있다. 사람을 부리는 것도 익숙하고 다른 사람의 일도 즐거이 잘 보아준다. 존장(尊長)의 위치에 올라선다.

❷❸ 장지(中指)와 소지(小指)는 고리(渦紋), 나머지는 치(流紋)

자신이 강하고 자기의 생각은 절대 옳다고 믿고 있다. 그런 일로서 타인과 충돌하여 미움을 받는다. 그러나 사람으로서는 나쁘지 않고 쓸모도 있는 사람이므로 모든 일을 다각적으로 오손도손하면 성공한다.

❷❹ 장지(中指)와 약지(藥指)는 고리(渦紋), 나머지는 치(流紋)

변하기 쉬운 마음을 가질 정도로 아무것이나 손을 대어보고 싶어한다. 그러나 이것도 저것도 철저하지 않다. 만능이 있어도 일심이 부족하다고 평할 수 있으며, 재간이 있고도 궁핍하게 되는 따위이다. 인내를 가지고 한 가지만 관철하도록 하여야 된다.

❷❺ 장지(中指)와 약지(藥指)는 고리(渦紋), 나머지는 치(流紋)

성질이 타락하다. 무신경이고 금전적으로 무욕(無慾)하고 담담하다. 일정한 주소에 오래 있기를 싫어한다. 가정적으로 조용히 있기를 생각지 않고 유랑적인 성격이다. 비교적 신문기자 등에 적합하다 할 것이다.

❷❻ 장지(中指)와 약지(藥指)는 치(流紋), 나머지는 고리(渦紋)

희망이 원대하고 기회를 보는 데 민첩하며 투기적인 일에 적합하다. 무역상, 광산사(鑛山師), 항해업, 증권업 등의 방면에 절대적이며 운수로서는 만년이 좋다.

❷❼ 검지(食指)와 약지(藥指)는 고리(渦紋), 나머지는 치(流紋)

강직하고 고집쟁이 사람과 싸우기를 좋아하는 경향이 있다. 이 사람은 육친에는 인연이 멀고 믿을 수 없으니 빨리 독립의 길을 걸어 생활의 안정을 얻는 것이 좋다.

❷❽ 엄지(親指)와 장지(中指)는 치(流紋), 나머지는 고리(渦紋)

수학적 관념이 희박하고 계산에 어둡다. 돈은 상당히 버나 어디론지 새어버린다. 즉 상재(商才)가 모자라 이런 결과가 되니 상업에도 부적당하다.

❷❾ 검지(食指)와 소지(小指)는 고리(渦紋), 나머지는 치(流紋)

어릴 때부터 노인티가 있고 어른 같은 생각을 생각을 한다. 만사에 주의가 깊고 돌다리도 두드리고 건너는 형이다. 평범한 생활이나 큰 고생은 없다.

❸⓿ 엄지(親指) 약지(藥指) 소지(小指)는 고리(渦紋), 나머지는 치(流紋)

온후독실 신용은 만점이다. 일하는 것 이상 출세하는 행복한 사람이다. 그러나 중년기까지는 각종의 장해가 있다. 만년에서 한꺼번에 운이 열린다.

❸❶ 약지(藥指)와 소지(小指)는 고리(渦紋), 나머지는 치(流紋)

학문을 좋아하고 변설에 뛰어나다. 그리고 나무랄 데가 없어 그 사람의 마음쓰는 데 따라 아무렇게고 출세할 수 있다는 바탕이다.

❸❷ 엄지(親指)와 검지(食指)는 치(流紋), 나머지는 고리(渦紋)

큰 부자가 될 수 있고 만사가 뜻대로 되고 평생에 부자유를 모른다. 그러나 마음을 가다듬지 않으면 극단에서 극단으로 빠질 가능성이 있다. 성질은 활발하고 두뇌도 좋다.

참고문헌
麻相法 陣希夷著
千金要方 孫思邈著
手相寶監 安志永譯
易友福聲 酒新年號

음파메세지(氣) 성명학

신비한 동양철학 51

새로운 시대에 맞는 새로운 성명학

지금까지의 모든 성명학은 모순의 극치를 이루고 있다.
이제 새로운 시대에 맞는 음파메세지(氣) 성명학이 탄
생했으니 차근차근 읽어보고 복을 계속 부르는 이름을
지어 사랑하는 자녀가 행복하고 아름다운 삶을 살아갈
수 있도록 하는데 도움이 되었으면 한다.

· 청암 박재현 저

정법사주

신비한 동양철학 49

독학과 강의용 겸용의 책

이 책은 사주추명학을 연구하고자 하는 분들에게 심오
한 주역의 이해를 돕고자 하는 의도에서 시작되었다.
음양오행의 상생상극에서부터 육친법과 신살법을 기초
로 하여 격국과 용신 그리고 유년판단법을 활용하여
운명판단에 첩경이 될 수 있도록 했고, 추리응용과 운
명감정의 실례를 하나 하나 들어가면서 독학과 강의용
겸용으로 엮었다.

· 원각 김구현 저

사주대성

신비한 동양철학 33

초보에서 완성까지

이 책은 과거 현재 미래를 모두 알 수 있는 비결을 실었다. 그러나 모두 터득한다는 것은 어려울 것이다. 역학은 수천 년간 동방의 석학들에 의해 갈고 닦은 철학이요 학문이며, 정신문화로서 영과학적인 상수문화로서 자랑할만한 위대한 학문이다.

· 도관 박흥식 저

해몽정본

신비한 동양철학 36

꿈의 모든 것 !

막상 꿈해몽을 하려고 하면 내가 꾼 꿈을 어디다 대입시켜야 할지 모를 경우가 많았을 것이다. 그러나 이 책은 찾기 쉽고, 명료하며, 최대한으로 많은 갖가지 예를 들었으니 꿈해몽을 하는데 어려움이 없을 것이다.

· 청암 박재현 저

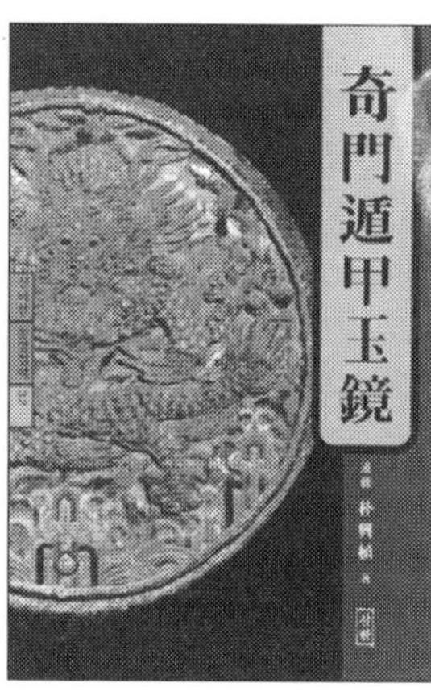

기문둔갑옥경

신비한 동양철학 32

가장 권위있고 우수한 학문!

우리나라의 기문역사는 장구하지만 상세한 문헌은 전무한 상태라 이 책을 발간하기로 했다. 기문둔갑은 천문지리는 물론 인사명리 등 제반사에 관한 길흉을 판단함에 있어서 가장 우수한 학문이며 병법과 법술방면으로도 특징과 장점이 있다. 초학자는 포국편을 열심히 익혀 설국을 자유자재로 할 수 있도록 하고 개인의 이익보다는 보국안민에 일조하기 바란다.

· 도관 박흥식 저

정본·관상과 손금

신비한 동양철학 42

바로 알고 사람을 사귑시다

이 책은 관상과 손금은 인생을 행복으로 이끌기 위해 있다는 관점에서 다루었다. 그야말로 관상과 손금의 혁명이라고 할 수 있을 것이다. 여러분도 관상과 손금을 통한 예지력으로 인생의 참주인이 되기 바란다. 용기를 불어넣어 주고 행복을 찾게 하는 것이 참다운 관상과 손금술이다. 이 책으로 미래의 좋은 예지력을 한번쯤 발휘해 보기 바란다. 이 책이 일상사에 고민하는 분들에게 해결방법을 제시해 줄 것이다.

· 지창룡 감수

조화원약 평주

신비한 동양철학 35

명리학의 정통교본!

이 책은 자평진전, 난강망, 명리정종, 적천수 등과 함께 명리학의 교본에 해당하는 것으로 중국 청나라 때 나온 난강망이라는 책을 서낙오 선생께서 설명을 붙인 것이다. 기존의 많은 책들이 격국과 용신으로 감정하는 것과는 달리 십간십이지와 음양오행을 각각 자연의 이치와 춘하추동의 사계절의 흐름에 대입하여 인간의 길흉화복을 알 수 있게 했다.

· 동하 정지호 편역

龍의 穴·풍수지리 실기 100선

신비한 동양철학 30

실전에서 실감나게 적용하는 풍수지리의 길잡이!

이 책은 풍수지리 문헌인 조선조 고무엽(古務葉) 태구승(泰九升) 부집필(父輯筆)로 된 만두산법(巒頭山法), 채성우의 명산론(明山論), 금랑경(錦囊經) 등을 알기 쉬운 주제로 간추려 풍수지리의 길잡이가 되고자 했다. 그리고 인간의 뿌리와 한 사람의 고유한 이름의 중요성을 풍수지리와 연관하여 살펴보아야 하기 때문에 씨족의 시조와 본관, 작명론(作名論)을 같이 편집했다.

· 호산 윤재우 저

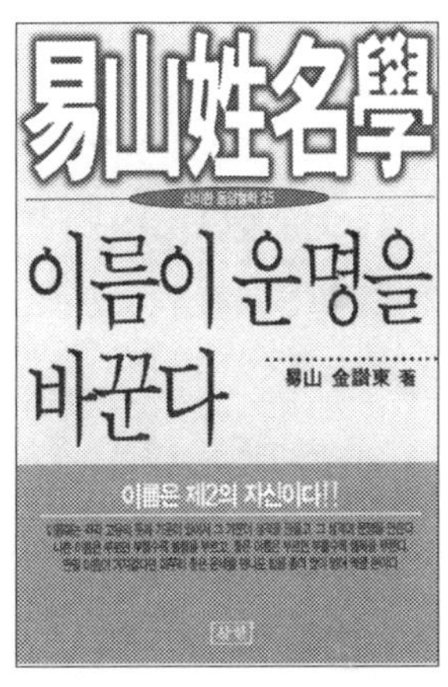

역산성명학

신비한 동양철학 ㉕

이름은 제2의 자신이다 !

이름에는 각각 고유의 뜻과 기운이 있어서 그 기운이 성격을 만들고 그 성격이 운명을 만든다. 나쁜 이름은 부르면 부를수록 불행을 부르고 좋은 이름은 부르면 부를수록 행복을 부른다. 만일 이름이 거지 같다면 아무리 운세를 잘 만나도 밥을 좀더 많이 얻어 먹을 수 있을 뿐이다. 이 책의 저자는 신학대학을 졸업하고 역학계에 입문했다는 특별한 이력을 갖고 있기 때문에 더 많은 화제가 되고 있다.

· 역산 김찬동 저

작명해명

신비한 동양철학 ㉖

누구나 쉽게 배워서 활용할 수 있는 체계적인 작명법 !

일반적인 성명학으로는 알 수 없는 한자이름, 한글이름, 영문이름, 예명, 회사명, 상호, 상품명 등의 작명방법을 여러 사례를 들어 체계적으로 분석하여 누구나 쉽게 배워서 활용할 수 있도록 서술했다.

· 도관 박흥식 저

운세십진법 · 本大路

신비한 동양철학 ❶

운명을 알고 대처하는 것은 현대인의 지혜다 !

타고난 운명은 분명히 있다. 그러니 자신의 운명을 알고 대처한다면 비록 운명을 바꿀 수는 없지만 충분히 향상시킬 수 있다. 이것이 사주학을 알아야 하는 이유다. 이 책에서는 자신이 타고난 숙명과 앞으로 펼쳐질 운명행로를 찾을 수 있도록 운명의 기초를 초연하게 설명하고 있다.

· 백우 김봉준 저

국운 · 나라의 운세

신비한 동양철학 ㉒

역으로 풀어본 우리나라의 운명과 방향 !

아무리 서구사상의 파고가 높다하기로 오천년을 한결같이 가꾸며 살아온 백두의 혼이 와르르 무너지는 지경에 왔어도 누구하나 입을 열어 말하는 사람이 없으니 답답하다. IMF라는 특수한 상황에서 불확실한 내일에 대한 해답을 이 책은 명쾌하게 제시하고 있다.

· 백우 김봉준

명인재

신비한 동양철학 43

신기한 사주판단 비법 !

살(殺)의 활용방법을 완벽하게 제시하는 책!

이 책은 오행보다는 주로 살을 이용하는 비법이다. 시중에 나온 책들을 보면 살에 대해 설명은 많이 하면서도 실제 응용에서는 무시하고 있다. 이것은 살을 알면서도 응용할 줄 모르기 때문이다. 그러나 이 책에서는 살의 활용방법을 완전히 터득해, 어떤 살과 어떤 살이 합하면 어떻게 작용하는지를 자세하게 설명하고 있다.

· 원공선사 지음

사주학의 방정식

신비한 동양철학 18

가장 간편하고 실질적인 역서 !

이 책은 종전의 어려웠던 사주풀이의 응용과 한문을 쉬운 방법으로 터득할 수 있게 하는데 목적을 두었고, 역학의 내용이 어떤 것이며 무엇이 어디에 속하는지를 알고자 하는데 있다.

· 김용오 저

주역육효 해설방법 上·下

신비한 동양철학 38

한 번만 읽으면 주역을 활용할 수 있는 책!

이 책은 주역을 해설한 것으로, 될 수 있는 한 여러 가지 사설을 덧붙이지 않고 주역을 공부하고 활용하는데 필요한 요건만을 기록했다. 따라서 주역의 근원이나 하도낙서, 음양오행에 대해서도 많은 설명을 자제했다. 다만 누구나 이 책을 한 번 읽어서 주역을 이해하고 활용할 수 있도록 하는데 중점을 두었다.

· 원공선사 저

사주명리학의 핵심

신비한 동양철학 ⑲

맥을 잡아야 모든 것이 보인다!

이 책은 잡다한 설명을 배제하고 명리학자들에게 도움이 될 비법만을 모아 엮었기 때문에 초심자가 이해하기에는 다소 어려운 부분도 있겠지만 기초를 튼튼히 한 다음 정독한다면 충분히 이해할 것이다. 신살만 늘어놓으며 감정하는 사이비가 되지말기를 바란다.

· 도관 박흥식 저

술술 읽다보면 통달하는 사주학

신비한 동양철학 ㉗

술술 읽다보면 나도 어느새 도사 !

당신은 당신 마음대로 모든 일이 이루어지던가. 지금까지 누구의 명령을 받지 않고 내 맘대로 살아왔다고, 운명 따위는 믿지도 않고 매달리지 않는다고, 이렇게 말하는 사람들이 많다. 그러나 그것은 우주법칙을 모르기 때문에 하는 소리다.

· 조철현 저

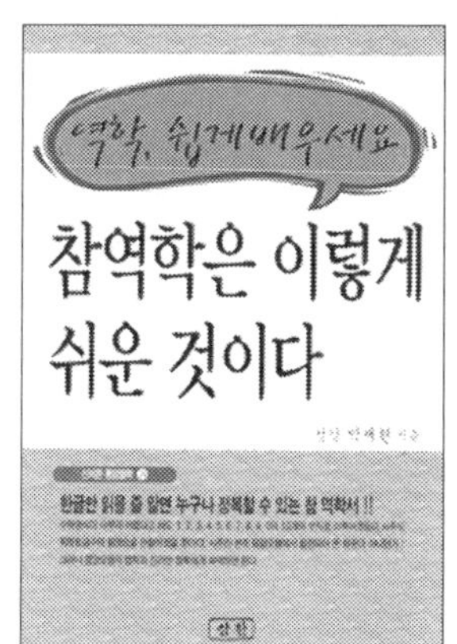

참역학은 이렇게 쉬운 것이다

신비한 동양철학 ㉔

음양오행의 이론으로 이루어진 참역학서 !

수학공식이 아무리 어렵다고 해도 1, 2, 3, 4, 5, 6, 7, 8, 9, 0의 10개의 숫자로 이루어졌듯이, 사주도 음양과 목, 화, 토, 금, 수의 오행으로 이루어졌을 뿐이다. 그러니 용신과 격국이라는 무거운 짐을 벗어버리고 음양오행의 법칙과 진리만 정확하게 파악하면 된다. 사주는 단지 음양오행의 변화일 뿐이고 용신과 격국은 사주를 감정하는 한가지 방법에 지나지 않는다.

· 청암 박재현 저

나의 천운 운세찾기

신비한 동양철학 ⑫

놀랍다는 몽골정통 토정비결 !

이 책은 역학계의 대가 김봉준 선생이 놀랍다는 몽공토정비결을 연구 ·분석하여 우리의 인습 및 체질에 맞게 엮은 것이다. 운의 흐름을 알리고자 호운과 쇠운을 강조했으며, 현재의 나를 조명해보고 판단할 수 있도록 했다. 모쪼록 생활서나 안내서로 활용하기 바란다.

· 백우 김봉준 저

쉽게푼 역학

신비한 동양철학 ❷

쉽게 배워서 적용할 수 있는 생활역학서 !

이 책에서는 좀더 많은 사람들이 역학의 근본인 우주의 오묘한 진리와 법칙을 깨달아 보다 나은 삶을 영위하는데 도움이 될 수 있도록 가장 쉬운 언어와 가장 쉬운 방법으로 풀이했다. 역학계의 대가 김봉준 선생의 역작이다.

· 백우 김봉준 저

삼한

삼한

삼한

삼한

주역 토정비결

신비한 동양철학 40

토정비결의 놀라운 비결！

지금 시중에 나와 있는 토정비결에 대한 책들을 보면 옛날부터 내려오는 완전한 비결이 아니라 반쪽의 책이다. 그러나 반쪽이라고 말하는 사람이 없다. 그것은 주역의 원리를 모르기 때문이다. 따라서 늦은 감이 없지 않으나 앞으로의 수많은 세월을 생각하면서 완전한 해설본을 내놓기로 한 것이다.

· 원공선사 저

내가 보고 내가 바꾸는 DIY사주

신비한 동양철학 40

내가 보고 내가 바꾸는 사주비결！

이 책은 기존의 책들과는 달리 한 사람의 사주를 체계적으로 도표화시켜 한 눈에 파악할 수 있고, DIY라는 책 제목에서 말하듯이 개운하는 방법을 제시하고 있다. 초심자는 물론 전문가도 자신의 이론을 새롭게 재조명해 볼 수 있는 케이스 스터디 북이다.

· 석오 전 광 지음

남사고의 마지막 예언

신비한 동양철학 29

이 책으로 격암유록에 대한 논란이 끝나기 바란다

감히 이 책을 21세기의 성경이라고 말한다. 〈격암유록〉은 섭리가 우리민족에게 준 위대한 복음서이며, 선물이며, 꿈이며, 인류의 희망이다. 이 책에서는 〈격암유록〉이 전하고자 하는 바를 주제별로 정리하여 문답식으로 풀어갔다. 이 책으로 〈격암유록〉에 대한 논란은 끝나기 바란다.

· 석정 박순용 저

진짜부적 가짜부적

신비한 동양철학 7

부적의 실체와 정확한 제작방법

인쇄부적에서 가짜부적에 이르기까지 많게는 몇백만원에 팔리고 있다는 보도를 종종 듣는다. 그러나 부적은 정확한 제작방법에 따라 자신의 용도에 맞게 스스로 만들어 사용하면 훨씬 더 좋은 효과를 얻을 수 있다. 이 책은 중국에서 정통부적을 연구한 국내유일의 동양 오술학자가 밝힌 부적의 실체와 정확한 제작방법을 소개하고 있다.

· 오상익 저

신의 얼굴

신비한 동양철학 20

사람을 볼 줄 아는 안목과 지혜

오늘과 내일을 예측할 수 없을만큼 복잡하게 펼쳐지는 현실에서 살아남기 위해서는 사람을 볼줄 아는 안목과 지혜가 필요하다. 시중에 관상학에 대한 책들이 많이 나와있지만 너무 형이상학적이라 전문가도 이해하기 어렵다. 이 책에서는 누구라도 쉽게 보고 이해할 수 있도록 핵심만을 파악해서 설명했다.

· 백우 김봉준 저

사주학의 활용법

신비한 동양철학 17

가장 실질적인 역학서

우리가 생소한 지방을 여행할 때 제대로 된 지도가 있다면 편리하고 큰 도움이 되듯이 역학이란 이와같은 인생의 길잡이다. 예측불허의 인생을 살아가는데 올바른 안내자나 그 무엇이 있다면 그 이상 마음 든든하고 큰 재산은 없을 것이다.

· 학선 류래웅 저